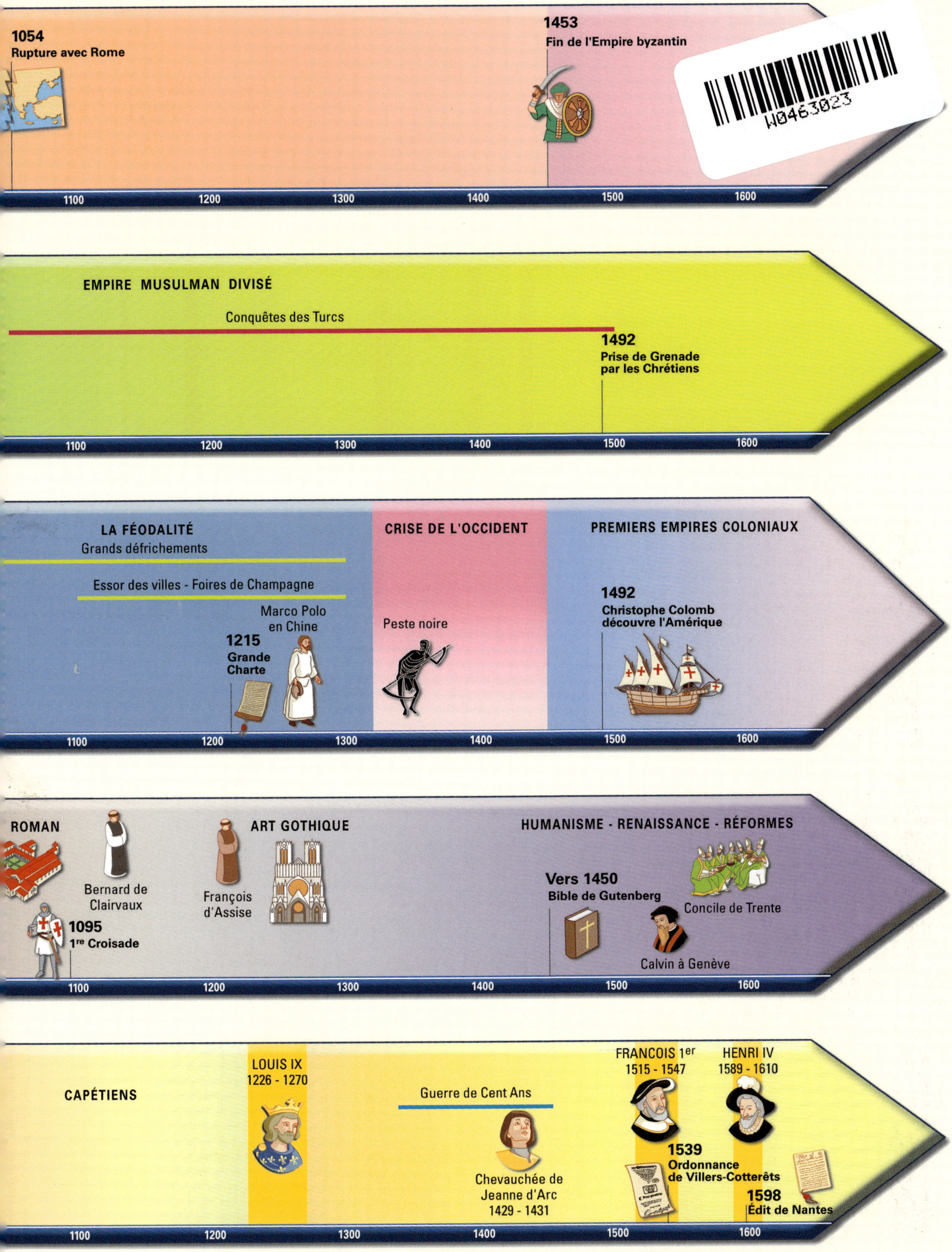

1054
Rupture avec Rome
1453
Fin de l'Empire byzantin
1100
1200
1300
1400
1500
1600
EMPIRE MUSULMAN DIVISÉ
Conquêtes des Turcs
1492
Prise de Grenade
par les Chrétiens
1100
1200
1300
1400
1500
1600
LA FÉODALITÉ
Grands défrichements
Essor des villes - Foires de Champagne
Marco Polo
en Chine
1215
Grande
Charte
CRISE DE L'OCCIDENT
Peste noire
PREMIERS EMPIRES COLONIAUX
1492
Christophe Colomb
découvre l'Amérique
1100
1200
1300
1400
1500
1600
ROMAN
Bernard de
Clairvaux
1095
1re Croisade
François
d'Assise
ART GOTHIQUE
HUMANISME - RENAISSANCE - RÉFORMES
Vers 1450
Bible de Gutenberg
Concile de Trente
Calvin à Genève
1100
1200
1300
1400
1500
1600
CAPÉTIENS
LOUIS IX
1226 - 1270
Guerre de Cent Ans
Chevauchée de
Jeanne d'Arc
1429 - 1431
FRANCOIS 1er
1515 - 1547
HENRI IV
1589 - 1610
1539
Ordonnance
de Villers-Cotterêts
1598
Édit de Nantes
1100
1200
1300
1400
1500
1600

histoire géographie 5e

Sous la direction de
Éric Chaudron et Rémy Knafou

Stéphan Arias
Agrégé d'histoire-géographie
Professeur au collège-lycée international Victor-Hugo, Colomiers

Jean-Luc Carton
Agrégé d'histoire-géographie
Professeur au collège Paul-Eluard, Cysoing

Éric Chaudron
Agrégé d'histoire
Professeur à l'IUFM de Nice

Isabelle Damongeot
Agrégé d'histoire-géographie
Professeur au collège Raoul-Dufy, Nice

Michel Fratissier
Agrégé d'histoire-géographie
Professeur à l'IUFM de Montpellier

Rémy Knafou
Agrégé de géographie
Professeur à l'université Paris VII-Denis-Diderot

Hélène Lérou
Agrégée de géographie
Professeur au collège Ernest-Gabard, Jurançon

Jean Ruhlmann
Agrégé d'histoire
Maître de conférence à l'université de Lille 3-Charles-De-Gaulle

BELIN Éditeur indépendant depuis 1777
8, rue Férou 75278 Paris cedex 06
www.editions-belin.com

Programme

Le Moyen Âge et la naissance des temps modernes

De l'Empire romain au Moyen Âge (9 à 10 heures)

Une carte permet de présenter l'Empire byzantin, le monde musulman et l'Occident chrétien au 9e siècle et d'étudier l'évolution territoriale de ces trois ensembles.

L'Empire byzantin (2 à 3 heures)

Deux aspects sont privilégiés : l'héritage de Rome, le christianisme grec et sa diffusion.
- **Carte :** l'Empire byzantin au temps de Justinien.
- **Repères chronologiques :** l'évangélisation des Slaves par Cyrille et Méthode (9e siècle), rupture avec Rome (1054) ; fin de l'Empire byzantin (1453).
- **Documents :** Sainte-Sophie ; mosaïques de Ravenne.

Le monde musulman (4 à 5 heures)

L'essentiel est de présenter Mahomet, le Coran et la diffusion de l'Islam et de sa civilisation. On insistera davantage sur cette dernière et son rayonnement, abordés à partir de l'exemple d'une ville, que sur les constructions politiques qui résultent de l'expansion.
- **Carte :** le monde musulman au 8e siècle.
- **Repère chronologique :** l'Hégire (622).
- **Documents :** extraits du Coran ; une mosquée.

L'Empire carolingien (3 à 4 heures)

Après avoir rappelé la naissance des royaumes barbares (ce qui permet d'évoquer Clovis et le royaume des Francs), les élèves étudient l'organisation et le partage de l'Empire de Charlemagne.
- **Carte :** l'Empire carolingien.
- **Repères chronologiques :** baptême de Clovis (496) ; couronnement de Charlemagne (800) ; partage de Verdun (843).
- **Documents :** Aix-la-Chapelle ; les Serments de Strasbourg.

La chrétienté occidentale (13 à 14 heures)

Sans omettre les évolutions, le 13e siècle est choisi comme observatoire privilégié.

L'Église (4 à 5 heures)

L'Église est présentée comme une structure et un acteur essentiels de l'Occident médiéval. Elle participe à son expansion (évangélisation, pèlerinages, croisades). L'enracinement social et les manifestations de la foi sont étudiés à partir des monuments et des œuvres d'art.
- **Carte :** diffusion de l'art roman et de l'art gothique.
- **Repères chronologiques :** la première croisade (1095) ; Bernard de Clairvaux (12e siècle) ; François d'Assise (13e siècle).
- **Documents :** une abbaye ; une cathédrale.

Les cadres politiques et la société (7 à 8 heures)

Il s'agit, non d'étudier en détail, mais de montrer la diversité et l'évolution des structures politiques de l'Occident médiéval (féodalité, royaumes, Empire).
Chevaliers et paysans sont décrits dans le cadre quotidien des campagnes. L'analyse de l'essor urbain et économique prend appui sur la description de deux ou trois villes (Venise, Bruges, Bourges, par exemple).
Les trois grands fléaux (famine, peste, guerre) des 14e et 15e siècles sont globalement analysés afin d'expliquer la crise de l'Occident.
- **Cartes :** carte politique de l'Occident au 13e siècle ; routes commerciales et foires de Champagne (13e siècle).
- **Repères chronologiques :** les grands défrichements (11e-13e siècles) ; la Grande Charte (1215) ; la peste noire (milieu du 14e siècle).
- **Documents :** un château fort ; le *Roman de Renart* ; plan, palais et édifices municipaux des villes choisies comme exemples.

Le Royaume de France (10e-15e siècles) ; l'affirmation de l'État (2 à 3 heures)

Il ne s'agit pas d'examiner tous les aspects de l'histoire de la France pendant ces six siècles. L'étude est centrée sur la constitution territoriale du royaume et l'affirmation de l'État.
- **Carte :** formation territoriale du royaume.
- **Repères chronologiques :** avènement d'Hugues Capet (987) ; le siècle de Louis IX (13e siècle) ; la chevauchée de Jeanne d'Arc (1429-1431).
- **Documents :** la basilique Saint-Denis ; la cathédrale de Reims ; Joinville : La *Vie de Saint Louis*.

La naissance des temps modernes (11 à 14 heures)

Humanisme, Renaissance, Réformes (6 à 8 heures)

À partir de textes et d'œuvres d'art, les élèves perçoivent le renouvellement des idées et des formes.
Ils étudient les Réformes protestante et catholique, manifestations d'une crise religieuse et réponses à l'exigence du salut.
- **Cartes :** les principaux foyers de l'humanisme et de la Renaissance ; les divisions religieuses de l'Europe à la fin du 16e siècle.
- **Repères chronologiques :** la Bible de Gutenberg (milieu du 15e siècle) ; les thèses de Luther (1517) ; Calvin à Genève (milieu du 16e siècle) ; le concile de Trente (milieu du 16e siècle).

ISBN 2-7011-4064-1

• **Documents :** extraits d'œuvre de Rabelais ; la Chapelle Sixtine ; un château de la Renaissance.

L'Europe à la découverte du monde (3 à 4 heures)

Les grands voyages de découvertes terrestres et maritimes sont analysés à partir d'une carte. La destruction des civilisations amérindiennes et la constitution des premiers empires coloniaux font l'objet d'une étude synthétique.
• **Cartes :** les grandes découvertes ; les empires coloniaux.
• **Repères chronologiques :** prise de Grenade, Christophe Colomb en Amérique (1492).
• **Documents :** Marco Polo : *Le Livre des Merveilles* ; une caravelle.

Le Royaume de France au 16e siècle : la difficile affirmation de l'autorité royale (2 à 3 heures)

Il s'agit seulement de montrer comment la monarchie française s'efforce d'asseoir son autorité et d'unifier le royaume en dépit des multiples forces centrifuges qui l'affectent.
• **Carte :** le Royaume de France au 16e siècle.
• **Repères chronologiques et documents** : l'ordonnance de Villers-Cotterêts (1539) ; l'édit de Nantes (1598).

En conclusion, l'étude des deux cartes du Monde (5e siècle et fin du 16e siècle) permet de récapituler les connaissances acquises pendant l'année.

L'Afrique, l'Asie, l'Amérique

Les changements rapides du monde conduisent à rappeler que c'est au professeur de déterminer, année après année, la ou les problématiques qui orientent l'étude des différents éléments du programme. La diversité des cultures et des rythmes de développement peut être un des fils conducteurs de l'étude au long de l'année. Il s'agit à la fois d'assurer la connaissance des grands traits des continents et d'un minimum de localisations et d'entraîner au raisonnement géographique, à travers quelques études de cas. L'ordre de traitement des différentes parties du programme relève de la liberté du professeur.

L'Afrique (10 à 12 heures)

La diversité de l'Afrique (6 à 7 heures)

Les discontinuités du peuplement et sa diversité ethnique et culturelle, liées ici plus qu'ailleurs à la zonalité bioclimatique, sont présentées à partir de cartes. Le poids de l'histoire ancienne et récente est mis en évidence. Le rappel du rôle du milieu s'appuie sur les acquis de la classe de sixième. La différenciation des grands ensembles régionaux est analysée comme le résultat de l'ensemble de ces facteurs.

Le Maghreb (4 à 5 heures)

On insiste sur l'appartenance au monde méditerranéen et au monde musulman, sur les liens avec l'Europe, les contrastes littoraux/intérieurs/déserts et les problèmes démographiques.
• **Repères géographiques :** carte bioclimatique ; carte de la répartition de la population et des principales villes de l'Afrique ; milieux, peuplement et ressources des pays du Maghreb.

L'Asie (13 à 15 heures)

Diversité de l'Asie (5 à 6 heures)

À partir de cartes (population, aires religieuses et culturelles, grands domaines oroclimatiques), la diversité de l'Asie (du Moyen-Orient à l'Extrême-Orient) est mise en évidence. La présence de forts contrastes de peuplement (foyers de forte densité et grands vides) est mise en relation avec l'ancienneté des grands systèmes agricoles (maîtrise de l'eau) et de l'organisation étatique. L'étude permet de souligner les contrastes entre zones de richesse et de pauvreté, littoraux et intérieurs, cités-États et États continents.

N.B. : Le Japon est étudié en classe de troisième.

L'Union indienne, la Chine (8 à 9 heures)

À partir des éléments examinés précédemment, l'analyse porte, en se gardant de toute étude exhaustive, sur ce qui fait la particularité de chacun des deux États.
Ainsi, la diversité culturelle, le poids du nombre et les problèmes sociaux, les contrastes régionaux et les rythmes de développement sont-ils examinés dans leurs traits spécifiques en Union indienne et en Chine.
• **Repères géographiques :** carte de la répartition de la population et des principales villes de l'Asie ; cartes des États et des ensembles régionaux de l'Asie ; cartes de l'Inde et de la Chine.

L'Amérique (10 à 12 heures)

Différenciation des espaces nord et sud-américains (6 à 7 heures)

Le clivage Amérique anglo-saxonne/Amérique latine permet de mettre en évidence le rôle des migrations dans le peuplement du continent. La répartition majoritairement littorale et urbaine de la population est étudiée. La différenciation des espaces nord et sud-américains en bandes méridiennes et zonales est expliquée. Les contrastes des conditions d'existence à l'échelle du continent comme à l'intérieur des États sont soulignés.

N.B. : Les États-Unis sont étudiés en classe de troisième.

Le Brésil (4 à 5 heures)

L'étude porte sur l'importance des ressources du pays et les contrastes régionaux. Les inégalités sociales sont présentées à travers les déséquilibres de la répartition des terres et les problèmes liés à la croissance urbaine.
• **Repères géographiques :** carte de la répartition de la population et des principales villes de l'Amérique ; carte des États et des grands ensembles régionaux en Amérique ; carte des ensembles régionaux du Brésil.

Table des matières

HISTOIRE

Cartes d'introduction :

Chapitre 9

Le royaume de France au 16e siècle

Cartes de conclusion :

GÉOGRAPHIE

Chapitre 10

La diversité de l'Afrique

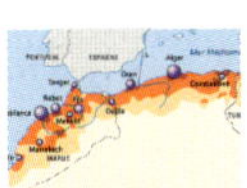

Chapitre 11

Le Maghreb

Chapitre 12

Diversité de l'Asie

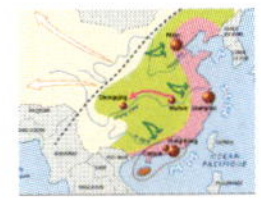

Chapitre 13

La Chine

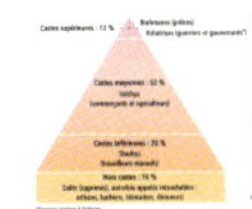

Chapitre 14

L'Union indienne

Chapitre 15

Les Amériques

Chapitre 16

Le Brésil

HISTOIRE

Découvrir le chapitre

- une **frise** chronologique
- une **carte** et un **document-clé** vous permettent d'entrer immédiatement dans le sujet

Travailler avec des documents

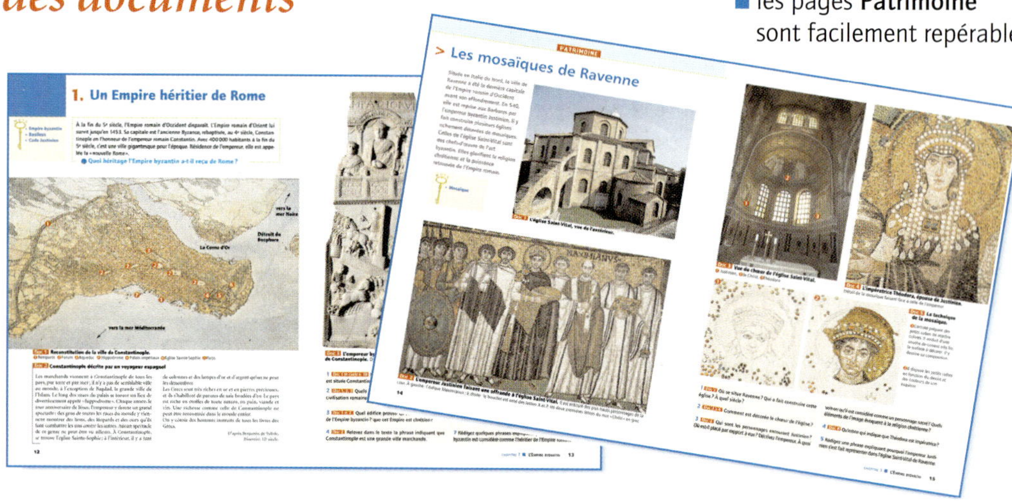

- les pages **Patrimoine** sont facilement repérables
- chaque page a un **thème**
- **question centrale** à laquelle vous pourrez répondre en étudiant les documents
- l'auteur a écrit un texte d'**introduction**
- les **mots-clés** sont listés et leurs définitions se trouvent à la page **Bilan**

Apprendre et s'évaluer

- chaque exercice est **lié à un point** abordé dans le chapitre
- le **cours** se trouve en fin de chapitre

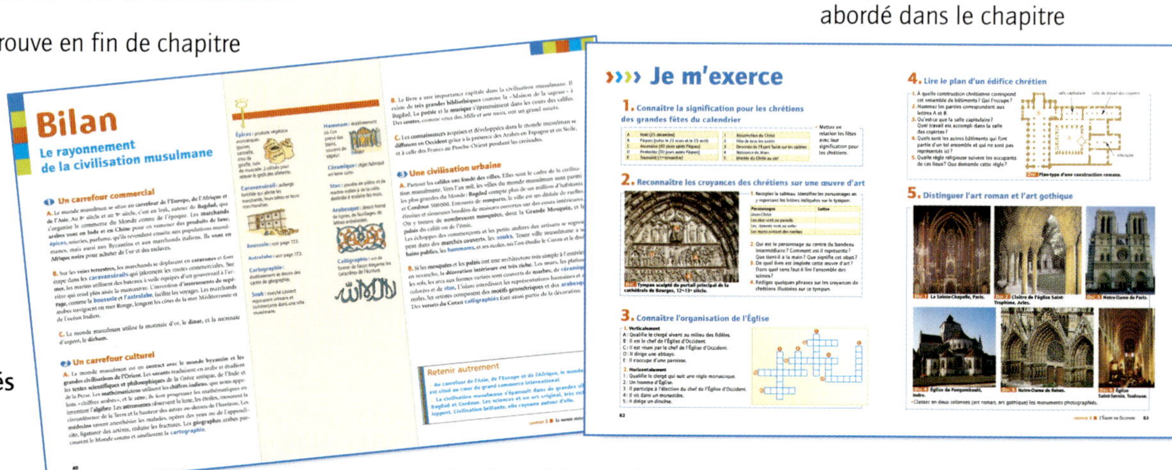

- avec les **définitions** des **mots-clés** listés dans les pages documents
- le **résumé à retenir**

GÉOGRAPHIE

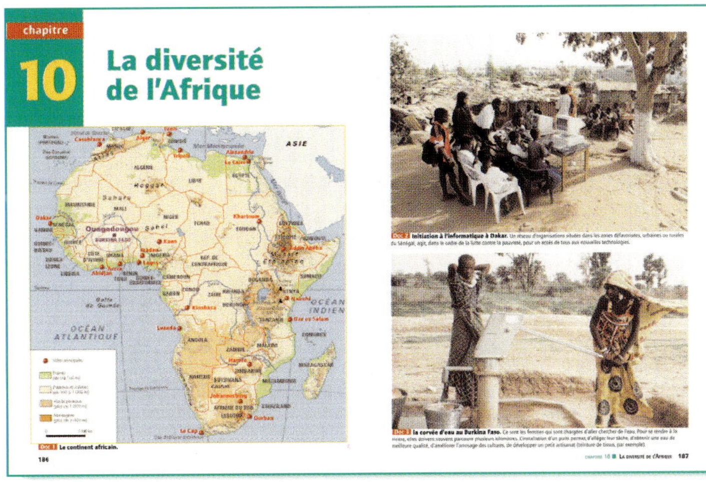

- **deux photographies** vous permettent d'entrer immédiatement dans le sujet
- une **carte du relief** avec les **villes** principales

- des **cartes**, des **photographies**, des **graphiques**, des **tableaux**, des **textes cités** permettent de travailler chaque thème abordé

- tous les chapitres de géographie ouvrent sur **un exemple** ; les conclusions de cette étude renvoient à un des thèmes des doubles-pages suivantes

- des **croquis** très simples et une **carte de synthèse** résument le cours sous forme graphique

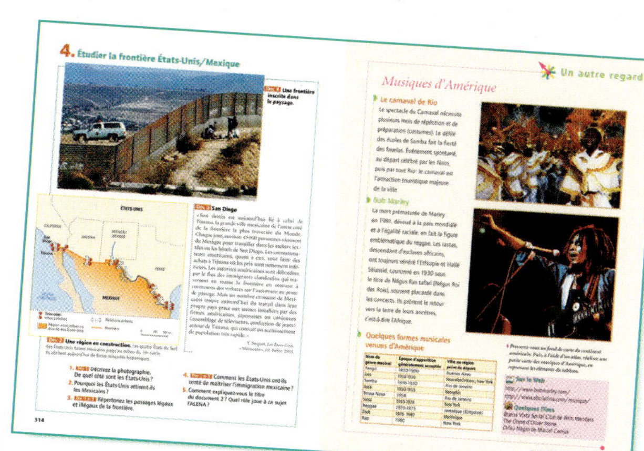

- une nouvelle rubrique culturelle et interdisciplinaire : **« Un autre regard »** sur l'histoire-géographie (la musique, Internet, la littérature...)

La dislocation de l'Empire romain au 5e siècle

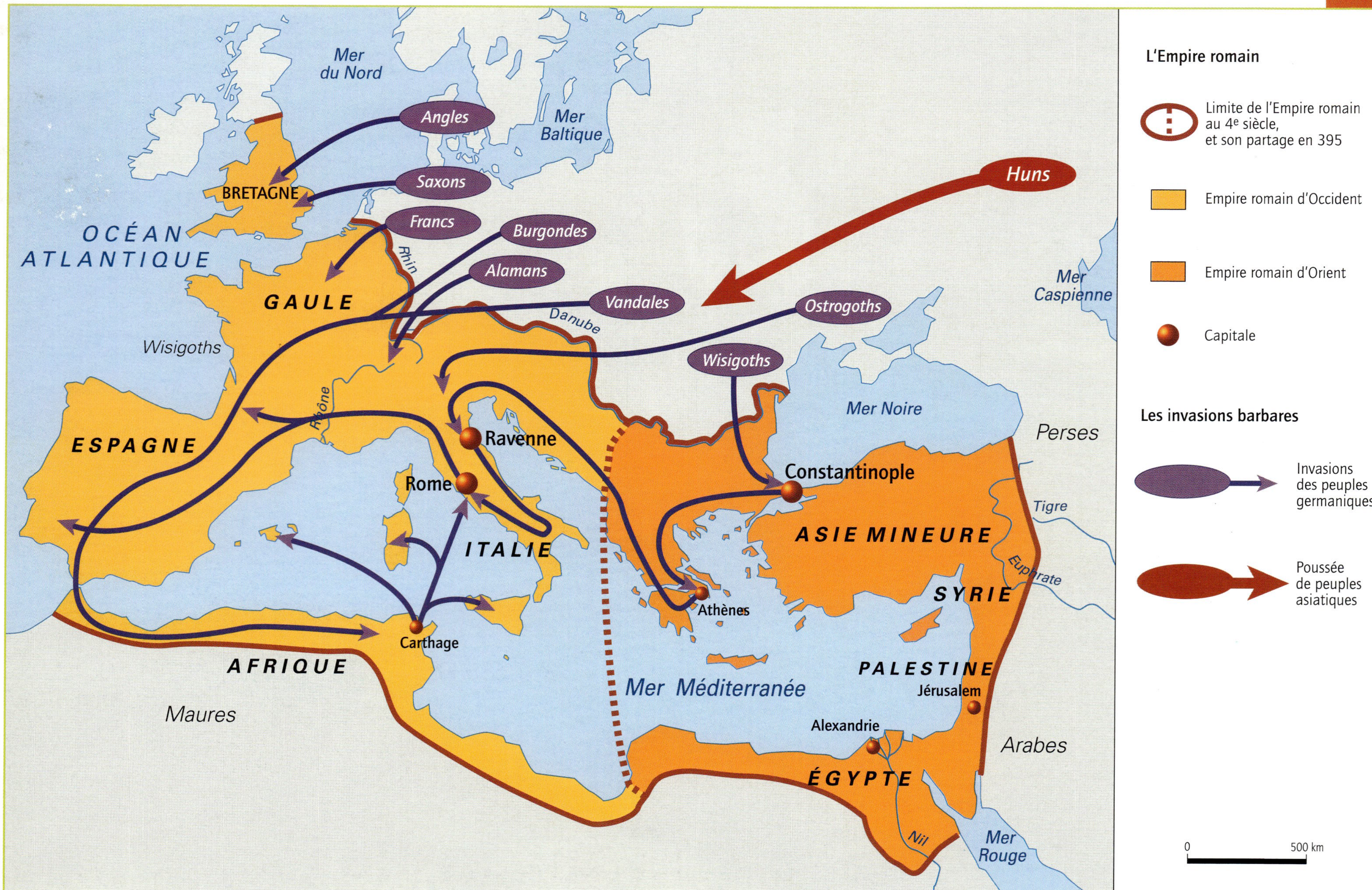

L'Occident et l'Orient au 9e siècle

chapitre

1 L'Empire byzantin

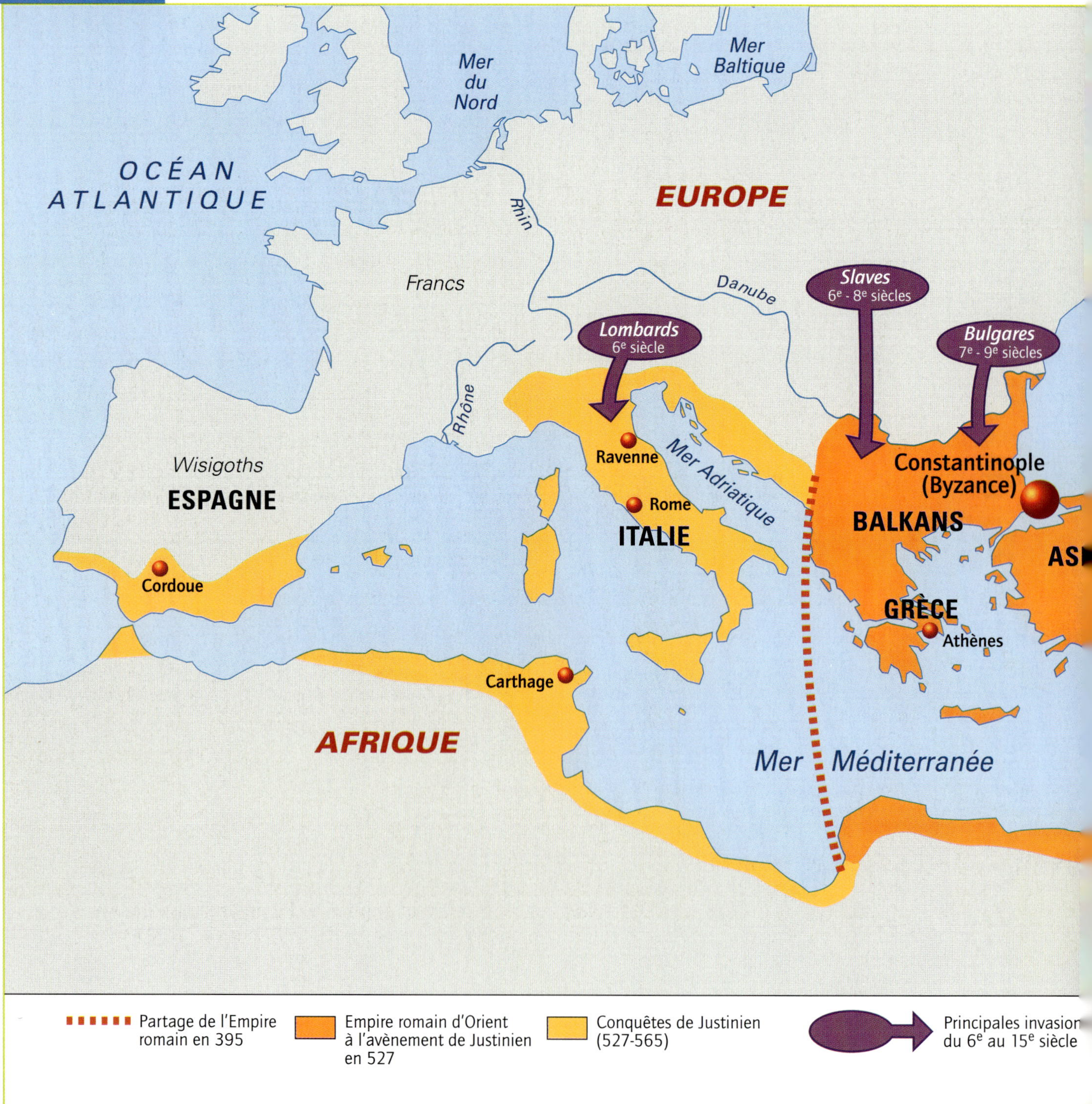

Doc 1 **L'Empire byzantin au temps de Justinien.**

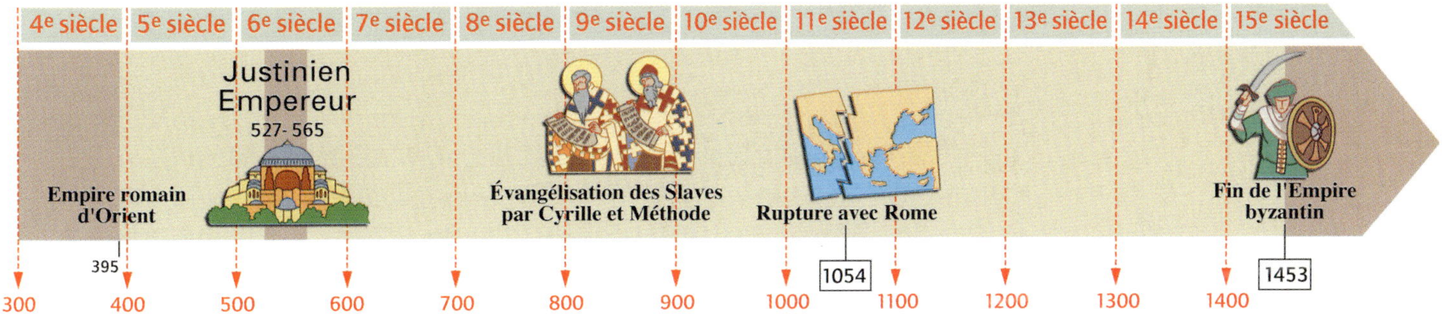

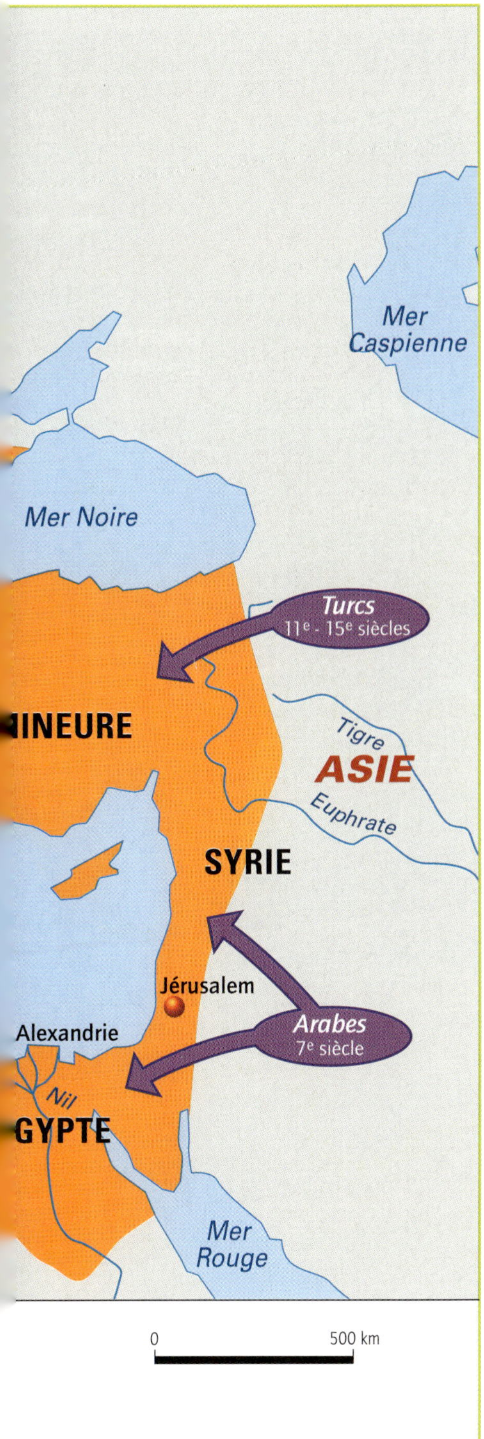

Doc 2 L'empereur byzantin et le patriarche de Constantinople.
Détail d'un manuscrit grec de la *Chronique de Skylitzès*, 13e siècle, BN, Madrid.

1. Un Empire héritier de Rome

MOTS
- Empire byzantin
- Basileus
- Code Justinien

À la fin du 5e siècle, l'Empire romain d'Occident disparaît. L'Empire romain d'Orient lui survit jusqu'en 1453. Sa capitale est l'ancienne Byzance, rebaptisée, au 4e siècle, Constantinople, en l'honneur de l'empereur romain Constantin. Avec 400 000 habitants à la fin du 5e siècle, c'est une ville gigantesque pour l'époque. Résidence de l'empereur, elle est appelée la « nouvelle Rome ».

➜ Quel héritage l'Empire byzantin a-t-il reçu de Rome ?

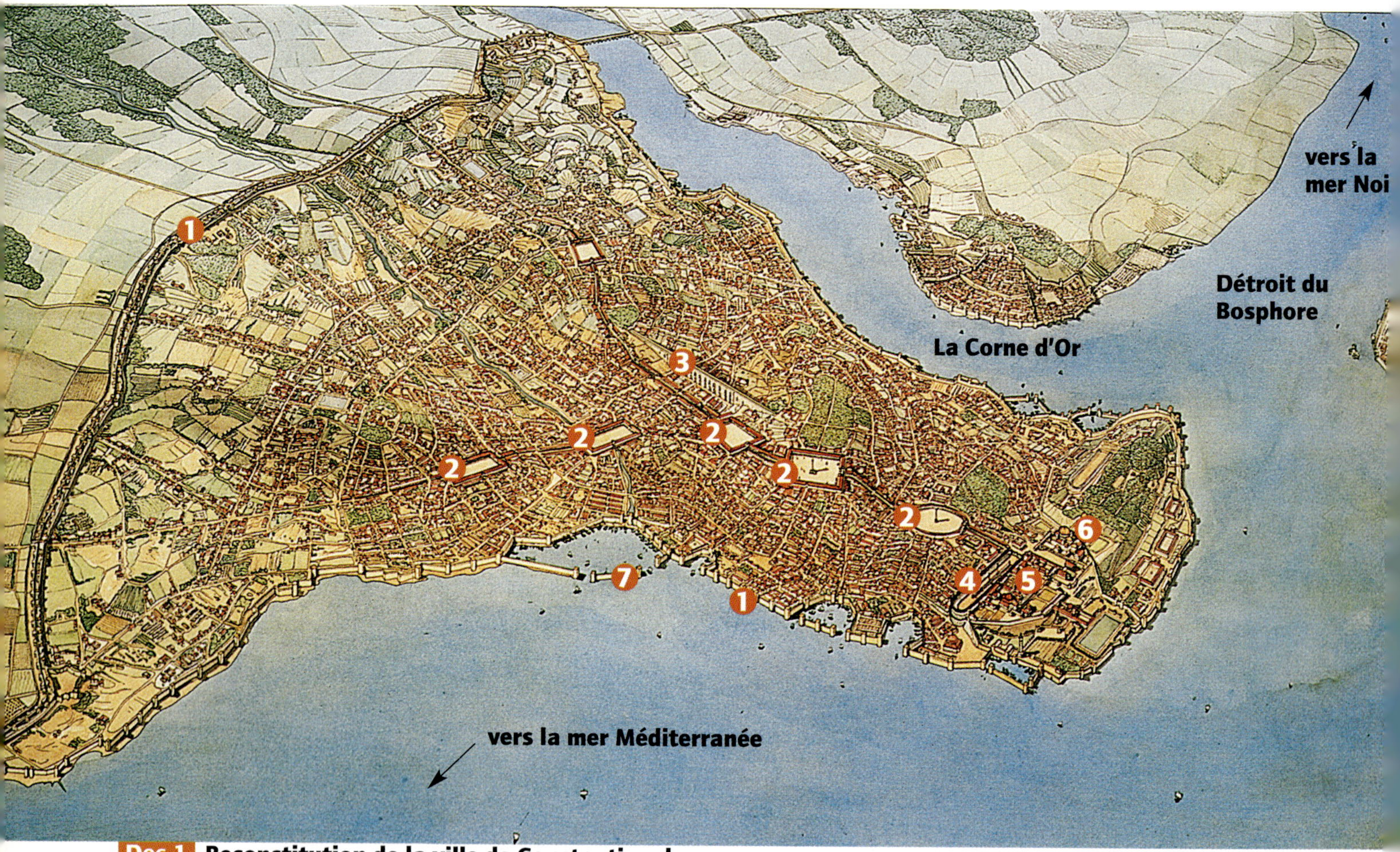

Doc 1 Reconstitution de la ville de Constantinople.
❶ Remparts ❷ Forums ❸ Aqueduc ❹ Hippodrome ❺ Palais impériaux ❻ Église Sainte-Sophie ❼ Port

Doc 2 Constantinople décrite par un voyageur espagnol

Les marchands viennent à Constantinople de tous les pays, par terre et par mer ; il n'y a pas de semblable ville au monde, à l'exception de Bagdad, la grande ville de l'Islam. Le long des murs du palais se trouve un lieu de divertissement appelé « hippodrome ». Chaque année, le jour anniversaire de Jésus, l'empereur y donne un grand spectacle : des gens de toutes les races du monde y viennent montrer des lions, des léopards et des ours qu'ils font combattre les uns contre les autres. Aucun spectacle de ce genre ne peut être vu ailleurs. À Constantinople, se trouve l'église Sainte-Sophie ; à l'intérieur, il y a tant de colonnes et des lampes d'or et d'argent qu'on ne peut les dénombrer.
Les Grecs sont très riches en or et en pierres précieuses, et ils s'habillent de parures de soie brodées d'or. Le pays est riche en étoffes de toute nature, en pain, viande et vin. Une richesse comme celle de Constantinople ne peut être rencontrée dans le monde entier. On y côtoie des hommes instruits de tous les livres des Grecs.

D'après Benjamin de Tulède, *Itinéraire*, 12e siècle.

Doc 3 L'empereur byzantin à l'hippodrome de Constantinople. Diptyque en ivoire, 5e siècle.

Doc 4 Justinien présente son Code de lois

Pour que l'État soit bien gouverné en temps de paix, la Majesté impériale doit s'appuyer sur les lois. J'ai fait rassembler les lois des anciens empereurs en un code qui porte mon nom : le code Justinien. J'ai aussi fait réunir et résumer toutes les décisions de justice des anciens tribunaux romains : elles forment le Digeste ; chaque situation y est présentée simplement et clairement.
À compter d'aujourd'hui, pour rendre la justice, il est obligatoire d'utiliser le code Justinien et le Digeste.

Donné à Constantinople, le 21 novembre 533.

Doc 5 L'empereur Jean Comnène et son fils Alexis investis du pouvoir impérial par le Christ. Manuscrit byzantin du 12e siècle, Bibliothèque Vaticane, Rome.

1 Doc 1 et carte p. 10 Entre quelles mers et quels continents est située Constantinople ? Sur quel détroit ?

2 Doc 1, 2 et 3 Quels monuments de la ville rappellent la civilisation romaine ?

3 Doc 1 et 2 Quel édifice prouve que Constantinople est la capitale de l'Empire byzantin ; que cet Empire est chrétien ?

4 Doc 2 Relevez dans le texte la phrase indiquant que Constantinople est une grande ville marchande.

5 Doc 5 De qui l'empereur byzantin prétend-il tenir son pouvoir ?

6 Doc 4 Pourquoi ce code est-il appelé « code Justinien » ? Que contient-il ? Qu'y a-t-il dans le Digeste ?

7 Carte p. 10 Quels teritoires sont conquis par Justinien ? Que veut-il restaurer ainsi ?

8 Rédigez quelques phrases expliquant pourquoi l'Empire byzantin est considéré comme l'héritier de l'Empire romain.

> Les mosaïques de Ravenne

Située en Italie du Nord, la ville de Ravenne a été la dernière capitale de l'Empire romain d'Occident avant son effondrement. En 540, elle est reprise aux Barbares par l'empereur byzantin Justinien.
Il y fait construire plusieurs églises richement décorées de mosaïques. Celles de l'église Saint-Vital sont des chefs-d'œuvre de l'art byzantin. Elles glorifient la religion chrétienne et la puissance retrouvée de l'Empire romain.

MOTS
• **Mosaïque**

Doc 1 **L'église Saint-Vital, vue de l'extérieur.**

Doc 2 **L'empereur Justinien fait une offrande à l'église Saint-Vital.** Il est entouré des plus hauts personnages de la cour. À sa gauche : l'évêque Maximianus et à sa droite : le bouclier est orné des lettres X et P, les deux premières lettres du mot « Christ » en grec.

Doc 3 **Vue du chœur de l'église Saint-Vital.**
❶ Justinien ❷ Le Christ ❸ Théodora

Doc 4 **L'impératrice Théodora, épouse de Justinien.**
Détail de la mosaïque faisant face à celle de l'empereur.

Doc 5 **La technique de la mosaïque.**

❶ L'artiste prépare des petits cubes de marbre colorés. Il enduit d'une couche de ciment très fine la surface à décorer. Il y dessine sa composition.

❷ Il dispose les petits cubes en fonction du dessin et des couleurs de son esquisse.

1 **Doc 1** Où se situe Ravenne ? Qui a fait construire cette église ? À quel siècle ?

2 **Doc 2 à 4** Comment est décoré le chœur de l'église ?

3 **Doc 2** Qui sont les personnages entourant Justinien ? Où est-il placé par rapport à eux ? Décrivez l'empereur. À quoi voit-on qu'il est considéré comme un personnage sacré ? Quels éléments de l'image évoquent la religion chrétienne ?

4 **Doc 4** Qu'est-ce qui indique que Théodora est impératrice ?

5 Rédigez une phrase expliquant pourquoi l'empereur Justinien s'est fait représenter dans l'église Saint-Vital de Ravenne.

2. L'Église chrétienne d'Orient

MOTS
- Schisme
- Église orthodoxe
- Église catholique
- Patriarche
- Icône
- Évangéliser
- Alphabet cyrillique

Les Byzantins sont des chrétiens, mais ils ont des pratiques religieuses différentes de celles des chrétiens d'Occident. En 1054, l'Église chrétienne d'Orient et l'Église chrétienne d'Occident se séparent. Le christianisme d'Orient se diffuse hors des frontières de l'Empire byzantin.

➔ Qu'est-ce que le christianisme d'Orient ? Où se diffuse-t-il ?

Doc 1 La Vierge et l'Enfant.
Icône du 13e siècle, fresques de Studenica (Serbie).

Doc 2 Les Églises d'Orient et d'Occident se séparent

Le patriarche Michel et les partisans de ses erreurs répandent tous les jours dans la ville la division entre chrétiens. En raison de ses erreurs et de nombreuses autres fautes, notre seigneur le pape Léon IV avait fait des reproches au patriarche Michel. Mais celui-ci a négligé de demander pardon. De plus, Michel a refusé de recevoir les envoyés du Pape, il leur a interdit l'accès des églises pour y célébrer la messe.
C'est pourquoi, voyant la foi catholique attaquée à Constantinople, le très vénérable Pape notre seigneur a décidé d'exclure Michel de l'Église, s'il ne reconnaissait pas ses erreurs.

D'après *des écrits concernant le schisme entre les Églises chrétiennes d'Occident et d'Orient*, 1054.

Doc 3 Une religion chrétienne, deux Églises

	Église d'Occident	Église d'Orient
Le baptême	une seule immersion	une triple immersion
La messe	quotidienne et en latin	le samedi et le dimanche, en grec
Le pain de communion	pain sans levain	pain fermenté
Le clergé (prêtres et évêques)	obligation du célibat	mariage autorisé

Doc 4 **La conversion du prince Vladimir de Kiev**

Les envoyés du prince Vladimir arrivèrent à Constantinople et se rendirent chez l'empereur. L'empereur envoya dire au patriarche : « Il est venu des Russes pour étudier notre foi ; prépare l'église Sainte-Sophie et les prêtres afin qu'ils voient la gloire de notre Dieu. » Puis l'empereur alla avec les Russes dans l'église. Ils furent alors dans l'étonnement et s'émerveillèrent grandement.
À Kiev, après le retour de ses envoyés, Vladimir fit tailler les idoles en pièces et livrer les autres au feu. Le lendemain, il se rendit avec des prêtres et l'impératrice sur les bords du Dniepr et un peuple innombrable se rassembla. Il descendit dans l'eau, suivi des uns et des autres. Ils allaient et venaient et les prêtres debout disaient des prières. Quand le peuple fut baptisé, Vladimir ordonna de bâtir des églises aux endroits mêmes où s'élevaient auparavant les idoles.

D'après la *Chronique de Nestor*, 12e siècle.

Doc 5 **Cyrille (827-869) et Méthode (825-885).** Les deux moines sont représentés avec des rouleaux de la Bible écrite en alphabet cyrillique.

Doc 6 **L'expansion de l'Église chrétienne d'Orient du 8e au 13e siècle.**

1 **Doc 1** Comment s'appelle ce type d'image sainte ? Qui sont les personnages représentés ?

2 **Doc 2** Qui est le pape et où vit-il ? Qui est le patriarche Michel et où vit-il ? De quoi le pape accuse-t-il le patriarche ? En quelle année a lieu la séparation entre les deux Églises ?

3 **Doc 3** Les différences indiquées dans ce tableau portent-elles sur des croyances ou sur des pratiques religieuses ?

4 **Doc 5 et 6** Qui sont Cyrille et Méthode ? Dans quel monde et à quel siècle ont-ils diffusé la religion chrétienne orthodoxe ?

5 **Doc 4** Par quelles actions Vladimir prouve-t-il sa conversion au christianisme ?

6 Rédigez quelques phrases sur le christianisme orthodoxe en utilisant : Église orthodoxe, Église catholique, schisme, évangéliser, Slaves.

> L'église Sainte-Sophie

La « Grande église » est construite de 532 à 537 à la demande de l'empereur Justinien. Église la plus somptueuse du monde byzantin, Sainte-Sophie est aussi l'édifice religieux le plus vaste du monde chrétien au Moyen Âge. L'empereur y est couronné et le patriarche de Constantinople y préside les cérémonies religieuses. En 1453, après la prise de Constantinople par les Turcs, l'église est transformée en mosquée.

Doc 1 **L'église Sainte-Sophie.** Les quatre tours sont des minarets construits après la prise de la ville par les Turcs en 1453.

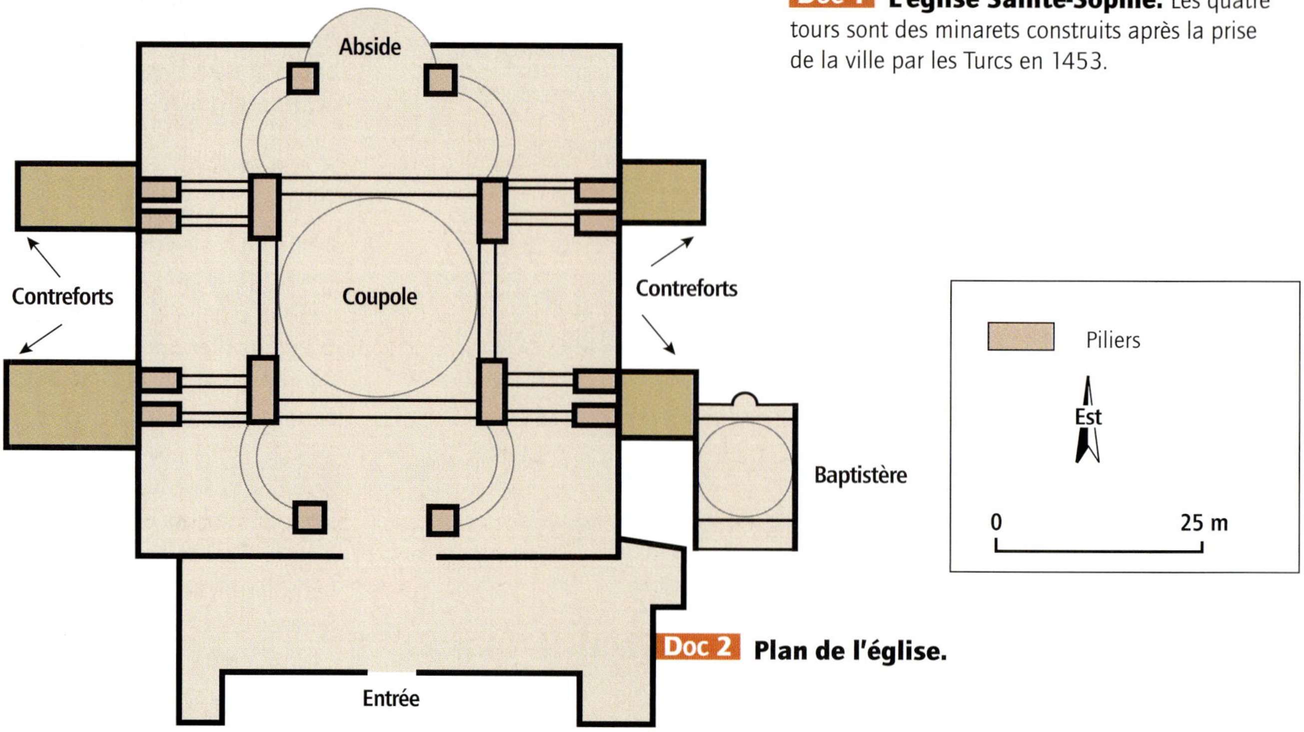

Doc 2 **Plan de l'église.**

Doc 3 **L'intérieur de l'église.** La coupole s'élève à 55 mètres. Le sol et les colonnes sont en marbre, les murs couverts de mosaïques à fond d'or. Lors de sa transformation en mosquée après 1453, les Turcs ont suspendu de grands boucliers ornés d'écrits religieux de l'islam.

1 **Doc 1** Où, quand et à la demande de qui cette église a-t-elle été construite ?

2 **Doc 1 et 2** À l'aide du plan, identifiez les éléments d'architecture indiqués par 1 et 2 sur la photographie.

3 **Doc 2** Calculez approximativement le diamètre de la grande coupole. Comment est-elle soutenue ? À quelle forme géométrique se rattache le plan au sol de l'édifice ? Qu'est-ce qu'un baptistère ?

4 **Doc 1 et 3** Quelle est l'origine des minarets et des boucliers ornés visibles aujourd'hui ?

5 **Doc 3** Qu'est-ce qui rend l'intérieur de l'église très lumineux ? Comment est décorée l'église ?

6 Rédigez quelques phrases montrant que Sainte-Sophie est une église grandiose.

Bilan

L'Empire byzantin

1 Un Empire qui dure plus de mille ans

A. En **395**, l'Empire romain est divisé en deux: **l'Empire romain d'Occident,** dont la capitale est **Rome,** et **l'Empire romain d'Orient,** dont la capitale est **Constantinople**, ville fondée par l'empereur Constantin sur le site de l'ancienne Byzance.
À la **fin du 5e siècle**, alors que l'Empire romain d'Occident disparaît, envahi par les peuples germaniques, l'**Empire romain d'Orient résiste aux invasions.** Il ne reste alors qu'un seul empereur, celui de Constantinople.

B. Au **6e siècle**, l'empereur **Justinien** (527-565) décide de rétablir la puissance de l'Empire romain d'autrefois. Il reconquiert **une partie des territoires perdus** au 5e siècle: l'Italie, l'Afrique du Nord, le Sud de l'Espagne.

C. Après Justinien, l'**Empire byzantin** est attaqué de toutes parts: les Lombards s'emparent de l'Italie du Nord, les Slaves s'installent dans les Balkans, les Arabes conquièrent la Syrie, l'Égypte et l'Afrique du Nord. L'**Empire se replie sur ses terres grecques.**
Au **11e siècle**, les empereurs ne peuvent empêcher les **Turcs** de s'étendre progressivement en Asie Mineure. En **1453**, les Turcs **prennent Constantinople**. L'Empire byzantin a cessé d'exister.

2 Un empire héritier de Rome

A. L'empereur byzantin est appelé le **basileus**. C'est un personnage sacré dont on pense qu'il **tient son pouvoir de Dieu**. On le vénère et on doit se prosterner devant lui. Son **pouvoir est absolu**. Chef de l'État et de l'armée, il s'appuie sur une administration nombreuse. Dans son magnifique palais de Constantinople, il est entouré d'une cour somptueuse.

B. Dans tout l'Empire, les Byzantins sont soumis aux **lois romaines** que Justinien fait rassembler dans un grand recueil qui porte son nom, le **code Justinien**. La langue grecque remplace pourtant le latin comme langue officielle.

C. Située au carrefour de la mer Méditerranée et de la mer Noire, de l'Europe et de l'Asie, **Constantinople est un riche carrefour commercial.** Les empereurs romains l'ont protégée par une ceinture de **puissants remparts** et

MOTS

Empire byzantin: nom donné à l'Empire romain d'Orient; vient de Byzance, l'ancien nom de Constantinople.

Basileus: le « roi des rois » en grec; nom de l'empereur byzantin à partir du 7e siècle.

Code Justinien: le recueil de lois romaines élaboré à la demande de l'empereur Justinien.

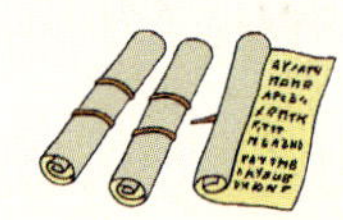

Mosaïque: l'assemblage de petits cubes de différentes couleurs incrustés dans un ciment de façon à créer un dessin.

Icône: une image sainte, peinte sur un panneau de bois.

Patriarche: l'évêque de Constantinople, chef religieux des chrétiens orthodoxes.

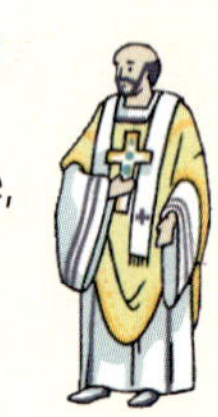

Justinien: empereur byzantin de 527 à 565; il fait la reconquête d'une partie des territoires perdus par l'Empire romain d'Occident, regroupe les lois romaines dans un grand recueil, fait construire l'église Sainte-Sophie de Constantinople et l'église Saint-Vital de Ravenne.

ont construit de **nombreux monuments** pour en faire une « **nouvelle Rome** » : le palais impérial, un hippodrome, des forums, des aqueducs et des thermes. Reprenant la tradition de ces empereurs bâtisseurs, **Justinien** embellit encore plus la ville. Il lance de grands chantiers de construction comme celui de la majestueuse **église Sainte-Sophie**. À **Ravenne**, il édifie l'église Saint-Vital dont les **mosaïques** rappellent que l'autorité de l'empereur byzantin s'étend jusqu'en Italie.

3 Le christianisme d'Orient et sa diffusion

A. La religion officielle de l'Empire byzantin est le christianisme. Si les Byzantins ont les mêmes croyances que les chrétiens d'Occident, des **différences** sont nées dans les **pratiques religieuses** : la messe est dite en grec et non pas en latin ; les Byzantins vénèrent des images du Christ, de la Vierge et de saints, les **icônes** ; les prêtres peuvent se marier et portent la barbe.

B. Le chef de l'Église byzantine est l'évêque de Constantinople, le **patriarche.** Il est nommé par l'empereur. Il conteste de plus en plus l'autorité du pape, évêque de Rome, qui se veut le seul chef de tous les chrétiens. En **1054**, l'Église byzantine se sépare de celle d'Occident : c'est le **schisme**. Il y a désormais deux Églises chrétiennes : l'**Église orthodoxe** du patriarche et l'**Église catholique** du pape.

C. L'empereur byzantin et le patriarche de Constantinople se donnent pour mission d'**étendre le christianisme**. Au **9e siècle**, deux moines byzantins, Cyrille et Méthode, sont envoyés auprès des Slaves pour les **évangéliser**. Afin de faire connaître la Bible à ces peuples sans écriture, ils inventent l'**alphabet cyrillique**. Serbes, Bulgares et Russes se convertissent à la religion orthodoxe.

Schisme : la « séparation » en grec ; la séparation en deux Églises distinctes.

Église orthodoxe : l'Église chrétienne d'Orient dirigée par le patriarche de Constantinople ; elle considère que seul est vrai son enseignement du christianisme.

Église catholique : l'Église chrétienne d'Occident dirigée par le pape à Rome.

Évangéliser : convertir à la religion chrétienne.

Alphabet cyrillique :

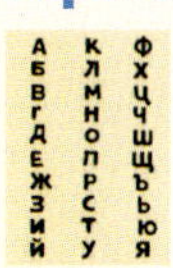

l'alphabet inspiré de l'alphabet grec et adapté aux langues slaves ; il fut inventé par le moine byzantin Cyrille pour traduire la Bible en langue slave.

Retenir autrement

- **L'Empire romain d'Orient résiste aux invasions germaniques de la fin de l'Antiquité. Au 6e siècle, sous le règne de l'empereur Justinien, il s'affirme comme la grande puissance du monde méditerranéen. Conquis par les Turcs, l'Empire byzantin s'effondre en 1453.**
- **L'Empire byzantin est dirigé par un empereur, personnage sacré qui a un pouvoir absolu. L'empereur Justinien regroupe dans un recueil toutes les lois romaines et fait construire l'église Sainte-Sophie. La capitale de l'empire, Constantinople, est une « nouvelle Rome ».**
- **En 1054, les chrétiens orthodoxes se séparent de Rome. À partir du 9e siècle, grâce à l'action de Cyrille et Méthode, le christianisme orthodoxe s'étend dans le monde slave.**

Cyrille et Méthode : moines byzantins qui, au 9e siècle, convertissent les peuples slaves au christianisme orthodoxe.

»»»» Je m'exerce

1. Se repérer dans le temps

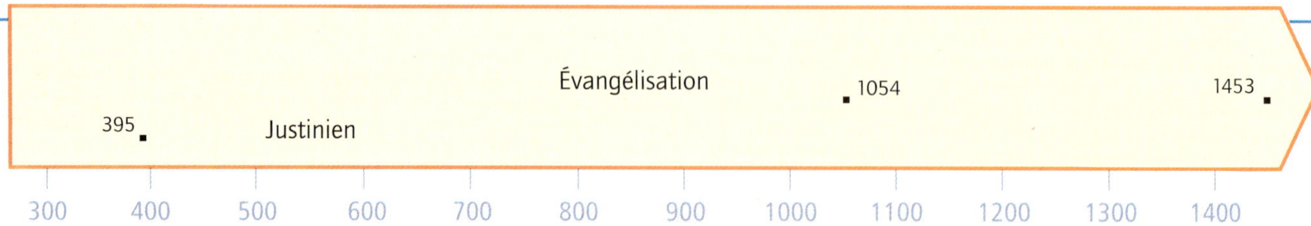

1. À quels événements historiques correspondent les dates indiquées ?
2. Quel est le siècle de Justinien ?
3. Expliquez le mot évangélisation ? Qui est évangélisé ? Par qui ?
4. Combien de temps a duré l'Empire byzantin ?

2. Se repérer dans l'espace

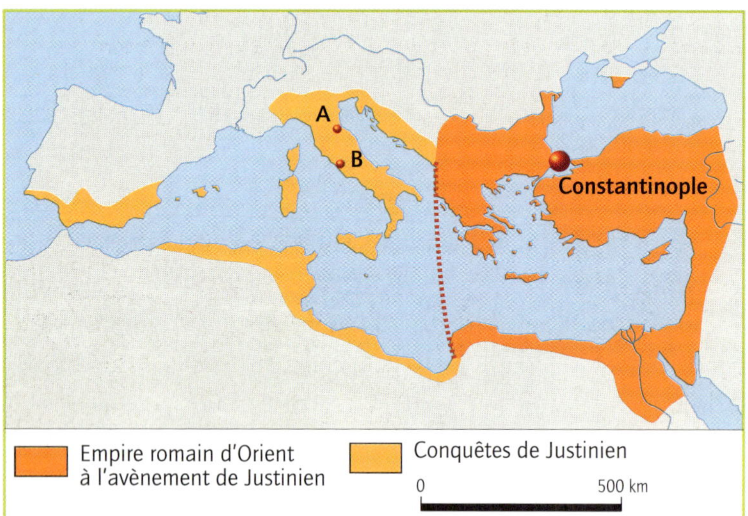

1. À quoi correspond la ligne en pointillés ?
2. Nommez les villes indiquées par les lettres A et B.
3. Sur quel détroit est située Constantinople ? Quelles mers le détroit fait-il communiquer ?
4. Quel grand fleuve constitue la frontière de l'Empire au Nord ?
5. Sur quelles régions s'étend l'Empire byzantin à l'avènement de Justinien ?
6. Quelles régions sont conquises par Justinien ?

3. Comparer deux religions et deux Églises chrétiennes

• Recopiez les phrases suivantes et indiquez « O » lorsqu'il s'agit d'un caractère de l'Église orthodoxe et « C » quand cela concerne l'Église catholique. Attention, quelques caractères sont communs.

- Le pape, à Rome, est chef de l'Église : ....
- Les prêtres sont célibataires : ....
- Les fidèles croient en Dieu et en son fils Jésus-Christ : ....
- La messe est dite en latin : ....
- On devient chrétien par le baptême : ....
- Les prêtres peuvent se marier : ....
- Les fidèles vénèrent des icônes : ....
- La messe est dite en grec : ....
- Les fidèles pratiquent la communion : ....
- Le patriarche de Constantinople est chef de l'Église : ....

4. Comprendre le sens d'une œuvre d'art

1. De quelle sorte de décoration s'agit-il ? Quelle est la couleur dominante ? Comment ce travail décoratif est-il réalisé ? Dans quel édifice peut-on voir cette œuvre d'art ?
2. Qui sont les deux personnages au centre de la scène ?
3. Que portent Constantin et Justinien sur la tête ? Pourquoi ?
4. Pourquoi Constantin offre-t-il Constantinople ? Qu'offre Justinien ? Pourquoi est-il représenté ainsi ?
5. Quels éléments montrent que l'Empire byzantin est chrétien ? Lesquels montrent qu'il est devenu grec ?

Doc Une décoration de l'église Sainte-Sophie du 10e siècle. À droite, l'empereur Constantin ; à gauche, l'empereur Justinien.

5. Décrire un édifice religieux

1. Décrivez la forme de l'église Saint-Dimitri. Pourquoi y a-t-il des églises orthodoxes en Russie ?
2. Comment nomme-t-on les images saintes indiquées par la lettre B ?
3. Quel élément d'architecture est indiqué par la lettre A sur les deux photographies ?

Doc 1 L'église Saint-Dimitri à Vladimir (Russie), fin du 12e siècle.

Doc 2 Intérieur de l'église d'Hosios Loukas (Grèce), 12e siècle.

chapitre

2 Le monde musulman

Doc 1 **L'empire musulman au 8e siècle.**

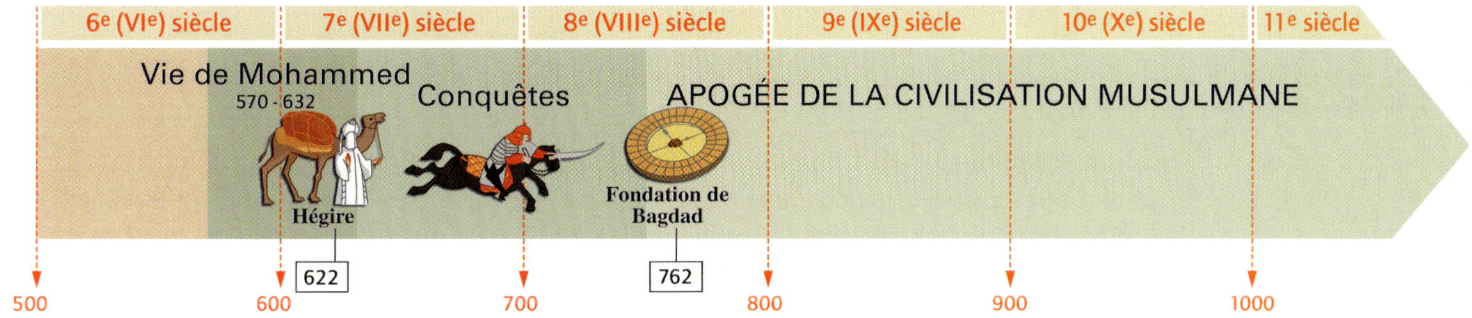

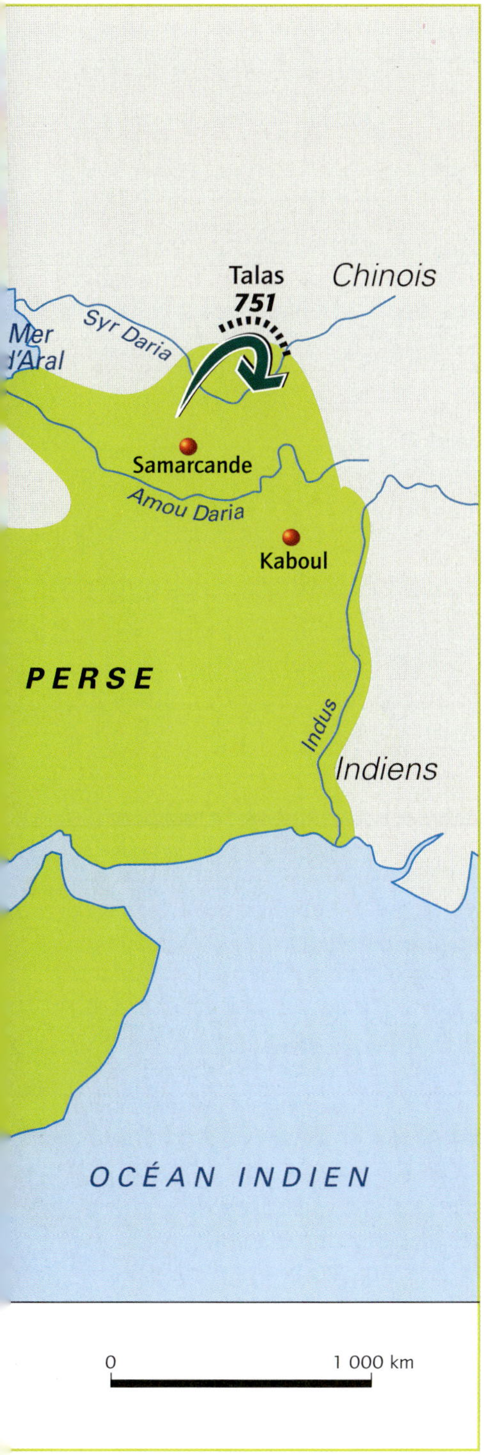

Doc 2 **Pèlerins musulmans à La Mecque.** Située au centre de la Grande Mosquée, la Kaaba est un cube recouvert de soie noire. Sur l'un des murs est scellée la « Pierre noire » qui était déjà adorée par les Arabes avant l'islam. Celle-ci a ensuite été considérée par les musulmans comme un présent de l'ange Gabriel à Abraham.

1. Mohammed, fondateur de l'islam

MOTS
- **Caravane**
- **Arabes**
- **Musulman**
- **Allah**
- **Prophète**
- **Prêcher**
- **Islam**
- **Hégire**

La vie de Mohammed est rapportée par des écrits musulmans du Moyen Âge qui visent à fonder et à défendre une nouvelle religion, l'islam. Les historiens pensent que Mohammed a bien existé, qu'il a vécu au début du 7e siècle et qu'il a donné naissance à une religion monothéiste. Mais ils savent peu de choses historiquement certaines sur le personnage.

➔ Où et comment est née la nouvelle religion ?

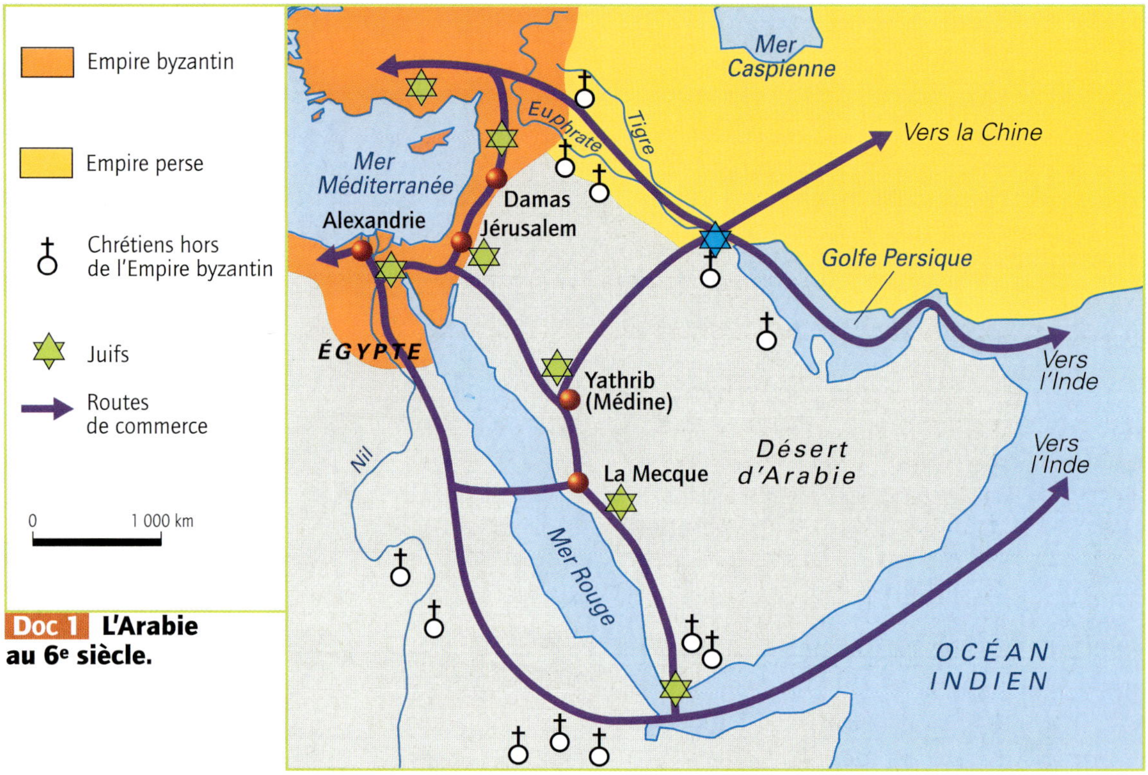

Doc 1 **L'Arabie au 6e siècle.**

Doc 2 **Une caravane et son caravanier.**

Doc 3 **Un récit du mythe fondateur**

Voici que vint à moi l'ange Gabriel : son visage était plus blanc que le lait ou la neige, ses cheveux étaient plus rouges que le corail le plus rouge. Ses mains étaient rouges comme le feu, ses ailes et ses pieds plus verts et plus brillants qu'aucune émeraude.
L'ange Gabriel vint à moi sous cette forme et me dit : « Mohammed, toi qui es le messager d'Allah, lève-toi et prépare-toi, mets ta ceinture, enveloppe ta tête et ton corps de ton voile blanc. Tu me suivras car cette nuit, Allah veut te révéler les innombrables merveilles de sa puissance et de ses mystères. »

D'après un extrait du *Livre de l'Échelle de Mohammed*, 13e siècle.

Doc 4 **Mohammed représenté prêchant à Médine devant ses disciples.** Miniature du 13e siècle, Université d'Édimbourg.

Doc 5 **Mohammed et la prière**

Aux premiers temps de son arrivée à Médine, le prophète logea chez ses grands-parents. Durant seize ou dix-sept mois, il fit la prière en se dirigeant vers le temple de Jérusalem, bien qu'il eût préféré se tourner du côté de La Mecque. La première prière qu'il fit dans cette seconde direction fut une prière de l'après-midi. Un des fidèles du groupe qui venait de prier avec lui passa, en s'en allant, auprès d'un oratoire[1] où d'autres fidèles étaient en train de prier : « Je jure, par Dieu, que je viens de prier avec l'Envoyé de Dieu et que nous étions tournés vers La Mecque. » Aussitôt ces gens, tout en conservant la même attitude, se tournèrent vers la Kaaba.

D'après El-Bokhâri, *Les Traditions islamiques*, 9e siècle.

1. Lieu de prière.

Doc 6 **Mohammed représenté détruisant les idoles de la Kaaba à La Mecque.** Miniature persane du 11e siècle, BNF.

1 Doc 1 et 2 À quel grand domaine climatique appartient l'Arabie ? Sur terre, comment sont transportées les marchandises ? N'y a-t-il en Arabie que des populations polythéistes ?

2 Doc 3 Dans cet écrit religieux musulman, comment est décrit l'ange Gabriel ? Comment appelle-t-il Mohammed ? Que signifie le mot *Allah* ?

3 Doc 4 Comment est représenté Mohammed ? Quelle religion prêche-t-il ?

4 Doc 5 Selon ce récit, dans quelle direction Mohammed priait-il à son arrivée à Médine ? Quelle direction choisit-il par la suite ? Qu'est-ce que la Kaaba (voir p. 25) ?

5 Doc 3 et 5 À partir des deux textes, montrez que des relations existent entre les religions juive, chrétienne et musulmane.

6 Doc 6 Selon cette image musulmane, qu'aurait fait Mohammed lors de son retour à La Mecque ? Pourquoi ?

> Le Coran

Selon l'islam, Mohammed a recueilli le message de Dieu, Allah, et l'a transmis à ses disciples. Pour les musulmans, le Coran est le livre de la « parole de Dieu » transcrite en arabe. Les historiens ont montré que la rédaction et la mise en forme du Coran s'est étalée sur environ deux siècles. Le Coran comprend 6 236 versets regroupés en 114 chapitres ou sourates. Il indique aux fidèles les croyances et les pratiques religieuses de l'islam ainsi que des règles de la vie quotidienne.

MOTS
- Prophète
- Musulman
- Islam
- Coran
- Jeûner
- Ramadan
- Aumône
- Pèlerinage

Doc 1 Une page du Coran, Sourate 11, versets 45 à 57.
Musée islamique du Caire, 12e siècle.
1 L'écriture arabe se lit de droite à gauche.
2 Limite d'un verset.

Doc 2 La profession de foi

« Croyez en Allah et en son envoyé, le Prophète. Suivez-le et vous serez dans le droit chemin ! »

D'après le Coran, *Sourate 7, verset 158.*

Dans l'appel du muezzin à la prière la formule fixée par la tradition est:
« Il n'y a de dieu qu'Allah et Mohammed est son prophète. »

Doc 3 La prière

« Heureux sont les croyants qui s'acquittent de leurs prières. »

Sourate 23, verset 1.

« Lorsque vous vous disposez à la prière, lavez-vous le visage et les mains jusqu'aux coudes, passez-vous la main sur la tête et sur les pieds jusqu'aux chevilles. »

Sourate 5, verset 6.

Doc 4 Le jeûne du mois de Ramadan

« Vous qui croyez, le jeûne vous a été prescrit. Le mois de jeûne est celui de ramadan, mois pendant lequel le prophète a eu la Révélation qui indique aux hommes la voie à suivre. Mangez et buvez jusqu'à l'aurore. Jeûnez ensuite jusqu'à la nuit suivante. »

D'après le Coran, *Sourate 2, versets 183, 185, 187.*

Doc 5 L'aumône aux pauvres

« Ô croyants ! Faites l'aumône des meilleures choses que vous avez acquises, des fruits que nous avons fait sortir pour vous de la terre. Ceux qui feront l'aumône en recevront la récompense auprès d'Allah. »

D'après le Coran, *Sourate 2, versets 267 et 277.*

Doc 6 Le grand pèlerinage à La Mecque

« Accomplissez le grand pèlerinage à La Mecque pour l'amour d'Allah. En cas d'empêchement majeur, faites alors à une offrande. Le pèlerinage a lieu en des mois déterminés. »

D'après le Coran, *Sourate 2, versets 196 et 197.*

Doc 7 Des règles de vie

L'alimentation

« Voici ce qui vous est interdit :
la bête morte, le sang, la viande de porc ;
ce qui a été immolé à un autre qu'Allah, la bête etouffée,
ou morte à la suite d'un coup,
ou morte d'une chute,
ou morte d'un coup de corne,
ou celle qu'un fauve a dévorée
– sauf si vous avez eu le temps de l'égorger. »

Sourate 5, verset 3.

Le vin et les jeux

« Ô vous qui croyez !
Le vin, le jeu de hasard sont une abomination et une œuvre du Démon. Évitez-les...
– Peut-être serez-vous heureux.

Satan veut susciter parmi vous l'hostilité et la haine au moyen du vin et du jeu de hasard. Il veut ainsi vous détourner du souvenir d'Allah et de la prière. »

Sourate 5, versets 90 et 91.

1 Doc 1 En quelle langue est écrit le Coran ? Comment lit-on cette langue ? Comment est marquée la limite d'un verset ? Pourquoi le Coran est-il un livre sacré pour les musulmans ?

2 Doc 2 Quelle est la croyance de l'islam ?

3 Doc 3 À quelle pratique religieuse incite ce verset ? Que faut-il faire avant ?

4 Doc 4 et 5 Durant le mois de Ramadan, quand le Coran demande-t-il de jeûner ? Que signifie faire l'aumône ?

5 Doc 6 Dans quelle ville sainte de l'islam a lieu le grand pèlerinage ?

6 Doc 7 Quels sont les interdits liés à l'alimentation ? Pourquoi le Coran interdit-il le vin et les jeux ?

7 Rédigez quelques phrases sur la religion musulmane en utilisant les mots suivants : islam, Coran, monothéisme, prière, jeûne, pèlerinage, aumône, règles de vie.

2. L'expansion de l'islam

MOTS
- Calife
- Djihad
- Émir

Profitant de la faiblesse des Byzantins et des Perses, les successeurs de Mohammed font la conquête d'un immense empire et répandent l'islam de l'Espagne à l'Inde.

➜ **Comment et où s'est diffusé l'islam ?**

Doc 1 Un guerrier fantassin arabe.

Doc 2 La monnaie d'or, le dinar. Pièce en or du 8e siècle, BNF, Paris.

Doc 3 Le djihad

Le « grand djihad » est un effort personnel du musulman pour développer sa foi en Allah. Le « petit djihad » désigne la guerre légale pour la défense de l'islam.

Combattez dans le chemin d'Allah ceux qui luttent contre vous. Chassez-les des lieux d'où ils vous auront chassés. S'ils s'arrêtent, sachez alors qu'Allah est celui qui pardonne ; il est miséricordieux.

D'après *le Coran, sourate 2, versets 190 et 192.*

Combattez ceux qui ne croient pas en Allah et au Jour dernier, ceux qui ne déclarent pas mauvais ce qu'Allah et son Prophète ont déclaré mauvais, ceux qui parmi les gens du Livre[1] ne pratiquent pas la vraie religion. Combattez-les jusqu'à ce qu'ils payent un tribut montrant leur soumission.

D'après *le Coran, sourate 9, verset 29.*

1. Les chrétiens et les juifs.

Doc 4 La bataille de Poitiers (732)

L'émir d'Andalousie, Abdel Rahman, franchit les montagnes des Basques et pille tout l'intérieur des terres des Francs. Puis il décide de piller l'église de Tours. Mais le maire du palais, dans le royaume des Francs, du nom de Charles Martel, lui fait front. Pendant sept jours, les deux adversaires se harcèlent pour choisir le lieu de bataille, puis enfin se préparent au combat. Les Francs restent serrés les uns contre les autres et massacrent les Arabes de leurs épées. Lorsqu'ils trouvent l'émir, ils le tuent. La nuit met fin au combat. Puis, le lendemain, à la vue immense du camp des Arabes, ils se préparent de nouveau au combat. Ils observent les tentes placées en ordre. Ils ne savent pas qu'elles sont toutes vides. Tous les Arabes ont fui en silence pendant la nuit pour retourner chez eux.

D'après *L'Anonyme de Cordoue,* 14e siècle.

Doc 5 **Un calife rendant la justice.**
Miniature du 13e siècle.

Doc 6 **Musulmans et chrétiens**

Lorsque vous (Omar[1]) êtes venus à nous, nous, les chrétiens, vous avons demandé la sécurité pour nos vies, nos familles, nos biens et les gens de notre religion à ces conditions : payer le tribut sur-le-champ, ne pas construire d'église, ne pas réparer celles qui sont délabrées ; n'empêcher aucun de nos parents de devenir musulman s'il le désire ; ne pas ressembler aux musulmans par l'apparence, le costume ; les honorer et les respecter ; ne pas frapper un musulman ; ne pas avoir d'esclaves ayant appartenu à des musulmans. Nous nous imposons ces conditions à nous-mêmes ; celui qui les rejette ne sera pas protégé.

D'après le texte dit « *Pacte d'Omar* » avec les chrétiens, 7e siècle.

1. Calife de 634 à 644.

1 **Doc 1** Décrivez l'armement et la tenue du guerrier arabe.

2 **Doc 3** Quel est le double sens de « djihad » ? Qui les musulmans devaient-ils combattre ? Pour quelles raisons ?

3 **Carte p. 24** De quelle région est partie la conquête arabe ? Quels sont les territoires conquis ?

4 **Doc 4** Quel est le nom de « la montagne des Basques » franchie par l'armée arabe ? Que font les Arabes dans le pays des Francs ? Quelle est l'issue des combats entre Francs et Arabes à Poitiers ?

5 **Doc 5** Cherchez à la page 35 la définition de « calife ». Comment est représenté celui-ci (dans quel cadre, son habillement) ? Quel pouvoir est-il en train d'exercer ?

6 **Doc 6** Quelle est la religion concernée dans ce pacte ? À quelles conditions les fidèles de cette religion sont-ils tolérés par le calife ?

7 Rédigez quelques phrases sur l'expansion de l'islam après Mohammed : les motivations des Arabes, les directions des conquêtes, l'organisation de l'empire.

> La mosquée de Kairouan

La ville de Kairouan, en Tunisie, a été fondée à la fin du 7e siècle par les conquérants arabes. Ils y construisent une mosquée, lieu de culte de la religion nouvelle. Dans sa forme actuelle, la mosquée de Kairouan date du 10e siècle. C'est l'une des plus grandes du monde arabe. Comme d'autres mosquées, son plan est inspiré de la maison de Mohammed à Médine.

MOTS
- **Mosquée**
- **Imam**

Doc 1 La Grande Mosquée de Kairouan. ❶ Le minaret (d'où est lancé l'appel à la prière) ❷ La cour ❸ Fontaine aux ablutions (purifications) ❹ La salle de prière ❺ Mur de la qibla (indique la direction de La Mecque)

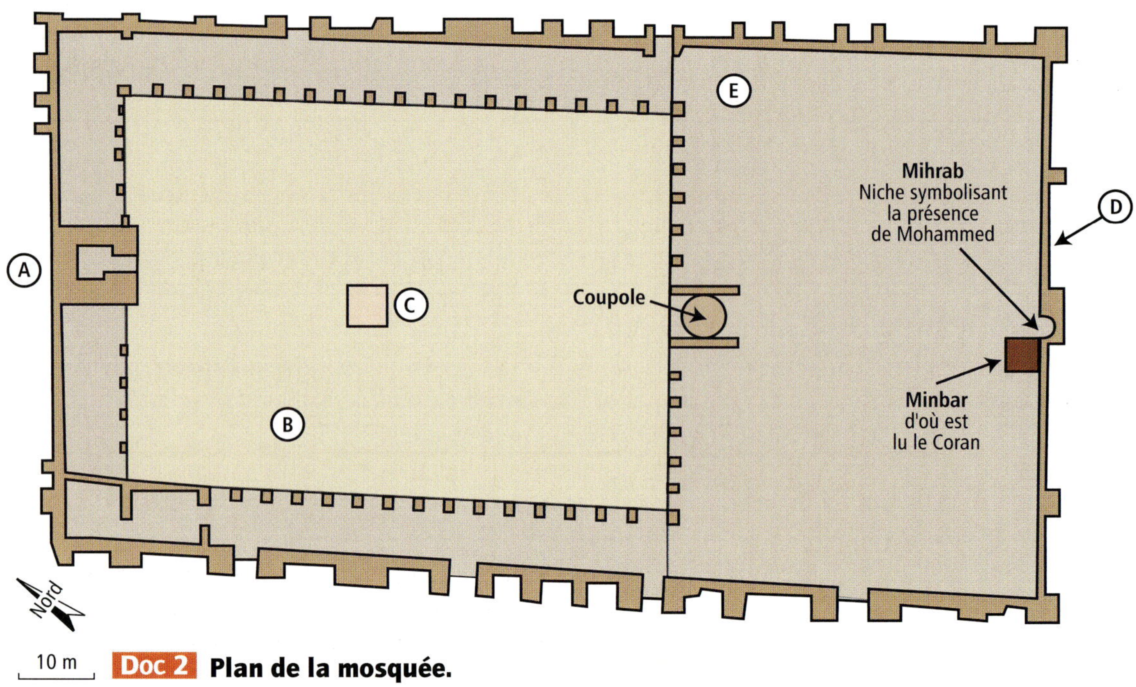

Doc 2 Plan de la mosquée.

Doc 3 **La salle de prière.** On y pénètre après s'être déchaussé.

Doc 4 **Le mihrab ❶ et le minbar ❷.**

Doc 5 L'enseignement de l'imam

L'imam monta en chaire. Les lecteurs assis devant lui sur des bancs se mirent à réciter le Coran, faisant entendre des modulations admirables. Alors, l'imam prit la parole et prononça un sermon empreint de sérénité et de dignité. Puis il traita des diverses branches des sciences religieuses. Ensuite, il fut assailli de partout par une pluie de questions auxquelles il répondit sans hésiter. On lui avait aussi donné des billets sur lesquels étaient inscrites ces questions et qu'il tenait dans la main. Il se mit à y répondre jusqu'à ce qu'il les eût toutes traitées. Le soir était tombé, aussi descendit-il de la chaire et l'assistance se dispersa.

D'après Ibn Jubayr, *Relation de voyages*, 12e siècle.

1 Doc 1 et 2 À l'aide de la légende de la photographie, indiquez ce que désignent les lettres A, B, C, D, E sur le plan.

2 Doc 2 À l'aide de l'échelle, calculez les dimensions de la mosquée (la plus grande longueur, la plus grande largeur).

3 Doc 1 à 4 Recopiez et complétez le tableau suivant :

	Localisation	Signification ou fonction
Minaret		
Fontaine		
Qibla		
Mihrab		
Minbar		

4 Doc 1 et 2 Par quel extrait du Coran (pages 28-29) pouvez-vous expliquer la présence de la fontaine aux ablutions ?

5 Doc 3 Pourquoi n'y a-t-il aucun meuble dans la salle de prière ?

6 Doc 4 et 5 Comment se nomme la chaire de l'imam ? Quel est le rôle de l'imam ?

7 Rédigez quelques phrases décrivant le parcours et les actions d'un musulman venu à la grande mosquée de Kairouan pour la prière du vendredi.

Bilan

La naissance et la diffusion de l'islam

1 Mohammed et les débuts de l'islam

A. Au **6e siècle**, l'**Arabie** est un vaste désert peuplé principalement de **nomades**. Ils sont éleveurs ou transportent par **caravanes** des marchandises venues du Sud de la péninsule ou d'Asie. Le long de la principale route caravanière, deux villes, deux oasis, se sont développées, **Yathrib** et **La Mecque**.
Les **Arabes** sont **polythéistes**. À La Mecque, ils rendent un culte à de nombreuses divinités dont un dieu de la **Kaaba**, une mystérieuse « pierre noire ». Il y a aussi en Arabie des communautés juives et chrétiennes.

B. Les historiens savent peu de chose sur **Mohammed**. Les **écrits religieux musulmans** qui font le récit de sa vie datent d'au moins un siècle après sa mort. Ils rapportent que Mohammed est né vers 570 à La Mecque, dans une famille de riches marchands. Orphelin très jeune, il devient conducteur de caravanes et travaille pour une riche veuve qu'il épouse. Lors de ses voyages, il rencontre des juifs et des chrétiens. **Les musulmans croient** que, vers l'âge de 40 ans, alors qu'il s'était retiré dans le désert pour méditer, **l'ange Gabriel** lui annonça qu'**Allah** (Dieu en arabe) l'avait choisi comme **prophète.**

C. À **La Mecque**, **Mohammed** demande aux habitants de renoncer aux anciennes croyances et **prêche** une nouvelle religion, l'**islam**. Mais devant l'hostilité de la majorité d'entre eux à la nouvelle foi, il **part pour Yathrib en 622** : c'est l'**Hégire**. Mohammed convertit les habitants de Yathrib à l'islam. Il devient le chef de la ville, **rebaptisée Médine**, la « ville du Prophète ». En 630, à la tête d'une armée, il **s'empare de La Mecque** et y interdit le polythéisme. La Mecque devient la première **ville sainte de l'islam**. À la mort de Mohammed en 632, la **plupart des habitants d'Arabie** ont adopté la **religion musulmane**.

2 Une religion fondée sur le Coran

A. Le **Coran** est le **livre sacré des musulmans**. Pour eux, il contient la parole de Dieu descendue du ciel, révélée à Mohammed. Il y a dans ce texte

MOTS

Caravane :

groupe de marchands traversant ensemble une région désertique et peu sûre.

Arabes : peuple de la péninsule arabique. Ne pas confondre avec musulman : tous les Arabes ne sont pas musulmans.

Musulman : Adj. : qui se rapporte à l'islam ; Nom : un croyant de l'islam. Ne pas confondre avec Arabe : tous les musulmans ne sont pas Arabes.

Allah : nom en arabe du Dieu unique des musulmans.

Prophète : celui qui parle au nom d'un Dieu.

Prêcher : enseigner la parole divine.

Islam : « se remettre à Dieu » en arabe ; religion monothéiste des musulmans.

Hégire : départ de Mohammed de La Mecque pour Yathrib en 622. L'Hégire marque le début de l'ère musulmane, du calendrier religieux des musulmans.

des éléments de la **culture arabe**, mais aussi des **emprunts aux religions juives et chrétiennes.**

B. Le Coran **définit les croyances de la religion musulmane**: un dieu unique, une vie après la mort, un paradis et un enfer. Avec d'autres écrits religieux, il indique aux musulmans les **pratiques de la religion**: proclamer sa foi en Allah, faire la prière, **jeûner** pendant le mois de **Ramadan**, faire l'**aumône** et se rendre, si possible, au moins une fois dans sa vie en **pèlerinage** à La Mecque. Le **lieu de culte** des musulmans est la **mosquée**. Ils s'y réunissent le vendredi et prient sous la direction de l'**imam**.

C. Le Coran contient aussi des **règles de la vie quotidienne** et sociale.

3 L'expansion de l'islam

A. Les **successeurs de Mohammed**, les **califes**, mènent une **expansion très rapide de l'islam.** Les **cavaliers musulmans** attaquent les empires perse et byzantin: c'est le **djihad**. En moins de cent ans, ils font la **conquête de tout le Moyen-Orient jusqu'aux portes de l'Inde, de l'Afrique du Nord et de l'Espagne.**

B. Dans les territoires conquis, les **habitants se convertissent peu à peu à l'islam.** Les chrétiens et les juifs peuvent continuer à exercer leur culte, à condition de verser un impôt.

C. Cet immense empire est dirigé à partir de **Damas** puis de **Bagdad** par le **calife, chef à la fois politique et religieux.** L'empire est divisé en provinces gouvernées par des **émirs**.

D. Mais, trop vaste et soumis à des rivalités politiques, l'**empire se morcelle.** Au 10e siècle, il y **trois califes rivaux**: un à **Bagdad**, un au **Caire** et un à **Cordoue**.

Retenir autrement

- **Au 7e siècle, en Arabie, Mohammed fonde une nouvelle religion monothéiste, l'islam. Le Coran est le livre saint des musulmans. La mosquée est leur lieu de culte.**
- **En moins d'un siècle, les Arabes font la conquête d'un immense empire qui s'étend de l'Atlantique à l'Inde et diffusent l'islam.**

Coran: « récitation » en arabe; le livre sacré des musulmans qui contient pour eux la parole divine transmise à Mohammed.

Jeûner: se priver volontairement de nourriture.

Ramadan: mois durant lequel les musulmans jeûnent entre le lever et le coucher du soleil.

Aumône: don charitable fait aux pauvres.

Pèlerinage: voyage effectué vers un lieu saint pour y prier.

Mosquée: lieu de culte des musulmans.

Imam: « guide » en arabe; spécialiste du Coran qui dirige la prière dans les mosquées.

Calife: chef politique et religieux des musulmans, successeur de Mohammed.

Djihad: 1/effort personnel pour développer sa foi en Allah; 2/légitime défense; 3/effort collectif pour étendre le territoire soumis à l'islam.

Émir: gouverneur d'une province de l'empire musulman.

3. Le monde musulman, un carrefour commercial et culturel

MOTS
- Épices
- Caravansérail
- Astrolabe
- Cartographie

Le monde musulman est au contact de plusieurs civilisations. Il en tire parti pour développer ses échanges commerciaux avec elles et devenir le centre du commerce mondial. Il leur emprunte des connaissances tout en les enrichissant. Au Moyen Âge, le monde musulman est à la pointe des sciences et des techniques.

D'où vient le rayonnement de la civilisation musulmane ?

Doc 1 **Le commerce dans le monde musulman.**

Doc 2 **Le caravansérail d'Iza Khast (Iran actuel).**

Doc 3 Les études du jeune Ibn Sina[1]

À Boukhara, je commençais l'étude du Coran et des belles lettres. À l'âge de dix ans, j'en étais venu à bout si bien qu'on en était surpris. Puis mon père décida de m'envoyer auprès d'un marchand de légumes qui connaissait le calcul pour l'apprendre de lui. Sous la direction d'un maître, je lus la géométrie d'Euclide[2] puis les travaux d'astronomie du mathématicien grec Ptolémée[3]. Je m'appliquais aussi à lire les livres d'Al-Farabi[4] et d'autres ouvrages sur les sciences naturelles et de jour en jour les portes de la connaissance s'ouvraient devant moi. Puis je m'adonnai à la médecine. J'y montrai promptement ma supériorité et je pus donner rapidement des soins aux malades. Je découvris ainsi les voies du traitement fondé sur l'expérience et l'observation. Je lus aussi tous les livres des Anciens[5] dont j'avais besoin.

D'après Avicenne, *Le Livre de science*, 11e siècle.

1. Avicenne, 980-1037.
2. Mathématicien grec du 3e siècle av. J.-C.
3. Mathématicien et géographe grec du 3e siècle av. J.-C.
4. Savant et philosophe du 10e siècle.
5. Les auteurs de l'Antiquité.

Doc 4 La leçon d'astronomie. Manuscrit turc du 16e siècle, Bibliothèque d'Istanbul (Turquie).

Doc 5 Des chiffres indiens à nos chiffres.

Doc 6 Divertissement dans un jardin. Miniature arabe du 13e siècle, *Les séances d'al Hariri*, BNF.

1 Doc 1 Avec quels continents le monde musulman a-t-il des relations commerciales ? Citez deux produits et leur provenance. Quelles sont les voies de communication utilisées ? Quelle ville est la plaque tournante du commerce ?

2 Doc 2 Cherchez à la p. 40 la définition de « caravansérail ». Décrivez celui qui est photographié.

3 Doc 3 Établissez la liste des matières étudiées par Avicenne. À quelle période de l'histoire ont vécu les auteurs qu'il lit particulièrement ? Quelle est la spécialité d'Avicenne ?

4 Doc 4 Citez le nom de quelques instruments reconnaissables sur l'image.

5 Doc 5 À qui les Arabes ont-ils emprunté les chiffres ? À qui les ont-ils transmis ?

6 Doc 6 Dans quel environnement se situe la scène représentée ? À quelle activité se livre l'un des personnages à gauche ?

7 Rédigez quelques phrases sur la situation de carrefour commercial et culturel du monde musulman au Moyen Âge, en utilisant les mots suivants : marchands arabes, épices, soie, or, esclaves, Asie, Afrique, savants musulmans, mathématiques, astronomie, médecine.

4. Bagdad et Cordoue

MOTS
- Souk
- Hammam
- Céramique
- Stuc
- Arabesque
- Calligraphie

Au 9e siècle, Bagdad, en Irak, est une ville de plus d'un million d'habitants. C'est le calife Al Mansour qui a décidé sa construction en 762 pour en faire la capitale des Abbassides. Au 10e siècle, Cordoue, en Espagne, compte 500 000 habitants. Elle est la capitale du calife d'Al Andalus qui s'est rendu indépendant de celui de Bagdad. Les deux villes connaissent une grande prospérité.

➔ Comment se présente une grande ville musulmane ?

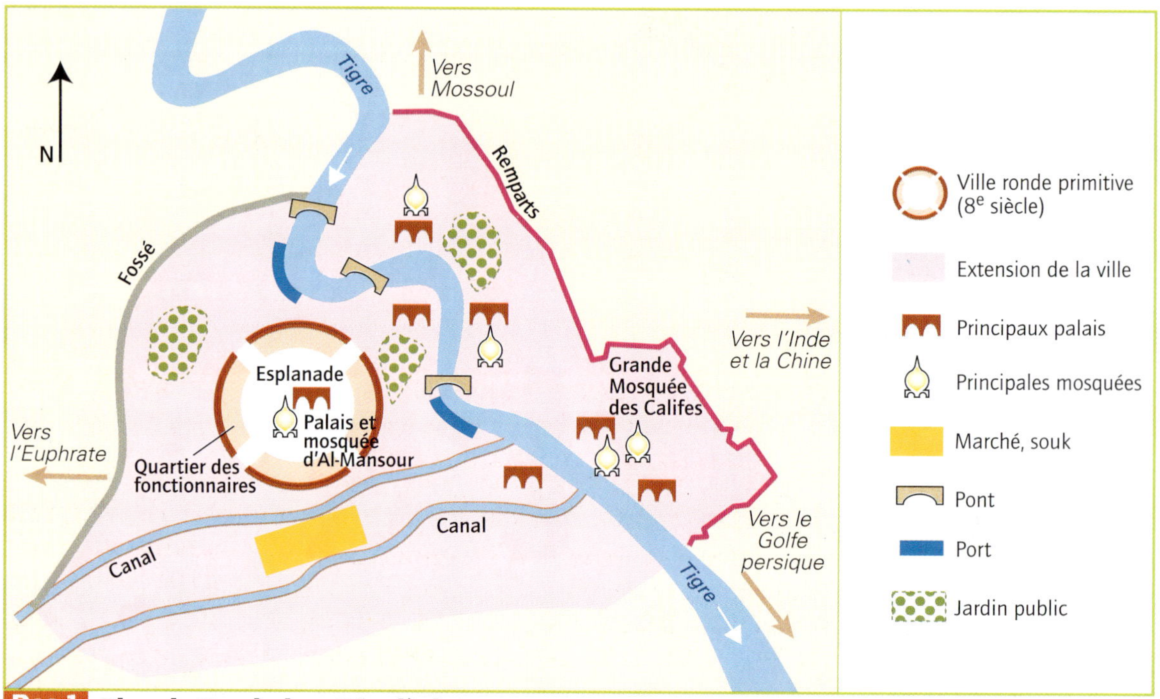

Doc 1 **Plan de Bagdad au 10e siècle.**

Doc 2 **« Le nombril de la Terre »**

Si je commence par l'Irak, c'est seulement parce que c'est le centre du monde, le nombril de la Terre. Bagdad est au cœur de l'Irak. Elle s'étale sur les rives de ce fleuve considérable, le Tigre. C'est la cité la plus considérable qui n'a d'équivalent ni à l'Orient ni à l'Occident, en étendue, en importance, en prospérité, en nombre d'habitants. Tous les peuples du monde y possèdent un quartier. Tous y font du commerce. Par terre et par eau, les marchandises affluent à Bagdad de façon continue, de l'Occident, l'Inde, de la Chine, du Tibet, des pays musulmans et des pays non musulmans, de toutes parts en un mot. On pourrait croire que tous les biens de la terre, tous les trésors du monde y sont réunis.

D'après Yaqubi, géographe, *Les Pays*, 9e siècle.

Doc 3 **Le marché aux esclaves.** Manuscrit arabe, 13e siècle, BNF.

Doc 4 **Plan de Cordoue au 10e siècle.**

Doc 5 Description de Cordoue

Cordoue est la capitale et la métropole de l'Espagne et le siège du califat parmi les musulmans. Ses habitants sont renommés pour la beauté de leur coutume, le choix des aliments et des boissons, et pour ce qui touche à l'élévation des sentiments qu'ils apportent dans leurs assemblées. Jamais Cordoue ne manquera de savant illustres ni de personnages distingués. Quant aux négociants, ils possèdent des richesses considérables, des ameublements somptueux, de beaux chevaux. Cordoue se compose de plusieurs villes qui se touchent et possédant en quantité suffisante des marchés, des bains et des édifices pour toutes les professions. Il n'est pas de ville plus célèbre dans toute l'Espagne.

D'après Al Idrisi, *Description de l'Afrique et de l'Espagne,* 12e siècle.

Doc 6 **Intérieur du palais de l'émir à Cordoue, 10e siècle.**

1 **Doc 1 et 2** Où est située Bagdad ? Au bord de quel fleuve ?

2 **Doc 2** D'où proviennent les marchandises qui arrivent à Bagdad ? Expliquez l'expression « nombril de la Terre » utilisée par l'auteur ?

3 **Doc 3** À l'aide de la carte, page 36, indiquez la provenance des esclaves vendus sur le marché de Bagdad.

4 **Doc 1** Qu'est-ce qui indique que Bagdad est à la fois une capitale économique, politique et religieuse ?

5 **Doc 4 et 5** Où est située Cordoue ? Au bord de quel fleuve ? Comment s'appelle le palais du calife ? La ville est-elle habitée seulement par des musulmans ? Comment apparaît Cordoue d'après le texte ?

6 **Doc 6** Qu'est-ce qui fait la richesse et la beauté de la décoration dans ce palais ?

7 **Doc 1 et 4** Faites un tableau en deux colonnes (Bagdad et Cordoue) et complétez-le avec les éléments correspondant à :
- Protection de la ville
- Édifices politiques
- Édifices religieux
- Édifices et lieux publics.

Bilan

Le rayonnement de la civilisation musulmane

1 Un carrefour commercial

A. Le monde musulman se situe au **carrefour de l'Europe, de l'Afrique et de l'Asie.** Au 8e siècle et au 9e siècle, c'est en Irak, autour de **Bagdad,** que s'organise le commerce du Monde connu de l'époque. Les **marchands arabes vont en Inde et en Chine** pour en ramener des **produits de luxe, épices**, soieries, parfums, qu'ils revendent ensuite aux populations musulmanes, mais aussi aux Byzantins et aux marchands italiens. Ils **vont en Afrique noire** pour acheter de l'or et des esclaves.

B. Sur les **voies terrestres**, les marchands se déplacent en **caravanes** et font étape dans les **caravansérails** qui jalonnent les routes commerciales. Sur **mer**, les marins utilisent des bateaux à voile équipés d'un gouvernail à l'arrière qui rend plus aisée la manœuvre. L'invention d'**instruments de repérage**, comme la **boussole** et **l'astrolabe**, facilite les voyages. Les marchands arabes naviguent en mer Rouge, longent les côtes de la mer Méditerranée et de l'océan Indien.

C. Le monde musulman utilise la monnaie d'or, le **dinar**, et la monnaie d'argent, le **dirham.**

2 Un carrefour culturel

A. Le monde musulman est en **contact avec le monde byzantin et les grandes civilisations de l'Orient.** Les **savants** traduisent en arabe et étudient les **textes scientifiques et philosophiques** de la Grèce antique, de l'Inde et de la Perse. Les **mathématiciens** utilisent les **chiffres indiens**, que nous appelons « chiffres arabes », et le **zéro** ; ils font progresser les mathématiques en inventant l'**algèbre**. Les **astronomes** observent la lune, les étoiles, mesurent la circonférence de la Terre et la hauteur des astres au-dessus de l'horizon. Les **médecins** savent anesthésier les malades, opérer des yeux ou de l'appendicite, ligaturer des artères, réduire les fractures. Les **géographes** arabes parcourent le Monde connu et améliorent la **cartographie**.

Épices : produits végétaux aromatiques (poivre, cannelle, clou de girofle, noix de muscade...) utilisés pour relever le goût des aliments.

Caravansérail : auberge fortifiée qui abrite les marchands, leurs bêtes et leurs marchandises.

Boussole : voir page 172.

Astrolabe : voir page 172.

Cartographie : établissement et dessin des cartes de géographie.

Souk : marché couvert regroupant artisans et commerçants dans une ville musulmane.

B. Le **livre** a une importance capitale dans la civilisation musulmane. Il existe de **très grandes bibliothèques** comme la « Maison de la sagesse » à Bagdad. La **poésie** et la **musique** s'épanouissent dans les cours des califes. Des **contes**, comme ceux des *Mille et une nuits*, ont un grand succès.

C. Les **connaissances** acquises et développées dans le monde musulman **se diffusent en Occident** grâce à la présence des Arabes en Espagne et en Sicile, et à celle des Francs au Proche-Orient pendant les croisades.

3 Une civilisation urbaine

A. Partout les **califes ont fondé des villes.** Elles sont le cadre de la civilisation musulmane. Vers l'an mil, les villes du monde musulman sont parmi les plus grandes du Monde : **Bagdad** compte plus d'un million d'habitants et **Cordoue** 500 000.
Entourée de **remparts**, la ville est un dédale de ruelles étroites et sinueuses bordées de maisons ouvertes sur des cours intérieures. On y trouve de **nombreuses mosquées**, dont la **Grande Mosquée**, et le **palais** du calife ou de l'émir.
Les échoppes des commerçants et les petits ateliers des artisans se regroupent dans des **marchés couverts**, les **souks.** Toute ville musulmane a ses **bains publics**, les **hammams,** et ses écoles, où l'on étudie le Coran et le droit.

B. Si les **mosquées** et les **palais** ont une architecture très simple à l'extérieur, en revanche, la **décoration intérieure est très riche.** Les murs, les plafonds, les sols, les arcs aux formes variées sont couverts de **marbre**, de **céramiques** colorées et de **stuc.** L'islam interdisant les représentations humaines et animales, les artistes composent des **motifs géométriques** et des **arabesques.** Des **versets du Coran** **calligraphiés** font aussi partie de la décoration.

Hammam : établissement où l'on prend des bains, souvent de vapeur.

Céramique : objet fabriqué en terre cuite.

Stuc : poudre de plâtre et de marbre mêlée à de la colle destinée à enduire les murs.

Arabesque : dessin formé de lignes, de feuillages, de lettres entrelacées.

Calligraphie : art de former de façon élégante les caractères de l'écriture.

Retenir autrement

- **Au carrefour de l'Asie, de l'Europe et de l'Afrique, le monde musulman est situé au cœur du grand commerce international.**
- **La civilisation musulmane s'épanouit dans de grandes villes, comme Bagdad et Cordoue. Les sciences et un art original, très riche, s'y développent. Civilisation brillante, elle rayonne autour d'elle.**

Je m'exerce

1. Se repérer dans le temps

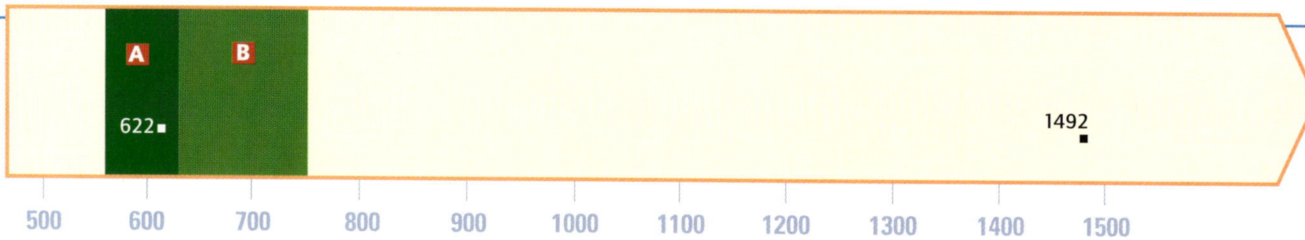

1. Quelles périodes sont indiquées par les lettres A et B ?
2. À quels événements correspondent les dates 622 et 1492 ?

2. Se repérer dans l'espace

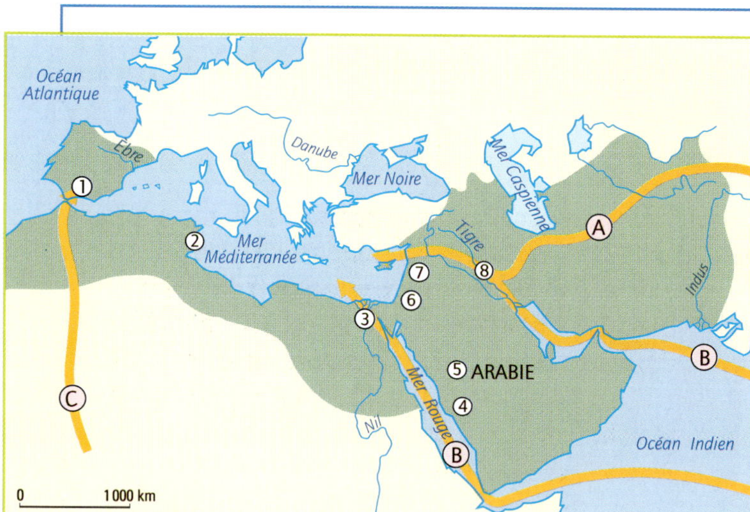

Doc .... **au 9e siècle.**

1. Complétez le titre de la carte.
2. Écrivez la liste des numéros indiqués sur la carte et donnez le nom des villes correspondantes.
3. Soulignez d'un trait le nom des capitales des califes. Parmi elles, entourez celle qui est au centre du commerce mondial au 9e siècle. Soulignez de deux traits la grande ville sainte du pèlerinage des musulmans.
4. Donnez un nom à chacune des routes commerciales de la carte indiquées par A, B et C : ce nom est celui d'une marchandise de grand prix. Indiquez d'où viennent ces marchandises.

3. Rédiger un texte

- Composez un petit texte sur les croyances des musulmans à propos de la vie de Mohammed et de ses idées religieuses.

Mots à utiliser :

- ❑ La Mecque
- ❑ Allah
- ❑ Hégire
- ❑ Islam
- ❑ Arabes
- ❑ Médine
- ❑ Prophète
- ❑ Coran
- ❑ Prêcher
- ❑ Musulmans

4. Connaître les pratiques religieuses de l'islam

Doc 2 Céramique du 16e siècle.

Doc 1 Le Prophète s'étant un jour montré en public au peuple, un homme vint le trouver et lui dit : Qu'est-ce que la foi ? – C'est, répondit-il, croire en Dieu, à l'autre vie et à la résurrection. – Et qu'est-ce que l'islam ? reprit l'homme. – L'islam, dit le Prophète, c'est le fait d'adorer Dieu, de ne croire qu'en lui, de faire la prière, de faire l'aumône, de jeûner pendant le ramadan.

D'après El-Bokhâri, *as-Sahîh*, 9e siècle.

Doc 3 Détail d'une miniature turque du 18e siècle.

1. Qui est le « Prophète » dans le texte ?
2. Quelles sont les pratiques religieuses des musulmans citées dans le texte ?
3. Laquelle est évoquée par le document 3 ?
4. À l'aide du document 2, indiquez quelle pratique n'est pas nommée dans le document 1.

5. Connaître un lieu de culte musulman

1. Dans quel pays actuel se situe Ispahan ? Pourquoi peut-on voir des mosquées dans ce pays ?
2. Décrivez les motifs décoratifs ornant le dôme en utilisant les mots *céramiques, arabesque, calligraphie.*
3. Complétez le groupe de mots désigné par le 1 sur le plan.
4. Il y a dans la Grande Mosquée d'Ispahan trois salles de prière : quels éléments sur le plan permettent de les repérer ? Il y a une salle de prière principale : comment peut-on l'identifier ?
5. Quels éléments de l'architecture de la mosquée, visibles sur la photographie, sont figurés sur le plan en 2 et 3 ?
6. À quoi sert un minaret ?

Doc 1 La Grande Mosquée d'Ispahan en Iran, construite au 17e siècle. Le dôme en forme de bulbe et deux minarets.

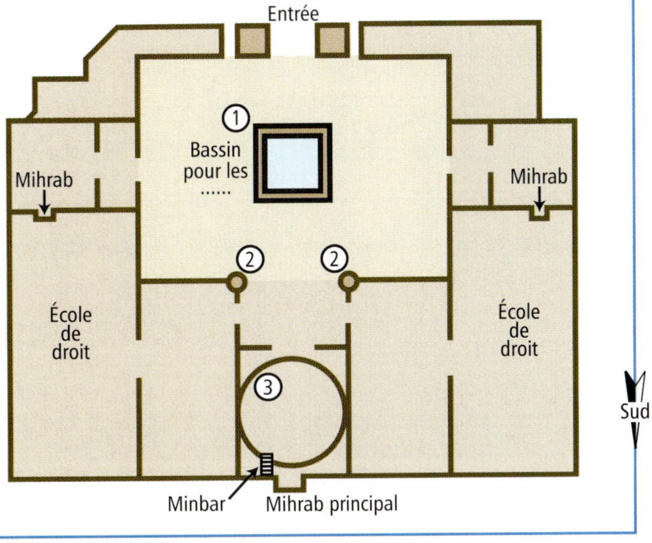

Doc 2 Plan simplifié de la Grande Mosquée d'Ispahan.

6. Décrire une ville musulmane

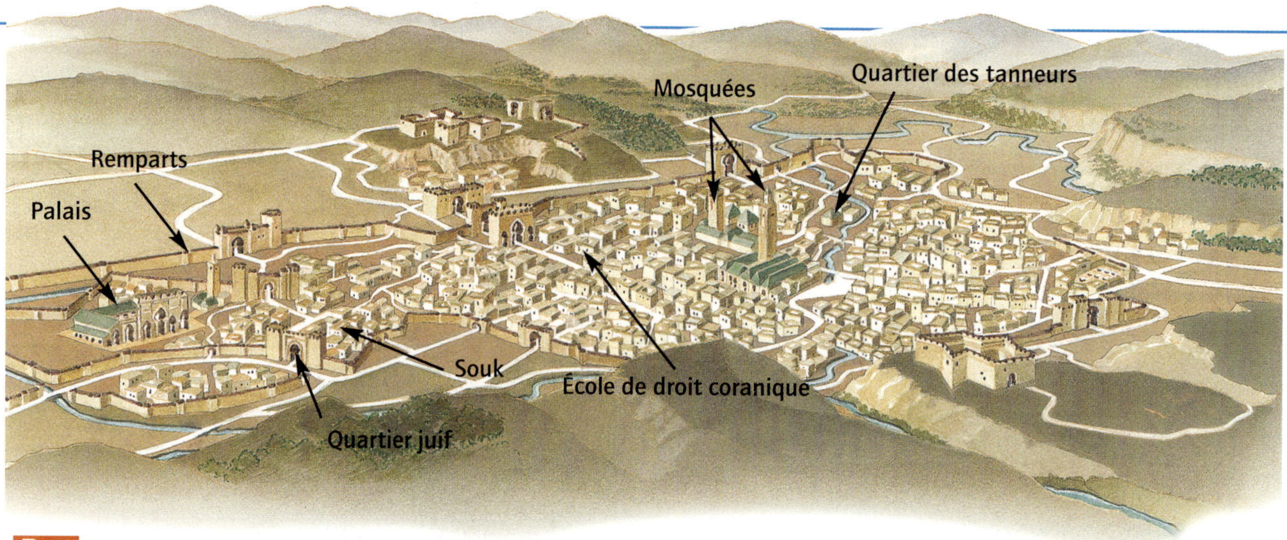

Doc **Reconstitution de la ville de Fès (Maroc) au Moyen Âge.**

1. Dans quelle partie du monde musulman est située la ville de Fès ?
2. Comment la ville est-elle protégée ?
3. Quelle activité économique indique la présence d'un quartier des tanneurs ?
4. Les habitants de la ville sont-ils tous musulmans ? Justifiez votre réponse.
5. Quels sont les lieux et les constructions caractéristiques du monde musulman ? Quelle est leur fonction ?

7. Reconnaître l'art musulman

Doc **La cour des Lions au palais de l'Alhambra de Grenade (Espagne actuelle), 14e siècle.**

1. Dans quel pays et dans quelle ville se trouve le palais de l'Alhambra ?
2. Quand a-t-il été construit ?
3. Quels matériaux ont été utilisés pour la construction de la cour ?
4. À partir de la photographie, dessinez les différents types d'arcs visibles.
5. Quels sont les motifs de décoration ?
6. Que nous apprend la cour des Lions sur le cadre de vie des habitants du palais ?

Un livre de littérature pour la jeunesse

L'action se déroule en 789, au temps du calife Haroun al-Rachid. Sur le chemin de Bagdad, Tahir, fils d'un riche joaillier, rêve de gloire, et Daoul, son ami poète, d'amour fou. Poursuivant l'un un rubis volé, destiné à l'épouse du calife, l'autre une belle à la voix d'or, ils verront surgir à travers les ruelles et les palais de Bagdad la menace d'un inconnu au regard d'acier...

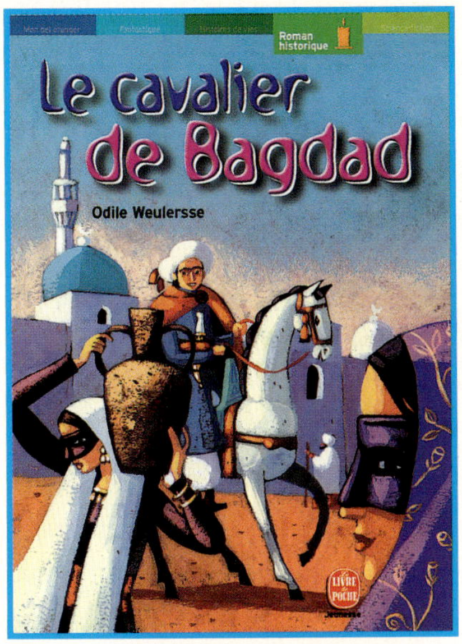

Le cavalier de Bagdad, par Odile Weulersse, illustrations par Yves Beaujard, Hachette, 1988, Le Livre de poche, n° 262. À partir de 9-12 ans.

En lisant ce livre passionnant tu apprendras des tas de choses sur :

- *la vie des caravaniers dans le désert*
- *le commerce dans le monde musulman*
- *l'aspect de la ville de Bagdad, ses palais, ses jardins*
- *le calife et son pouvoir*
- *le souk et les métiers dans la ville*
- *les savants musulmans*
- *les arts*
- *la religion musulmane*
- *le mode de vie des musulmans*

Extrait du chapitre 1 « La caravane de Bagdad »

« Au moment où la ligne d'horizon commence à rougeoyer, la voix du muezzin s'élève au-dessus du tumulte pour appeler à la première prière du jour. Omar le joaillier descend avec peine de son âne et jette sur le sol un tapis qui marque l'espace sacré de la prière. Autour de lui, chacun, devant son tapis ou sa simple natte, se tourne vers La Mecque. Tahir se dépêche de prendre une outre d'eau pour se laver le visage, les mains, les pieds et mouiller ses cheveux, puis se prosterne à son tour.

« *Allah akbar !* Allah est grand. J'affirme qu'il n'est pas d'autre dieu qu'Allah. J'affirme que Mohammed est le prophète d'Allah. Venez à la prière. Venez au salut. Allah est grand. Il n'est pas d'autre dieu qu'Allah. »

Tout en répétant machinalement la première sourate, Tahir pense à autre chose : a-t-on bien emporté de l'eau de rose pour parfumer le breuvage de Sarab, qui ne supporte pas la fadeur de l'eau de source ? Maintenant Tahir incline son buste, les mains sur ses genoux.

« Allah écoute celui qui chante ses louanges. Allah notre maître. À Toi la gloire. »

Puis il se prosterne, le front touchant le sol. Mais il est trop excité pour se concentrer sur la prière. Mille pensées assaillent son esprit. Il songe à l'homme mystérieux qui est venu l'épier dans sa tente.

« Heureusement que mon père ignore sa présence. Sinon, il ne me laisserait pas partir », songe-t-il.

À peine le soleil s'est-il levé à l'horizon que le chef de la caravane donne le signal du départ. Les mille voyageurs s'ébranlent comme un chemin qui marche. Les chameaux, chevaux, mulets, lourdement chargés, se mettent en file pour apporter dans les pays de l'Est l'or et l'ivoire d'Afrique, les épices et les étoffes d'Extrême-Orient, les aromates et l'encens de l'Arabie Heureuse, sans compter les tissus, les armes, les céréales, les huiles et les esclaves.

Tahir saute à cheval et salue son père péniblement remonté sur sa mule :

« Père, je reviendrai bientôt.

– Qu'Allah te garde en sa miséricorde », dit le joaillier, tandis que passe dans ses yeux un voile d'inquiétude. »

chapitre

3 L'Empire carolingien

Doc 1 **Les royaumes barbares au début du 6e siècle.**

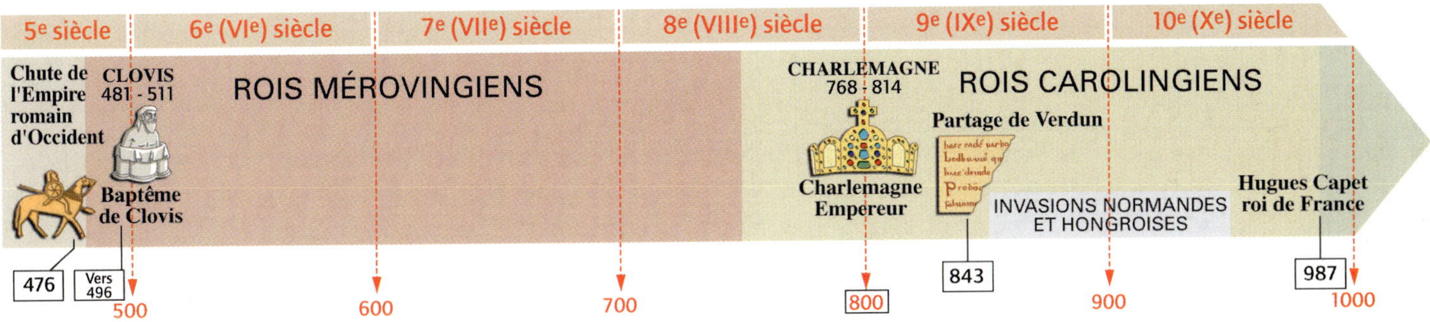

Doc 2 **L'Empire de Charlemagne.**

1. Clovis et le royaume des Francs

MOTS
- Païen
- Évêque
- Christianisation
- Monastère
- Règle monastique
- Mérovingiens
- Maire du Palais

Depuis 481, Clovis est roi des Francs, l'un des peuples envahisseurs de l'Empire romain d'Occident. Il se lance à la conquête de l'ancienne Gaule romaine. Converti à la religion chrétienne, il obtient le soutien de l'Église contre les autres rois barbares. Il fonde un vaste royaume franc dans lequel le christianisme s'enracine durablement. Mais au 8e siècle, les successeurs de Clovis, les rois mérovingiens, perdent progressivement leur pouvoir.

➜ Comment Clovis établit-il un royaume franc et chrétien en Gaule ?

Doc 1 Le baptême de Clovis, vers 496

La reine Clotilde ne cessait de demander à Clovis d'abandonner les idoles, jusqu'au jour où la guerre fut déclenchée contre les Alamans. Le conflit des deux armées dégénéra en un violent massacre et l'armée de Clovis fut sur le point d'être exterminée. Clovis, ému jusqu'aux larmes, s'écria : « Jésus-Christ, si tu m'accordes la victoire, je croirai en toi et je me ferai baptiser. » Comme il disait ces mots, les Alamans commencèrent à prendre la fuite.
Clovis se rendit au milieu des siens et avant même qu'il eût pris la parole, tout le peuple s'écria en même temps : « Nous rejetons les dieux mortels, ô roi, et nous sommes prêts à suivre le Dieu immortel que prêche Rémi, l'évêque de Reims. » Ces nouvelles sont portées à l'évêque qui, rempli d'une grande joie, fait préparer le bassin de baptême. Ce fut le roi qui, le premier, demanda à être baptisé. Il s'avança vers la piscine et lorsqu'il y fut rentré, Rémi l'interpella en ces termes : « Courbe doucement la tête ; adore ce que tu as brûlé, brûle ce que tu as adoré ! » Ainsi donc le roi fut baptisé et oint du saint chrême[1] avec le signe de la croix du Christ. Plus de trois mille hommes de son armée furent également baptisés.

D'après Grégoire, évêque de Tours, *Histoire des Francs*, 6e siècle.

1. Saint chrême, huile sainte qui servit au baptême de Clovis puis au sacre des rois de France.

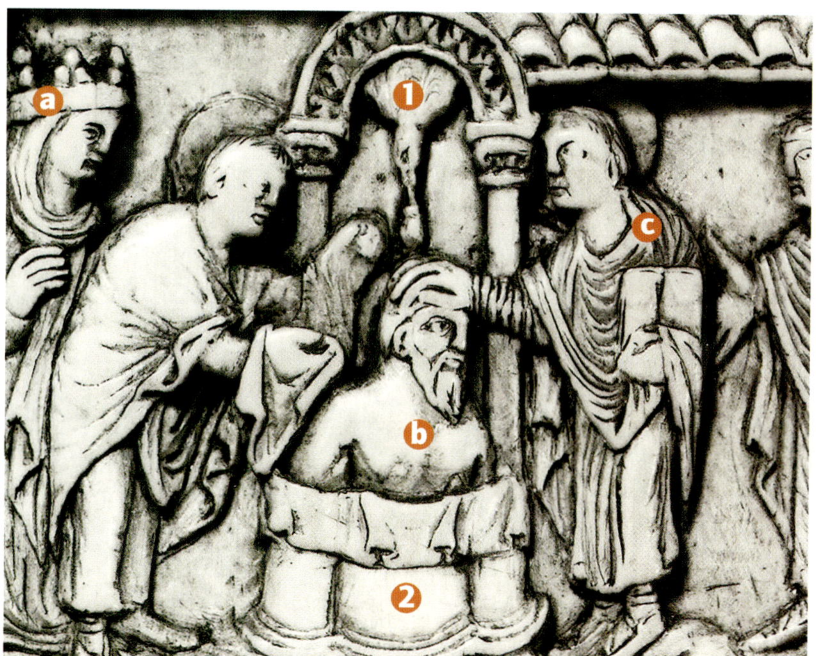

Doc 2 Une représentation du baptême de Clovis. Tablette en ivoire, 9e siècle, musée de Picardie, Amiens. ❶ Huile sainte ❷ Cuve de baptême

Doc 3 Un guerrier franc.

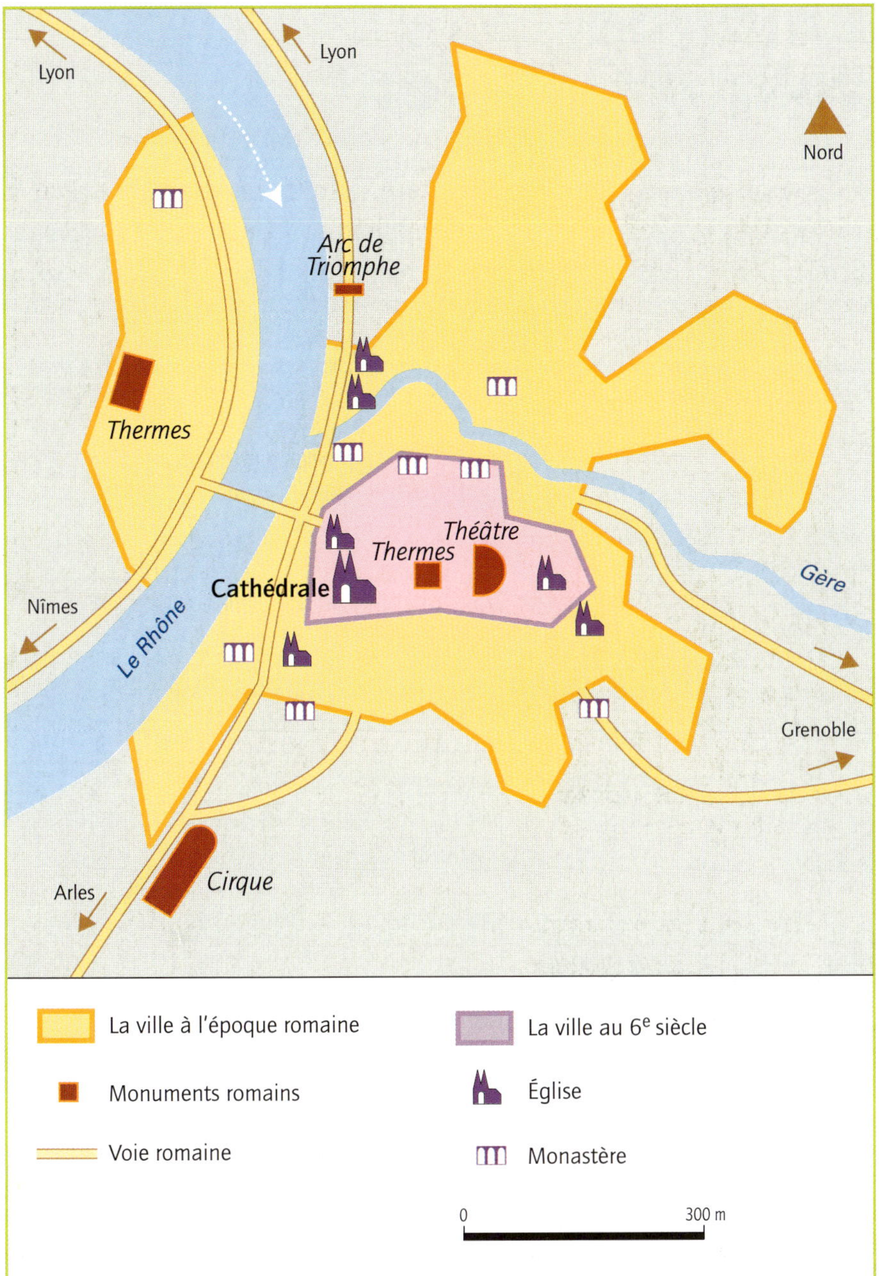

Doc 4 **La ville de Vienne (Isère) du 1er siècle à la fin du 6e siècle.**

Doc 5 La règle de saint Benoît

Qu'au monastère personne ne possède rien à soi, absolument rien.
À l'heure de la prière, dès qu'on entend le signal, on doit laisser tout ce qu'on a dans les mains, et se hâter d'accourir. Que l'on ne préfère rien d'autre à la prière commune.
L'oisiveté est l'ennemie de l'âme. Les frères doivent donc consacrer certaines heures au travail manuel et d'autres à la lecture des textes sacrés.

Extrait de la règle bénédictine, vers 530.

Doc 6 La fin d'une dynastie

La famille des rois Mérovingiens est réputée avoir régné jusqu'à Childéric qui, sur l'ordre du pape Étienne, fut déposé et enfermé dans un monastère. Mais elle avait depuis longtemps déjà perdu toute vigueur et ne se distinguait plus que par le vain titre de roi. La fortune et la puissance publiques étaient aux mains des chefs de sa maison, qu'on appelait les maires du palais : c'est à eux qu'appartenait le pouvoir suprême.
Cette charge, à l'époque où Childéric fut déposé, était remplie par Pépin, père du roi Charles[1], Elle avait été aussi brillamment exercée avant lui par son père, Charles Martel. Pépin fut élevé, par l'autorité du pape, de la mairie du palais à la dignité royale.

D'après Eginhard, *Vie de Charlemagne*, 9e siècle.

1. Charlemagne

1 **Doc 1** Qui est l'auteur du texte ? Quelles étaient les croyances des Francs et de Clovis avant le baptême de ce dernier ? Dans quelle ville se déroule ce baptême ? Que signifie cet acte pour Clovis ? Clovis est-il seul à se convertir ?

2 **Doc 1 et 2** Identifiez à l'aide du texte les personnages désignés par a, b et c.

3 **Doc 3** Décrivez le soldat (sa tenue, son armement). Est-ce un fantassin ou un cavalier ?

4 **Carte p. 46** Quels sont les trois plus grands royaumes barbares au début du 6e siècle ? Sur quel territoire de l'ancien Empire romain d'Occident s'étend le royaume de Clovis ?

5 **Doc 4** Quels monuments prouvent le passé romain de la ville ? Comparez l'extension de la ville de Vienne au 6e siècle à celle de l'époque romaine. Comptez le nombre de monuments chrétiens au 6e siècle. Qu'est-ce que cela indique ?

6 **Doc 5** Quelles activités la règle de saint Benoît impose-t-elle aux moines ?

7 **Doc 6** Qui est le dernier roi mérovingien ? Que lui arrive-t-il et qui le remplace ?

8 Rédigez quelques phrases sur Clovis en utilisant les mots suivants : barbare, roi des Francs, païen, baptême, Mérovingiens, évêque de Reims.

2. Charlemagne, empereur d'Occident

MOTS
- Dynastie
- Carolingiens
- Sacre

Devenu roi des Francs en 768, Charlemagne agrandit par les conquêtes le territoire hérité de son père, Pépin, et veut faire triompher partout le christianisme. Il vient en aide au Pape, menacé par les Lombards. Couronné empereur en l'an 800, il se proclame le successeur des empereurs romains.

➔ Comment Charles, roi des Francs, devient-il empereur d'Occident ?

Charles Martel
Maire du Palais,
vainqueur à Poitiers en 732

Pépin le Bref
Maire du Palais,
puis roi (751-768)

Charlemagne
Roi des Francs,
puis empereur d'Occident (800-814)

Louis le Pieux
Roi des Francs,
puis empereur d'Occident (800-814)

Lothaire Ier Empereur (840-855)	Charles le Chauve Roi de Francie occidentale puis empereur (840-877)	Louis le Germanique Roi de Francie orientale (814-876)

Doc 1 La dynastie des Carolingiens.

Doc 3 Le passage du col de Roncevaux

Au retour d'une expédition en Espagne contre les musulmans, l'armée de Charlemagne est attaquée par des Basques.

Les Basques qui s'étaient placés en embuscade sur le point le plus élevé de la montagne attaquèrent l'arrière-garde et jetèrent la plus grande confusion dans toute l'armée. Les Francs, tout en ayant la supériorité des armes et du courage, furent défaits à cause du désavantage des lieux et du genre de combat qu'ils furent obligés de soutenir. La plupart des comtes[1] périrent. Les bagages furent pillés et l'ennemi, favorisé par la connaissance des lieux, se dispersa aussitôt.

D'après les *Annales royales* pour l'année 778.

1. dont Roland, neveu de Charlemagne.

Doc 2 La prise d'une ville par des guerriers carolingiens.
Miniature du *Psautier d'or* du monastère de Saint-Gall, 9e siècle, Bibliothèque de Saint-Gall en Suisse.

Doc 4 Conquête et évangélisation des Saxons

Aucune guerre ne fut plus longue, plus atroce, plus pénible pour le peuple franc que la guerre de Saxe. Car les Saxons, comme presque toutes les nations de Germanie, étaient d'un naturel féroce ; ils pratiquaient le culte des idoles et se montraient ennemis de notre religion. La guerre fut menée des deux côtés avec une égale vigueur, et se poursuivit pendant trente-trois années consécutives. Elle eut pu finir plus vite sans la perfidie des Saxons. Il est difficile de dire combien de fois ils promirent de faire ce qu'on exigeait d'eux, reniant toujours ensuite leurs engagements.
Et l'on sait que la guerre ne s'acheva que lorsque les Saxons eurent accepté les conditions imposées par le roi Charles : abandon du culte des idoles, adoption de la foi et de la religion chrétienne, fusion avec le peuple franc en un peuple unique.

D'après Eginhard, *Vie de Charlemagne*, 9e siècle.

Doc 5 Charlemagne couronné empereur par le pape en l'an 800.
Vitrail de Sainte-Radegonde, Poitiers, 13e siècle.

Doc 6 Le sacre de Charlemagne à Rome

Le Pape Léon III se tint sur les marches de la basilique de Saint-Pierre apôtre, tandis que des groupes de pèlerins ainsi que des habitants de Rome étaient rangés pour acclamer celui qui venait. Ce fut le pape lui-même qui, accompagné du clergé et des évêques, reçut le roi Charles à sa descente de cheval. Il le fit pénétrer dans la basilique au milieu des chants de toute l'assistance. Sept jours après, le saint jour de Noël, le Pape mit une couronne sur la tête de Charles et tout le peuple des Romains l'acclama en criant : « Vie et victoire à Charles Auguste, couronné par Dieu, grand et pacifique empereur des Romains. » On lui donna désormais le titre « d'empereur et Auguste ».

D'après les *Annales royales* pour l'an 800.

1 Doc 1 Qu'est-ce qu'une dynastie ? Qui est le premier roi carolingien ? Qui sont les ancêtres de Charlemagne ? ses descendants ?

2 Doc 2 et carte p. 47 Décrivez les guerriers sur l'image. Comment est représentée la ville prise ? D'après la carte, quel État domine l'Occident au 9e siècle ? En comparant la carte avec celle de la page 46, que sont devenus les royaumes barbares du 6e siècle ? Charlemagne parvient-il à étendre son Empire en Espagne ? Pourquoi ?

3 Doc 3 Que se passe-t-il au col de Roncevaux en 778 ?

4 Doc 4 Localisez sur la carte page 47 la région dont il est question dans le texte. Quelles étaient les croyances des Saxons avant la conquête ? Qu'est-ce que Charlemagne leur impose une fois leur pays conquis ?

5 Doc 5 et 6 Où et en quelle année Charlemagne devient-il empereur d'Occident ? Recopiez la phrase du texte qui correspond à la scène représentée sur le vitrail.

6 Rédigez quelques phrases sur Charlemagne et l'Empire carolingien en utilisant les mots suivants : sacre, roi des Francs, conquêtes, empereur, Saxons, monde musulman, Rome, an 800, évangélisation.

3. L'organisation de l'Empire carolingien

MOTS
- Comte
- Missi dominici
- Capitulaire

Charlemagne se trouve à la tête d'un immense territoire qui couvre une grande partie de l'ancien empire romain d'Occident et qui est peuplé de 15 millions d'habitants. Il organise le gouvernement et l'administration de son empire pour s'assurer que les décisions qu'il prend sont bien appliquées. Il encourage le développement de l'instruction et la diffusion des textes religieux.

➔ **Comment Charlemagne gouverne-t-il son vaste empire ?**

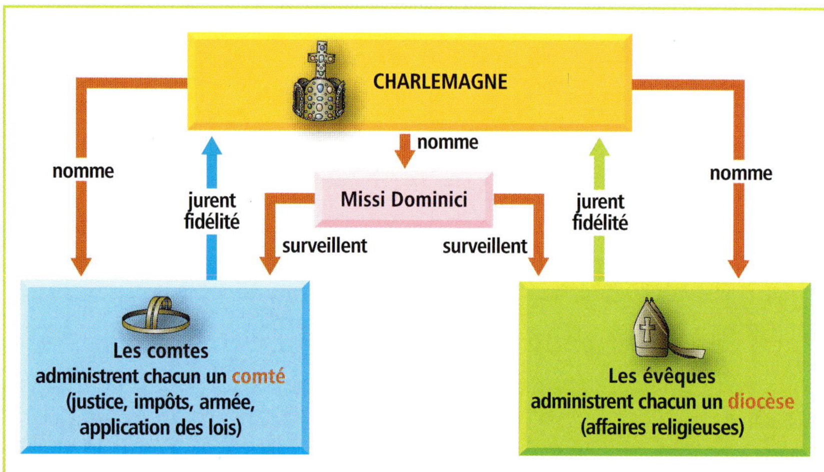

Doc 1 **Le pouvoir dans l'empire.**

Doc 2 **Statuette de bronze du 11e siècle.** Musée du Louvre, Paris.

Doc 3 **Charlemagne et ses comtes réunis au palais.** Bible du 9e siècle, BNF, Paris.

Doc 4 Le serment à l'Empereur

Je promets, à compter de ce jour, d'être fidèle au seigneur Charles, très pieux empereur, fils du roi Pépin et de la reine Berthe, sincèrement, sans fraude ni mauvaise intention, et pour l'honneur de son royaume, comme un homme le doit à son seigneur et maître. Car tous les jours de ma vie, de toute ma volonté que Dieu me donnera, je m'y emploierai et m'y consacrerai.

D'après le formulaire du serment de fidélité des sujets, 802.

Doc 6 Charlemagne et les études

Qu'on rassemble non seulement les fils de riche famille mais les fils de condition modeste. Qu'il y ait des écoles pour l'instruction des garçons. Dans tous les monastères et les évêchés, enseignez les Psaumes[1], l'écriture, le chant, le calcul, la grammaire. Corrigez soigneusement les livres religieux, car souvent, alors que certains désirent bien prier Dieu, ils y arrivent mal à cause des erreurs des livres.

D'après le *Capitulaire* de 789.

1. Chants religieux.

Doc 5 Les envoyés du maître

Nous désirons savoir par nos missi[1], envoyés maintenant dans tout notre royaume, comment toutes nos décisions sont observées par les hommes d'Église, évêques, abbés, prêtres, moines et religieuses. De la même façon, nous désirons savoir si les laïcs, en tous lieux, ont observé nos ordres sur la protection des saintes églises, des veuves, des orphelins et des petites gens, sur le service militaire, sur la justice. Qu'à tous, en public, les missi fassent savoir qu'ils ont été installés par nous. Si d'aventure un évêque ou un comte aura été un peu trop négligent dans sa charge, qu'il soit réprimandé et remis dans le droit chemin par leurs conseils. Que tout le monde sache que tout individu, s'il n'a pu obtenir justice de la part du comte, peut déposer sa plainte devant les missi, ou faire appel à nous. Nous voulons aussi que ce que nous avons décidé par nos capitulaires généraux soit porté par les missi à la connaissance de tous.

D'après le *Capitulaire des missi*, année 802.

1. Du latin *missus*, envoyé.

a
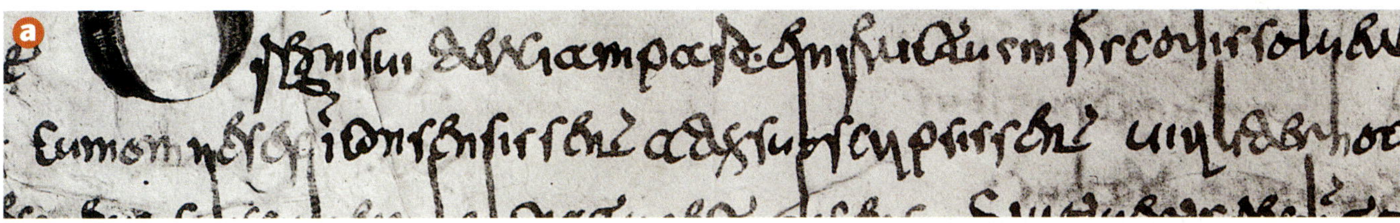

b

Doc 7 Une nouvelle écriture. a Écriture mérovingienne du 7e siècle b Écriture en minuscules carolines du 9e siècle

1 Doc 2 Que porte Charlemagne sur la tête ? Que tient-il dans la main ? Qu'est-ce que cela signifie ?

2 Doc 1, 3 et 4 Qui nomme les comtes ? Qu'est-il exigé d'eux ? Quels territoires administrent-ils ? Où l'empereur réunit-il les comtes ? Comment sont nommés les évêques ?

3 Doc 1 et 5 Comment Charlemagne s'assure-t-il que ses décisions ont été appliquées ? Qui nomme les missi dominici ?

4 Doc 6 À qui sont destinées les études ? Dans quel but principal ? Qui doit se charger de l'enseignement ?

5 Doc 7 Comparez les deux écritures : laquelle semble la plus facile à lire ? Laquelle se rapproche le plus de la nôtre ?

6 Rédigez quelques phrases sur la manière dont Charlemagne dirige son Empire en utilisant les mots : empereur, comtes, évêques, missi dominici, capitulaire.

> Aix-la-Chapelle, capitale de l'Empire carolingien

À la fin du 8e siècle, Charlemagne fait construire un gigantesque palais à Aix, dans l'actuelle Allemagne. Il fait de cette ancienne ville thermale réputée pour ses sources d'eau chaude, la capitale de l'Empire. Charlemagne y réside de 801 à sa mort, en 814. Il y installe son gouvernement, sa cour, son trésor et sa bibliothèque. Il ne reste plus aujourd'hui de ce palais, qui devait rivaliser avec ceux de la Rome antique et de Byzance, que la magnifique chapelle, où se trouve la tombe de l'empereur.

Doc 1 Le palais de Charlemagne à Aix-la-Chapelle (reconstitution).

1. Entrée du palais et tribunal
2. Caserne de la garnison
3. Salle du trône et salle de réception où l'empereur réunit les comtes et reçoit les ambassadeurs étrangers
4. Salle du trésor et des archives
5. Chapelle du palais en vue écorchée
6. Cour intérieure
7. Appartement de l'empereur et de sa famille
8. Thermes impériaux avec sources d'eau chaude et piscines

Doc 2 Charlemagne à Aix-la-Chapelle

Charlemagne s'adonnait assidûment à l'équitation et à la chasse. Il aimait aussi les eaux thermales et se livrait souvent au plaisir de la natation où il excellait. C'est ce qui l'amena à bâtir un palais à Aix et à y résider constamment dans les dernières années de sa vie. Quand il se baignait, outre ses fils, les grands seigneurs, ses amis et même de temps à autre la foule de ses gardes du corps, étaient conviés à partager ses ébats: il arrivait qu'il y eût dans l'eau avec lui jusqu'à cent personnes ou même davantage. Il pratiqua avec la plus grande ferveur la religion chrétienne, dont il avait été pénétré, dès sa plus tendre enfance. Aussi construisit-il à Aix une chapelle d'une extrême beauté qu'il orna d'or et d'argent et de candélabres[1] ainsi que de balustrades et de portes en bronze massif. Il fit venir de Rome et de Ravenne les colonnes et les marbres nécessaires à sa construction, Il ne manquait pas de se rendre à cette église, matin et soir; il y retournait aussi pour l'office de nuit.

D'après Eginhard, *Vie de Charlemagne*, 9e siècle.

1. Chandeliers à plusieurs branches.

Doc 3 La chapelle du palais. ⓐ Trône de l'empereur quand il assiste à la messe.

1 Dans quel pays actuel se trouve Aix-la-Chapelle?

2 Doc 1 Recopiez et complétez le tableau suivant:

Charlemagne	Bâtiment	Fonction[1]
y gouverne		
y rend la justice		
s'y détend		
y prie et va à la messe		
y entrepose les capitulaires		
y réside avec sa famille		
est protégé par la garnison		

1. Choisissez parmi les qualificatifs suivants: distractive, judiciaire, militaire, politique, religieuse, résidentielle.

3 Doc 1 Quels éléments d'architecture de la chapelle rappellent les églises byzantines?

4 Doc 2 Quels sont les loisirs de Charlemagne?

5 Doc 2 et 3 Quels éléments décrits dans le texte sont visibles sur l'image? Où se plaçait Charlemagne quand il assistait aux messes? Comment Charlemagne montre-t-il qu'il est un empereur très chrétien?

4. L'Empire carolingien se défait

MOTS
- **Vikings**
- **Drakkar**
- **Sarrasins**

Unique héritier de l'Empire après Charlemagne, Louis le Pieux laisse à sa mort, en 840, trois fils : Lothaire, l'aîné, à qui revient le titre d'empereur, Louis et Charles. La guerre de succession qu'ils se livrent aboutit au partage de l'Empire tandis que l'Occident est menacé par une nouvelle vague d'invasions.

➔ Pourquoi et comment l'Empire carolingien disparaît-il ?

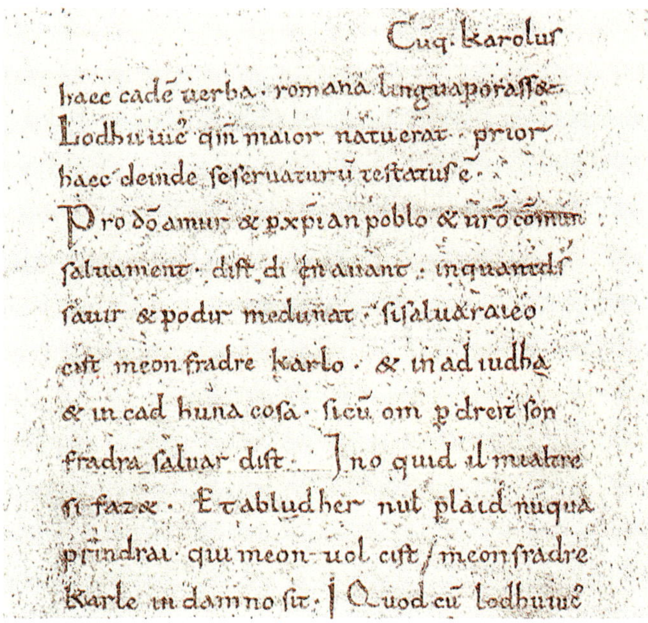

Doc 1 Manuscrit du serment de Strasbourg prononcé par Louis le Germanique.
Il est rédigé en langue romane.

Doc 2 Le serment de Strasbourg (842)

Le 14 février, Louis et Charles se rencontrèrent en la cité de Strasbourg. Ils prêtèrent le serment suivant, Louis en langue romane[1] et Charles en langue tudesque[2] :
« Pour l'amour de Dieu et pour le salut du peuple chrétien et notre salut commun, à partir d'aujourd'hui, j'aiderai mon frère Charles (Louis), comme on doit secourir son frère, à condition qu'il fasse de même pour moi. Avec mon autre frère Lothaire, et je ne ferai aucun pacte qui puisse nuire à mon frère Charles (Louis). »

D'après Nithard, *Histoire des fils de Louis le Pieux*, 9e siècle.

1. Vieux français que parlent les guerriers de Charles.
2. Vieil allemand que parlent les guerriers de Louis.

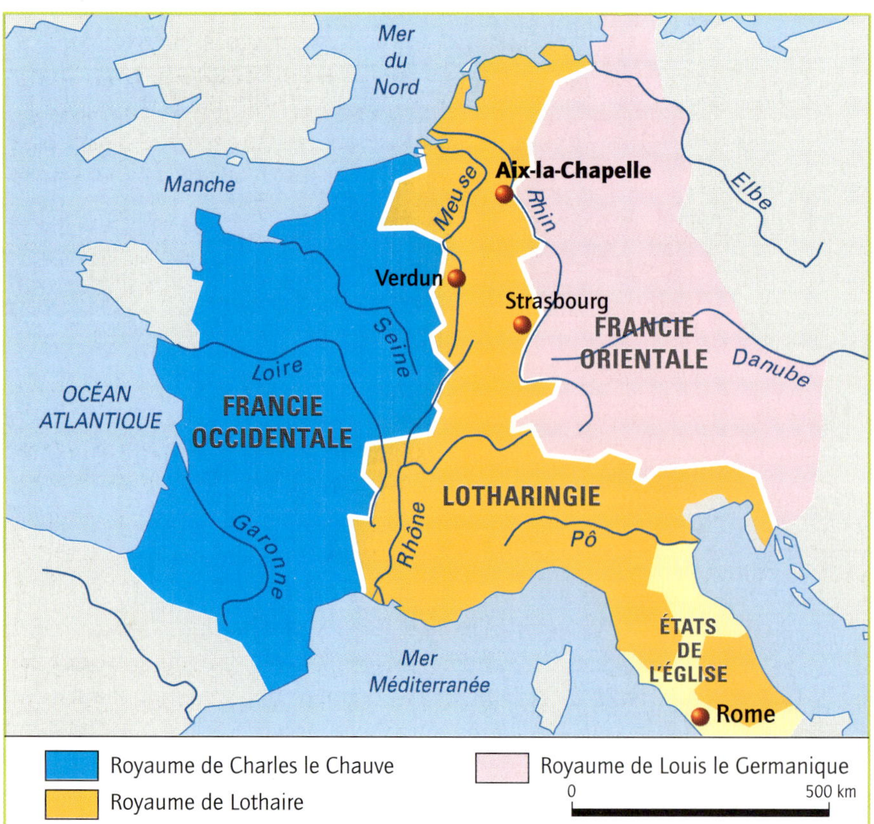

Doc 3 Le partage de Verdun (843).

Doc 4 Les invasions des Normands et des Hongrois

Un nombre incalculable de navires des Normands remonte le fleuve de la Seine ; de tous les côtés, des chrétiens sont victimes de massacres, de pillages, de dévastations, d'incendies. La cité de Rouen est envahie, pillée, incendiée. Il n'y a presque pas de localité, pas de monastère qui soit respecté. Tous les habitants prennent la fuite.

D'après Ermentaire, *Miracles de saint Philibert*, 9e siècle.

En 937, les Hongrois envahirent la Gaule. Ils commirent de terribles ravages. Ils brûlèrent un grand nombre de basiliques. Le roi, qui n'avait point de troupes, dut subir cet outrage et, abandonné par les siens, il ne put empêcher les ravages.

D'après Richer, *L'Histoire de France*, fin du 10e siècle.

Doc 5 **Les invasions des 9e-10e siècles.**

Doc 6 **Un drakkar normand.**

1 Doc 1 ET 2 À l'aide du doc 1, page 50, indiquez qui sont le père et le grand-père de Louis, de Charles et de Lothaire ? Que décident Louis et Charles à Strasbourg ? Contre qui ce serment est-il dirigé ? Que nous apprend-il sur les langues parlées dans l'Empire carolingien ?

2 Doc 3 Qui devient roi de Francie occidentale ? de Francie orientale ? Lequel des trois frères semble être le plus menacé ? Justifiez votre réponse.

3 Doc 4, 5 ET 6 Qui sont les envahisseurs Vikings ? Comment sont-ils appelés dans le texte ? Comment se déplacent-ils ? Quels mots du texte soulignent leur violence ? Quels autres peuples menacent l'Occident ? Que font les souverains carolingiens face aux invasions ?

4 Rédigez quelques phrases expliquant pourquoi l'Empire de Charlemagne disparaît.

Bilan

L'Empire carolingien

1 La naissance du royaume des Francs

A. À la fin du 5e siècle, l'Empire romain d'Occident est envahi par les **peuples germaniques** et éclate en plusieurs **royaumes barbares**. Situé au Nord de l'ancienne Gaule romaine, le **royaume des Francs** est l'un d'eux. Devenu roi des Francs en 481, **Clovis** étend le royaume par les conquêtes. Il **se rend maître de la plus grande partie de la Gaule**. Contrairement aux autres chefs germaniques restés **païens**, **Clovis** se convertit au **christianisme**. **Vers 496**, il est **baptisé à Reims** par l'**évêque** Rémi. Il reçoit alors le soutien de l'Église et des évêques. La conversion de Clovis entraîne celle de son peuple et facilite le mélange des Francs et des Gallo-Romains.

B. Les successeurs de Clovis maintiennent l'alliance avec l'Eglise et encouragent la **christianisation**. Ils construisent des églises. Ils fondent des **monastères** où les moines vivent en communauté en suivant une **règle monastique**.

C. Après la mort de Clovis en 511, son royaume est divisé entre ses quatre fils, selon la coutume franque. Les rois **mérovingiens** se combattent pour agrandir leur part. Ils laissent gouverner à leur place les **maires du Palais**, chefs des armées et de l'administration. L'un d'eux, **Charles Martel**, qui a repoussé les Arabes à Poitiers en 732, se rend maître du royaume. En 751, son fils, **Pépin**, surnommé **le Bref** à cause de sa petite taille, renverse le dernier roi mérovingien, devient unique roi des Francs et fonde la **dynastie** des **Carolingiens**.

2 Un nouvel Empire en Occident

A. En 768, Charlemagne (Charles le Grand en latin) succède à son père Pépin. Il veut **étendre la puissance des Francs** et **diffuser le christianisme** dans tout l'Occident. Pour cela, il lance de grandes campagnes militaires. **En Italie**, il détruit le royaume des Lombards qui menaçaient le Pape et les États de l'Église. **En Espagne**, il attaque les Arabes. **En Germanie**, il soumet les **Saxons** et les force à devenir chrétiens. Ces expéditions poussent le Pape à le considérer comme le digne successeur des empereurs romains. En l'**an 800**, à Rome, **Charlemagne** est couronné et **sacré** **Empereur d'Occident.** Son Empire s'étend à une grande partie de l'Europe occidentale.

MOTS

Païen : aux yeux des chrétiens, une personne qui n'est pas de religion chrétienne.

Évêque : chef religieux d'une communauté chrétienne regroupée dans un diocèse.

Christianisation : diffusion et enracinement de la religion chrétienne.

Monastère : établissement religieux où vivent des moines ou des moniales.

Règle monastique : ensemble de lois et de règlements auxquels les moines et les moniales doivent obéir.

Mérovingiens : dynastie des rois francs qui descendent de Clovis ; vient de Mérovée, grand-père légendaire de Clovis.

Maire du Palais : chef de la cour des rois mérovingiens, sorte de premier ministre.

Dynastie : succession au pouvoir de rois qui appartiennent à la même famille.

Carolingiens : dynastie des rois puis des empereurs qui descendent de Charles Martel ; vient de *Carolus*, Charles en latin.

Sacre : cérémonie religieuse par laquelle l'Église donne au couronnement d'un roi une valeur religieuse ; on considère le roi comme désigné par Dieu, donc au-dessus des autres hommes.

B. Charlemagne gouverne son vaste Empire depuis sa capitale, Aix-la-Chapelle. Le territoire est divisé en 250 **comtés**, dirigés par des **comtes.** Nommés par l'Empereur, ils lui ont juré fidélité. Ils sont chargés de faire appliquer les lois, de lever l'armée, l'impôt, et de rendre la justice. Charlemagne les fait contrôler par ses envoyés, les **missi dominici**.
Tous les ans, l'Empereur réunit les comtes à Aix-la-Chapelle et leur fait approuver de nouvelles lois, les **capitulaires**.

C. Charlemagne encourage les évêques et les monastères à **ouvrir des écoles.** Il a besoin d'hommes instruits pour administrer son Empire et diffuser la religion chrétienne. Il facilite la diffusion des textes religieux grâce à une **écriture** très lisible appelée **caroline.**

3 L'Empire partagé

A. En 814, **Louis le Pieux** succède à Charlemagne. Sa mort, en 840, ouvre une guerre de succession entre ses **trois fils**: Louis le Germanique et Charles dit le Chauve font alliance par **serment à Strasbourg**, en **842**, contre leur frère aîné, Lothaire, qui a reçu la couronne d'empereur. En **843**, le **traité de Verdun** partage l'Empire en **trois royaumes**: la Francie occidentale (la France), la Francie orientale (la Germanie) et la Lotharingie, qui disparaît rapidement.

B. À la même époque, l'Europe doit faire face à des **invasions**. Venus de Scandinavie, les **Vikings** sèment la terreur à l'ouest et au nord en remontant les fleuves grâce à leurs **drakkars.** Les **Sarrasins** attaquent les côtes méditerranéennes. Les **Hongrois** ravagent l'est de l'Europe.

C. Les souverains carolingiens sont incapables de défendre leurs peuples et les biens de l'Église. **Les populations se placent sous la protection des comtes et des grands propriétaires.**

Retenir autrement

- **L'Empire romain d'Occident disparaît lors des invasions barbares du 5e siècle; le chef franc Clovis se convertit au christianisme et fonde un royaume en Gaule.**
- **Charlemagne étend les conquêtes du royaume franc et diffuse la religion chrétienne. Il est sacré Empereur d'Occident en l'an 800. Il gouverne son vaste empire depuis son palais d'Aix-la-Chapelle.**
- **L'Empire est divisé en trois royaumes lors du partage de Verdun en 843. L'Europe est ravagée par de nouvelles vagues d'invasions.**

Comte: grand personnage nommé par l'Empereur pour administrer un territoire, le comté.

Missi dominici:

inspecteurs envoyés par Charlemagne dans les comtés et les évêchés pour surveiller le travail des comtes et des évêques.

Capitulaire: décision
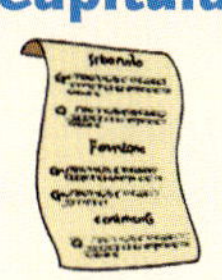
royale ou impériale de l'époque carolingienne.

Vikings: peuples de l'Europe du Nord, aussi appelés Normands.

Drakkar: bateau à fond plat utilisé par les Vikings pour leurs expéditions.

Sarrasins: nom donné par les chrétiens aux musulmans.

Clovis: roi des Francs de 481 à 511. Marié à Clotilde, princesse chrétienne, il se convertit au christianisme vers 496. Il parvient à conquérir un royaume qui s'étend sur toute la Gaule, sauf la Bourgogne et la Provence.

Charlemagne: roi des Francs de 768 à 800, puis Empereur d'Occident de 800 à 814. Il conquiert et administre à partir d'Aix-la-Chapelle un Empire qui s'étend de l'Atlantique au Danube et du Danemark au nord de l'Espagne; il se veut le défenseur du christianisme.

Je m'exerce

1. Se repérer dans le temps et dans l'espace

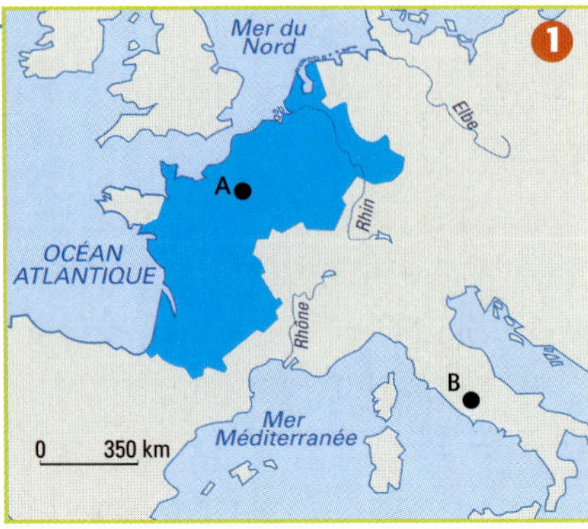

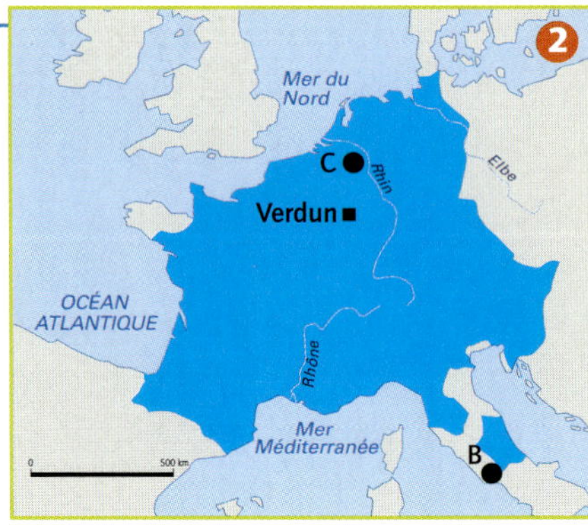

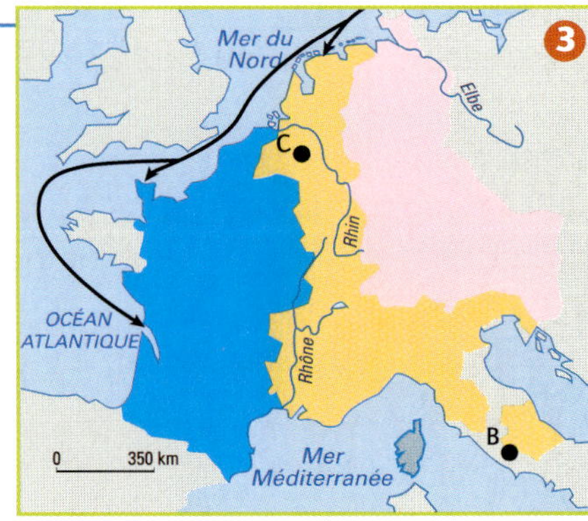

1. Donnez un titre à chacune de ces cartes en les mettant en relation avec les personnages suivants : Charlemagne, Lothaire, Charles le Chauve, Clovis, Louis le Germanique.
2. Reliez chacune des cartes à l'une des dates suivantes : 843, 511, 814.
3. Nommez les villes indiquées par les lettres A, B, C. Soulignez celle qui fut la capitale d'un empire au Moyen Âge. Entourez celle où réside le pape.
4. Décrivez l'évolution d'une carte à l'autre.
5. Que s'est-il passé à Verdun ?
6. Que symbolisent les flèches sur la dernière carte ?

2. Connaître le sens des symboles du pouvoir

1. Décrivez ces trois objets. Quel est leur point commun ?
2. Quand et à quelle occasion Charlemagne a-t-il reçu cette couronne ?
3. Que symbolise le globe ? Pourquoi est-il surmonté d'une croix ?
4. Que symbolise l'épée ?

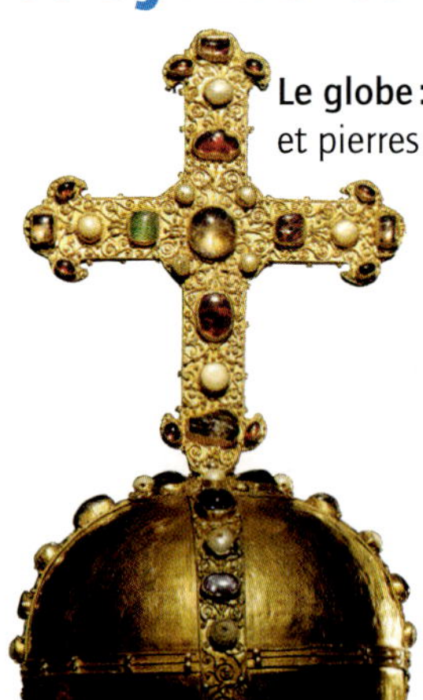

Le globe : or, argent et pierres précieuses.

La couronne : or, argent et pierres précieuses.

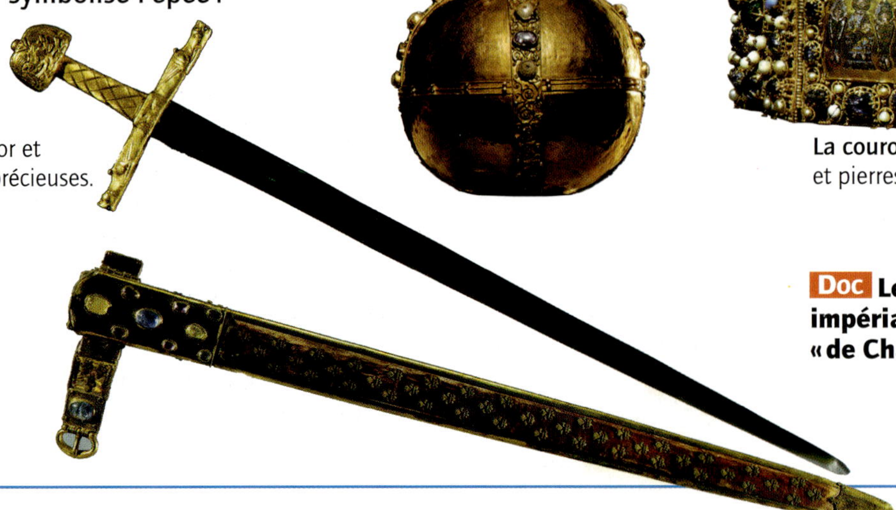

L'épée : or et pierres précieuses.

Doc Les symboles du pouvoir impérial : les objets dits « de Charlemagne ».

3. Interpréter un schéma

1. À l'aide de la liste ci-dessous, identifiez les personnages dans chacun des cadres.

- ❑ Évêques
- ❑ Empereur carolingien
- ❑ Guerriers
- ❑ Moines ou prêtres
- ❑ Paysans
- ❑ Comtes

2. Qui sont les hommes d'Église ?
3. Recopiez le schéma (sans les dessins) et reliez les cadres par des flèches :
   - vertes pour signifier « jurent fidélité »
   - rouges pour signifier « nomme et contrôle »
4. Précisez de quelle manière se fait le contrôle.

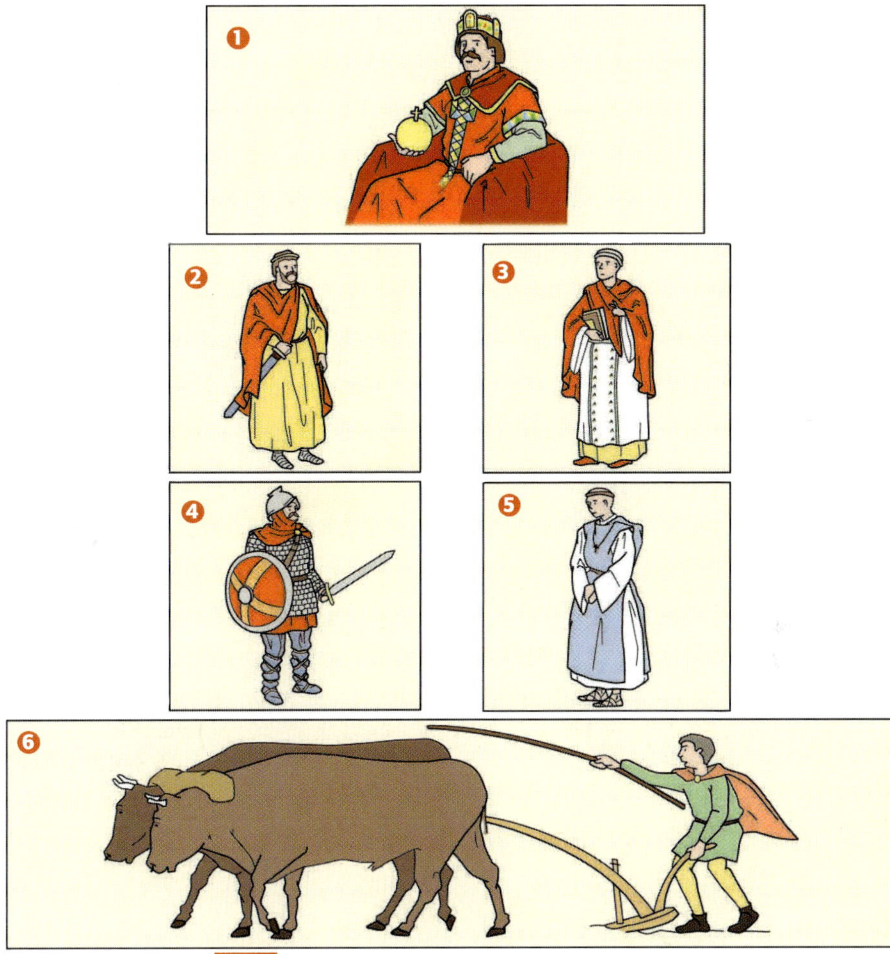

Doc Le pouvoir dans l'Empire carolingien.

4. Comprendre un texte

Doc Un bel empire fleurissait sous un brillant diadème[1]. Il n'y avait qu'un prince et qu'un peuple. Toutes les villes avaient des juges et des lois. **L'esprit des enfants se formait à l'étude des lettres.** Aussi la nation franque brillait-elle aux yeux du monde entier. **La force des armes frappait l'ennemi d'épouvante.** **Rome** elle-même s'était soumise à cette nation ; **c'était là que son chef avait reçu le diadème.**
Pleurez, race des Francs, car l'empire gît à présent dans la poussière. Déchue[2] maintenant, cette grande puissance a perdu à la fois son éclat et le nom d'empire. **L'empire naguère si bien uni est divisé en trois lots. Il n'y a plus personne qu'on puisse regarder comme empereur.**

D'après Florus de Lyon, un homme d'Église, *Plainte sur la division de l'empire*, milieu du 9e siècle.

1. Diadème : synonyme ici de couronne.
2. Déchue : tombée dans un état inférieur.

1. Qui est l'auteur de ce texte ? Quand l'a-t-il écrit ?
2. Quel « empire » et quel « prince » évoque-t-il ?
3. À quel événement historique est-il fait allusion dans la phrase en bleu ?
4. À quelle réalisation de l'empereur fait référence la phrase en rouge ?
5. Citez des actions militaires de l'empereur justifiant ce qui est dit dans la phrase en rose.
6. À quoi pense l'auteur en écrivant la phrase en vert ?
7. Expliquez le titre donné à cet écrit par son auteur.

chapitre

4 L'Église en Occident

Doc 1 **L'expansion de la chrétienté d'Occident du 11e au 13e siècle.**

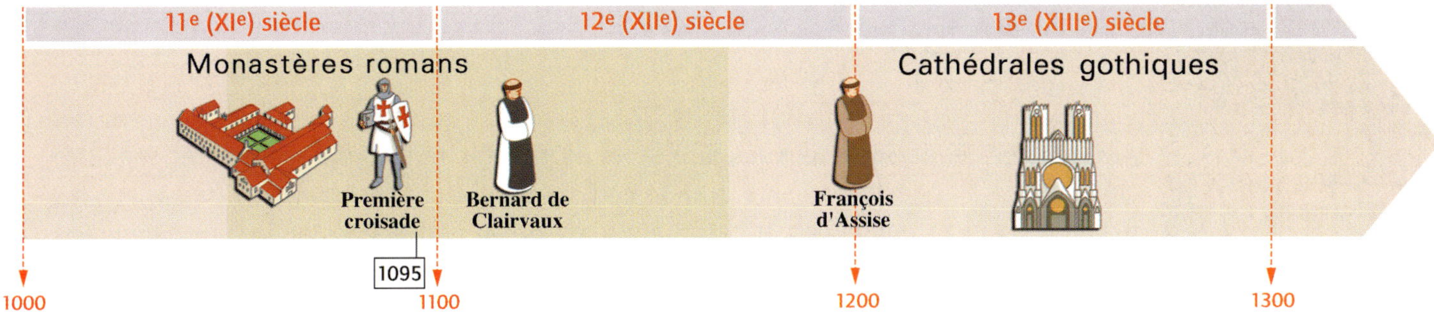

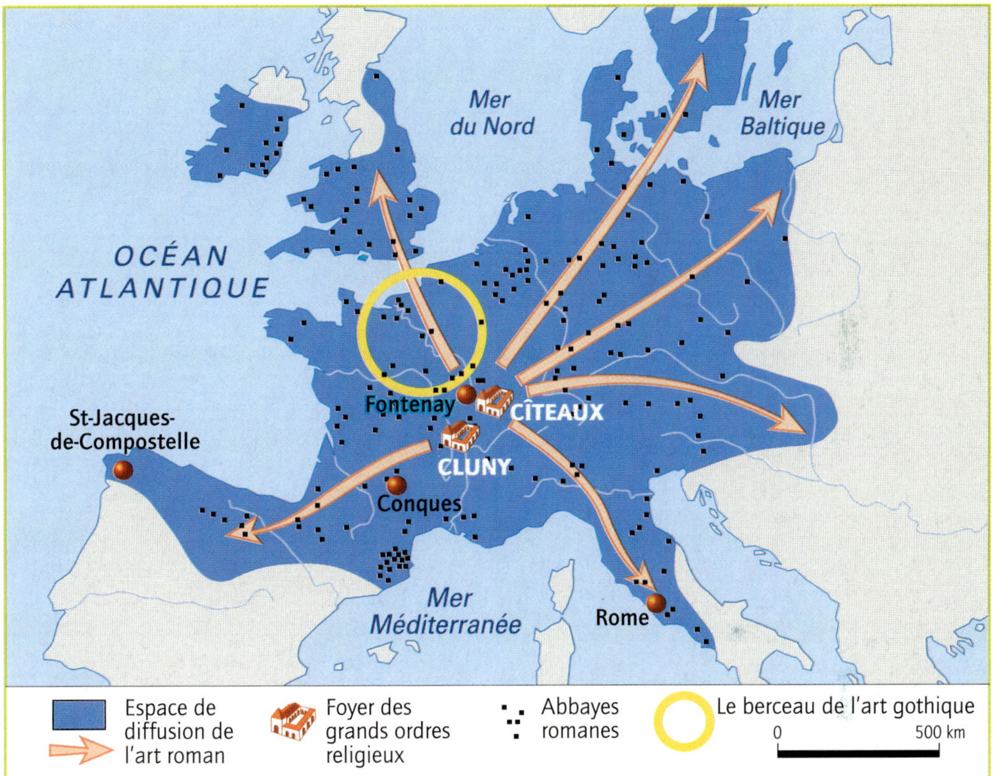

Doc 2 **L'art roman et l'art gothique.**

Doc 3 **Le berceau de l'art gothique : les grandes cathédrales.**

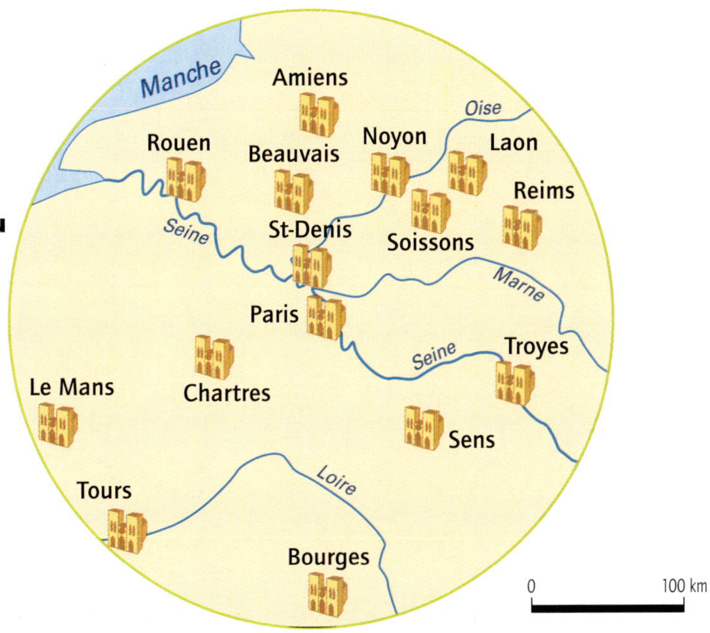

1. Être chrétien

MOTS
- Salut
- Église
- Sacrement
- Péché
- Carême
- Relique
- Saint(e)

Au Moyen Âge, presque tous les habitants d'Occident se reconnaissent chrétiens. Être chrétien c'est appartenir à une grande communauté dont les membres partagent les mêmes croyances religieuses et cherchent à mettre en pratique les obligations énoncées par les hommes d'Église.

➔ Comment les chrétiens expriment-ils leur foi au Moyen Âge ?

Doc 1 Un baptême. Miniature du 13e siècle, Musée de Condé, Chantilly.

Doc 2 Les obligations des chrétiens

Tout fidèle, homme ou femme, doit lui-même confesser ses péchés, sans témoin, à son propre curé au moins une fois par an. Il doit accomplir avec soin, dans la mesure de ses moyens, la pénitence[1] qui lui est imposée. Il doit communier, au moins une fois par an, à Pâques.
Sinon qu'il lui soit interdit d'entrer dans une église et qu'il soit privé de sépulture chrétienne après sa mort.
Que ce décret soit souvent lu publiquement dans les églises pour que personne ne l'ignore.

D'après le décret du 4e *Concile de Latran*, 1215.

1. La peine donnée par le prêtre pour réparer les péchés.

Doc 3 Un mariage chrétien. Miniature du 13e siècle.

Doc 4 **Une messe.** Miniature du 14e siècle, Bibliothèque de Modène, Italie.

Doc 5 **Pèlerins allant à Saint-Jacques-de-Compostelle.** Ils sont en prière devant les reliques d'un saint contenues dans un reliquaire.
Tableau de Moriano d'Antonio, 15e siècle, Pérouse.

Doc 6 **Les actions charitables des chrétiens.**

1 **Doc 1, 3 et 4** Recopiez et complétez le tableau suivant :

	Cérémonie	Geste accompli par le prêtre	Autres personnes présentes
Doc 1			
Doc 3			
Doc 4			

2 **Doc 2** Quelles sont les trois obligations des chrétiens ? Que signifient pour eux communier, se confesser ? De quoi est menacé le fidèle qui ne remplirait pas les trois obligations ?

3 **Doc 5** Qu'est-ce qu'un pèlerin ? Cherchez à la page 72, la définition de « relique », « saint ». Localisez sur la carte page 62 Saint-Jacques-de-Compostelle. Deux personnages ont accroché à leur vêtement une coquille : menez une recherche pour en connaître la raison.

4 **Doc 6** Quelles sont les quatre actions charitables ?

5 Rédigez quelques lignes sur les pratiques religieuses des chrétiens d'Occident au Moyen Âge.

> L'église Sainte-Foy de Conques

L'église est le lieu de culte du chrétien. De l'an mil au milieu du 12e siècle, elle est construite et décorée selon le style roman.
Celle de Conques, en Aveyron, en France, a été bâtie au 11e siècle. Elle porte le nom de sainte Foy, jeune fille martyrisée au temps des persécutions chrétiennes dans l'Antiquité. Conservé dans l'église, le crâne de sainte Foy était vénéré par les fidèles qui faisaient étape à Conques en se rendant à Saint-Jacques-de-Compostelle, en Espagne.

MOTS
- **Église**
- **Relique**
- **Saint(e)**

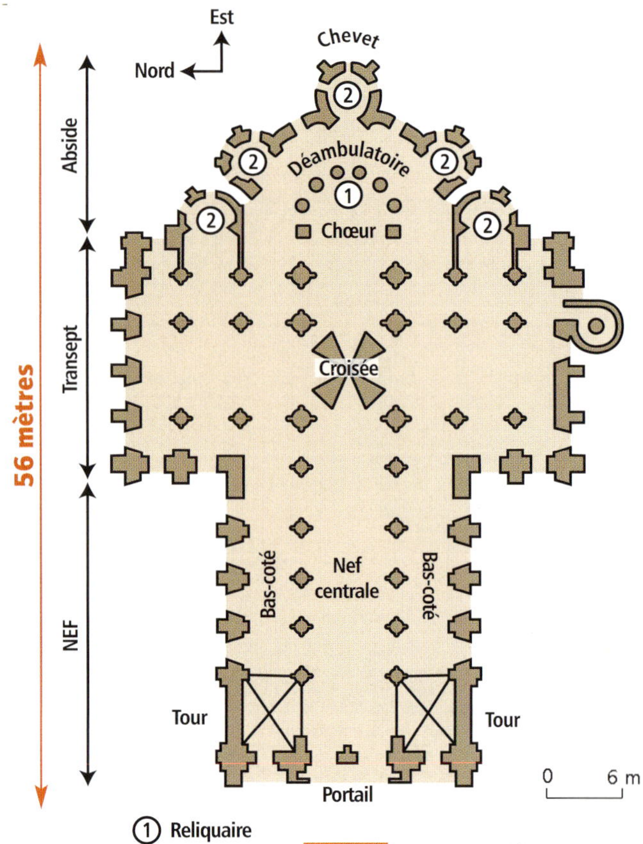

Doc 1 **Plan de l'église.**

Doc 2 **L'église Sainte-Foy de Conques.**

Doc 3 L'intérieur de l'église. Hauteur de la nef : 22 mètres.

Doc 4 Le reliquaire de sainte Foy.

Doc 5 Le tympan du portail en façade de l'église représentant le Jugement dernier.

1 Doc 2 Sur la route de quel pèlerinage se trouve Sainte-Foy de Conques ?

2 Doc 1 et 2 Que représente le plan général de l'église ? Quelles parties de l'église correspondent à 1, 2, 3, 4 ?

3 Doc 3 Quelle est la forme des arcs et de la voûte à l'intérieur de l'église ?

4 Doc 1 et 3 Que désignent les chiffres 1, 2 et 3 ?

5 Doc 4 Qu'est-ce qui fait de Conques un lieu de pèlerinage ?

6 Doc 5 Qui est le personnage situé au centre ? Que signifie le geste de chacune de ses mains ? De part et d'autre, comment sont représentés l'enfer et le paradis ?

2. Une Église organisée et influente

MOTS
- Clerc
- Laïc
- Évêque
- Clergé séculier
- Clergé régulier
- Paroisse
- Diocèse
- Cardinal
- Concile
- Dîme
- Paix de Dieu

Dirigés par le pape, chef de la chrétienté d'Occident, les hommes d'Église guident les chrétiens dans leur foi et leur donnent les sacrements. Ils tiennent aussi les écoles et les hôpitaux. Ils essaient de réduire la violence du monde féodal.

➜ Qui sont les clercs ? Quel est leur rôle dans la société ?

Doc 1 L'Église rassemblée autour du pape. Fresque d'A. Bonaiuti, 14e siècle, chapelle de couvent des dominicains, Sainte-Marie-Nouvelle, Florence.
1 Le pape 2 Un cardinal 3 Un évêque 4 Un abbé 5 Des moines 6 Des moniales 7 L'empereur 8 Un roi 9 Les fidèles

Doc 2 Un évêque.

Doc 3 François d'Assise et les Franciscains

Quand je n'étais pas encore moine, la vue des lépreux[1] m'était insupportable. Je les soignais de tout mon cœur. Puis je devins moine et le Seigneur me donna une grande foi. Ceux qui venaient à moi pour partager ma vie donnaient aux pauvres tout ce qu'ils avaient. Pour vêtement, ils se contentaient d'une seule tunique. Nous ne voulions rien de plus.
Nous nous mettons à la disposition de tout le monde. Moi je travaille de mes mains. Mais si nous n'avons pas gagné assez pour vivre, mendions notre nourriture de porte en porte. Pour nous faire ouvrir la porte disons simplement : « Que le Seigneur vous donne sa paix. »
Les moines franciscains se garderont bien de recevoir, sous aucun prétexte, ni monastères, ni tout ce qu'on pourra construire à leur intention conformément à notre règle de pauvreté.

D'après le *Testament* de François d'Assise, 1226.

1. Personnes atteintes d'une maladie de la peau.

Doc 4 **La salle de l'Hôtel-Dieu, un hôpital, à Paris.** Manuscrit du 15e siècle.

Doc 5 **Une école dans un monastère.** Miniature du 15e siècle.

Doc 6 **L'Église et la paix de Dieu**

1. Je n'envahirai pas les églises. 2. Je n'assaillirai pas les clercs et les moines ne portant pas d'armes; je ne m'emparerai pas de leurs biens. 3. Je ne m'emparerai pas du paysan, de la paysanne, des serviteurs et des marchands. 6. Je n'incendierai ni ne détruirai les maisons, à moins que je n'y trouve à l'intérieur un cavalier qui soit mon ennemi et en armes. Celui qui ne respectera pas cette paix à partir d'aujourd'hui, qu'il soit excommunié, qu'il n'entre plus dans l'église avec les chrétiens jusqu'à ce qu'il jure cette paix.

D'après l'*Accord de paix de Verdun-sur-le-Doubs*, vers 1020.

1 **Doc 1** **Où est représenté le pape sur la fresque? Pourquoi? Qui sont, autour de lui, les clercs? les laïcs?**

2 **Doc 2** **À quoi reconnaît-on un évêque? Quel territoire chrétien est sous son autorité?**

3 **Doc 3** **Qui est le fondateur de l'ordre des Franciscains? Appartiennent-ils au clergé séculier ou au clergé régulier? Pourquoi les appelle-t-on les « moines mendiants »?**

4 **Doc 4 et 5** **Quels domaines sont pris en charge par l'Église au Moyen Âge?**

5 **Doc 6** **Quelles catégories de la population l'Église cherche-t-elle à protéger en imposant des règles? Que risquent ceux qui y désobéissent?**

6 **Rédigez quelques phrases sur l'organisation de l'Église et son rôle dans la société en utilisant les mots: pape, clergé séculier, clergé régulier, paix de Dieu, hôpitaux, écoles.**

> L'abbaye de Fontenay

L'abbaye de Fontenay, en Bourgogne, a été fondée au début du 12e siècle par Bernard, moine de Cîteaux puis abbé de Clairvaux. Vivant isolés du monde extérieur et ne possédant rien personnellement, les moines y suivent la règle bénédictine.

MOTS
- **Moines (moniales)**
- **Abbé (abbesse)**
- **Monastère**
- **Abbaye**
- **Règle monastique**
- **Ordre religieux**

Doc 1 **L'abbaye de Fontenay (Côte-d'Or).** ❶ Salle capitulaire, lieu de réunion des moines ❷ Dortoir des moines ❸ Salle de travail des copistes ❹ Réfectoire et cuisine ❺ Cloître ❻ Église ❼ Infirmerie ❽ Forge ❾ Colombier ❿ Hôtellerie ⓫ Chapelle des pèlerins

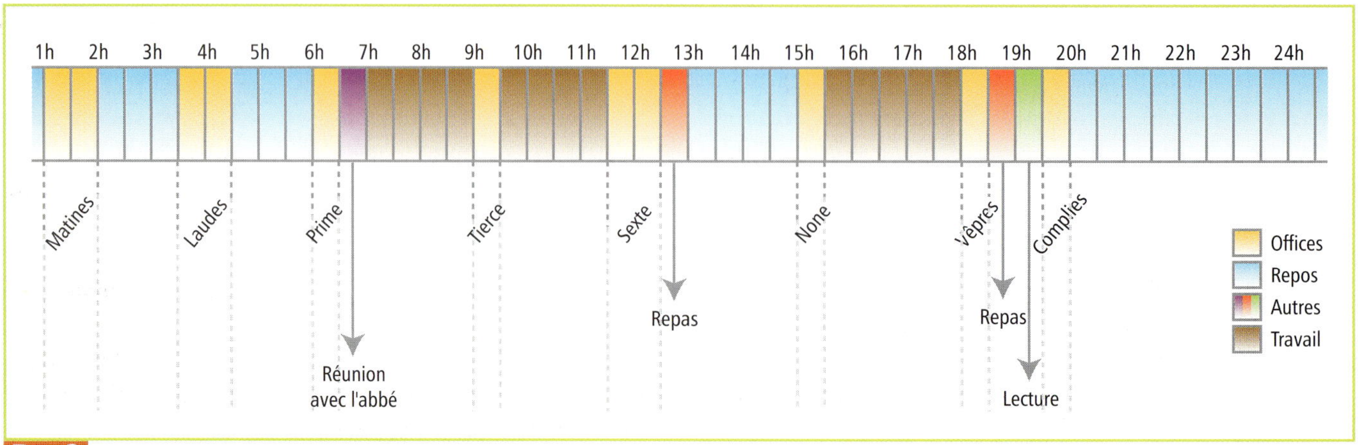

Doc 2 **La journée des moines cisterciens.**

Doc 4 **Le cloître.**

Doc 3 **L'intérieur de l'église.**

Doc 5 **Bernard de Clairvaux dans la salle capitulaire.**
Miniature du 15e siècle.

Doc 6 **Bernard de Clairvaux et les Cisterciens**

Bernard de Clairvaux et les évêques
On voit aux têtes de vos mules des anneaux, des chaînettes, des harnais piqués de clous d'or, toutes sortes de choses aussi belles que riches; et vous n'avez même pas un peu de linge pour vos frères dans le besoin. À cela s'ajoute que, toutes ces richesses, vous ne les avez pas acquises, ni par le commerce ni par le travail de vos mains.

D'après *Sur les devoirs des évêques*, 12e siècle.

Aucun de nos monastères ne doit être construit dans les châteaux ou dans les villes, mais dans des lieux à l'écart de la fréquentation des hommes. La Règle de saint Benoît sera connue de tous de la même façon et observée.

D'après les *Statuts cisterciens* de 1134.

1 Doc 1 et 5 Dans quel royaume et dans quelle région est située l'abbaye? Par qui a-t-elle été fondée?

2 Doc 2 et 6 Que reproche l'auteur du texte aux évêques? Dans quel environnement veut-il installer des monastères? Quelle règle monastique est appliquée par les Cisterciens? En 24 heures, combien de temps est consacré aux offices religieux? au travail?

3 Doc 1 et 4 Quel est le nom de la cour fermée au centre de l'abbaye?

4 Doc 3 L'église est-elle sobre ou richement décorée?

5 Doc 1, 3, 4 et 5 Où les moines se réunissent-ils pour: prier? écouter leur abbé? travailler? dormir? s'alimenter? se promener, lire et réfléchir?

Bilan

L'Église en Occident

1 Les chrétiens d'Occident

A. À partir de l'an mil, presque tous les habitants d'Occident sont des **chrétiens.** Être chrétien c'est avoir la foi : croire en Dieu, en Jésus-Christ et en son message rapporté dans la **Bible** par le **Nouveau Testament**. C'est aussi croire qu'après la mort, tandis que le corps périt, **l'âme de chacun est jugée par Dieu** qui envoie les uns aux **paradis**, les autres en **enfer.** La préoccupation principale du chrétien durant sa vie est donc de préparer son **salut**.

B. L'**Église** **enseigne** que pour être un bon chrétien il faut respecter **certaines obligations** : recevoir le **sacrement** du **baptême** pour les nouveaux-nés, celui du **mariage** pour les époux, réciter des **prières** tous les jours, assister à la **messe le dimanche**, **communier** et **confesser ses** **péchés** au curé au moins une fois dans l'année, **jeûner** pendant le **Carême.** Pour obtenir le pardon de leurs péchés, elle incite les fidèles à **se montrer charitables** envers les pauvres et les malades. Elle les encourage aussi à partir en **pèlerinage** vers les tombeaux de saint Jacques de Compostelle, de l'apôtre Pierre à Rome, de Jésus à Jérusalem, ou vers des lieux de culte qui abritent des **reliques** de **saints**, auxquelles l'on prête un pouvoir magique.

C. **La religion est très présente dans la vie quotidienne.** Les cloches de l'Église rythment les moments de la journée. Le temps de l'année est celui du **calendrier chrétien** avec les fêtes du Christ, de la Vierge et des **saints**. La principale est la **fête de Pâques** qui rappelle la croyance en la résurrection de Jésus-Christ après sa mort.

D. Bâtiment central du village ou de la ville, l'**église** est le lieu où les chrétiens se rassemblent pour prier. Jusqu'au milieu du 12e siècle, elle est de **style roman.** Elle a un **plan en forme de croix latine** qui évoque le corps de Jésus crucifié. Elle est généralement orientée vers Jérusalem. Son **décor**, à l'intérieur comme à l'extérieur, **illustre des scènes de la Bible et les croyances des chrétiens.** Il exprime une foi dominée par la crainte du péché et de l'enfer.

2 L'organisation et le rôle de l'Église

A. L'Église est dirigée par des **clercs** qui forment un groupe à part dans la société : le **clergé.** Les **prêtres**, ou **curés**, et les évêques **vivent au contact des** **laïcs** : ils forment le **clergé séculier**. Un prêtre s'occupe d'une **paroisse**

MOTS

Salut : accès à la vie éternelle promise aux chrétiens après la mort, dans le royaume de Dieu.

Église : avec un « É », communauté des chrétiens, clercs et laïcs ; avec un « é », lieu de culte des chrétiens.

Sacrement : rite sacré accompli par un clerc, qui rapproche l'homme de Dieu. L'Église catholique reconnaît sept sacrements (baptême...).

Péché : faute volontaire contre les lois divines ou les prescriptions de l'Église.

Carême : période de quarante jours qui précède Pâques, la plus importante des fêtes chrétiennes qui célèbre la résurrection du Christ.

Relique : morceau du corps d'un saint, ou d'une sainte, ou objet lui ayant appartenu.

Saint(e) : personne qui a mené une vie exemplaire ou qui est morte pour sa foi et a reçu pour cette raison ce titre.

Clerc : homme d'Église ; ensemble des clercs formant le clergé.

Laïc : personne qui n'est pas un clerc.

Clergé séculier : ensemble des clercs qui vivent au milieu des fidèles, dans le « siècle » (prêtres et évêques).

Paroisse : territoire sous l'autorité religieuse d'un prêtre ou curé.

autour d'une église de campagne ou dans un quartier de la ville. Un évêque est à la tête d'un **diocèse**, qui regroupe plusieurs paroisses. Les **moines** et les **abbés** vivent en communauté dans des **monastères** ou des **abbayes** selon une **règle monastique** : ils forment le **clergé régulier**.

B. Le **chef de l'Église catholique** est le **pape**, évêque de Rome. Il est élu par les **cardinaux**. Depuis le début du Moyen Âge, **son pouvoir ne cesse de s'affirmer**. Il cherche aussi à imposer son autorité aux rois et aux empereurs en affirmant que le pouvoir de Dieu est supérieur à celui des hommes. Il veut désigner lui-même les évêques et les abbés. Avant de prendre des décisions importantes, le pape convoque les **évêques de tout l'Occident** dans un **concile**.

C. À partir du 10e siècle, les moines se regroupent en **ordres religieux**. À la fin du 11e siècle, est fondé **l'ordre de Cîteaux**. Les moines cisterciens veulent **appliquer strictement la règle de saint Benoît** : monastères dans des lieux isolés, prière dans un décor roman très sobre, vie austère et travail manuel. L'ordre a un grand succès au 12e siècle grâce à l'action de l'abbé **Bernard de Clairvaux.** Au **13e siècle**, de nouvelles communautés apparaissent. Un Italien, **François d'Assise**, crée l'**ordre des Franciscains** et un Espagnol, Dominique, l'**ordre des Dominicains.** Ces moines ne vivent plus dans des monastères à l'écart du monde mais au cœur des villes où ils prêchent la parole divine. D'une pauvreté absolue, ils vivent uniquement d'aumônes : Franciscains et Dominicains sont des **ordres mendiants**.

D. L'**Église est riche**. Elle possède des **terres**, prélève un impôt, la **dîme**, et reçoit des **dons** des fidèles. Elle a aussi une **grande influence** sur la société. Non seulement les clercs aident les chrétiens à préparer leur salut, mais ils se chargent aussi de **l'enseignement dans les écoles des monastères et des évêques** ainsi que de **l'assistance aux pauvres et aux malades**. Dès l'an mil, des **évêques condamnent la violence féodale**. Ils imposent aux chevaliers trop brutaux la **Paix de Dieu**.

Diocèse : territoire sous l'autorité religieuse d'un évêque ; il comprend plusieurs paroisses.

Moines (moniales) : homme ou femme, membre du clergé, qui s'est retiré du monde pour se consacrer à la prière, soit seul, soit en communauté.

Abbé (abbesse) : religieux ou religieuse dirigeant une communauté monastique.

Monastère : voir page 58.

Abbaye : monastère important qui en contrôle souvent d'autres.

Règle monastique : voir page 58.

Clergé régulier : ensemble des clercs qui vivent en suivant une règle monastique comme les moines et les abbés.

Cardinal : membre important de l'Église, électeur et conseiller du pape.

Concile : assemblée des évêques réunie par le pape pour discuter de questions religieuses.

Ordre religieux : un ensemble de moines obéissant à une même règle monastique.

Dîme : impôt en nature versé à l'Église.

Paix de Dieu : au 11e siècle, condamnation par l'Église de la violence faite à l'encontre des plus faibles (enfants, femmes, paysans, marchands, pèlerins, clercs).

Retenir autrement

- **Au Moyen Âge, la chrétienté regroupe les habitants de l'Occident qui sont presque tous chrétiens. La religion chrétienne est très présente dans la vie des hommes.**
- **L'Église est riche, puissante et bien organisée. Le clergé a pour mission de préparer les croyants au salut, de les instruire et de les secourir.**
- **À l'époque romane, l'Occident chrétien se couvre d'un réseau d'églises et de monastères.**

3. La chrétienté conquérante

MOTS
- Terre sainte
- Proche-Orient
- Croisade
- Croisés
- Reconquista
- Chevaliers teutoniques
- Missionnaires
- Hérétiques
- Inquisition
- Cathares

À partir du 11e siècle, l'Europe chrétienne est en pleine expansion, en direction du Proche-Orient musulman, aux frontières comme à l'intérieur de l'Occident.

Comment se manifeste l'expansion chrétienne ?

Doc 1 Un croisé.

Doc 2 Le pape Urbain II appelle à la croisade

Il est urgent d'apporter à vos frères d'Orient[1] l'aide si souvent promise. Les Turcs et les Arabes les ont attaqués.

C'est pourquoi je vous supplie, les pauvres comme les riches, de vous hâter de chasser ces peuples néfastes des régions habitées par nos frères. Je le dis à ceux qui sont ici, je le proclamerai aux absents : le Christ l'ordonne. Si ceux qui iront là-bas perdent leur vie pendant le voyage sur terre ou sur mer ou dans la bataille contre les païens, leurs péchés leur seront pardonnés.

D'après Foucher de Chartres, *Histoire du pèlerinage des Francs à Jérusalem*, 12e siècle.

1. Chrétiens de l'Empire byzantin.

Doc 3 La prise de Jérusalem par les Croisés en 1099.
Manuscrit du 13e siècle, Bibliothèque capitulaire, Padoue (Italie).

Doc 4 La reconquête de l'Espagne par les chrétiens. Miniature du 13e siècle, Monastère de l'Escorial, Madrid.

Doc 5 Une mission chrétienne en terre païenne

Le troisième jour, Otton[1] vint à Pyritz[2], la première place forte en arrivant en Poméranie. Il y resta quatorze jours à appeler ses habitants à se convertir à la foi chrétienne. Mais les habitants, eux, se montraient absolument hostiles, poussant le serviteur de Dieu à gagner d'autres lieux, affirmant qu'ils ne pouvaient s'engager dans cette foi nouvelle. Finalement comme le pieux Otton faisait d'incessantes prières, l'Esprit de Dieu les toucha ; ils donnèrent leur adhésion et tous furent baptisés.

D'après Ebbon, *Vie d'Otton*, 12e siècle.

1. Évêque de Bamberg en Allemagne.
2. En Poméranie, région du Nord de l'Allemagne, riveraine de la mer Baltique.

Doc 6 Le supplice de chrétiens jugés hérétiques par l'Église. Miniature des *Grandes Chroniques de France*, Jean Fouquet, 15e siècle, BNF, Paris.

Doc 7 L'hérésie cathare

Le groupe d'hérétiques qui habite notre région a l'audace d'affirmer que le monde et tout ce qui existe de visible en lui a été créé et fait par le dieu malfaisant. Ils rejettent le baptême des enfants. Ils ne croient pas à la résurrection.

D'après un *texte anonyme* des années 1208-1213.

1 Doc 1 à 5 et carte p. 62 Associez chaque document à : évangélisation, Reconquista ou croisades.

2 Doc 2 Qui appelle à la croisade ? Contre qui ? Pour quelle raison ? Quelle récompense est promise à ceux qui mourront pendant la croisade ?

3 Doc 1, 3 et carte p. 62 Décrivez la tenue et l'armement du croisé. Comment se conclut la 1re croisade ?

4 Doc 4 À quoi reconnaît-on les chrétiens sur l'image ? Qui affrontent-ils ? Comment est suggérée leur victoire ?

5 Doc 5 et carte p. 62 Au bord de quelle mer est située la Poméranie ? Que vient y faire l'évêque allemand Otton ?

6 Doc 6 et 7 Sur quel point les Cathares s'éloignent-ils de l'enseignement de l'Église ? Quel châtiment est appliqué aux hérétiques ? Sur cette image, qui fait exécuter la condamnation ?

7 Rédigez quelques phrases pour expliquer comment la chrétienté d'Occident renforce sa puissance du 11e au 13e siècle, en utilisant les mots-clés.

> La cathédrale de Reims

Lieu du sacre des rois de France, la cathédrale de Reims est l'une des plus prestigieuses de France. Au 13e siècle, sa reconstruction, à la suite d'un incendie, a été rendue possible par les offrandes des habitants de la ville. Elle s'est étendue sur plusieurs dizaines d'années. Notre-Dame de Reims surpasse toutes les autres cathédrales gothiques par l'unité de son style et l'harmonie de ses proportions.

MOTS
- **Cathédrale**

Doc 1 **La cathédrale de Reims dans la ville.**

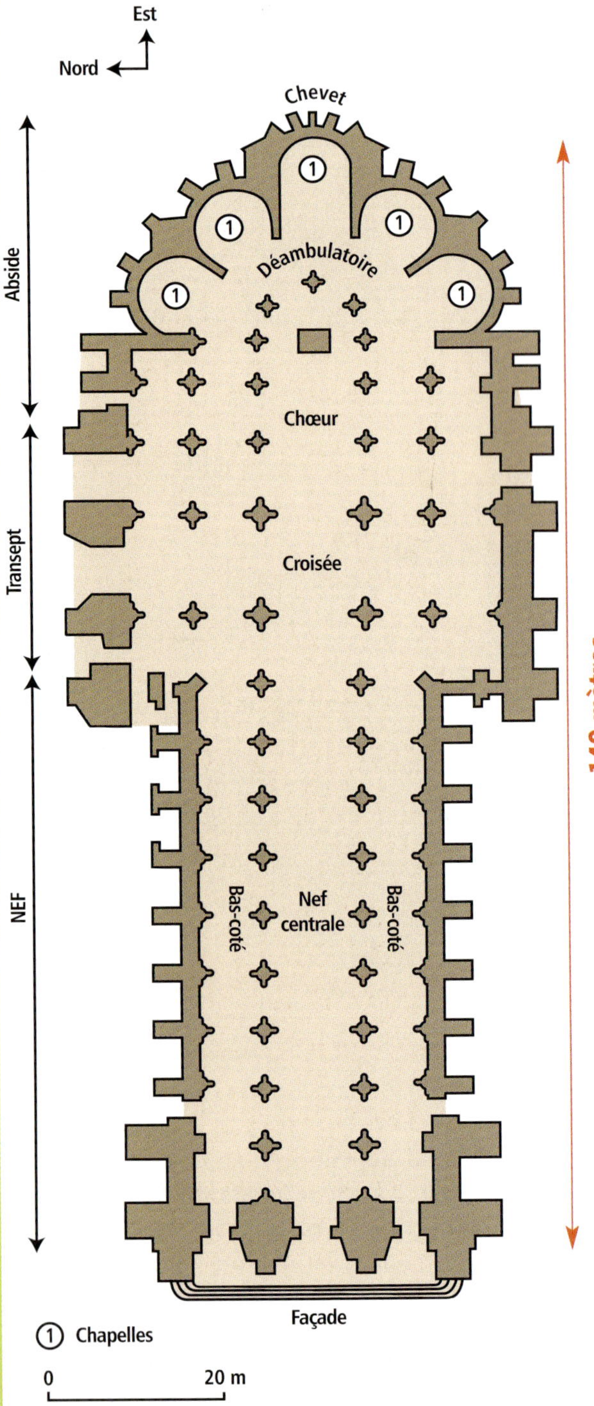

Doc 2 **Plan de la cathédrale.**

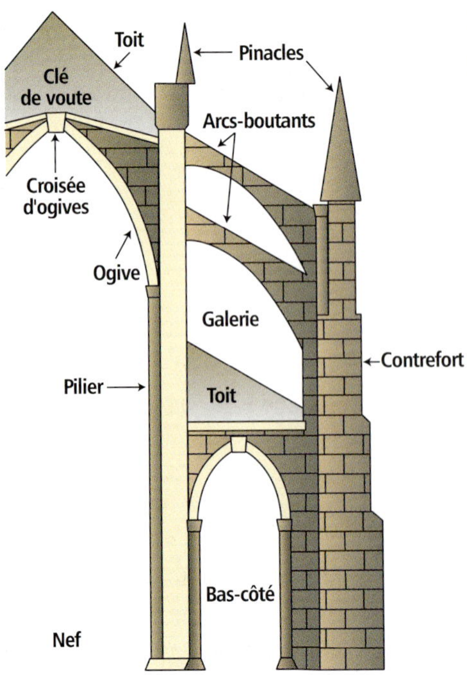

Doc 3 **Plan en coupe d'une église gothique.**

Doc 4 La façade de la cathédrale de Reims.
Hauteur : 81 mètres ; largeur : 49 mètres.
1 Tours
2 Galerie des rois
3 Grande rosace
4 Portails

1 Doc 1 Comment se présente l'édifice dans la ville ?

2 Doc 4 Sur la façade, combien d'étages peut-on observer ? Est-elle sobre ou très décorée ? Qu'est-ce qu'une rosace ? Y a-t-il des tympans au-dessus des portails ? Que rappelle la galerie des rois ?

3 Doc 1 Comparez le plan à celui de Sainte-Foy de Conques (p. 66) : quels sont les points communs et les différences ? (Pensez à utiliser l'échelle des deux plans.)

4 Doc 3 et 4 Dessinez un arc gothique et comparez avec un arc roman.

5 Doc 1 et 3 En comparant avec le doc 2, p. 66, quels éléments de l'architecture extérieure ont permis de surélever la cathédrale ? Selon vous, que peut signifier la volonté de construire une église si vaste et si haute ?

6 Rédigez quelques phrases expliquant pourquoi la cathédrale de Reims est l'une des plus célèbres de France.

> Le décor gothique à Reims

MOTS
- Vitrail

Comme beaucoup d'autres cathédrales, Notre-Dame de Reims est consacrée à la Vierge Marie. La décoration sculptée placée à l'extérieur sur la façade est d'un effet grandiose. La haute nef est inondée de lumière.

Doc 1 **Détail d'un vitrail : Adam et Ève.**

Doc 2 **Le couronnement de la Vierge par le Christ.**

Doc 3 **L'ange au sourire.**
La statue est située dans le portail de gauche de la façade.

Doc 4 **La nef de la cathédrale.** Hauteur : 38 mètres.

1 Doc 2 À qui est dédiée la cathédrale ? Repérez à la p. 77 l'emplacement de cette sculpture. Décrivez la scène représentée : les personnages, leurs attitudes et gestes, leur expression.

2 Doc 3 Comment est représenté l'ange ? Quelle expression a-t-il ? Quelle impression s'en dégage ?

3 Doc 4 Quels sont les trois étages de la nef ? Sur quoi repose la voûte sur croisée d'ogives ? Comparez les nefs de la cathédrale de Reims et de l'église Sainte-Foy de Conques, p. 67 : laquelle est la plus éclairée ? de quelle manière ? Quel élément observé sur la façade reconnaissez-vous ?

4 Doc 1 Qu'est-ce qu'un vitrail ? Quelle scène est représentée sur celui-ci ? Quel livre l'a inspirée ?

Bilan

L'expansion chrétienne

1 Les croisades en Orient

A. En **1095,** le **pape Urbain II** appelle les chrétiens d'Occident à une **guerre sainte contre les Turcs musulmans** qui occupent Jérusalem et menacent les chrétiens de l'empire byzantin. À ceux qui mourront en libérant la **Terre sainte**, le pape promet le **pardon des péchés.** Ainsi est lancée la première **croisade**. Des milliers de **chevaliers** et de paysans partent au **Proche-Orient**, attirés par l'espoir du paradis, des richesses et l'aventure. Ils cousent des croix sur leurs vêtements : ils sont les **croisés**.

B. La croisade est d'abord victorieuse. En **1099**, les **croisés prennent Jérusalem** et libèrent le tombeau du Christ. Ils créent des **États latins d'Orient** dans les territoires conquis sur les musulmans.

C. Mais **les chrétiens ne parviennent pas à se maintenir durablement en Terre sainte.** Les États latins ont du mal à repousser les attaques des musulmans. Du 12e au 13e siècle, **sept croisades de secours** sont organisées pour leur venir en aide. Aucune ne permet de regagner le terrain perdu. En 1187, Jérusalem est reprise par les musulmans. À la fin du 13e siècle, il n'y a plus d'État chrétien au Proche-Orient.

D. Les croisades ont creusé un **fossé entre chrétiens et musulmans**, mais aussi entre chrétiens orthodoxes et chrétiens d'Occident car ceux-ci ont pillé Constantinople en 1204, lors de la quatrième croisade. Les croisades ont cependant mis en **contact l'Europe chrétienne avec les brillantes civilisations musulmane et byzantine.** Elles ont aussi permis **aux marchands italiens** de développer leurs échanges avec le Proche-Orient, plaque tournante dans le commerce avec l'Asie.

2 Les croisades en Europe

A. À partir du 11e, les chrétiens d'Occident cherchent aussi à **reconquérir les régions occupées par les musulmans en Espagne et au Portugal.** La **Reconquista**, encouragée par le pape, est menée par les rois de royaumes chrétiens du Nord de la péninsule ibérique et des chevaliers venus de tout l'Occident. Elle est un succès : **au 13e siècle, le monde musulman en Espagne se réduit au petit royaume de Grenade, qui tombera en 1492.**

MOTS

Terre sainte : nom donné par les chrétiens à la Palestine, où vécut Jésus.

Croisade : expédition militaire contre les ennemis de la foi chrétienne.

Proche-Orient : régions riveraines de l'Est de la Méditerranée, les premières au contact de l'Orient.

Croisé : personne qui participe à une croisade.

Reconquista : mot espagnol signifiant la reconquête de l'Espagne musulmane par les chrétiens.

Chevaliers teutoniques : moines soldats, surtout originaires d'Allemagne.

Missionnaire : personne qui est envoyée par l'Église pour évangéliser une population.

Hérétique : chrétien ayant des croyances qui ne sont pas conformes (hérésie) à celles enseignées par l'Église.

Cathares : hérétiques, nombreux dans le Sud de la France du 11e au 13e siècle. Les Cathares, par exemple, refusent de croire que Jésus ait pu être un homme, avec un corps de chair.

Inquisition : tribunal de l'Église catholique qui recherche et punit les hérétiques.

Cathédrale : église de l'évêque, donc la plus importante d'un diocèse.

Vitrail : panneau constitué de morceaux de verre colorés, assemblés pour former la décoration d'une fenêtre.

B. Au **Nord-Est de l'Europe**, les **chevaliers teutoniques**, venus du Saint Empire, conquièrent les **régions slaves et baltes** riveraines de la **mer Baltique**. Avec l'aide de **missionnaires**, ils **évangélisent les populations.** Le christianisme se diffuse aussi en **Scandinavie**.

C. À l'**Ouest de l'Europe, l'Église combat les hérétiques.** Au début du 13e siècle, le pape Innocent III lance une croisade dans le Sud-Ouest de la France contre les **Cathares.** Ceux qui échappent aux massacres sont poursuivis et jugés par les tribunaux de **l'Inquisition**. Les **juifs** sont aussi **persécutés.** Dans les villes, on les oblige à se regrouper dans un quartier ou une rue. Ils sont obligés de porter des insignes qui les distinguent des chrétiens. Ils sont parfois chassés d'un royaume.

3 Lumière et douceur : l'art gothique

A. Au **12e siècle**, apparaît dans le Nord de la France un **art religieux nouveau**, appelé **art gothique**, qui succède à l'art roman. Il s'exprime surtout dans les **cathédrales** que les chrétiens veulent construire toujours plus grandes, plus hautes et plus lumineuses. L'art gothique indique un enrichissement de l'Occident, en particulier des villes, car les cathédrales coûtent très cher. **Il témoigne aussi de la puissance d'un christianisme sûr de lui et triomphant.**

B. De nouvelles techniques permettent de construire des églises plus élevées et **d'ouvrir les édifices à la lumière.** Les tours et les voûtes des cathédrales montrent cet **élan vertical.** L'intérieur de l'église est un **espace de lumière colorée** grâce aux larges **vitraux**, image du paradis. Les **sculptures** prennent une place considérable à l'extérieur de l'édifice.

C. Ces changements par rapport à l'art roman révèlent une **foi religieuse plus confiante. Dieu** est moins un juge qu'une **lumière** plus proche du chrétien. Les personnages des statues prennent un **aspect plus humain** ; des sourires peuvent illuminer leurs visages.

Retenir autrement

- **Au 11e siècle, les papes lancent des croisades pour reconquérir les régions occupées par les musulmans en Espagne et au Proche-Orient.**
- **L'Espagne redevient presque totalement chrétienne, mais les croisés ne peuvent se maintenir durablement en Terre sainte.**
- **L'Église évangélise les populations d'Europe restées encore païennes et combat les hérétiques.**
- **À l'époque gothique, les chrétiens construisent dans les villes de vastes et hautes cathédrales, très lumineuses.**

›››› Je m'exerce

1. Connaître la signification pour les chrétiens des grandes fêtes du calendrier

A	Noël (25 décembre)
B	Pâques (entre le 22 mars et le 25 avril)
C	Ascension (40 jours après Pâques)
D	Pentecôte (50 jours après Pâques)
E	Toussaint (1er novembre)

1	Résurrection du Christ
2	Fête de tous les saints
3	Descente de l'Esprit Saint sur les apôtres
4	Naissance de Jésus
5	Montée du Christ au ciel

• Mettez en relation les fêtes avec leur signification pour les chrétiens.

2. Reconnaître les croyances des chrétiens sur une œuvre d'art

Doc Tympan sculpté du portail principal de la cathédrale de Bourges, 12e-13e siècle.

1. Recopiez le tableau. Identifiez les personnages en y reportant les lettres indiquées sur le tympan :

Personnages	Lettre
Jésus-Christ	
Les élus vont au paradis	
Les damnés vont en enfer	
Les morts sortant des tombes	

2. Qui est le personnage au centre du bandeau intermédiaire ? Comment est-il représenté ? Que tient-il à la main ? Que signifie cet objet ?
3. De quel livre est inspirée cette œuvre d'art ? Dans quel sens faut-il lire l'ensemble des scènes ?
4. Rédigez quelques phrases sur les croyances de chrétiens illustrées sur ce tympan.

3. Connaître l'organisation de l'Église

1. Verticalement

A : Qualifie le clergé vivant au milieu des fidèles.
B : Il est le chef de l'Église d'Occident.
C : Il est réuni par le chef de l'Église d'Occident.
D : Il dirige une abbaye.
E : Il s'occupe d'une paroisse.

2. Horizontalement

1 : Qualifie le clergé qui suit une règle monastique.
2 : Un homme d'Église.
3 : Il participe à l'élection du chef de l'Église d'Occident.
4 : Il vit dans un monastère.
5 : Il dirige un diocèse.

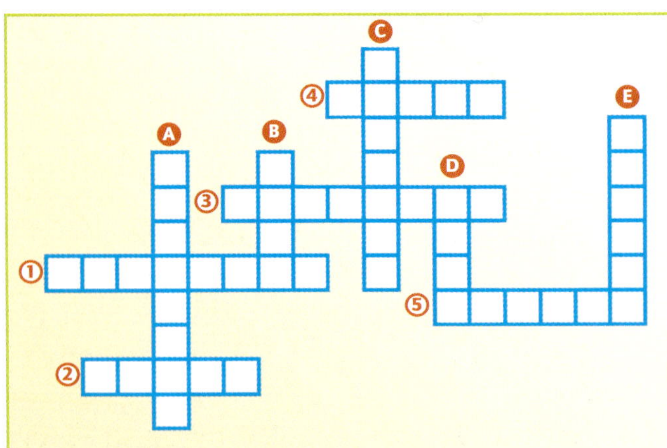

4. Lire le plan d'un édifice chrétien

1. À quelle construction chrétienne correspond cet ensemble de bâtiments ? Qui l'occupe ?
2. Nommez les parties correspondant aux lettres A et B.
3. Qu'est-ce que la salle capitulaire ? Quel travail est accompli dans la salle des copistes ?
4. Quels sont les autres bâtiments qui font partie d'un tel ensemble et qui ne sont pas représentés ici ?
5. Quelle règle religieuse suivent les occupants de ces lieux ? Que demande cette règle ?

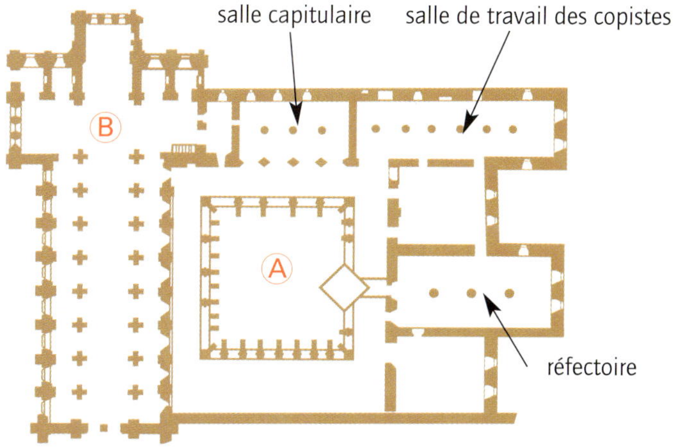

Doc **Plan-type d'une construction romane.**

5. Distinguer l'art roman et l'art gothique

Doc 1 **La Sainte-Chapelle, Paris.**

Doc 2 **Cloître de l'église Saint-Trophime, Arles.**

Doc 3 **Notre-Dame de Paris.**

Doc 4 **Église de Fongombault, Indre.**

Doc 5 **Notre-Dame de Reims.**

Doc 6 **Église Saint-Sernin, Toulouse.**

- Classez en deux colonnes (art roman, art gothique) les monuments photographiés.

6. Se situer dans l'espace

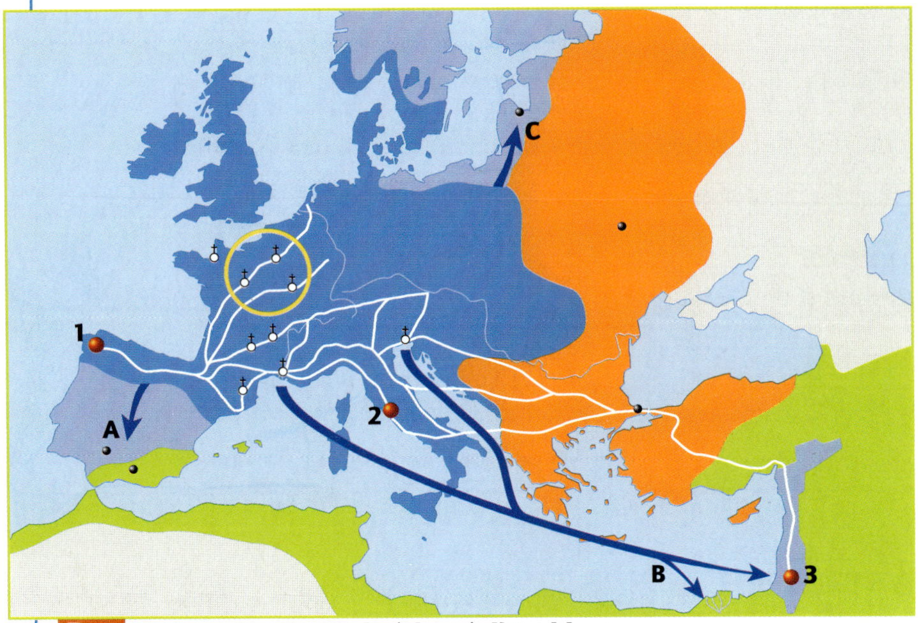

Doc **L'expansion de la chrétienté d'Occident du 11e au 13e siècle.**

1. Quelles religions sont figurées par les couleurs suivantes
   a b c
2. Nommez les trois villes indiquées par les chiffres 1, 2, 3. Pour quelles raisons sont-elles très importantes ?
3. À quoi correspondent les lignes blanches ?
4. Mettez en relation les flèches nommées A, B, C avec : *Évangélisation, Reconquista, Croisades.*
5. Que représente le cercle jaune ?

7. Comparer deux textes

Doc **La prise de Jérusalem en 1099 lors de la première croisade**

TEXTE 1

Le duc Godefroy de Bouillon et tous ceux qui étaient entrés avec lui dans Jérusalem parcouraient les rues et les places, l'épée à la main, frappant indistinctement tous les ennemis qui s'offraient à leurs coups. On dit qu'il périt dans l'enceinte même du Temple environ dix mille ennemis sans compter tous ceux qui avaient été tués de tous côtés. Ceux qui avaient profané le sanctuaire du Seigneur par leurs actes superstitieux subirent la mort. Chaque chrétien s'emparait de la maison dans laquelle il était entré de force et de tout ce qui s'y trouvait.

D'après Guillaume de Tyr, chevalier franc, 12e siècle.

TEXTE 2

Les Francs marchèrent sur Jérusalem, après leurs vains assauts contre Acre, et y mirent le siège pendant quarante jours. Les Francs massacrèrent les musulmans de la ville pendant une semaine. Dans la mosquée al-Aqsa, les Francs massacrèrent plus de soixante-dix mille personnes parmi lesquels une foule d'imams et de docteurs musulmans qui avaient quitté leur pays pour venir vivre en une pieuse retraite dans ces lieux saints. Les Francs dérobèrent un énorme butin.

D'après Ibn al-Athïr, chroniqueur arabe, 13e siècle.

1. Durant quelle croisade a eu lieu l'événement évoqué ?
2. Qui sont les « ennemis » dans le texte 1 ? Les Francs dans le texte 2 ?
3. Recopiez et complétez le tableau suivant :

	TEXTE 1	TEXTE 2
L'auteur du texte		
La date du texte		
Les 2 points communs dans l'évocation de l'événement		
La différence dans le jugement porté sur les violences		

Visiter sur Internet les monuments rencontrés dans le chapitre

Et si vous faisiez une visite guidée de l'église de Sainte-Foy de Conques, de l'abbaye de Fontenay ou de la cathédrale de Reims comme si vous y étiez... enfin, presque !

Allez sur le site Internet **http://architecture.relig.free.fr**

Dans le « Sommaire » de la page d'accueil, cliquez sur « Édifices », puis au choix sur « Cathédrales », « Églises et chapelles » ou « Abbayes et monastères »

Par exemple, après avoir cliqué sur le dernier, s'ouvre une page des édifices visibles classés par ordre alphabétique et illustrés par une petite photographie.

Cliquez sur la photographie de l'abbaye de Sainte-Foy de Conques. Vous pourrez accéder à un « Historique », à une « Visite extérieure », à une « Visite intérieure » ou au « Tympan ».

Cliquez sur tympan. Vous accéderez alors à de multiples images commentées de ce chef-d'œuvre de l'art roman.

❶

Cliquer

❷

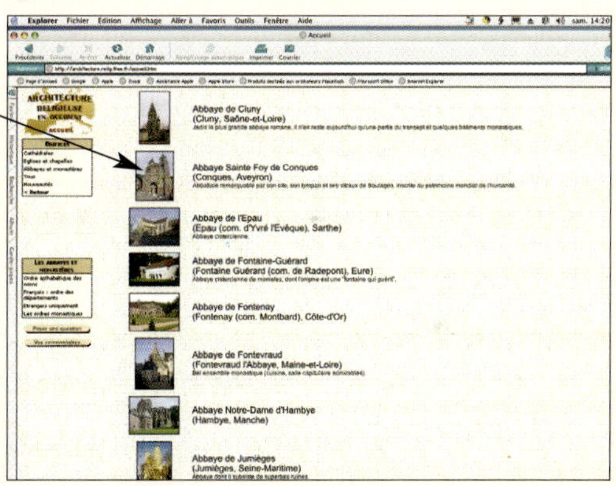

❸

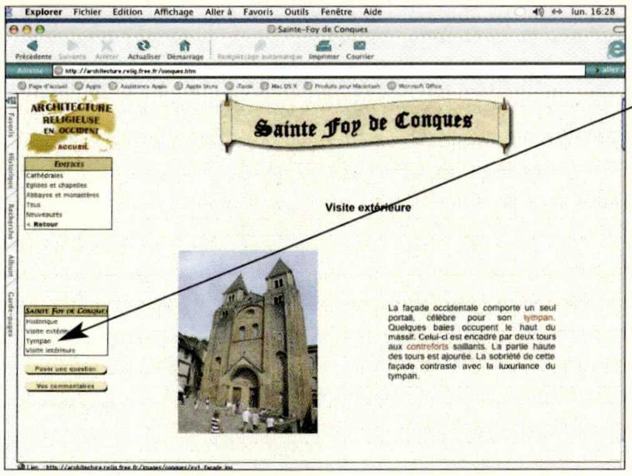

Cliquer

❹

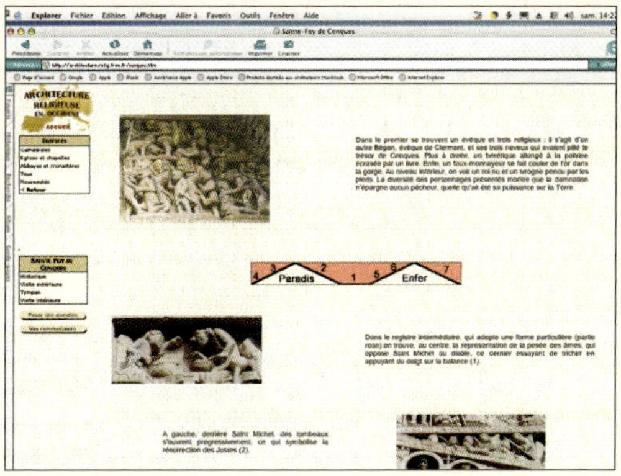

Autres sites à consulter

http://www.conques.com

http://www.abbayedefontenay.com

http://catreims.free.fr

chapitre

5 La société médiévale

Doc 1 **L'Occident au 13e siècle.**

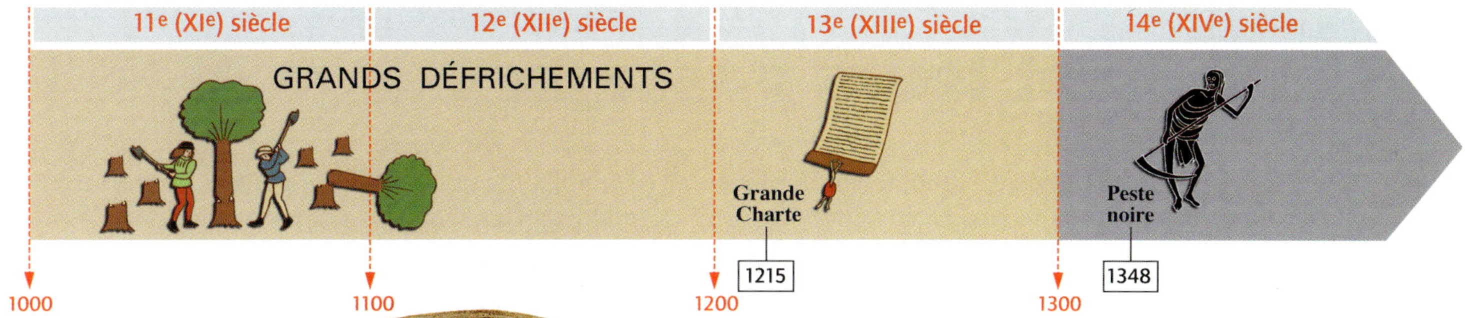

Doc 2 L'organisation de la société médiévale.
Miniature du 15e siècle, Bibliothèque de l'Arsenal, Paris.

On croit que la maison de Dieu sur Terre est une, mais elle est divisée en trois : les uns prient, d'autres combattent et d'autres, enfin, travaillent. Ces trois ordres sont indispensables l'un à l'autre : l'activité de l'un d'eux permet aux deux autres de vivre.

D'après Adalbéron, évêque de Laon, *Poème au roi Robert*, 11e siècle.

1. Les rois, les seigneurs et leurs vassaux

MOTS
- Seigneur
- Vassal
- Hommage
- Fief
- Féodalité
- Charte

Au 11e siècle, l'Europe est divisée en de nombreux royaumes, mais le pouvoir des rois est limité. La puissance appartient aux grands propriétaires de la terre et aux guerriers capables de protéger les populations sur de petits territoires. Ils deviennent des seigneurs qui tissent entre eux des relations d'homme à homme.

➔ Qu'est-ce que la féodalité ?

Doc 1 Un seigneur et son vassal.
Miniature du 12e siècle, Archives départementales des Pyrénées orientales, Perpignan.

Doc 2 La cérémonie de l'hommage

Le comte de Flandres demanda au futur vassal s'il voulait devenir son homme sans réserve. Celui-ci répondit: « Je le veux. » Puis, les mains jointes à celles du comte qui les enveloppa, les deux hommes s'embrassèrent. Ensuite, celui qui avait fait hommage engagea sa fidélité en ces termes: « Je promets en ma foi d'être fidèle à partir de cet instant au comte Guillaume. J'observerai entièrement cet hommage sans tromperie. » Et il jura cela sur les reliques des saints. Ensuite, le comte donna un fief à tous ceux qui lui avaient promis sûreté et fait hommage par serment.

D'après Galbert de Bruges, *Histoire du meurtre de Charles le Bon, comte de Flandres*, 12e siècle.

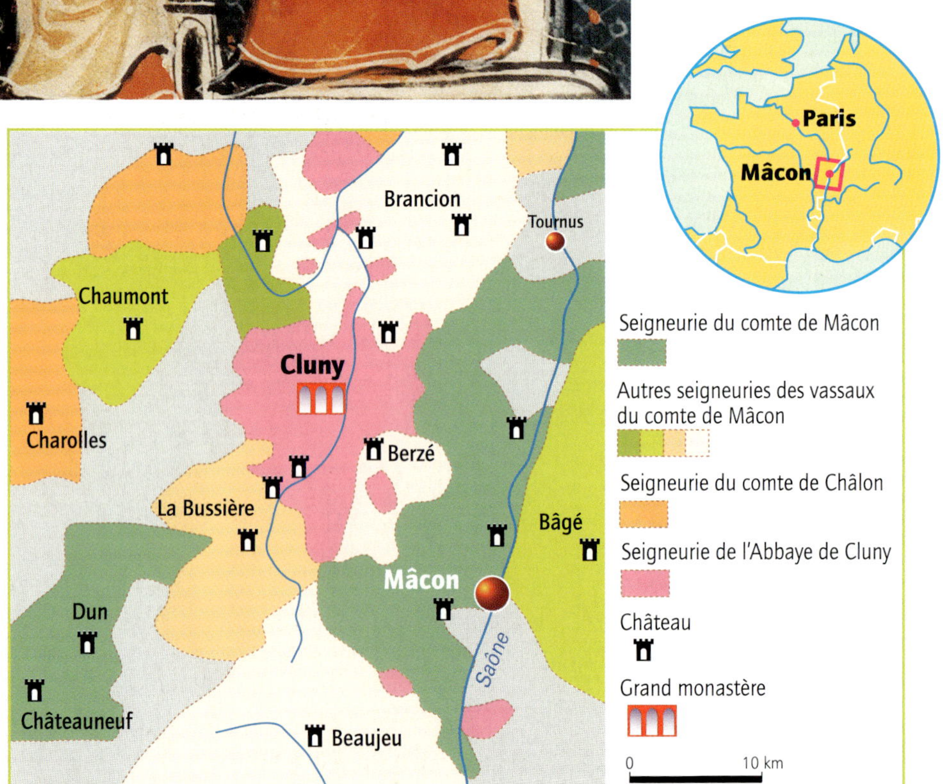

Doc 3 Les seigneuries de la région de Mâcon vers 1100.

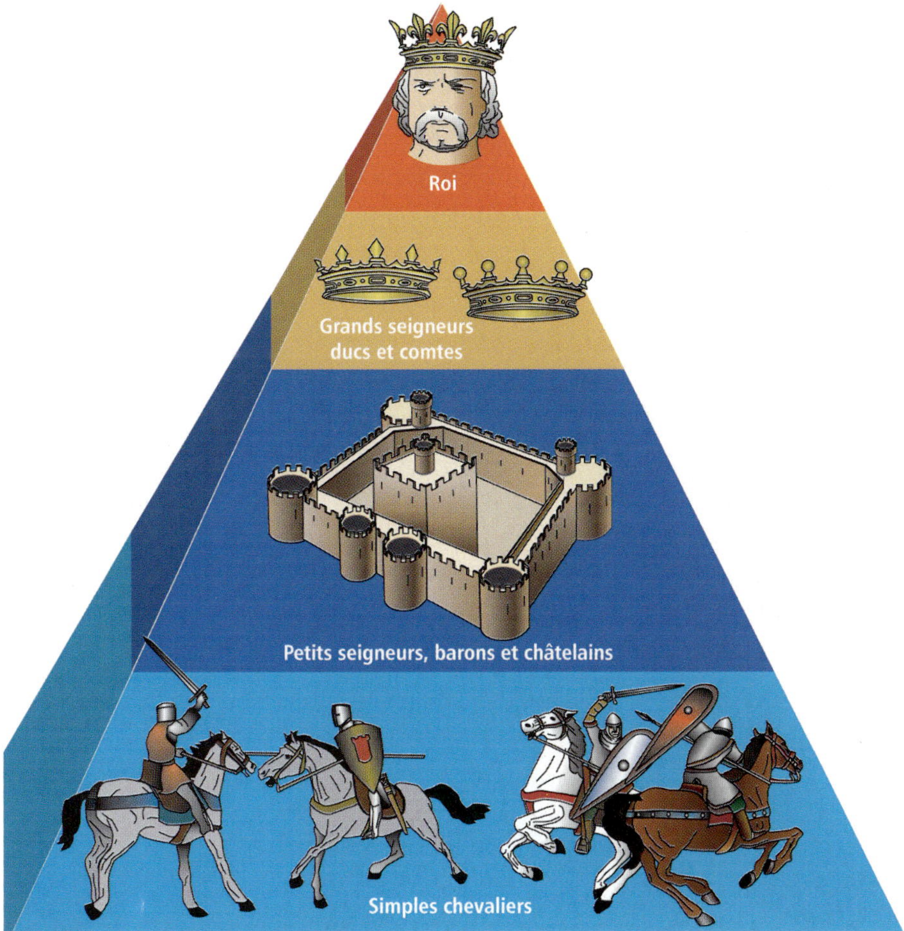

Doc 4 **La pyramide vassalique.**

Doc 5 **Les obligations du seigneur et du vassal**

Le vassal doit au seigneur	Le seigneur doit au vassal
• l'aide militaire : – il accompagne le seigneur à la guerre 40 jours par an. • l'aide financière : – pour l'adoubement du fils aîné du seigneur, – pour le mariage de la fille aînée du seigneur, – pour payer la rançon du seigneur s'il est fait prisonnier, – pour le départ en croisade du seigneur. • le conseil	• la protection • la défense en justice • l'entretien par les revenus d'une terre, appelée fief

Doc 6 **Le pouvoir royal en France et en Angleterre**

A. En France

Le roi est souverain par-dessus tous. Il a la garde de tout son royaume. C'est pourquoi, il peut prendre, comme il lui plaît, toutes les mesures pour le bien commun. Ce que décide de faire le roi doit être considéré comme la Loi et doit être exécuté.

D'après Ph. de Beaumanoir, *Coutumes de Beauvaisis*, vers 1280.

B. En Angleterre

Jean[1], par la grâce de Dieu, roi d'Angleterre, salut.

Nous avons accordé à tous les hommes libres de notre royaume les libertés suivantes :

– l'Église d'Angleterre sera libre et nous voulons que soit observée la liberté des élections des évêques,

– aucun impôt ne sera établi sans le consentement du Commun conseil de notre royaume, sauf pour payer notre rançon, pour armer chevalier notre fils aîné et pour verser une dot à notre fille aînée,

– quand nous réunirons le Commun conseil pour fixer les impôts, nous convoquerons les archevêques, les évêques, les abbés et les grands seigneurs du royaume par lettre, quarante jours avant au moins et en précisant les raisons de cette convocation,

– un homme libre ne pourra être arrêté, emprisonné ou privé de ses biens qu'à la suite d'un jugement légal, conformément à la loi du pays.

D'après la *Grande Charte*, 1215.

1. Le roi Jean-sans-Terre.

1 Doc 1 et 2 Après avoir lu le texte, indiquez sur l'image où est le seigneur et où est le vassal. Quel moment de la cérémonie y est représenté ?

2 Doc 2 et 5 Quelles sont les promesses et les obligations du vassal envers son seigneur ? Que donne le seigneur à son vassal ?

3 Doc 3 Qui sont les seigneurs de la région de Mâcon ? Que trouve-t-on dans toutes les seigneuries ?

4 Doc 4 et 6A Quelle place et quelle autorité voudrait avoir le roi de France dans son royaume ?

5 Doc 6B Comment et par qui le pouvoir du roi d'Angleterre est-il limité ?

6 Rédigez quelques phrases sur la féodalité en utilisant les mots suivants : seigneur, vassal, hommage, fief.

> Le château fort de Bonaguil

Le Moyen Âge est le temps des châteaux forts. Au début, simples constructions de bois sur une hauteur, ils deviennent peu à peu des forteresses en pierre. Lieu d'habitation du seigneur, le château fort exprime son pouvoir sur sa seigneurie et son devoir de la protéger. Commencé au 13e siècle, le château de Bonaguil, dans le Lot-et-Garonne, a été reconstruit au 15e siècle après la guerre de Cent Ans par un seigneur, Bérenger de Roquefeuil. En France, c'est l'un des châteaux forts les mieux conservés.

Doc 1 **Les fortifications du château.** 1 Donjon 2 Créneau 3 Fossé 4 Tour 5 Pont-levis 6 Mur d'enceinte

Doc 2 **La grande salle seigneuriale du château.**
Le logis du seigneur de Bonaguil avait une vingtaine de pièces dont cette grande salle dans le donjon : le seigneur y siégeait pour rendre la justice, recevoir ses hôtes et ses vassaux, pour y organiser des festins et des fêtes.

Doc 3 **Reconstitution du château de Bonaguil lors d'une attaque.**

Doc 4 À l'assaut d'un château fort

Le roi se hâte d'attaquer le château et y engage son armée, tant chevaliers que piétons. Ce ne sont partout que machines de guerre, arcs, écus, épées; c'est la guerre. Vous auriez pu admirer tour à tour une pluie de flèches, le feu scintillant des heaumes qui, sous les coups répétés, lancent des éclairs, les écus subitement brisés et troués.

D'après Suger,
Vie de Louis VI le Gros, 12e siècle.

1 Doc 1 Dans quel environnement et sur quel site naturel le château de Bonaguil a-t-il été construit ?

2 Doc 1 et 3 Nommez sur la reconstitution les éléments indiqués A, B, C, D à l'aide du doc 1.

3 Doc 1 et 3 Quels obstacles devaient franchir les assaillants avant d'atteindre le donjon ?

4 Doc 3 et 4 Comment se déroule une attaque ?

5 Doc 2 Dans quelle partie du château est située la grande salle seigneuriale ?

6 Rédigez quelques phrases décrivant un château fort au Moyen Âge.

2. Les chevaliers

MOTS
- Adoubement
- Tournoi

Les seigneurs laïcs et leurs vassaux sont des guerriers. Pour faire la guerre à d'autres seigneurs, ils doivent savoir combattre à cheval. Avant de devenir chevalier, il faut avoir suivi dès l'enfance une éducation militaire qui se conclut, à l'âge de 18 ans, par une cérémonie où l'on remet au guerrier son armement. Quand il ne fait pas la guerre, le chevalier s'y prépare. Un bon chevalier doit suivre certaines règles de conduite.

➔ **Comment vivent les chevaliers ?**

Doc 1 Chevaliers au combat.

Doc 2 L'adoubement du chevalier. Miniature, 14e siècle, BNF, Paris.

Doc 3 Comment on devient chevalier

Le seigneur se baisse et lui chausse l'éperon droit, comme la coutume le voulait de qui adoubait un chevalier. Les écuyers sont nombreux tout autour : chacun se presse pour l'armer. Le seigneur prend l'épée, la lui ceint et lui donne l'accolade.

« En vous remettant l'épée, lui dit-il, je vous confère l'ordre de chevalerie, qui ne souffre aucune bassesse. Beau frère, souvenez-vous qu'au combat, si votre adversaire vaincu demande grâce, vous devez l'écouter et ne pas le tuer sciemment. S'il vous arrive de trouver dans la détresse, homme ou femme, dame ou demoiselle, conseillez-les. Vous ferez bien. Enfin, recommandation très importante, allez volontiers à l'église prier Dieu qu'il ait pitié de votre âme et qu'il vous garde comme son fidèle chrétien. » Le seigneur alors fait sur lui le signe de la croix.

D'après Chrétien de Troyes, *Perceval*, 12e siècle.

Doc 4 La chasse au loup.
Miniature extraite du *Livre de chasse de Gaston Phébus*, 14e siècle, BNF, Paris.

Doc 5 Un tournoi

Il y eut à Eu, en Normandie, un grand tournoi. On y vint de toutes parts. Toute la nuit, les chevaliers préparèrent leurs armures et l'équipement de leurs chevaux. Le lendemain matin, ils se groupèrent sur la place. Guillaume le Maréchal se lança d'abord sur sire Philippe de Valognes, et l'entraîna de force hors du tournoi. Puis il rentra dans la mêlée et vainquit successivement de ses mains dix chevaliers. Il eut le prix du tournoi. Pauvre en deniers et en chevaux le matin, il en était bien pourvu le soir.

D'après *Histoire de Guillaume le Maréchal*, 13e siècle.

Doc 6 Un chevalier récompensé par sa dame.
Miniature du *Codex Manesse*, 13e siècle, Bibliothèque de l'Université d'Heidelberg.

1 Doc 1 Avec quelles armes les chevaliers attaquent-ils ? Avec quel équipement se protègent-ils de leurs adversaires ?

2 Doc 2 et 3 Comment se déroule la cérémonie de l'adoubement ? Quel doit être la conduite d'un bon chevalier ?

3 Doc 4 La chasse est-elle seulement un loisir ? Pourquoi ?

4 Doc 5 et 6 Pourquoi les chevaliers aiment-ils participer à des tournois ? Comment un vainqueur est-il récompensé ?

5 Rédigez quelques phrases décrivant la vie d'un chevalier : son adoubement, son entraînement, sa participation à une guerre...

3. Paysans et seigneurs

MOTS
- Seigneurie
- Réserve
- Tenures
- Vilain
- Serf
- Redevances
- Corvée
- Araire

Au 13e siècle, en Occident, neuf habitants sur dix sont des paysans. Presque tous dépendent d'un seigneur, laïc ou ecclésiastique, qui est le maître du territoire sur lequel ils vivent. En échange des terres qu'il concède, de la sécurité qu'il garantit et de la justice qu'il rend, le seigneur prélève des impôts et fait travailler les paysans à son service. La vie des paysans est rude. Elle s'écoule au rythme des travaux agricoles accomplis avec des outils rudimentaires. Quand les récoltes ne sont pas bonnes, la nourriture manque.

➔ Comment vivent les paysans sous la dépendance des seigneurs ?

Doc 1 **Reconstitution d'une seigneurie.**

1 Forêt du seigneur
2 Four du seigneur
3 Péage du pont
4 Pressoir du seigneur
5 Église et cimetière
Ⓐ Réserve
Ⓑ Village
Ⓒ Tenures

Doc 2 **Les redevances et les corvées**

A. La réserve comprend la maison seigneuriale avec ses dépendances, onze hectares de prairie, deux cents hectares de terres cultivées et cinquante hectares de terres incultes. Il y a en outre vingt-quatre tenures paysannes, ayant chacune une superficie de douze hectares. Les onze serfs doivent trois jours de travail par semaine sur le domaine seigneurial et leurs femmes doivent filer douze mesures de lin. Les autres tenanciers, treize vilains, sont libres. Ils doivent travailler deux jours par semaine sur le domaine seigneurial et leurs femmes doivent filer six mesures et demi de lin. Chaque tenancier, serf ou vilain, doit six fois par an remplir le service de charroi pour le transport du vin du seigneur ; il doit aussi payer chaque année dix mesures de bière, six de farine, trois poulets et vingt œufs.

D'après le *Cartulaire de l'abbaye de Saint-Bertin* (Pas-de-Calais), 12e siècle.

B. Nos paysans doivent moudre le grain à notre moulin et cuire le pain à nos fours. Ils paient pour cela une redevance. Si quelqu'un désobéit, nous le jugerons et saisirons ses biens.

D'après la *Charte de Saint-Germain-des-Près,* 13e siècle.

Doc 3 **Paysan labourant un champ avec une araire.**

Doc 4 **Le travail du paysan.**
Calendrier des travaux agricoles, 13e siècle, BNF.
❶ mars ❷ juin ❸ juillet ❹ août ❺ septembre ❻ octobre

Doc 5 **La justice seigneuriale.** Miniature du 15e siècle.

1 Doc 1 et 2 À qui appartiennent les terres de la réserve, la forêt, le four ? Comment nomme-t-on les terres cultivées par les paysans ?

2 Doc 1 et 2 L'usage du four et du pressoir, le passage du pont sont-ils gratuits pour le paysan ? Justifiez votre réponse.

3 Doc 2A Quelles sont les deux catégories de paysans de cette seigneurie ? Pour chaque catégorie, faites la liste de ce qui est dû au seigneur. Que constatez-vous ?

4 Doc 2B, et 5 Qui rend la justice dans la seigneurie ?

5 Doc 3 et 4 Quels sont les principaux travaux du paysan pendant l'année ? Pour chaque activité relevez les instruments qu'il utilise.

> Le *Roman de Renart*

Le Roman de Renart comprend plusieurs récits rédigés aux 12e et 13e siècles par une vingtaine d'auteurs. Il est écrit en vers et dans la langue française de l'époque, le roman. Les auteurs du Roman de Renart veulent distraire les lecteurs en racontant les aventures d'animaux, Renart, le personnage principal, et ses compagnons, comme le loup Ysengrin, le lion Noble, le coq Chantecler. Mais ces animaux vivent, pensent et agissent comme des hommes. À travers eux, les auteurs ridiculisent pour les critiquer certains aspects de la société du Moyen Âge.

Doc 1 Renart, le goupil, se bat en duel contre Ysengrin, le loup.
Miniature du Roman de Renart, BNF, Paris.

Questions Doc 2

1 Quels animaux représentent les païens ? De quelle région viennent-ils ?

2 Relevez le vocabulaire qui évoque le monde des chevaliers et des seigneurs.

3 Comment se nomme la cérémonie demandée au roi Noble par Renart ?

Doc 2 Le roi Noble part en croisade

« Renart, dit le roi Noble, j'ai grand besoin de votre avis. Les païens, entrés dans mes terres sous la conduite du Chameau, ont déjà pris deux de mes châteaux. Deux, hélas ! de mes plus beaux donjons ! Tout un peuple de scorpions, d'éléphants, de tigres, de buffles et de dromadaires, aussi féroces que superbes, de serpents sans nombre et de lézards tombe sur nous pour notre honte !
Mauvaise affaire ! dit Renart. Convoquez vos barons sans plus attendre !
Noble suit le conseil de Renart. Il réunit son armée.
Renart, dit Noble, mes bataillons sont formés de guerriers de prix. Vois ces enseignes[1]. Vois ces lances, ces hauberts[2] et ces écus. Ce sera bientôt le désastre pour les païens ! [...]
Tout à coup dans le palais entrent les trois fils de Renart. Ils saluent le roi avec empressement.
Beau sire, dit Renart, voici mes enfants. Ils sont, Dieu merci ! grands et beaux. Oserais-je vous demander de les faire chevaliers dès demain ?
Les trois fils passent la nuit en prière dans l'église et, quand l'aube commence à poindre, Noble en personne leur ceint l'épée et leur donne l'accolade. Dès lors rien ne le retient plus. Interpellant Renart, il lui dit :
« Renart, je voudrai, si Dieu m'aide, faire mouvement ce matin. » [...]
Cent mille combattants s'ébranlent par la vaste plaine. Tous fondent comme des aigles sur les ennemis dont le nombre de morts s'accroît vite. Mais, tout à coup, plus de dix mille scorpions débouchent d'un val. Chantecler saisi de fureur laisse resplendir sa prouesse. Nul ne l'égale dans l'armée. Il se dépense, rapide et preux[3]. De son corps, sans cesse il fait face. L'air des combats l'excite : il vole. Voici qu'il se rue à l'attaque du buffle. Raidi sur sa selle, l'autre l'atteint d'un fer de lance poussé d'une poigne si rude qu'il brise en éclats son écu. Les mailles du haubert résistent. L'acier se rompt en deux tronçons. Chantecler, soutenant le choc, se revanche du mieux. Il lui fiche si fort sa lance au centre du poitrail que la pointe en sort par l'échine. Le buffle s'affale lourdement, mort. [...]
Tous les païens font demi-tour, poursuivis par Frobert le grillon et ses pairs assoiffés de sang. »

1. Une enseigne : un drapeau, une bannière.
2. Un haubert : une cotte de mailles.
3. Preux : courageux.

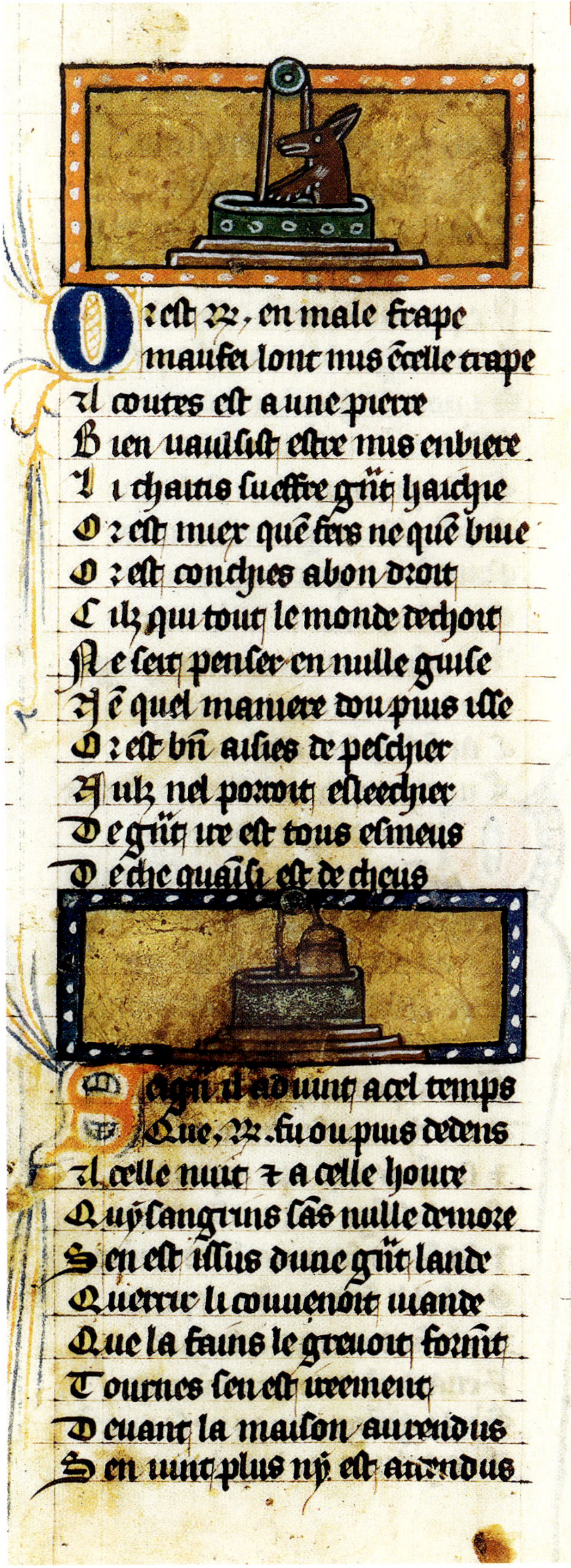

Doc 3 **Les mésaventures de Renart, le goupil.**
Miniature du Roman de Renart, BNF, Paris.

Doc 4 Renart dans la ferme de Bertaut, le paysan

« Aux abords du village, Renart prit un sentier qui conduisait à une ferme. La ferme était à un paysan plein aux as. D'ici jusqu'à Troyes, il n'y en avait pas de plus cossu. Sa maison, entourée d'une clôture, était abondamment pourvue tant en vaches, bœufs et brebis qu'en lait et œufs, et en produits de toutes sortes. Des poules et des poulets, il y en avait à revendre. Mais la maison, la cour et les jardins étaient complètement entourés de gros pieux aiguisés et hauts ; de plus, un fossé rempli d'eau courait tout autour. Quelle magnifique demeure ! Le propriétaire en était Bertaut, un vilain, balourd et avare. Il était ce jour-là, seul au logis. Sa femme était partie vendre à la ville ses travaux de filage tandis que ses garçons travaillaient aux champs.

Parvenu à l'enclos, Renart voit les chapons au soleil avec Chantecler qui cligne de l'œil, et ses poulets et ses poules qui grattent dans un tas de paille. Renart fait plusieurs fois le tour de la clôture dans l'espoir de trouver un trou pour entrer. Il finit par dénicher par hasard un pieu qui était pourri. C'est par là qu'il se glisse à l'intérieur. Il se tapit sous un buisson d'épines, l'oreille aux aguets, attendant le meilleur moment. Picorant de-ci, de-là, Chantecler s'approche ignorant le danger. Renart bondit alors sur le coq pour le saisir mais le manque car l'autre s'esquive et s'enfuit en poussant des cris de détresse.

Bertaut entend son coq et accourt. Il voit Renart le goupil qui pourchasse Chantecler. Il rentre alors dans la maison pour prendre un filet de chasseur. Il en ressort furieux et fonce vers le jardin potager. Renart s'y est caché sous un chou. N'ayant point été initié à la chasse à courre, Bertaut lance le filet sur les choux, tout de travers, jurant qu'il tenait le voleur. Renart qui n'a pas pu se dégager à temps est bel et bien pris au piège. Il se tourne d'un côté, puis de l'autre ; plus il se tourne et plus il s'emberlificote dans les mailles du filet.

Mais Bertaut commet l'erreur de vouloir étrangler la gorge de l'animal avec son pied droit, pensant que ce sera la meilleure façon de le maîtriser. Dès que le pied s'abaisse, Renart le saisit à pleines dents, y enfonce tous ses crocs et serre si fort les mâchoires qu'elles se touchent. Bertaut sent sa blessure et voit son pied transpercé ; il pâlit, se décompose et s'évanouit de douleur. Outre le pied, Renart happe maintenant la main droite du vilain. Le paysan a trouvé son maître. Quand il revient à lui, rempli d'épouvante, Bertaut ne sait que faire. Il pleure à chaudes larmes et demande grâce : Seigneur Renart, pitié ! Libérez-moi, je vous obéirai et serai votre vassal tous les jours de ma vie. »

Questions Doc 4

4 Bertaut est-il un paysan riche ou pauvre ? Relevez dans le texte quelques mots ou deux phrases pour justifier votre réponse. À quoi fait penser sa maison ?

5 Comment se déroule la chasse à Renart ?

6 Pourquoi peut-on rire des dernières paroles de Bertaut ?

7 Comment, dans ce récit, le paysan est-il ridiculisé ?

Bilan

Rois, seigneurs et paysans

1 Les rois, les seigneurs et leurs vassaux

A. Au 13e siècle, l'**Occident** est divisé en de **nombreux États.** Le plus vaste est le Saint Empire, mais l'Empereur, successeur de Charlemagne, a du mal à faire accepter son autorité aux grands seigneurs ainsi qu'aux villes du nord de l'Italie et de l'Allemagne qui veulent se gouverner seules. Ailleurs, sont nés des **royaumes**, mais **chacun est divisé en une multitude de territoires** aux mains de grands ou de petits **seigneurs**, laïcs ou ecclésiastiques. **Le pouvoir des rois est faible**. En **France**, il ne s'exerce que sur une petite partie du royaume, même si les souverains commencent à affirmer leur autorité face aux seigneurs. En **Angleterre**, les grands seigneurs et les évêques imposent au roi la **Grande Charte** de 1215 qui l'oblige à gouverner avec eux.

B. Les seigneurs sont de grands propriétaires des terres jadis confiés par Charlemagne et par les rois qui lui ont succédé. Au temps des grandes invasions des 9e et 10e siècles, ce sont eux qui ont protégé les populations des comtés et des duchés. Peu à peu, ils sont devenus **indépendants des souverains** en prenant le droit de donner des ordres et de rendre la justice. Ils bâtissent des **châteaux forts** qui sont le signe de leur pouvoir de commander. Ils confient la garde de certains châteaux et des terres environnantes à de petits seigneurs qui sont leurs **vassaux**.

C. Un vassal jure fidélité à un seigneur supérieur lors d'une cérémonie appelée l'**hommage**. Le **vassal** s'engage à le **servir**, et particulièrement à l'aider à défendre son territoire. En échange, le **seigneur donne une terre à son vassal**, le **fief**. Peu à peu, les fiefs se transmettent de pères en fils. L'ensemble des liens noués entre les seigneurs et les vassaux s'appelle la **féodalité**. Le roi, qui a lui-même des vassaux, voudrait être reconnu comme le chef suprême de tous les seigneurs et vassaux.

2 Les chevaliers

A. Les seigneurs laïcs et leurs vassaux doivent savoir se battre à cheval car la cavalerie joue un rôle essentiel dans les guerres seigneuriales. Un jeune guerrier devient chevalier après un long apprentissage du métier des armes qui se conclut par une cérémonie, l'**adoubement**. Le chevalier reçoit alors d'un parrain, lui-même chevalier, son **équipement**: des éperons, l'épée, l'écu, une cotte de mailles et un heaume.

MOTS

Seigneur : 1. une personne qui a reçu l'hommage d'un vassal et a des obligations à son égard ; 2. une personne qui détient des pouvoirs sur un territoire appelé une seigneurie.

Charte : un texte précisant les avantages accordés par un roi ou un seigneur.

Vassal : une personne qui a juré d'être fidèle à un seigneur et a des obligations à son égard.

Hommage : la cérémonie par laquelle un vassal s'engage à servir un seigneur.

Fief : une terre accordée par le seigneur à un vassal en échange de ses services.

Féodalité : l'ensemble des relations entre seigneurs et vassaux.

Adoubement :

la cérémonie au cours de laquelle un jeune guerrier reçoit les armes du chevalier.

B. Quand ils ne font pas la **guerre**, les chevaliers pratiquent la chasse et participent à des **tournois** qui sont à la fois une distraction et un **entraînement au combat.**

C. Sous l'influence de l'Église, les comportements de ces guerriers tendent à devenir moins brutaux. Un **bon chevalier** doit être courageux, loyal et généreux. Il ne doit pas s'attaquer aux plus faibles mais au contraire les protéger. Il doit se dévouer à sa dame et la respecter.

3 Paysans et seigneurs

A. Presque tous les paysans vivent et travaillent dans une **seigneurie** dirigée par un seigneur. La seigneurie est une exploitation agricole divisée en deux parties. D'abord, la **réserve** : c'est le domaine propre du seigneur cultivé par les domestiques et les paysans qui doivent des **corvées**. Ensuite, les **tenures** : ce sont des terres louées aux paysans par le seigneur contre le paiement d'impôts et des corvées.

B. **Le seigneur est le maître** : il commande, il juge et il protège tous ceux qui vivent dans la seigneurie. En cas de danger, les paysans peuvent se réfugier au château. Mais en échange de cette protection, il exige de nouvelles corvées et perçoit des **redevances** comme la taille ou les banalités qui sont des taxes sur l'utilisation obligatoire de son four, de son moulin ou de son pressoir.

C. Il y a deux grandes catégories de paysans. Les **vilains** sont des paysans libres. Les **serfs** appartiennent au seigneur ; ils ne peuvent se marier ni hériter qu'avec son accord et en payant des taxes particulières. Les paysans habitent dans des **villages à proximité du château.** Le travail de la terre les occupe quotidiennement. Ils ont des **outils rudimentaires** comme l'**araire**. Ils cultivent surtout des céréales qui sont la base de leur alimentation. Quand la récolte est mauvaise, ils manquent de nourriture.

Retenir autrement

- **Après les grandes invasions, le pouvoir des rois est faible. La puissance appartient aux seigneurs qui ont construit des châteaux forts sur leurs seigneuries.**
- **Les seigneurs ont tissé entre eux des liens d'homme à homme : c'est la féodalité.**
- **Les seigneurs protègent les paysans, mais en échange ils font peser sur eux de lourdes obligations.**

Tournoi : un jeu guerrier dans lequel s'affrontent des chevaliers.

Seigneurie : un territoire sur lequel un seigneur exerce son pouvoir.

Réserve : les terres de la seigneurie que le seigneur garde pour lui.

Corvée : le travail gratuit et obligatoire dû au seigneur par le paysan.

Tenures : les terres de la seigneurie louées aux paysans par le seigneur.

Redevances : l'ensemble des taxes et des impôts dûs par un paysan à un seigneur. Parmi les taxes, les banalités payées par le paysan pour l'usage du moulin, du four et du pressoir du seigneur.

Vilain : un paysan libre de quitter un seigneur.

Serf : un paysan non-libre appartenant à un seigneur.

Araire : un instrument de labour qui ouvre un sillon dans la terre mais ne la retourne pas.

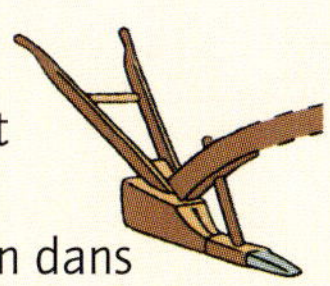

4. Le renouveau des campagnes

MOTS
- Défrichement
- Charrue
- Jachère

À partir de l'an 1000, la population de l'Occident devient plus nombreuse. Les paysans mettent en culture de nouvelles terres et le climat se réchauffe, ce qui permet des récoltes plus abondantes et une meilleure alimentation. L'outillage agricole se perfectionne et rend le travail des paysans plus efficace. Les paysans obtiennent parfois des seigneurs des avantages qui allègent un peu leur dépendance.

➔ Quels progrès connaissent les campagnes du 11e au 13e siècle ?

Doc 1 La population européenne

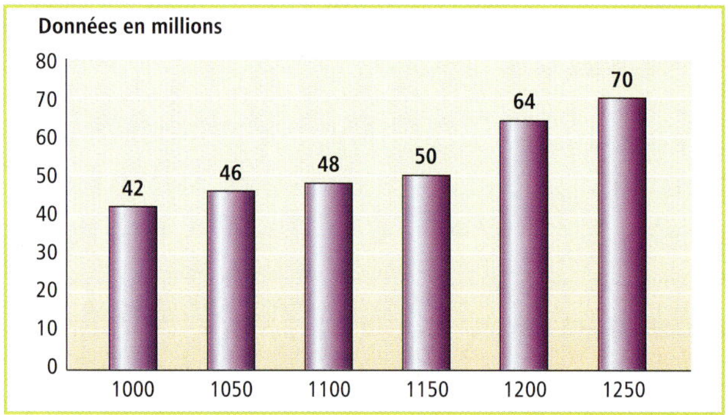

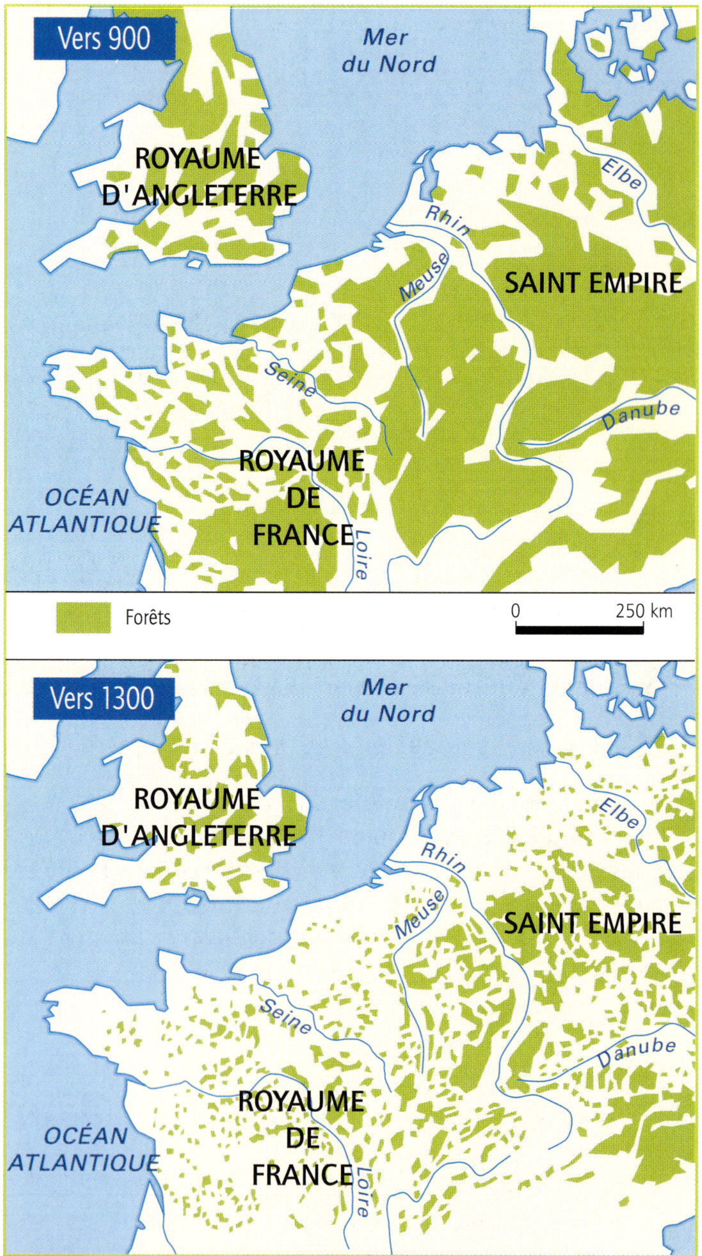

Doc 2 Les forêts en Europe du Nord-Ouest vers l'an 1000 et vers 1300.

Doc 3 Un défrichement.
Miniature, Bibliothèque royale de Bruxelles.

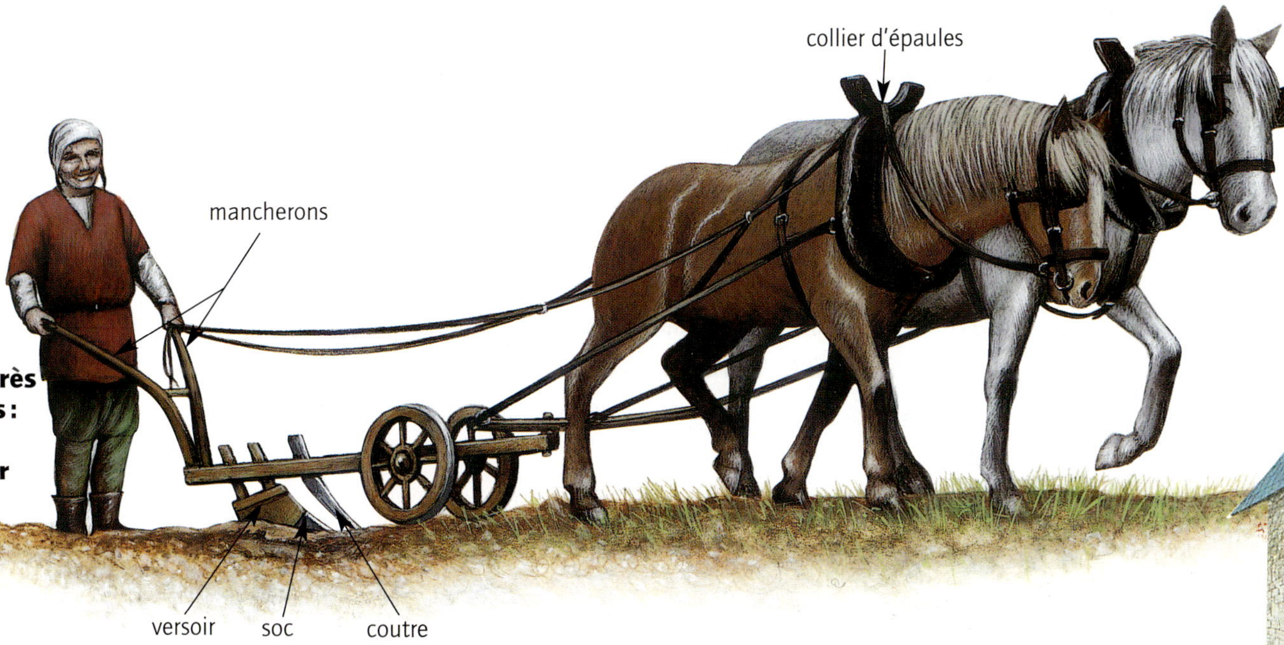

Doc 4 **Deux progrès techniques : la charrue et le collier d'épaules.**

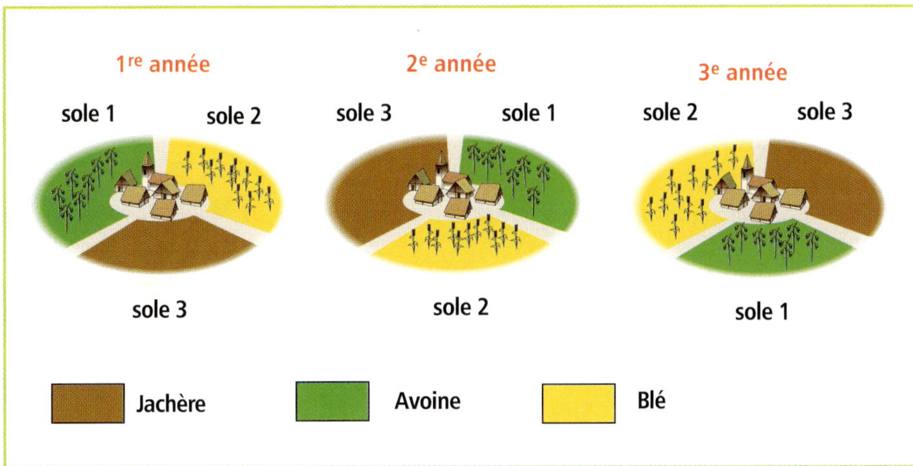

Doc 5 **L'assolement triennal.** Le terroir villageois est divisé en trois parties ou soles.

Doc 6 **Un moulin à eau.**
Miniature de René d'Anjou, 15e siècle, Bibliotheca Bodmeriana.

Doc 7 **Les paysans obtiennent des avantages**

Nous, Faucon, seigneur de Montgascon, faisons savoir que nous avons donné pour toujours aux habitants de Pagnant les usages qui suivent. Nous conservons notre droit de prélèvement sur la moisson. À l'exception de deux corvées de transport, l'une à Noël, l'autre aux vendanges, aucun service forcé ne peut-être exigé. Nous ne pouvons arrêter un habitant qu'en trois cas : meurtre, vol, rapt de femme accompli avec violence. Nous ne pouvons lever des hommes pour la guerre s'ils ne peuvent revenir à leur maison le jour même. Les habitants de Pagnant pourront élire quatre représentants parmi eux pour faire respecter ces dispositions.

D'après une *Charte* de franchises de 1268.

1 **Doc 1** Combien l'Europe gagne-t-elle d'habitants de l'an 1000 à 1250 ?

2 **Doc 2 et 3** Quelle évolution peut-on constater d'une carte à l'autre entre les deux dates ? Comment se fait un défrichement ? Que devient la terre une fois défrichée ?

3 **Doc 4** Pourquoi la charrue laboure-t-elle mieux la terre que l'araire (doc 4, p. 95) ?

4 **Doc 5** À quoi sert un moulin ? Comment est-il actionné ?

5 **Doc 6** Comment la sole 2 est-elle utilisée pendant 3 ans ? Quel est l'avantage et l'inconvénient de la jachère ?

6 **Doc 7** Qui accorde la charte ? À qui ? Quels avantages obtiennent les paysans ?

7 Rédigez quelques phrases sur les transformations que connaissent les campagnes : évolution de la population, des surfaces cultivables, progrès agricoles (vous pouvez vous aider des pp. 94-95).

5. Le renouveau du commerce

MOTS
• Foire

À partir du 12e siècle, l'Occident connaît un redémarrage du commerce lointain. Il est lié à l'essor des campagnes, de l'artisanat dans les villes et au dynamisme de marchands qui parcourent les routes terrestres et maritimes pour acheter et vendre toutes sortes de produits. Certaines régions deviennent de grands foyers des échanges commerciaux entre le nord et le sud de l'Europe.

➔ Qu'est-ce que le grand commerce au 13e siècle ?

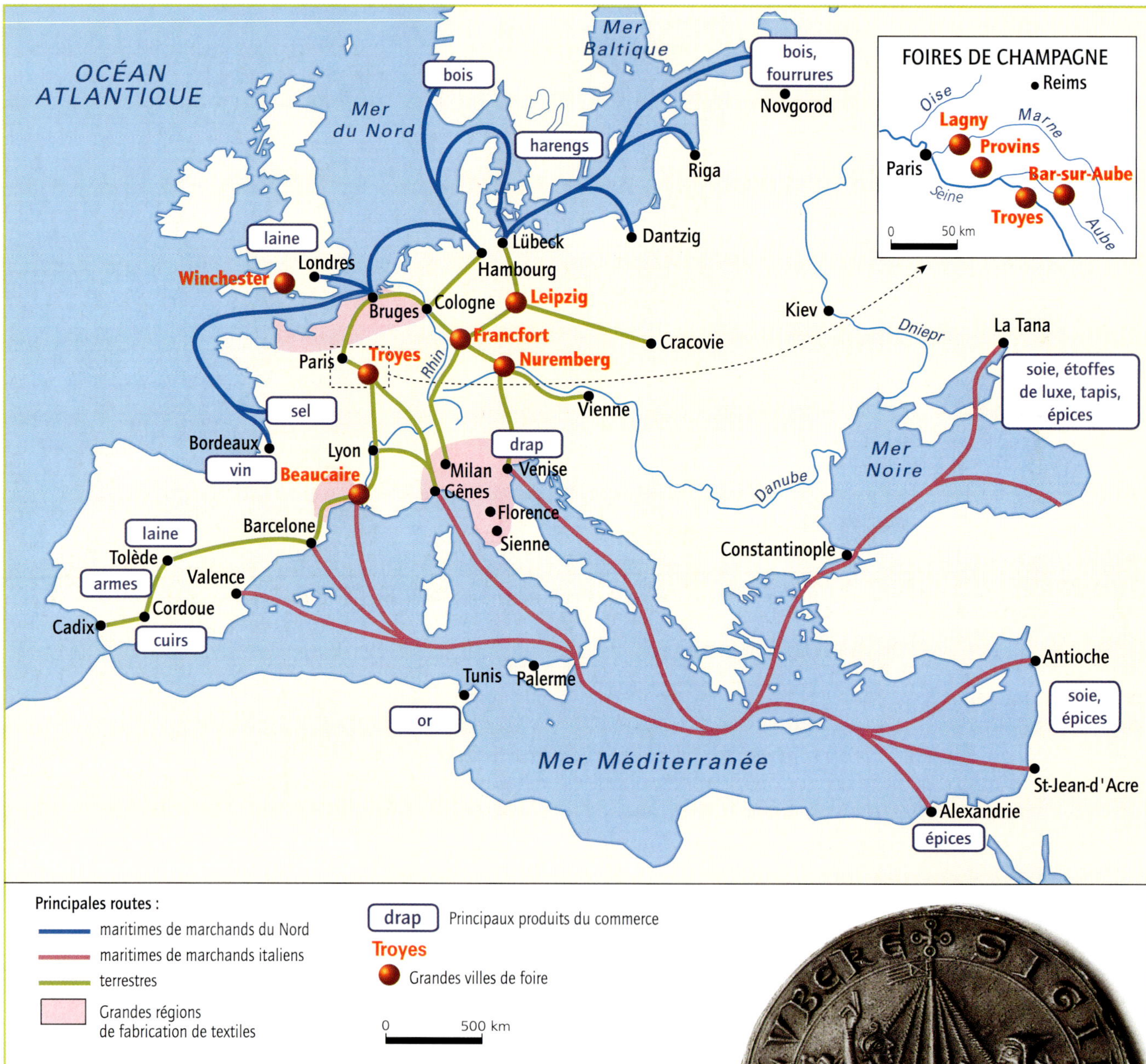

Doc 1 Le grand commerce au 13e siècle.

Doc 2 Sceau de l'association des marchands allemands de la mer Baltique, fin du 13e siècle.

Doc 3 **La protection des marchands**

Le comte prendra sous sa protection tous les marchands, toutes les marchandises, et toutes les personnes venant à la foire, dès le jour où ils arrivent à leur hôtel, du soleil levant au soleil couchant. Il leur fera restituer tout ce qui pourrait leur être volé en chemin et demandera réparation au seigneur du lieu où le préjudice aura été commis.

D'après les *Privilèges et coutumes des foires de Champagne*, 13e siècle.

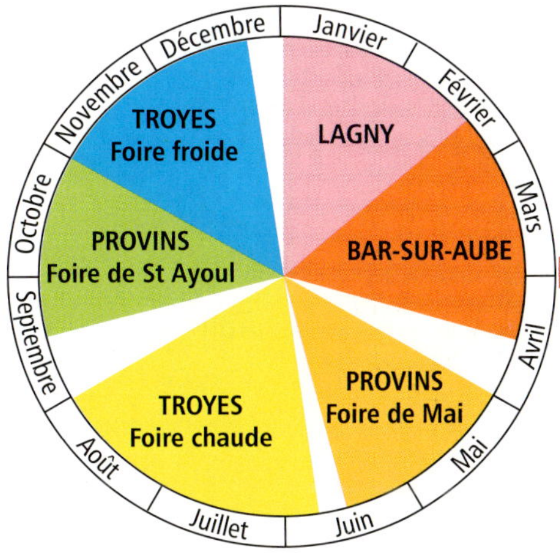

Doc 4 **Le calendrier des foires de Champagne.**

Doc 5 **Un changeur de monnaies.** Peinture, 15e siècle, musée du Prado, Madrid. Au Moyen Âge, les monnaies, frappées par quelques grands seigneurs et villes, ne contiennent pas la même quantité de métal précieux. En les pesant, le changeur fixe l'équivalence d'une monnaie par rapport à l'autre.

Doc 6 **Des nouvelles de la foire**

Ici, à Troyes, il y a des marchandises en abondance. Le poivre ne se vend pas bien. Le gingembre se vend de 22 à 28 deniers, selon la quantité. Le safran est très demandé; il se vend 25 sous la livre, et il n'y en a plus sur le marché. La cire de Venise, 23 deniers la livre; celle de Tunis, 21,5 deniers la livre. L'associé de Scotto a beaucoup de marchandises, mais il ne parvient pas à les écouler; il pense les expédier en Angleterre pour les vendre là-bas. La poudre d'or vaut selon la qualité. Je ne pense pas que les florins puissent se vendre plus de 8 sous.

D'après une *lettre* adressée à Tolomeo de Sienne par son associé à la foire de Troyes, 1265.

1 **Doc 1** Sur quelles mers se fait le grand commerce au 13e siècle ? Quelles marchandises se procurent les marchands italiens ? D'où proviennent-elles ? Quelles marchandises arrivent à Bruges ? Qu'y produit-on ?

2 **Doc 1 et 3** Dans quel royaume ont lieu les foires de Champagne ? D'où viennent les marchands qui s'y retrouvent ? Comment les comtes de Champagne les encouragent-ils à y venir ?

3 **Doc 4** Combien de foires se succèdent en Champagne ? Combien de temps dure chacune ?

4 **Doc 5** Pourquoi a-t-on besoin des changeurs dans les villes commerciales ?

5 **Doc 6** Quelles sont les marchandises évoquées dans le texte ?

6 Rédigez un petit texte dans lequel vous ferez le récit de la journée d'un marchand, italien ou flamand, venu dans une foire de Champagne.

> Venise, une république marchande

Au 13e siècle, Venise est l'une des villes les plus peuplées d'Occident, avec 70 000 habitants. Elle tire sa richesse de son artisanat mais surtout du commerce maritime avec le monde byzantin et le monde musulman, d'où ses marchands rapportent des produits qu'ils revendent dans tout l'Occident. La ville se dote d'une puissante flotte de guerre qui protège ses bateaux de commerce. Elle construit un véritable empire en mer Méditerranée. Cité indépendante, Venise est une république gouvernée par les familles des plus riches marchands. Les palais, les places, les églises témoignent encore aujourd'hui de sa prodigieuse prospérité au Moyen Âge.

Doc 1 **Le ducat d'or de Venise : saint Marc, le saint protecteur de la ville, remet l'étendard de Venise au doge.** 13e siècle, BNF, Paris.

MOTS
- Doge
- Corporation
- Bourgeois

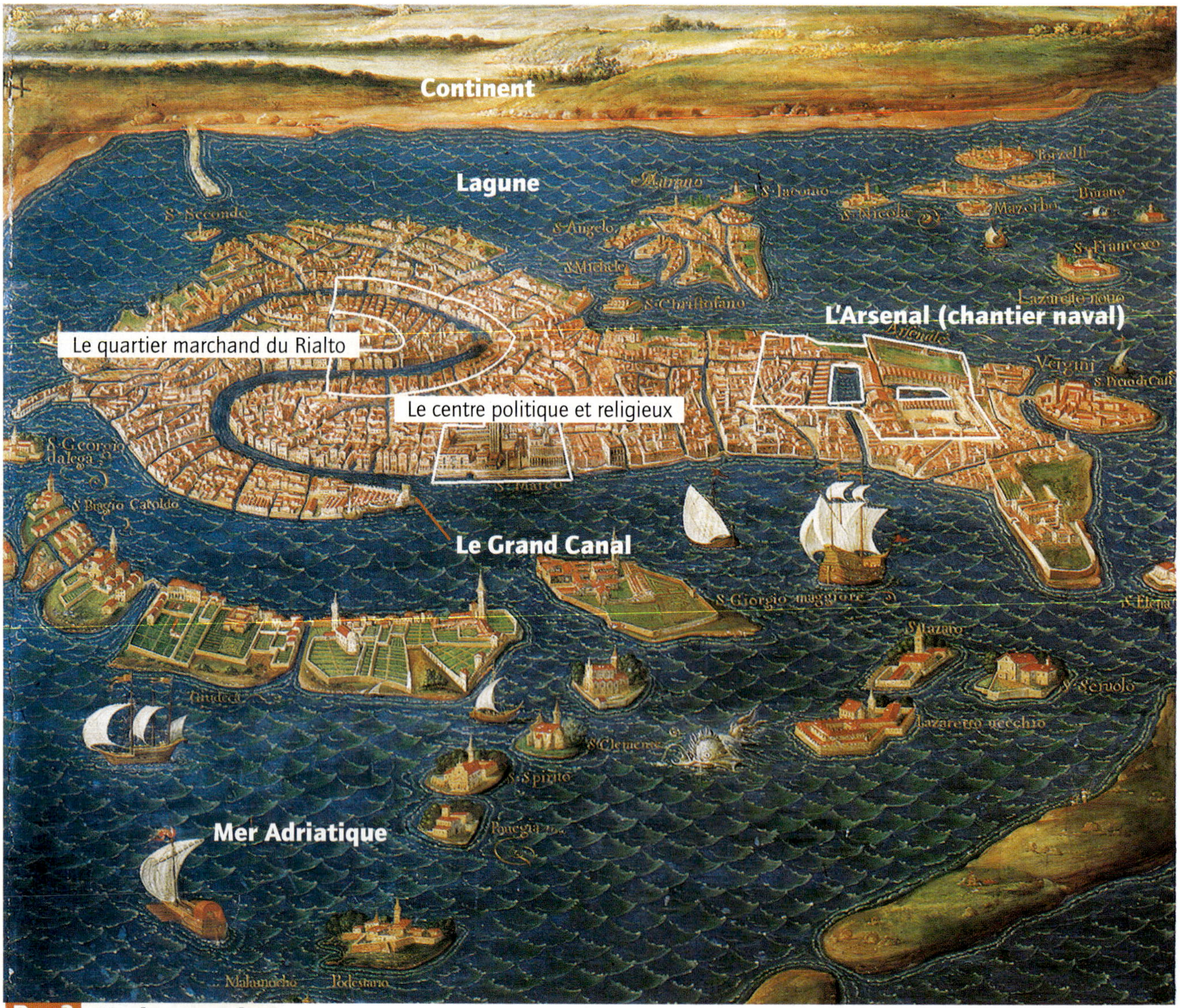

Doc 2 **Venise et sa lagune.**

Doc 3 **Le grand entrepôt de l'Europe**

J'attends le convoi retour de Beyrouth et Alexandrie pour expédier à Bruges. Heureusement tous ces trafics sont opérés par les galères, un moyen très sûr, subventionné par la république.
Un messager arrivé d'Alexandrie m'a informé que cette année les affaires avaient été bonnes, la caravane de La Mecque était venue jusqu'au Caire avec de copieux chargements d'épices de toutes sortes et de la soie. Il m'a dit que cette année le poivre était beau, d'un gros grain noir, et qu'il n'avait pas autant de poussière que l'an dernier. J'attends cinq sortes de poivre, du girofle, et je ne sais combien de balles de soie, trois ou quatre…

D'après la *lettre* d'un marchand de Venise, Domenico Zucolo, 20 octobre 1423.

Doc 4 **Le palais des doges.** ❶ Salle d'élection du doge et des magistrats de la ville ❷ Salle du Tribunal ❸ Salle du Grand Conseil ❹ Dépôt de munitions ❺ Galerie d'exposition des métiers ❻ Portique du recrutement des équipages ❼ Basilique (église) Saint-Marc

1 **Doc 1, 2 et 4** Quelle est la particularité du site de Venise ? Comment s'appelait le quartier des affaires ? À l'aide du doc 4, relevez le nom des deux principaux bâtiments du « centre politique et religieux » ? Sur quel objet est figuré le saint protecteur de la ville ?

2 **Doc 2** Que fabriquait-on à l'Arsenal ? Pourquoi a-t-il une importance vitale pour Venise ?

3 **Doc 3** De quelles marchandises est-il question dans le texte ? D'où viennent-elles ? Où seront-elles ensuite vendues ?

4 **Doc 1 et 4** Pourquoi appelle-t-on Venise une « république » ? Par qui est-elle dirigée ?

5 Rédigez un paragraphe expliquant comment la ville de Venise s'est enrichie au Moyen Âge et la manière dont elle est gouvernée.

> Bruges

MOTS
- Halle
- Corporation
- Faubourg
- Bourgeois

Au 13e siècle, Bruges est l'une des villes les plus peuplées d'Occident, avec 50 000 habitants. Elle tire sa richesse de son artisanat textile et du commerce maritime avec les pays de la mer Baltique et de la mer du Nord. Bruges est un grand centre commercial où s'échangent des produits venus de l'Europe du Nord et d'Italie. La ville appartient à un grand seigneur, le comte de Flandre, mais, par une charte, il a accepté que les riches marchands l'administrent eux-mêmes. Le beffroi, sorte de donjon communal dominant la ville, et le sceau sont les symboles des libertés de la cité.

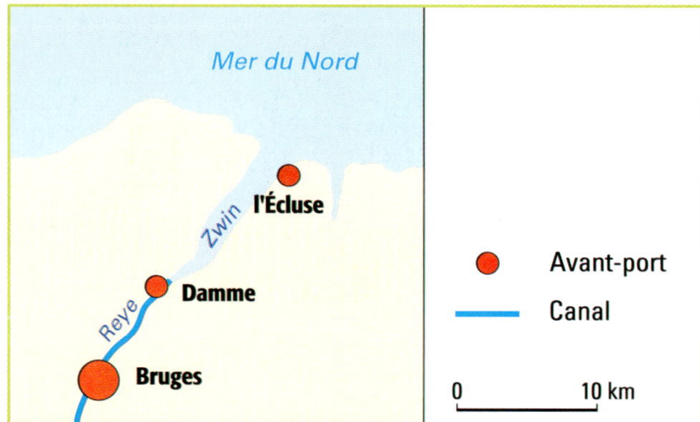

Doc 1 Bruges et ses avant-ports.

Doc 2 Le sceau de la ville. Le sceau est utilisé pour rendre officielles et authentiques les décisions écrites du Conseil des échevins qui dirige Bruges et se réunit à l'Hôtel de Ville.

Doc 3 La Grand Place. ❶ Place du Bourg ❷ Beffroi ❸ Grand Place ❹ Halle

Doc 4 Le commerce à Bruges

En Flandre, Bruges est la ville où réside le plus grand nombre de marchands et de changeurs. La foire commence le 8e jour après Pâques.

On trouve à Bruges de la laine, des draps, du coton, de la soie, des fourrures, de la garance[1], du pastel[2], du cuivre, du fer, de l'étain, du poivre noir, du gingembre, toutes les épices du Levant, de l'huile, du vin, du miel… Il y a deux très grandes maisons, un peu comme des palais, que l'on appelle « halles ». On y vend des draps de laine entiers ou à la coupe.

Si tu viens avec ta marchandise au port de l'Écluse et que tu décharges ne serait-ce qu'un ballot, alors tu dois payer, au comte de Flandres, une taxe sur toute la marchandise restée dans le navire. Les bourgeois de Bruges ne paient pas cette taxe.

D'après Francesco Balducci Pegolotti, *La pratique du commerce*, 14e siècle.

1. Plante donnant une matière colorante rouge.
2. Plante donnant une matière colorante bleue.

Doc 5 **Bruges au 13e siècle.**

Doc 6 **Des teinturiers dans un atelier.** Miniature flamande du 15e siècle, British Library, Londres.

Plusieurs opérations étaient nécessaires pour fabriquer un drap, c'est-à-dire un tissu de laine : le filage de la laine, le tissage, le foulage (on piétine le tissu dans un liquide pour le rendre plus solide et moelleux), la teinture, les finitions.

Doc 7 **Le règlement de la corporation des foulons**

1. Les chefs de la corporation puniront ceux qui font mal leur métier.
2. Le temps d'apprentissage est de deux ans pour les fils de foulons, trois ans pour les autres.
3. Les compagnons[1] qui veulent devenir maîtres paient à la corporation 20 sols, s'ils sont fils de foulons, les autres 30 sols.
5 et 6. Nul homme du métier ne peut travailler le soir à la lumière ni le samedi après l'heure de midi.
7. Il est défendu d'employer d'autres ingrédients que le beurre et le suint[2] pour le foulage des étoffes.

D'après le *Règlement de la corporation de foulons de Bruges*, 1303.

1. Artisan qui n'est plus un apprenti mais n'est pas encore un maître.
2. Matière grasse secrétée par la peau du mouton.

1 **Doc 1 et 5** Sur quelle mer s'ouvre la ville de Bruges ? Est-elle un port ? Autour de quel édifice est-elle née ? Comment a-t-elle évolué ensuite ? Par quoi la ville est-elle protégée ? Pourquoi la surnomme-t-on la « Venise du Nord » ?

2 **Doc 4 et 6** Quelle est la principale production de Bruges ?

3 **Doc 7** Classez les articles selon qu'ils réglementent l'apprentissage et la façon de devenir maître, le temps de travail, la fabrication.

4 **Doc 3 à 5** Quelles sont les indications d'une grande activité commerciale à Bruges ?

5 **Doc 4** Qui perçoit la taxe sur les marchandises ? Comment les marchands de Bruges sont-ils avantagés ?

6 **Doc 2 et 3** Comment la ville est-elle dirigée ? Quel est l'aspect du beffroi ?

7 Rédigez un paragraphe expliquant comment la ville de Bruges s'est enrichie au Moyen Âge et la manière dont la ville est gouvernée.

6. Les crises de la fin du Moyen Âge

MOTS
- Famine
- Épidémie
- Peste
- Jacquerie

Au 14e et au 15e siècles, l'Occident est frappé par plusieurs malheurs. Les récoltes deviennent insuffisantes pour nourrir une population qui a beaucoup augmenté. Ne mangeant plus à leur faim, les hommes sont affaiblis et sans défense contre les maladies. Les guerres ne font qu'aggraver la situation. La population de l'Occident s'effondre. Des révoltes paysannes et urbaines éclatent contre les impôts, la domination des seigneurs ou des bourgeois. Les hommes sont obsédés par la crainte de la mort. Ils pensent que les terribles fléaux qui ravagent l'Occident sont une punition divine.

À quelles graves difficultés est confronté l'Occident aux 14e et 15e siècles ?

Doc 1 L'Europe ravagée par la peste et agitée par les révoltes.

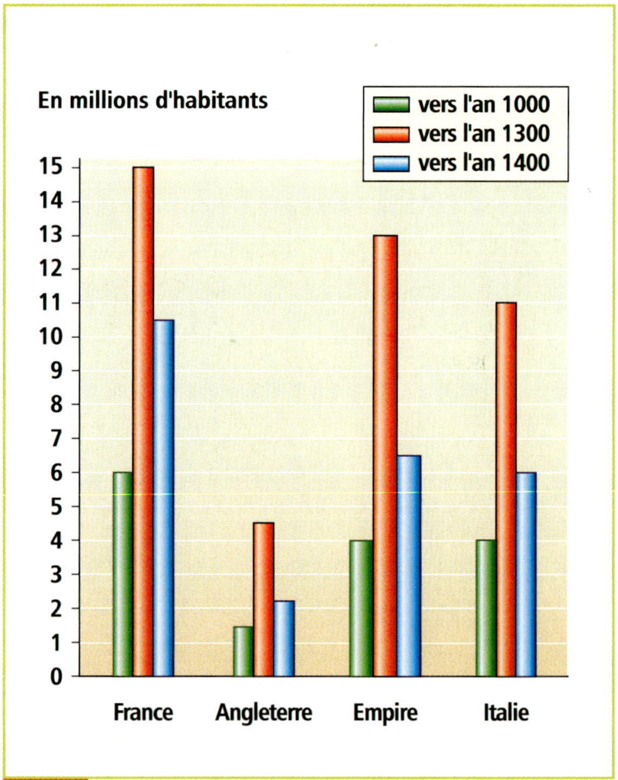

Doc 2 L'évolution de la population.

Doc 3 Les grands fléaux

A. En l'an du Seigneur 1348, à la famine et à la guerre qui existaient déjà, vinrent s'ajouter dans diverses parties du monde les épidémies. Cette année-là et la suivante, il y eut une telle mortalité de gens des deux sexes qu'on pouvait à peine les ensevelir. Ils n'étaient malades que deux ou trois jours et mouraient rapidement. Ils avaient tout à coup des grosseurs sous les aisselles et dans l'aine, et l'apparition de ces grosseurs était un signe infaillible de mort. Cette maladie était appelée peste par les médecins.

D'après Jean de Venette, *Chroniques,* 14e siècle.

B. Au mois de décembre 1420, un pain, que l'on payait jusque-là 4 deniers parisis en coûtait 40. La faim toucha la plus grande partie de la population. On n'entendait plus dans Paris que plaintes et lamentations. Les petits enfants criaient « Je meurs de faim ! »
L'hiver fut le plus long qu'un homme ait vu en quarante ans. Les pauvres gens mangeaient ce que même les pourceaux ne daignaient manger. Les loups étaient si affamés que, dans les villages, ils déterraient de leurs pattes les corps des gens enterrés et les mangeaient.

D'après le *Journal d'un bourgeois de Paris,* 15e siècle.

Doc 4 Les violences des bandes de soldats. Manuscrit, musée Condé, Chantilly.

Doc 5 Des paysans attaquent un chevalier isolé. Miniature, Jean de Wavrin, *Chroniques d'Angleterre*, 15e siècle, BNF, Paris.

Doc 6 Une procession de flagellants. Miniature de la *Chronique de Gilles Li Muisit*, 14e siècle, Bibliothèque Royale Albert 1er, Bruxelles.

En 1349, allèrent en groupes les flagellants. Ils faisaient des pénitences publiques et se battaient avec des lanières de cuir munies de pointes de fer qui leur déchiraient le dos et les épaules ; ils chantaient des chansons douloureuses sur la naissance et la souffrance du Christ. Tout cela pour prier Dieu de réfréner sa colère. (D'après Froissart, Chroniques, *14e siècle.)*

1 **Doc 1, 3 et 4** Quels sont les trois grands malheurs qui frappent l'Occident aux 14e et 15e siècles ?

2 **Doc 1 et 3** Quand la Peste noire arrive-t-elle en Europe ? D'où vient-elle ? Quels trajets suit-elle ? Pourquoi peut-on parler d'une épidémie ? Comment se manifeste la maladie chez les hommes ?

3 **Doc 2** Quelle est la conséquence des trois calamités ?

4 **Doc 5** À qui s'en prennent les paysans ? Comment sont-ils armés ?

5 **Doc 6** Pourquoi appelle-t-on les personnages de la procession des flagellants ? Quel est le but de cette procession ?

6 Rédigez quelques phrases sur la crise de l'Occident aux 14e et 15e siècles en utilisant les mots-clés.

Bilan

Essor et crise de l'Occident

1 Le renouveau des campagnes

A. Du 11e à la fin du 13e siècle, **la population de l'Occident passe de 42 à 70 millions d'habitants**. Les hommes sont mieux nourris parce que les **récoltes de céréales sont plus abondantes**. Il y a **plusieurs explications** à cette augmentation de la production agricole. Le **climat** se modifie et devient **plus favorable à l'agriculture** avec des hivers moins rigoureux et des étés moins humides. Grâce aux **défrichements**, de nouvelles terres sont gagnées sur la forêt et mises en culture. Pour encourager la création de **nouveaux villages** au milieu des forêts, les seigneurs accordent aux paysans des avantages.

B. **Des perfectionnements techniques** rendent le travail agricole plus efficace. Le **fer** est de plus en plus utilisé dans l'outillage. L'usage de la **charrue** permet de mieux retourner la terre que l'araire. Le **collier d'épaules** fatigue moins l'attelage des chevaux que le collier de cou. Les **moulins** à eau et à vent permettent de mieux moudre le grain et plus rapidement qu'avec les meules à bras.

C. **Les terres sont mieux mises en valeur**. De plus en plus, une parcelle de terre est laissée en **jachère** une année sur trois au lieu de deux auparavant.

2 L'essor du commerce et des villes

A. À partir du 11e siècle, le **grand commerce** se développe en Occident. Les rois et les seigneurs, comme les comtes de Flandre ou de Champagne, protègent les **marchands**. Les **routes terrestres et maritimes** deviennent plus sûres. On frappe plus de pièces de monnaie à forte valeur, en argent ou en or, comme le ducat de Venise.

B. Il y a en Occident **trois grandes régions d'échanges commerciaux** :
– la **Flandre**, en contact avec la mer du Nord et la mer Baltique. On y fait le commerce du bois, du blé, des poissons, des fourrures et de la laine avec laquelle sont fabriqués des tissus appelés **draps** ;
– l'**Italie**, qui commerce avec l'Orient d'où arrivent des **produits de luxe**, comme les **épices** (le poivre, la cannelle, le safran ou la muscade…) et les beaux tissus (les satins, la soie, les mousselines, les damas…) ;
– la **Champagne**, où se tiennent de grandes **foires**, comme celle de Troyes. Les marchands du Nord et du Sud de l'Europe s'y rencontrent pour échanger leurs produits.

MOTS

Défrichement : destruction de la végétation naturelle d'une terre pour la cultiver.

Charrue :

instrument de labour muni d'un soc métallique à versoir qui permet de retourner profondément la terre.

Jachère : période durant laquelle une parcelle de terre est laissée au repos sans cultures.

Épices : voir page 40.

Foire :

grand marché qui a lieu à des dates et en des lieux fixes.

Faubourg : quartier d'une ville situé à l'extérieur de ses remparts.

Halle : lieu couvert où se tient un marché.

Corporation : association de personnes d'un même métier, chargée de fixer les règlements du métier (procédés de fabrication, prix, salaires).

Bourgeois : habitant d'une ville qui obtenu des avantages de la part d'un seigneur.

Doge : chef de la république de Venise, élu au sein du Grand Conseil par les grandes familles marchandes.

Famine : manque total et durable de nourriture qui peut entraîner la mort.

Peste : maladie contagieuse et souvent mortelle transmise par la puce du rat.

Épidémie : propagation rapide d'une maladie contagieuse qui touche un grand nombre d'habitants.

Jacquerie : une révolte de paysans ; les « jacques » est le surnom donné aux paysans pendant les révoltes du 14e siècle.

C. La **population des villes augmente**. Des **faubourgs** naissent à l'extérieur de leurs remparts, comme à Bruges. De nouvelles villes sont aussi fondées. L'essor du commerce stimule l'activité des **artisans**. Ils travaillent dans de petits ateliers et vendent leurs produits dans leurs boutiques, au marché ou dans des **halles**. Les artisans d'un même métier se regroupent dans une même rue de la ville. Ils s'organisent en **corporations** qui fixent pour tous les horaires de travail, la façon de fabriquer les produits et leurs prix.

D. Les villes sont de moins en moins dépendantes des seigneurs. Marchands et artisans veulent les gouverner en commun. Quand un seigneur leur accorde ce droit, un conseil de **bourgeois** siège dans un **hôtel de ville,** comme à Bruges. Venise, quant à elle, ne dépend pas du tout d'un seigneur. Elle est une république de marchands dirigée par un Grand Conseil et un **doge**.

3 Les crises de la fin du Moyen Âge

A. Au début du 14e siècle, l'essor de l'Occident est interrompu. Une série de mauvaises récoltes provoque des **famines**. En 1347, la **Peste noire**, venue d'Orient, arrive en Occident. En trois ans, cette **épidémie**, que l'on ne sait pas soigner, se propage partout et fait des **millions de morts**. À la même époque, l'Occident est ravagé par de **longues guerres**, comme la guerre de Cent Ans entre la France et l'Angleterre. Les guerres entraînent des **massacres** et le **pillage** des campagnes et des villes. Pour payer les armées, les rois lèvent de lourds impôts.

B. Dans les **campagnes**, les paysans ne supportent plus la domination des seigneurs et ne veulent pas payer les impôts du roi. Ils se révoltent : ce sont les **jacqueries**. Dans les **villes**, le petit peuple, victime du chômage, se soulève contre la domination des bourgeois.

C. Les hommes voient dans tous ces malheurs, qui entraînent un **effondrement de la population de l'Occident**, un châtiment de Dieu. Ils vivent dans l'**obsession de la mort**.

Retenir autrement

- **Du 11e au 13e siècle, la population de l'Occident augmente fortement. Les défrichements permettent de cultiver plus de terres. Des progrès agricoles gagnent les campagnes.**
- **Les villes s'enrichissent grâce au commerce, surtout dans le nord de l'Italie, en Flandres et en Champagne, où se tiennent des grandes foires.**
- **Au 14e siècle, villes et campagnes d'Occident sont frappées par de grands malheurs : la Peste noire, des famines, des guerres et des révoltes.**

»»»» Je m'exerce

1. Je décris un château fort et le territoire qu'il protège

Doc Un château fort : le château de Cautrenon en Auvergne.
Miniature, 15e siècle, BNF, Paris.

Éléments à identifier

- ❑ donjon
- ❑ remparts
- ❑ tour
- ❑ créneaux
- ❑ pont-levis
- ❑ fossé

1. À quel élément du château fort correspond chaque numéro ? En quoi le château est-il construit ?
2. Dans quelle partie du château réside le seigneur ?
3. Quels obstacles doit franchir un assaillant avant d'atteindre la résidence du seigneur ?
4. Comment se nomme le territoire protégé par le château et défendu par le seigneur ?
5. Où sont situées les maisons des paysans de ce seigneur ? Comment se nomment les terres, situées à proximité, que les paysans cultivent pour leur propre usage ?

2. Je vérifie mes connaissances sur les chevaliers

1. Qu'est-ce qu'un tournoi ?
2. Quel est l'équipement des chevaliers pour le combat ? Quelle arme n'est pas représentée ici ?
3. Par quelle cérémonie devenait-on chevalier au Moyen Âge ?
4. Quelles étaient les activités des chevaliers ?

Doc Un tournoi.
Miniature du 14e siècle, Bibliothèque de l'Université de Heidelberg.

3. J'étudie une image sur les paysans

1. Recopiez le tableau et indiquez au bon endroit les activités des paysans au mois de mars : les labours, les semailles, la taille de la vigne.

Premier plan	___________
Deuxième plan, à gauche	___________
Deuxième plan, à droite	___________

2. Quel instrument agricole utilise le paysan au premier plan ? Par quels animaux est-il tiré ? Tous les paysans possédaient-ils cet instrument ?
3. À l'aide de vos connaissances, rédigez un petit texte expliquant les rapports entre les paysans et leur seigneur au Moyen Âge : quelles sont les obligations des paysans envers lui ? Quels sont les devoirs du seigneur envers eux ?

Doc **Le mois de mars.** Miniature extraite des *Très Riches Heures du Duc de Berry*, 15e siècle.

4. Je décris une ville au Moyen Âge

1. Indiquez à quoi correspond chaque numéro.
2. Où se situent les faubourgs ?
3. Qu'est-ce qui indique que la population de cette ville a augmenté ?
4. Rédigez un petit paragraphe sur l'aspect d'une ville au Moyen Âge.

Doc **La ville de Feurs (Loire) au 15e siècle.** Miniature de l'*Armorial d'Auvergne, Forez et Bourbonnais* par Guillaume Revel.

5. Je vérifie mes connaissances sur l'essor commercial et urbain

Doc 1 La foire du Lendit à Saint-Denis, au nord de Paris, au 14e siècle.
La bénédiction de l'évêque. Miniature.

Doc 2 La charte de la ville de Troyes

Moi, Thibaut, comte de Champagne, fais savoir que je cède aux membres de la communauté de Troyes la justice sur les terres et les vignes, en échange de la somme de 300 livres de Provins à payer annuellement à Pentecôte. Je conserve le droit de justice pour les viols, les meurtres et les vols.
Je choisirai chaque année 13 hommes de la communauté qui choisiront l'un d'entre eux comme maire. Ils gouverneront la ville et ses affaires.
Si j'appelle mon armée en période de foire, les changeurs et les marchands occupés à la foire peuvent envoyer des remplaçants sans avoir à payer d'amende.
Afin d'assurer la fermeté et l'authenticité de cet acte, j'y ai apposé mon sceau.

D'après la *Charte de Troyes*, 1230.

1 **Doc 1** Qu'est-ce qu'une foire au Moyen Âge ? Comment sont installés les marchands ?

2 **Doc 1** Qui est le personnage au centre ? Que fait-il ?

3 **Doc 2** Dans quel royaume se trouve le comté de Champagne ? Relevez la phrase du texte qui évoque l'activité commerciale de Troyes. D'où venaient les marchands qui se rencontraient dans cette ville ? Quelles marchandises échangeaient-ils ?

4 **Doc 2** Qu'est-ce qu'une charte ? À quel siècle a été accordée celle-ci ? Par qui ? Quels avantages obtiennent les habitants de Troyes ? À qui l'autorité de la ville est-elle confiée ?

6. Je distingue le fait, ses causes et ses conséquences

Doc La Normandie à la fin du Moyen Âge

En Normandie, on peut évaluer à plus de deux cent mille le nombre de personnes qui furent emportées dans une courte période par la mort. Toute la contrée subissait alors trois fléaux : la guerre, la famine et la peste. Et ce ne fut pas pour peu de temps que le pays devint vide et désert. Pendant plus de dix ans, tous les champs restèrent sans culture, se couvrirent d'arbres, d'épines, de buissons, et furent transformés en forêts impénétrables.

D'après Thomas Basin, *Histoire de Charles VII et de Louis XI*, 15e siècle.

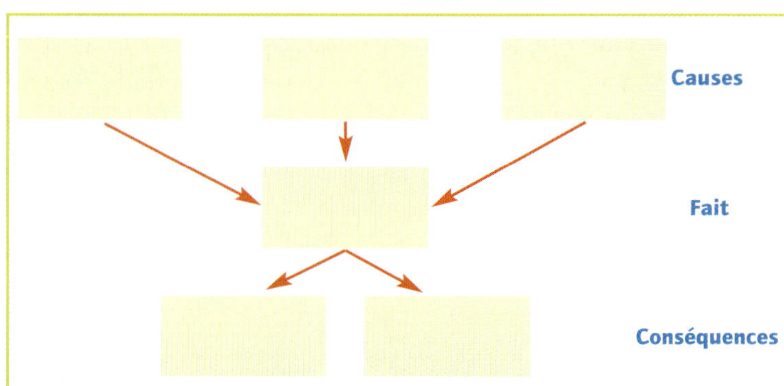

- Après avoir lu le texte, reproduisez le schéma et complétez-le avec les éléments suivants : beaucoup de gens meurent – la guerre – la peste – les terres ne sont plus cultivées et sont à l'abandon – la famine – la Normandie se dépeuple.

Mettre en scène la féodalité

Et si vous étiez un seigneur ou son vassal, ou encore un chevalier du Moyen Âge... Avec quelques-uns de vos camarades, mettez en scène la cérémonie de l'**hommage** ou celle de l'**adoubement**, comme elles se déroulaient au temps de la féodalité et des châteaux forts.
Bref, faites de l'histoire tout en faisant du théâtre...

Sur le Web
http://lesroutesdavalon.free.fr

http://expositions.bnf.fr/fouquet/grosplan/index.htm

1

2

	Document 1 **La cérémonie de l'hommage**	**Document 2** **La cérémonie de l'adoubement**
A. Travail préparatoire à partir de documents historiques	■ À la **page 88** de votre livre, lisez attentivement le **document 2** et relevez sur le **document 1** la posture et le geste du seigneur et de son vassal. Vous pouvez aussi vous inspirer de la scène représentée sur le **dessin qui figure ci-dessus** ainsi que du **document 3, page 88**. Ces quatre documents vont vous aider à rédiger le scénario et les dialogues de la scène à jouer.	■ À la **page 93** de votre livre, lisez attentivement le **document 3** et relevez sur le **document 2, page 92,** la posture et les gestes des personnages présents sur l'estrade. Vous pouvez aussi vous inspirer du **dessin qui figure ci-dessus**. Ces trois documents vont vous aider à rédiger le scénario et les dialogues de la scène à jouer.
B. Quelques pistes pour la mise en scène	■ *Répartition des rôles :* imaginez que le comte de Champagne ou de Flandre (1 rôle), par exemple, reçoit l'hommage d'un vassal (1 rôle) entouré de sa cour féodale (de 3 à 5 personnages qui jouent le rôle d'autres vassaux) ; ■ *les quatre moments importants de la scène (gestes et dialogue) :* - l'hommage proprement dit - l'accolade - le serment de fidélité du vassal - l'acceptation de l'engagement par le seigneur et la remise du fief.	■ *Répartition des rôles :* imaginez que vous êtes Guillaume le Maréchal (1 rôle), vous venez de passer huit années à apprendre le métier des armes auprès du seigneur de Tancarville (1 rôle), en Normandie. Le jour de la cérémonie, vous êtes entourés d'écuyers (3 à 5 rôles) ; ■ *les quatre moments importants de la scène (gestes et dialogue) :* - la réception des armes de la part du seigneur et parrain - l'accolade - les recommandations du parrain - le serment du chevalier.

chapitre

6 Le royaume de France

10e-15e siècles

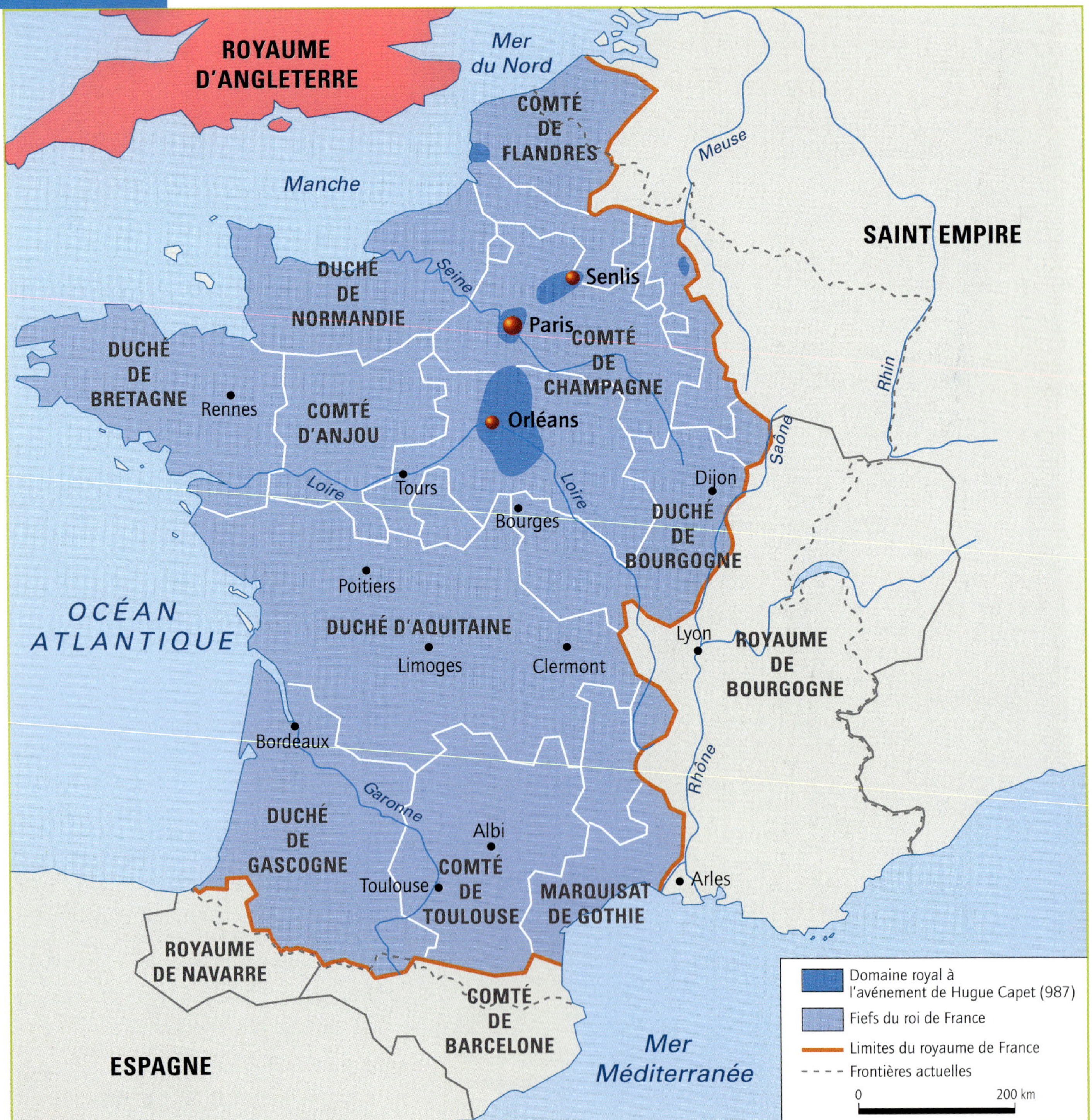

Doc 1 **Le royaume de France en 987.**

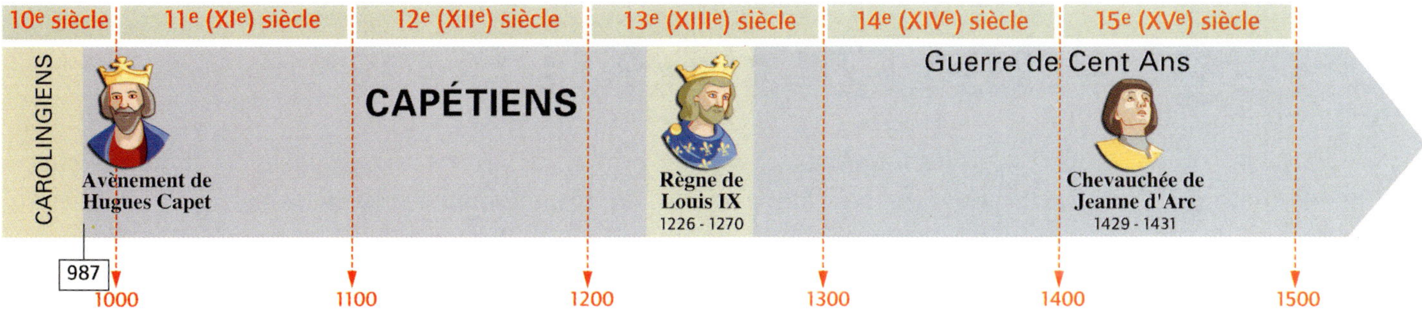

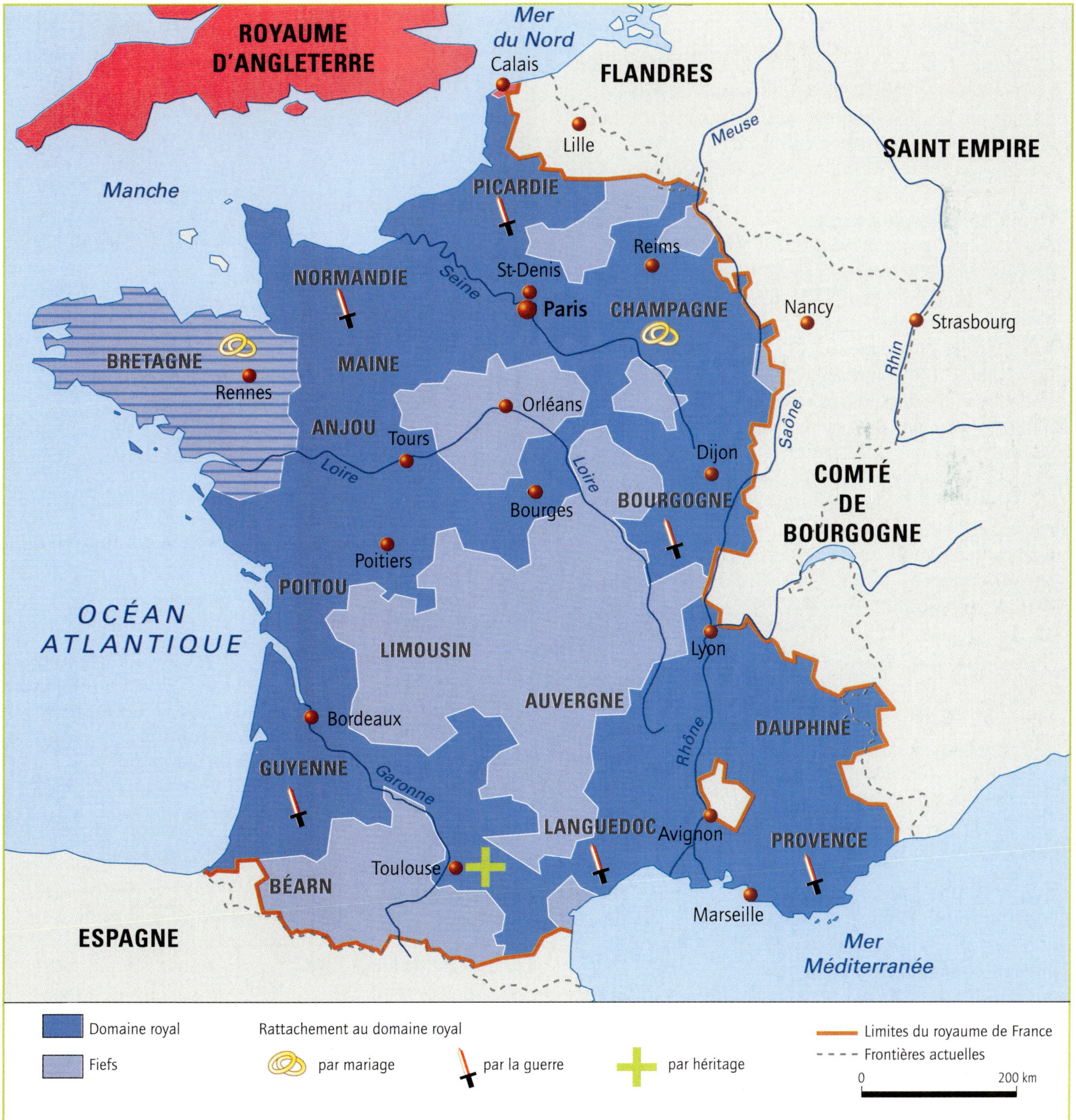

Doc 2 **Le royaume de France à la fin du 15e siècle.**

1. Les premiers Capétiens 10e-12e siècles

MOTS
- **Domaine royal**
- **Hérédité**

En 987, Hugues Capet est élu roi de France par les grands seigneurs du royaume, puis sacré. Il fonde une nouvelle dynastie, celle des Capétiens. Mais les premiers Capétiens n'exercent véritablement leur autorité que sur le domaine royal. Les grands vassaux qui se partagent le reste du royaume ne leur obéissent guère.

➔ Quelles difficultés rencontrent les premiers rois capétiens ?

Doc 1 Hugues Capet devient roi

Les grands seigneurs de la Gaule se réunirent à Senlis. L'archevêque de Reims, Adalbéron, prononça le discours suivant : « Louis[1] a quitté cette Terre sans laisser d'enfants. il a fallu choisir, après mûre réflexion, quelqu'un qui pût le remplacer sur le trône pour que l'État, abandonné, sans pilote, ne vînt à sombrer.
Nous n'ignorons pas que Charles[2] a ses partisans qui soutiennent qu'il a des droits à la couronne, parce que ses parents la lui ont transmise. Mais le trône ne s'acquiert pas par droit héréditaire. On ne doit y porter qu'un homme exceptionnel qui se distingue par la noblesse de son corps et la sagesse de son esprit. Choisissez-vous pour chef le duc Hugues, illustre par ses actions, par sa noblesse et par sa puissance militaire. Vous trouverez en lui non seulement un défenseur de l'État mais aussi de vos intérêts privés. »
Cet avis fut approuvé par tous. Le duc Hugues fut élevé sur le trône par le consentement unanime et couronné roi à Noyon par l'archevêque et les autres évêques. Comme les grands seigneurs étaient réunis pour célébrer le couronnement du roi, Hugues couronna solennellement Robert, son fils.

D'après Richer, *Histoire de France*, fin du 10e siècle.

1. Louis V, dernier roi carolingien.
2. Oncle du roi défunt ; il est le dernier Carolingien survivant.

- Hugues Capet (987 - 996)
- Robert II le Pieux (996 - 1031)
- Henri 1er (1031 - 1060)
- Philippe 1er (1060 - 1108)
- Louis VI le Gros (1108 - 1137)
- Louis VII le Jeune (1137 - 1180)

Doc 2 **Arbre généalogique des premiers Capétiens.**

Doc 3 Un pouvoir fragile

À cette époque, Aldebert, comte du Périgord, avait porté la guerre sous les murs de Poitiers. Il s'était aussi emparé de Tours après avoir assiégé la ville et en avait reçu la soumission pour la donner au comte d'Anjou. Mais ce dernier n'avait pas tardé à s'opposer à ses habitants. Aldebert assiégea de nouveau la ville. Alors le roi Hugues et Robert, son fils, le menacèrent d'une guerre. Hugues lui tint ce propos : « Qui t'a fait comte ? » Et Aldebert de répondre : « Qui t'a fait roi ? »

D'après Adémar de Chabannes, *Chroniques*, 11e siècle.

Doc 4 La mise au pas d'un seigneur du domaine royal

Un seigneur de la pire espèce, Thomas de Marle, avait ravagé les pays de Laon, de Reims et d'Amiens. Il massacrait tout, ruinait tout. Il alla jusqu'à arracher au monastère de religieuses de Saint-Jean de Laon deux excellents domaines. Cédant à la prière et aux plaintes de l'Église, le roi met son armée en mouvement contre Thomas de Marle et se tourne d'abord vers son château solidement fortifié de Coucy. Grâce à la main très puissante de ses hommes d'armes, il prend d'assaut le donjon comme il eût fait d'une cabane de paysans. Il massacre les criminels et détruit le château par le feu. Le roi se dirige vers un autre château de Thomas de Marle. Victorieux, il restitue les domaines aux religieuses de Saint-Jean et rétablit la paix dans le pays, s'acquittant en cela de son devoir de roi, car « ce n'est pas sans juste cause qu'il porte l'épée ».

D'après Suger[1], *Vie de Louis VI le Gros*, 12e siècle.

1. Abbé de Saint-Denis, conseiller des rois Louis VI et Louis VII.

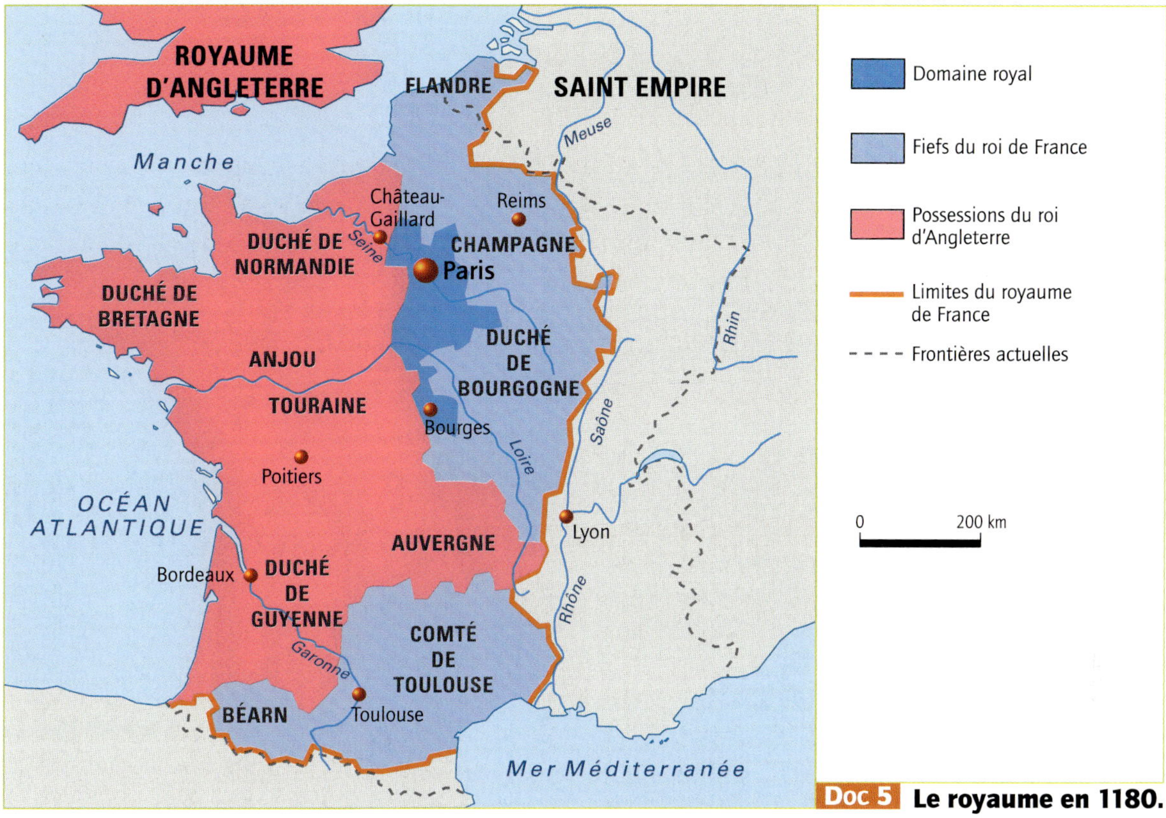

Doc 5 **Le royaume en 1180.**

Doc 6 **Sceau royal de Louis VII (1137-1180).**

Formule latine : « Louis, par la grâce de Dieu, roi des Francs. »

1 **Doc 1** Comment Hugues Capet devient-il roi de France ? Où et par qui est-il couronné ? Pourquoi fait-il couronner son fils de son vivant ?

2 **Doc 3 et carte p. 116** Pourquoi peut-on dire que le pouvoir des premiers Capétiens est faible ?

3 **Doc 2** Qu'est-ce qu'une dynastie ? D'où vient le nom « Capétiens » ?

4 **Doc 4** Quelle attitude tient le roi Louis VI à l'égard du seigneur de Marle ? Quel est le devoir du roi ?

5 **Doc 6** À quoi sert un sceau ? Quel est le titre officiel du roi ? Quelle expression indique l'origine de son pouvoir ? Quels sont les insignes du pouvoir royal représentés sur le sceau ?

6 **Doc 5** Comparez la carte à celle de la page 116 : comment a évolué le domaine royal ? Qui est le plus puissant seigneur du royaume de France à la fin du 12e siècle ?

> Les lieux de la royauté

Deux églises ont une importance capitale pour les rois capétiens. À Reims, en souvenir du baptême de Clovis, se trouve la cathédrale où se déroule le sacre du roi. Cette cérémonie donne au roi un caractère sacré et il y reçoit les insignes de la royauté. Dans l'abbaye de Saint-Denis, près de Paris, se trouve le « cimetière des rois ». Les insignes de la royauté et l'étendard royal y sont aussi conservés.

MOTS CLÉS
- **Onction**
- **Sceptre**
- **Main de justice**
- **Gisant**

Doc 1 La galerie des rois sur la façade de la cathédrale de Reims (13e siècle).
❶ Clovis ❷ Clotilde ❸ Saint Rémi

Doc 2 Le sacre : l'onction divine. Miniature du 13e siècle, BNF, Paris.

Doc 3 La cérémonie du sacre

Le roi doit se rendre à la cathédrale avec les archevêques, les évêques, les barons et les autres personnes qu'il voudra faire entrer. L'archevêque de Reims doit demander au roi de promettre par serment qu'il respectera et fera respecter les droits des évêques et de l'Église. Il lui donne l'épée. Puis le roi doit être oint du Saint Chrême[1], d'abord à la tête, puis la poitrine, entre les épaules et à la jointure des bras. Ensuite, l'archevêque lui met le sceptre d'or dans la main droite et le bâton surmonté d'une main d'ivoire dans la main gauche. Il prend la couronne royale et la pose sur la tête du roi. Ensuite, les clercs et les laïcs portent la main à la couronne et la soutiennent de toutes parts. Alors, ils doivent conduire le roi ainsi vêtu jusqu'au trône qui doit être assez haut pour que tous puissent le voir.

D'après *Le Livre du sacre des rois de France*, 13e siècle.

1. Huile sainte, sacrée.

Doc 4 **L'église de Saint-Denis, au Nord de Paris.**

Doc 5 **L'enterrement de Philippe IV le Bel en 1314.**
Miniature du 14e siècle.

Doc 6 **Quelques gisants dans l'église.**

Doc 7 **Détail du gisant de Philippe IV le Bel.**

1 DOC 1, 2 ET 3 Pourquoi y a-t-il à la cathédrale de Reims une « galerie des rois » ? Qu'est-ce qui y rappelle la cérémonie du baptême de Clovis ?

2 DOC 2 ET 3 Quelles personnes participent à la cérémonie du sacre ? Relevez dans le texte, la phrase qui est illustrée par la scène centrale de l'image. Quels objets, représentés sur le doc 2, sont évoqués dans le texte ? Faites une recherche sur la légende du Saint Chrême et le pouvoir qu'il donnerait au roi ?

3 DOC 4 À 7 Où se situe l'église de Saint-Denis ? Pourquoi l'appelle-t-on le « cimetière des rois de France » ?

4 DOC 6 ET 7 Dans quelle position les rois sont-ils représentés ? Quels insignes royaux peut-on reconnaître ?

5 Rédigez quelques phrases sur les deux grands lieux de la royauté et les cérémonies qui s'y déroulent.

2. Les Grands Capétiens renforcent le pouvoir des rois

MOTS
- Baillis et sénéchaux
- Parlement
- Ordonnances

Pour faire respecter leur autorité dans tout le royaume, les rois de France cherchent au 13e siècle à en devenir les plus puissants seigneurs et à étendre le domaine royal. Ils mettent en place une administration efficace depuis la capitale, Paris.

➔ Comment les Capétiens ont-ils renforcé leur autorité au cours du 13e siècle ?

Doc 1 **Arbre généalogique des Grands Capétiens.**

Doc 2 **Philippe Auguste et le roi d'Angleterre**

La cour de France, s'étant réunie, jugea que le roi d'Angleterre devait être privé de toutes les terres que, jusqu'alors, lui et ses ancêtres avaient tenues du roi de France, pour la raison que depuis longtemps, ils avaient négligé d'accomplir tous les services dus pour ces terres, et ils ne voulaient presqu'en rien répondre aux invitations de leur seigneur.

Chronique de Raoul de Coggeshall, 13e siècle.

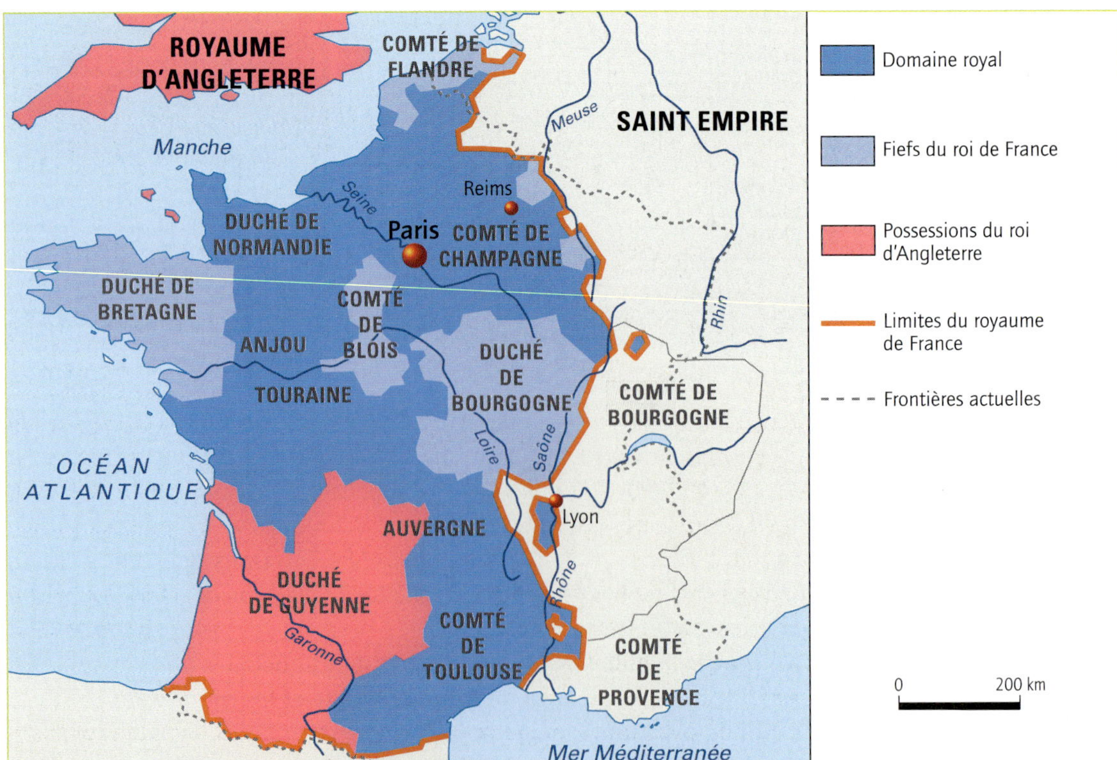

Doc 3 **Le royaume de France en 1314.**

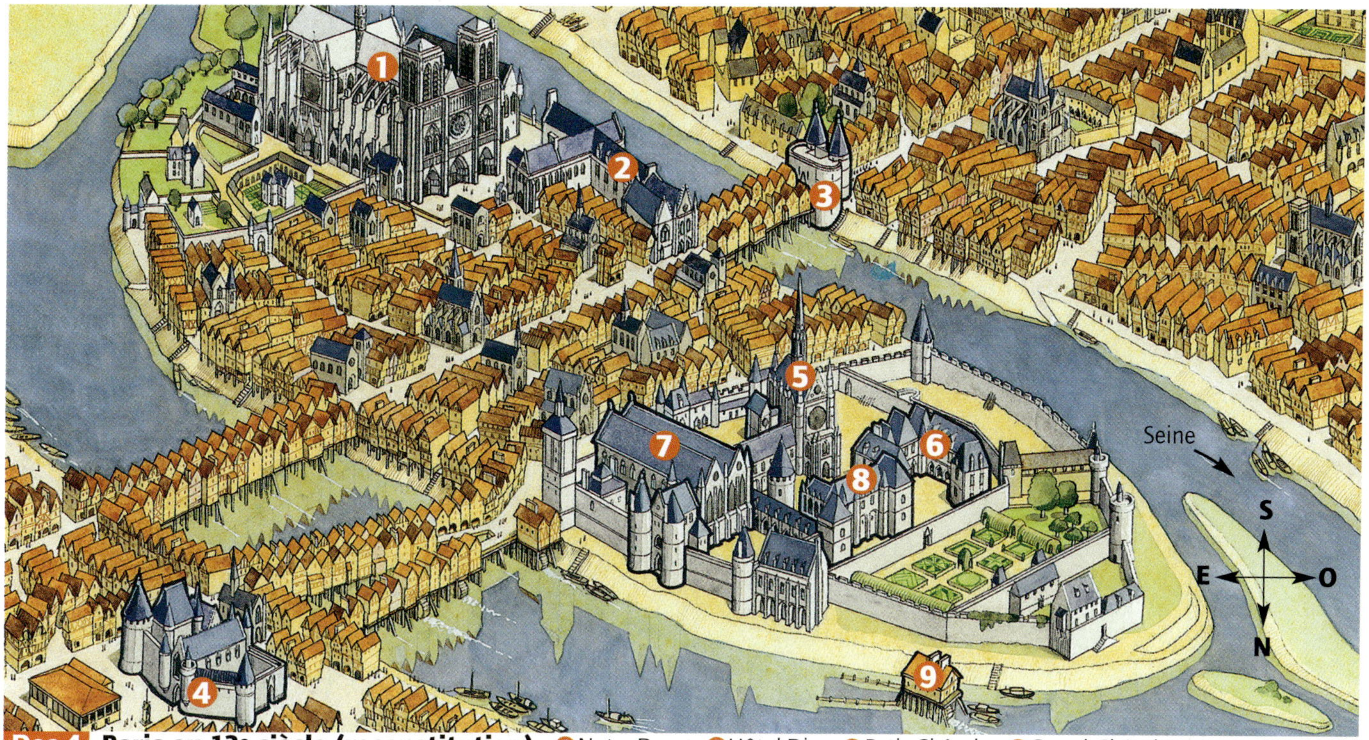

Doc 4 Paris au 13e siècle (reconstitution). ❶ Notre-Dame ❷ Hôtel-Dieu ❸ Petit Châtelet ❹ Grand Châtelet ❺ Sainte Chapelle ❻ Chambre des Comptes ❼ Parlement ❽ Palais du roi ❾ Moulin de la monnaie

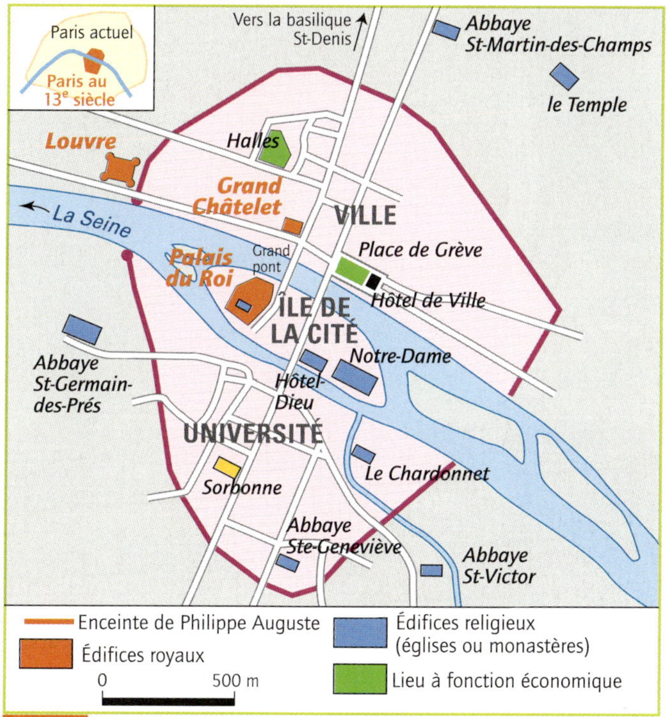

Doc 5 Plan de Paris au 13e siècle.

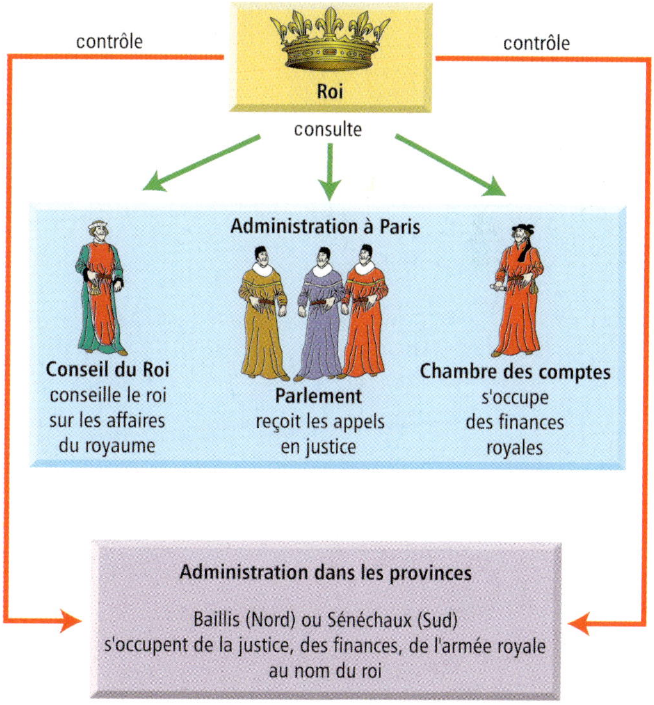

Doc 6 L'administration royale à la fin du 13e siècle.

1 Doc 2 et carte p. 119 Quels sont les territoires convoités par Philippe Auguste ? Pour quel motif confisque-t-il les fiefs ?

2 Doc 3 Que reste-t-il des terres du roi d'Angleterre en France au début du 14e siècle ? En comparant la carte à celle de la page 119, comment a évolué le domaine royal ?

3 Doc 4 et 5 Où se trouve le centre politique et religieux de la ville ? Quels bâtiments l'indiquent ?

4 Doc 4 et 6 Quels organes de l'administration royale se trouvent à proximité du palais du roi ?

5 Doc 6 Quel pouvoir exerce le roi par l'intermédiaire du Parlement de Paris ? Qui sont les représentants du roi dans les provinces ?

6 Rédigez quelques phrases expliquant que les grands rois capétiens ont renforcé leur autorité (utilisez les mots-clés).

> La *Vie de Saint Louis* selon Jean de Joinville

MOTS
- Canonisation

Au début du 14e siècle, Jean de Joinville (1224-1317), fidèle compagnon du roi Louis IX (1226-1270), rédige à partir de ses souvenirs le *Livre des saintes paroles et des bons faits de notre saint roi Louis,* communément appelé *Vie de saint Louis.* À cette époque, Louis IX est déjà canonisé, c'est-à-dire considéré comme un saint par l'Église. Il est considéré comme le modèle du roi chrétien.

Doc 1 Saint Louis rend la justice. Miniature du 14e siècle, BNF, Paris.

Tous les extraits cités ici sont écrits d'après l'œuvre de Jean de Joinville.

Doc 2 Saint Louis, le roi justicier

Maintes fois, en été, après la messe, le roi allait s'asseoir au bois de Vincennes. Il s'adossait à un chêne et nous faisait asseoir autour de lui. Il demandait alors: « Y a-t-il ici quelqu'un qui ait un procès ? » À ceux qui en avaient, il disait: « On réglera vos affaires les unes après les autres. » Il appelait alors monseigneur Perron de Fontaines et monseigneur Geoffroi de Villette et disait à l'un d'eux: « Réglez ce procès pour moi. » Et quand il entendait quelque chose à corriger, il le corrigeait lui-même de sa bouche.

Doc 3 Saint Louis reçoit l'hommage du roi d'Angleterre Henri III. Miniature du 15e siècle, BNF, Paris.

Doc 4 Saint Louis, le roi pacifique

Il fit la paix avec le roi d'Angleterre contre l'avis des gens de son Conseil qui lui disaient: « Sire, vous donnez au roi d'Angleterre une grande partie de la terre que vous et vos devanciers avez conquise sur lui. » À cela le roi répondit qu'il savait bien que le roi d'Angleterre n'avait pas droit à cette terre mais qu'il y avait une raison à cela: « La terre que je donne au roi d'Angleterre, je ne la lui donne pas par obligation envers lui, mais pour mettre de l'amour entre mes enfants et les siens. Et il me semble que j'y gagne, parce qu'ainsi il devient mon vassal. »

Doc 5 **Saint Louis lave les pieds de lépreux.**
Miniature du 14e siècle, BNF, Paris.

Doc 6 **Saint Louis, le roi très chrétien**

Ce saint homme aima Dieu de tout son cœur. Je ne lui ai jamais entendu dire du mal de personne ni prononcer le nom du diable. Tous les jours, il entendait une messe pour les défunts, puis la messe du jour ou du saint et, à la fin de la journée, vêpres et complies.
Le roi faisait de si larges aumônes, que partout où il allait dans son royaume, il faisait des dons aux églises, aux léproseries, aux hôpitaux et aux pauvres.
Chaque jour, il donnait à manger à grand nombre de pauvres, sans compter ceux qui mangeaient dans sa chambre; et maintes fois on le vit tailler lui-même leur pain et leur servir à boire. Après manger, il leur faisait donner de l'argent.

Doc 7 **Saint Louis part en croisade.**
Miniature du 14e siècle, BNF, Paris.

Doc 8 **Saint Louis, le roi croisé et courageux**

Quand le roi entendit dire que l'enseigne de Saint-Denis[1] était à terre, il marcha à grands pas sur son bateau et sauta à la mer. Il eut de l'eau jusqu'aux aisselles. Le bouclier au cou, le heaume en tête, la lance à la main, il rejoignit ses chevaliers qui étaient sur le rivage. Quand il aperçut les Sarrasins, il mit la lance sous son aisselle et son bouclier devant lui, et il aurait chargé seul les Sarrasins si les gentilshommes qui l'entouraient l'avaient laissé faire.

1. Le drapeau du roi de France.

1 Qui est l'auteur de tous les textes du dossier? A-t-il connu le personnage dont il a écrit la vie?

2 **Doc 1 et 2** Que veut montrer l'auteur en rapportant cet épisode?

3 **Doc 2 et 3** Sur l'image, où est Louis IX? Henri III d'Angleterre? Pourquoi le roi de France reçoit-il l'hommage de ce dernier? Qu'espère Louis IX en laissant au roi d'Angleterre une partie de ses terres en France?

4 **Doc 5 et 6** Qu'est-ce qui montre l'attachement de Louis IX à la religion chrétienne? Quelles qualités d'un chrétien met-il en pratique?

5 **Doc 7 et 8** Pour quelles raisons Louis IX part-il en croisade? Comment se manifeste son courage?

6 Quelle image Joinville veut-il donner de Louis IX? Selon vous, correspond-elle totalement à la réalité? Expliquez votre réponse.

3. L'affirmation de l'État face aux crises des 14e-15e siècles

MOTS
- Loi salique
- Guerre civile
- Dauphin
- États généraux
- Taille

De 1337 à 1453, la guerre de Cent ans entre Français et Anglais, mais aussi entre Français eux-mêmes, menace l'existence du royaume de France. D'abord mal engagée pour la France, cette guerre débouche sur la consolidation de l'autorité du roi de France.

Comment la monarchie française surmonte-t-elle la crise de la guerre de Cent Ans ?

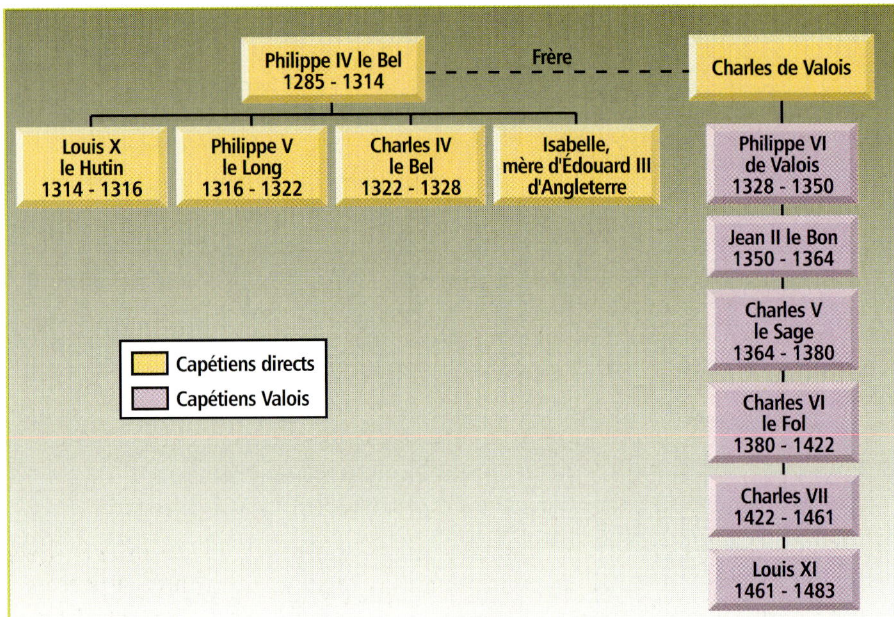

Doc 1 Le problème de succession : des Capétiens aux Valois.

Doc 3 Le traité de Troyes, 1420

Charles, par la grâce de Dieu, roi de France.
Par le mariage fait pour le bien de la paix entre le roi Henri[1] et notre très aimée fille Catherine[2], Henri est devenu notre fils. Il est accordé que, aussitôt après notre mort, la couronne et le royaume de France lui reviendront, à lui et ses héritiers. Et comme nous sommes empêchés la plupart du temps de nous occuper des tâches de notre royaume, notre beau-fils, Henri gouvernera à notre place. Il est décidé que ni nous ni le roi Henri ne feront jamais la paix avec Charles[3], le soi-disant Dauphin.

D'après le *traité* signé à Troyes par Charles VI de Valois, roi de France, en présence du roi d'Angleterre, en mai 1420.

1. Henri V, roi d'Angleterre.
2. Fille de Charles VI.
3. Fils de Charles VI et futur Charles VII.

Doc 2 La bataille de Crécy, le 26 août 1346 entre Français et Anglais. Miniature du 14e siècle, BNF, Paris.

Doc 4 **Jeanne d'Arc (1412-1431).**
Miniature du 15e siècle, BNF, Paris.

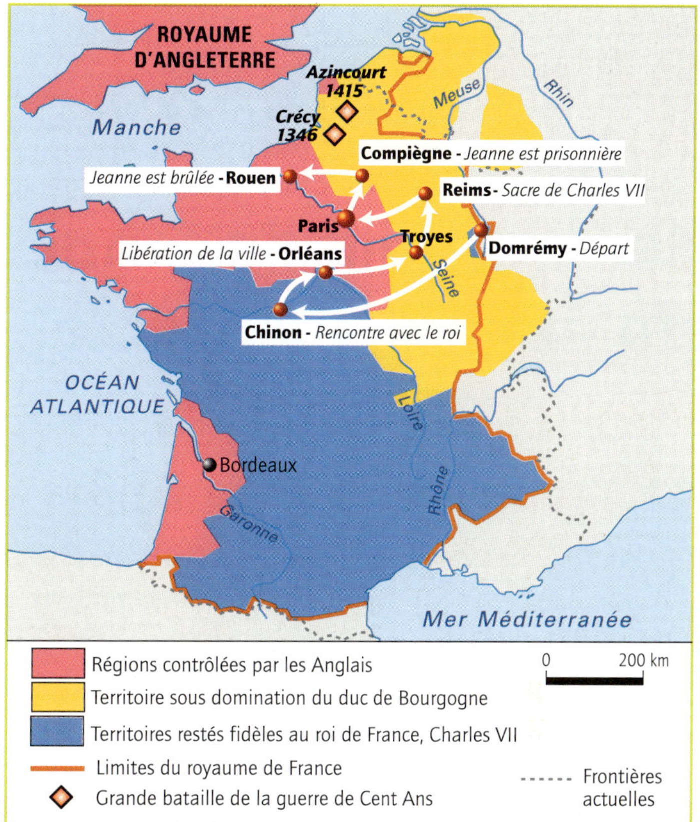

Doc 6 **La chevauchée de Jeanne d'Arc (1429-1431).**

Doc 5 L'appel de Jeanne d'Arc

Roi d'Angleterre, rendez à la Pucelle[1] les clefs de toutes les bonnes villes que vous avez prises en France. Si vous ne faites pas ainsi, je suis chef de guerre et en quelques lieux que j'attendrai, je ferai partir vos gens, et s'ils ne le veulent pas, je les ferai tous tuer. Je suis envoyée par Dieu pour vous chasser hors de toute France dont seul le roi Charles[2] est le vrai héritier.

D'après une *lettre* adressée par Jeanne d'Arc au roi d'Angleterre, Henri VI, en 1429.

1. Jeune fille, nom que se donne Jeanne.
2. Le futur Charles VII.

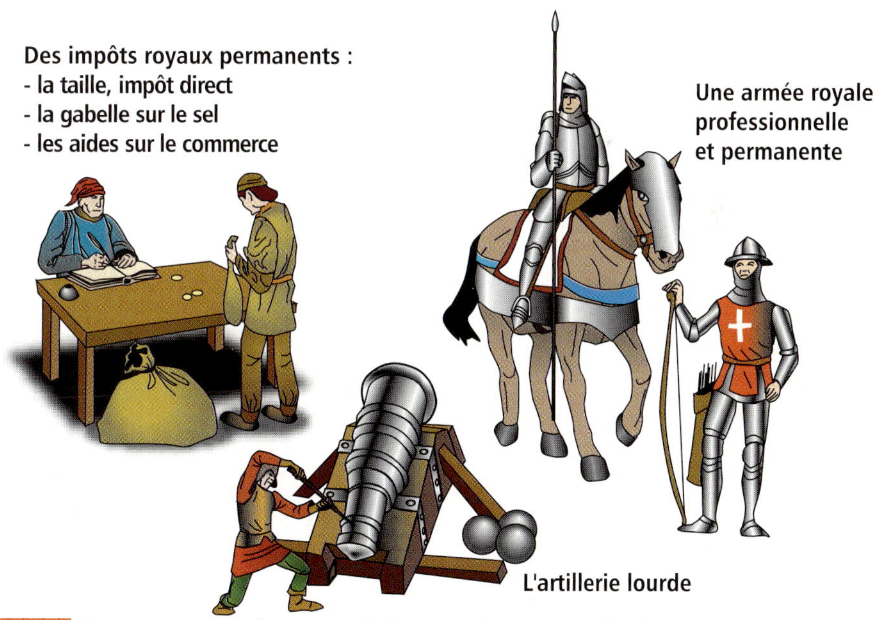

Doc 7 **Les nouveautés engendrées par la guerre de Cent ans.**

1 **Doc 1** Expliquez le problème de succession qui se pose dans le royaume en 1328. Quel prince étranger pouvait prétendre devenir roi de France ?

2 **Doc 2** Situez les deux camps sur l'image : à quelle bannière reconnaît-on chacun ? Quelles armes utilisent les soldats ? Comment est suggérée la défaite française ?

3 **Doc 3** Qui signe ce traité ? Que prévoit-il ? Qui aurait dû normalement devenir roi ?

4 **Doc 4 et 6** Comment est représentée Jeanne d'Arc ? Quelle est la situation du royaume de France au moment de sa « chevauchée » ?

5 **Doc 5 et 6** Quels sont les objectifs de Jeanne d'Arc ? Parvient-elle à les réaliser ?

6 **Doc 7** Pourquoi des impôts et une armée permanentes renforcent-ils le roi de France face aux Anglais ?

Bilan

Le royaume de France du 10e au 15e siècle

1 Les premiers rois capétiens 10e-12e siècles

A. En **987**, les grands seigneurs du royaume élisent **Hugues Capet roi de France**. La France est alors divisée en duchés et en comtés tenus par de **puissants seigneurs,** en principe vassaux du roi. En réalité, ils n'ont rien à craindre d'un roi qui ne possède qu'un étroit **domaine royal**.

B. Pourtant, le roi de France se distingue des autres seigneurs. Il n'est le vassal de personne. La cérémonie du **sacre** à la **cathédrale de Reims** fait du roi, grâce à l'**onction**, un personnage béni de Dieu. Les **insignes royaux** (couronne, **sceptre**, épée, **main de justice**) qu'il reçoit à cette occasion montrent l'étendue de ses pouvoirs. En faisant couronner son fils aîné de son vivant, Hugues Capet établit la **dynastie capétienne** sur le principe de l'**hérédité**. À sa mort, un roi de France rejoint ses prédécesseurs dans le **cimetière royal** de l'abbaye de **Saint Denis**.

C. Aux 11e et 12e siècles, les rois de France **font reconnaître leur autorité à tous les vassaux du domaine royal**. Ils agrandissent aussi celui-ci par mariage, héritage, rachat ou confiscation de fiefs.

2 Les Grands Capétiens renforcent l'autorité du roi de France au 13e siècle

A. Philippe Auguste, **Louis IX** et **Philippe le Bel** s'emploient à **réduire la puissance des grands seigneurs**. Ils **agrandissent** encore plus **le domaine royal**. Ainsi, Philippe Auguste confisque au roi d'Angleterre les vastes fiefs qu'il possédait dans l'ouest de la France.

B. Pour administrer un plus vaste domaine, Philippe Auguste nomme des **baillis** (au nord) qui représentent le roi et rendent la justice en son nom. Il fait de **Paris** la **capitale du royaume**. Louis IX remplace l'ancienne Cour du roi par des **conseils spécialisés**: Conseil du Roi pour les affaires politiques, **Parlement** pour la justice, Chambre des Comptes pour les finances. Les Grands Capétiens prennent des décisions valables dans tout le royaume, les **ordonnances**.

MOTS

Domaine royal: partie du royaume qui appartient en propre au roi et sur laquelle il exerce directement son autorité.

Onction: application d'une huile sainte sur une personne qui lui donne un caractère sacré.

Sceptre: bâton de commandement qui est un des insignes de la royauté.

Main de justice: bâton terminé par une main d'ivoire symbolisant le pouvoir de justice suprême du roi.

Hérédité: transmission de père en fils.

Gisant: statue représentant un mort étendu.

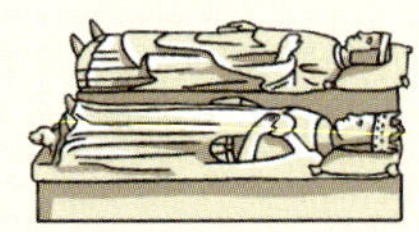

Baillis (Nord de la France) **et sénéchaux** (Sud de la France)**:** représentants directs du roi dans le domaine royal où ils font appliquer ses décisions.

Hugues Capet: roi de France de 987 à 996, fondateur de la dynastie des Capétiens.

Philippe II Auguste: roi de France de 1180 à 1223; il étend considérablement le domaine royal, y nomme des baillis qui le représentent et fait de Paris la capitale du royaume.

C. **Louis IX** a considérablement renforcé le prestige de la dynastie des Capétiens. Soucieux d'organiser l'administration du royaume, de développer la justice royale, de défendre la religion chrétienne, il est **canonisé** après sa mort.

3 La crise et le redressement du royaume de France aux 14e-15e siècles

A. En **1328**, se pose un **problème de succession** car Charles IV meurt sans héritier direct. Sa sœur est la mère du **roi d'Angleterre Edouard III**: peut-il devenir roi de France? Les grands seigneurs français décident que non en vertu de la **loi salique** et choisissent le **cousin du roi** défunt, **Philippe de Valois.**
En **1337**, Edouard III revendique la couronne de France. C'est le **début de la guerre de Cent Ans.** Les armées anglaises ravagent plusieurs fois le royaume et remportent de grandes victoires. Charles V (1364-1380) rétablit la situation, mais le **règne de Charles VI** (1380-1422) est ponctué de **nouveaux désastres.** Quand le duc de Bourgogne s'allie avec les Anglais, la France sombre dans une **guerre civile.** Après la défaite française d'**Azincourt** (1415), Charles VI, qui sombre dans la folie, déshérite son fils, le **Dauphin**, par le traité de Troyes (1420) signé avec le roi d'Angleterre.

B. **Jeanne d'Arc**, une jeune paysanne lorraine, prend la tête de **la résistance aux Anglais.** À la tête d'une armée, elle libère Orléans et **conduit le Dauphin à Reims pour le faire sacrer roi de France** sous le nom de Charles VII en 1429. Capturée et livrée aux Anglais, elle est brûlée vive à Rouen en 1431.

C. **Charles VII** poursuit et achève la reconquête du royaume en créant une **armée professionnelle permanente**, salariée et mieux équipée. Pour la financer, il obtient des **États généraux** le droit de lever dans tout le royaume un impôt régulier, la **taille.** Son fils, **Louis XI** (1461-1483), s'empare d'une partie des terres du duc de Bourgogne.

Retenir autrement

- **Élu en 987, Hugues Capet est un roi sans beaucoup de pouvoir. Mais les Capétiens ont trois atouts: ils se succèdent de père en fils, ils sont sacrés par l'Église et ils ne sont les vassaux de personne.**
- **Au 13e siècle, Philippe Auguste puis Louis IX, dit Saint Louis, agrandissent le domaine royal. Ils renforcent le gouvernement et l'administration du royaume au détriment des grands seigneurs.**
- **Le royaume de France est très éprouvé par la grande crise de la fin du Moyen Âge et la guerre de Cent Ans contre les Anglais. Mais la puissance du roi de France en sort consolidée par la création d'impôts réguliers et d'une armée permanente.**

Parlement: cour de justice supérieure qui juge en appel les décisions de toutes les autres justices, celle des seigneurs et celle des baillis.

Ordonnance: décision du roi concernant tout le royaume.

Canonisation: décision de l'Église faisant d'un être humain un saint.

Loi salique: vieille coutume des Francs qui interdit aux femmes de transmettre le pouvoir ou de régner.

Guerre civile: guerre entre les habitants d'un même pays.

Dauphin: titre donné au fils aîné du roi, héritier du trône.

États généraux: assemblée convoquée par le roi, composée des représentants de l'Église, des seigneurs et des villes.

Taille: impôt sur la richesse payé au roi.

Louis IX, dit Saint Louis: roi de France de 1226 à 1270, il développe la justice royale aux dépens de celle des seigneurs et organise le gouvernement royal en institutions spécialisées. Roi très chrétien, il participe à deux croisades et meurt dans la deuxième.

»»»» Je m'exerce

1. Se repérer dans le temps

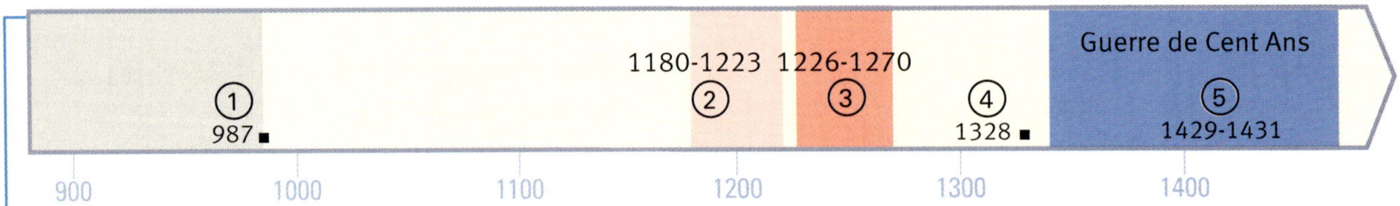

1. À quels faits historiques ou à quels règnes correspondent chacun des numéros ?
2. À quels grands règnes correspond le rassemblement des terres du royaume sous l'autorité du roi ?

2. Se repérer dans l'espace

Doc 1 **En 987.**

Doc 2 **En 1314.**

Doc 3 **À la fin du 15e siècle.**

1. Quel est le royaume représenté sur les 3 cartes ? À quelle couleur correspond le domaine royal ? Donnez en la définition. Quelle est la signification de l'autre couleur ?
2. Qu'est-ce qui indique la faiblesse du roi en 987 ?
3. Comment évolue le domaine royal entre 987 et 1314 ? Citez deux régions qui sont entrées dans le domaine royal. Citez deux régions qui n'y sont pas encore.
4. L'ensemble du royaume s'est-il agrandi ou réduit entre 1314 et la fin du 15e siècle ? Justifiez votre réponse.
5. Citez les moyens utilisés par les rois pour étendre le domaine royal de 987 à la fin du 15e siècle.

3. Reconnaître les insignes du pouvoir royal

1. Lors de quelle cérémonie le roi de France reçoit-il ces insignes ? Où se déroule-t-elle ?
2. Reproduisez le tableau. Complétez-le en indiquant le nom de chaque insigne dessiné et sa signification grâce à la liste suivante :

- ❏ le premier des chevaliers
- ❏ le défenseur de l'Église et du royaume
- ❏ marié à son peuple
- ❏ de la dynastie capétienne
- ❏ chef du royaume
- ❏ le premier justicier du royaume

Insigne royal	Signification (le roi est) :
1.	
2.	
3.	
4.	
5.	
6.	
7.	

4. Rédiger un paragraphe

- Rédigez un petit texte en expliquant comment, au cours du 13e siècle, les rois capétiens renforcent leur pouvoir.

Mots à utiliser :

- ❏ Domaine royal
- ❏ Sacre
- ❏ Baillis
- ❏ Parlement
- ❏ Ordonnances
- ❏ Conseil du roi
- ❏ Reims
- ❏ Paris
- ❏ Philippe Auguste
- ❏ Louis IX

5. Comprendre un texte

Doc Jeanne d'Arc rencontre le Dauphin Charles à Chinon, en 1429

Le Dauphin hésitait, se demandant s'il ferait venir Jeanne d'Arc devant lui et si elle lui parlerait. Il y eut diverses opinions exprimées dans son Conseil, et il fut décidé qu'elle verrait Charles. Jeanne fut donc amenée en sa présence. Elle s'adressa à lui et lui dit que Dieu l'envoyait pour l'aider et le secourir. Qu'il lui donne une armée et elle lèverait le siège d'Orléans, et le mènerait à Reims pour le faire sacrer roi. C'était le plaisir de Dieu que les ennemis, les Anglais, s'en aillent dans leur pays.

D'après *Chronique de la Pucelle*, 15e siècle.

1. Quelle guerre se déroule en France à la date de l'épisode évoqué ? Quels sont les adversaires en présence ? Quelle est l'origine de cette guerre ?
2. Donnez la définition de Dauphin. Charles est-il accepté comme roi de France quand il rencontre Jeanne d'Arc ? Quelle est la situation militaire de la France à cette date ?
3. Qui est Jeanne d'Arc ? Par qui dit-elle être envoyée et dans quel but ? Que demande-t-elle au roi ?
4. Parviendra-t-elle à réaliser ce qu'elle promet au roi ?
5. Comment la puissance du roi de France sort-elle consolidée de cette guerre ?

chapitre 7

Humanisme, Renaissance, Réformes

Doc 1 **Humanisme et Renaissance en Europe aux 15e et 16e siècles.**

Doc 2 **L'Europe religieuse à la fin du 16e siècle.**

1. Les humanistes

MOTS
- Humanistes

À la fin du Moyen Âge, dans toute l'Europe, des savants, des écrivains, des artistes se consacrent à l'étude des œuvres de l'Antiquité grecque et romaine. Ils cherchent à mieux connaître l'humanité et le Monde pour les améliorer. Ils ont soif de connaissances dans tous les domaines et sont à l'origine du raisonnement scientifique.

➔ Comment les humanistes renouvellent-ils la pensée européenne ?

Doc 1 ***La Création de l'homme*, par Michel-Ange (1475-1564).** Fresque du plafond de la chapelle Sixtine à Rome (5,70 x 2,80 m).

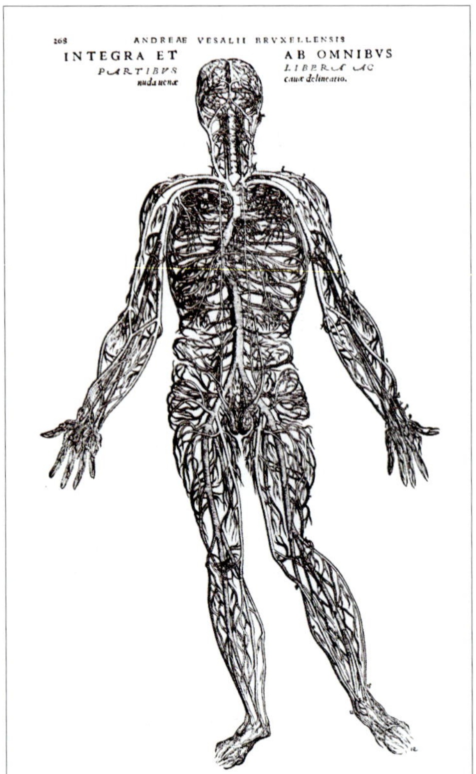

Doc 2 **Planche anatomique du médecin flamand André Vésale (1514-1564).** Gravure du 16e siècle.

Doc 3 **L'homme idéal selon les humanistes**

Je voudrais qu'il fût bien instruit des lettres ou de ces études que nous appelons les humanités. Qu'il soit familier avec le latin et le grec à cause de l'abondance et de la variété des choses qui furent si divinement écrites dans ces langues. Qu'il connaisse bien les poètes ainsi que les orateurs et les historiens, et qu'il apprenne lui aussi à écrire en vers et en prose, en particulier dans notre propre langue (l'italien). Je le louerai aussi de savoir plusieurs langues étrangères, particulièrement l'espagnol et le français, parce que l'usage de l'un et de l'autre est très répandu en Italie. Il devrait également savoir nager, sauter, courir et lancer des pierres pour la préparation au combat. Je ne serai pas satisfait de lui s'il n'est aussi musicien, et il ne suffit pas qu'il sache lire sa partie sur un livre, il doit encore pouvoir jouer de divers instruments. Je veux encore mentionner une autre chose que je ne voudrais pas lui voir négliger : c'est la science du dessin et l'art de peindre.

D'après Castiglione, *Le Courtisan*, 1528.

Doc 4 Le mathématicien Fra Luca Paoli.
Huile sur toile de Jacopo de Barbari (1440-1516), musée de Capodimonte, Naples.

Doc 5 Un grand humaniste, Érasme de Rotterdam (1469-1536). Huile sur toile de Hans Holbein (43 x 33 cm), 1523.

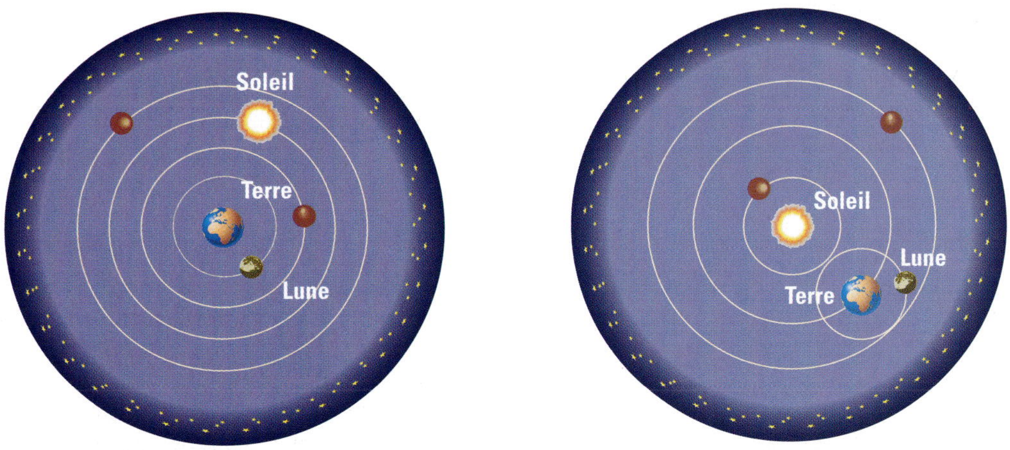

L'univers de Ptolémée, 2e siècle

L'univers de Copernic

Doc 6 L'univers vu par Ptolémée et Nicolas Copernic (1472-1543).

1 Doc 1 Quel livre a inspiré cette scène à l'artiste ? Qui est le personnage à droite ? Comparez la façon de représenter l'homme à celle du Moyen Âge (doc 6, p. 93) : comment Michel-Ange réussit-il à exprimer la beauté de l'homme ?

2 Doc 2 De quels progrès témoigne ce document ? Comment Vésale a-t-il pu dessiner cette planche anatomique ?

3 Doc 4 Dans quel domaine ce savant fait-il des recherches ? Quels sont ses outils ?

4 Doc 6 Quel astre est au centre de l'univers selon Copernic ? En quoi est-ce une révolution par rapport à l'opinion ancienne ?

5 Doc 3 Classez en trois domaines les matières que doit maîtriser, selon l'auteur, le parfait humaniste : intellectuel, artistique, sportif.

6 Doc 5 Faites une recherche sur Érasme afin d'expliquer pourquoi on le surnomme « le prince des humanistes ».

2. La naissance de l'imprimerie

MOTS

- Imprimerie

Au Moyen Âge, les livres étaient recopiés à la main sur du parchemin. Ce travail était long et entraînait des erreurs. Les manuscrits étaient rares et coûteux. Au milieu du 15e siècle, un artisan allemand invente un système d'impression de petits caractères en métal sur du parchemin ou sur du papier. Grâce à l'imprimerie, on peut désormais fabriquer des livres par milliers et pour moins cher.

➔ Pourquoi l'imprimerie est-elle une invention fondamentale ?

Doc 1 Un moine copiste au Moyen Âge. Il écrit sur du parchemin. Enluminure du 16e siècle, BNF, Paris.

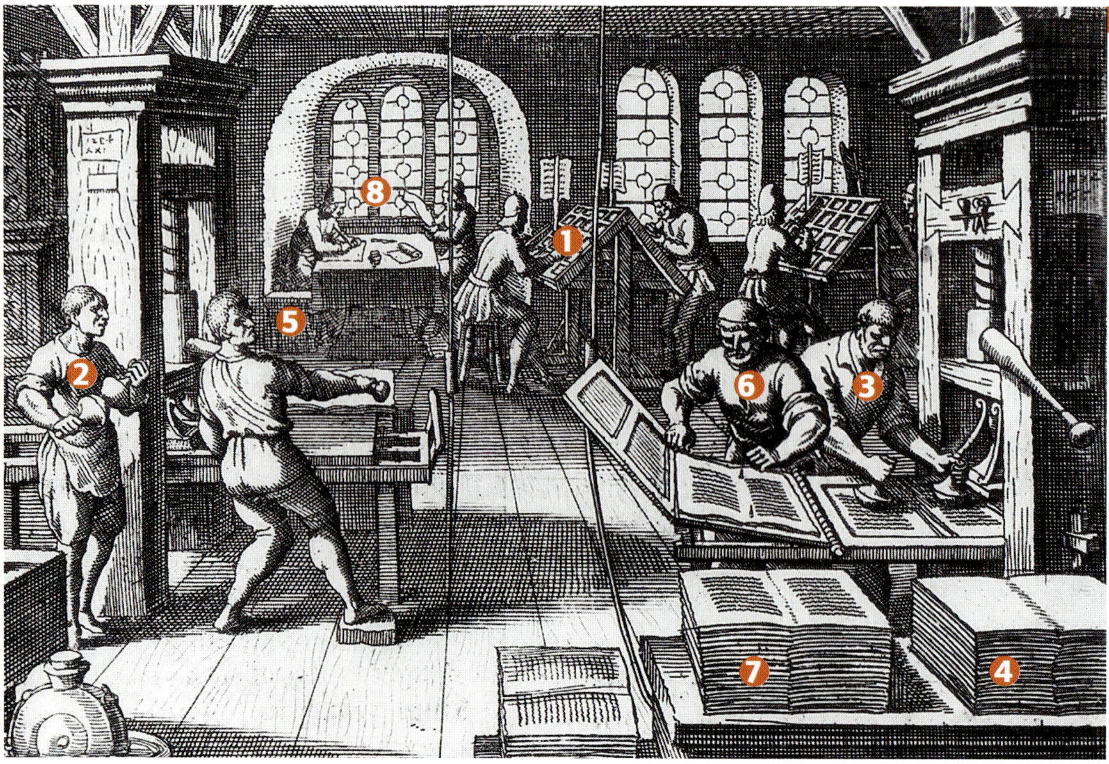

Doc 2 Un atelier d'imprimerie au 16e siècle.

1. Les typographes assemblent les caractères en métal et composent une plaque
2. L'encrage des tampons
3. La plaque est enduite d'encre avec les tampons
4. Feuilles blanches
5. La plaque est pressée sur une feuille de papier à l'aide d'une presse à vis
6. Un ouvrier ouvre la plaque pour récupérer la feuille imprimée
7. Feuilles imprimées
8. Relecture et corrections

Doc 3 **Gutenberg (vers 1394-1468),**
imprimeur à Mayence (Allemagne actuelle).

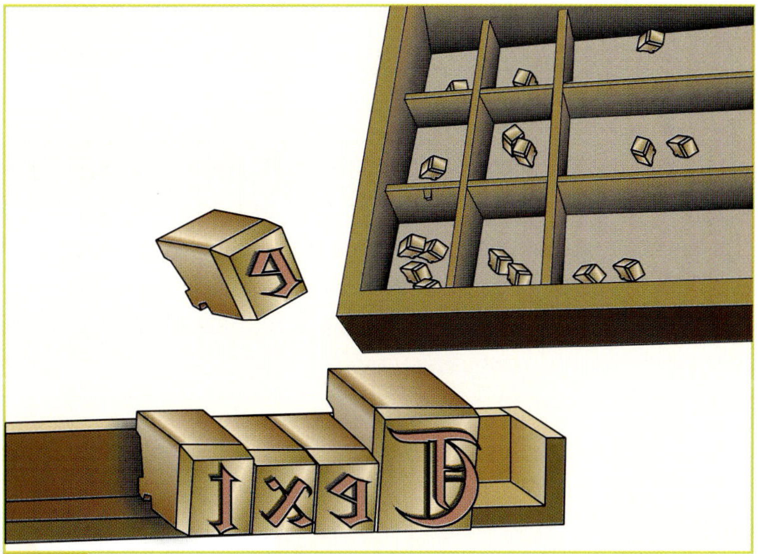

Doc 4 **Des caractères d'imprimerie.**
Sur chaque petite pièce de métal, ou type, ressort en relief une lettre à imprimer. Les types (le mot a donné typographe) sont placés dans un cadre pour composer des mots et des phrases ; ils sont réutilisables après l'impression. Cette technique, inventée par Gutenberg, remplace les planches de bois gravées à l'envers.

Doc 5 **La Bible de Gutenberg à 42 lignes est considérée comme le premier livre imprimé (vers 1450).**
Elle est reproduite en 30 exemplaires. Sa taille (62 x 42 cm), l'usage du parchemin, la décoration peinte rendent le livre encore très proche des manuscrits du Moyen Âge.

1 **Doc 1** Comment fabriquait-on les livres au Moyen Âge ? Quels étaient les inconvénients de ce procédé ?

2 **Doc 3 et 4** Avec quel objet dans sa main gauche est représenté Gutenberg ?

3 **Doc 2 et 4** Dans cet atelier d'imprimerie, on peut regrouper les différentes opérations en deux grands types d'activités : lesquelles ?

4 **Doc 2** Comment fonctionne une presse au 16e siècle ?

5 **Doc 5** Comparez les pages de la Bible de Gutenberg avec la feuille imprimée du doc 2 p. 138 : quelles différences relevez-vous ?

6 Rédigez une ou deux phrases expliquant pourquoi l'imprimerie facilite la circulation des idées et des connaissances.

> Rabelais

Né vers 1494 à Chinon, en Touraine, François Rabelais est d'abord moine. Mais il a peu de goût pour la vie au monastère. Humaniste, il poursuit ses études, se passionne pour le grec, le latin, le droit et la médecine. Il voyage beaucoup, en France et en Italie. Il correspond avec d'autres humanistes, comme Érasme.
Entre 1532 et 1552, il écrit, en français et non pas en latin, quatre livres : *Pantagruel, Gargantua, Le Tiers Livre et Le Quart Livre,* dans lesquels il raconte de savoureuses aventures de géants. Sur le mode comique, Rabelais critique la société de son temps et expose ses idées humanistes.

Doc 1 François Rabelais (1494-1553).
Huile sur toile, 16e siècle, musée de Versailles.

LA PLAISANTE, ET IOYEVSE histoyre du grand Geant Gargantua.
Prochainement reueue & de beaucoup augmentée par l'Auheur mesme.

A Valence.
Chés Claude La Ville.
1547.

Doc 2 Page de titre d'une des premières éditions de *Gargantua*, 1547.

Doc 3 L'éducation médiévale selon Rabelais

Ponocrates[1], au début, ordonna que Gargantua ferait à sa manière habituelle afin de comprendre par quel moyen ses anciens précepteurs l'avaient rendu si stupide, niais et ignorant. Il s'éveillait entre huit et neuf heures du matin, puis paressait quelque temps sur sa paillasse. Après il se peignait avec la main, car ses précepteurs disaient que se peigner autrement et se laver étaient une perte de temps. Puis il déjeunait : belles tripes frites, belles grillades, beaux jambons, beaux rôtis et forces soupes épaisses. Ponocrates lui fit remarquer qu'il fallait faire quelques exercices physiques. Gargantua répondit : « Quoi ! N'ai-je fait suffisant exercice ? Je me suis vautré six ou sept fois dans le lit avant de me lever. N'est-ce pas assez ? Le pape Alexandre ainsi faisait et vécut jusqu'à sa mort. » Gargantua allait ensuite à l'église entendre vingt-six ou trente messes. Puis il étudiait une méchante demi-heure, les yeux posés sur son livre, mais son esprit était à la cuisine.

D'après Rabelais, *Gargantua*, 1534, chapitre 21.

1. « Ponocrates » signifie « dur à la peine ».

Doc 4 L'éducation humaniste

Gargantua s'éveillait à environ quatre heures du matin. Pendant qu'on le frottait, lui étaient lues quelques pages de la divine Écriture hautement et clairement. Cela fait, il était habillé, peigné, accoutré et parfumé, pendant ce temps on lui répétait les leçons du jour d'avant.
Ceci fait, Gargantua et son maître Ponocrates sortaient, toujours en conférant des propos de la lecture, et jouaient à la balle, s'exerçant les corps comme ils avaient les âmes auparavant exercé… Pendant le repas, ils devisaient joyeusement ensemble, parlant, pour les premiers mois, de la vertu, propriété, effet et nature de tout ce qui leur était servi à table: du pain, du vin, de l'eau, du sel, des viandes, poissons, fruits, herbes, racines, et de leur préparation. Ce faisant, Gargantua apprit en peu de temps ce qu'en disaient Pline, Athénée, Dioscoride, Julius Pollux, Galien, Porphyre, Oppien, Polybe, Héliodore, Aristote, Aelien et autres[1]. »

D'après Rabelais, *Gargantua*, 1534, chapitre 23.

1. Auteurs de l'Antiquité.

Doc 5 Le mauvais prince

Picrochole entra en colère furieuse et sans s'interroger quoi ni comment convoqua son armée. Il envoya trois chevau-légers pour découvrir le pays et savoir si aucune embûche était par la contrée; ceux-ci trouvèrent le pays en paix. Ce qu'entendant, Picrochole commanda que chacun marchât sous son enseigne hâtivement. Sans mesure, ils prirent les champs, gâtant tout par où ils passaient, sans épargner ni pauvre, ni riche, ni lieu sacré, ni profane; emmenaient bœufs, vaches veaux, génisses… abattant les noix, vendangeant les vignes, croulant tous les fruits des arbres… C'était un désordre incomparable…

D'après Rabelais, *Gargantua*, 1534, chapitre 24.

Doc 7 Pantagruel, dessin de l'édition de 1537.

Doc 6 Le bon prince

Un des bergers qui gardaient les vignes se transporta devant Grandgousier, et raconta entièrement les excès et pillages qu'y faisaient Picrochole en ses terres et domaines, et comment il avait pillé, gâté, saccagé tout le pays… « Hélas! Hélas! dit Grandgousier, toute ma vie je n'ai rien tant recherché que la paix. Mais il faut que je prenne la lance et la masse pour secourir et protéger mes pauvres sujets. Malgré cela je n'entreprendrai pas la guerre avant que je n'aie essayé tous les moyens de faire la paix. » Il fit donc convoquer son conseil, il fut conclu qu'on enverrait quelque homme prudent devant Picrochole pour savoir pourquoi il avait si soudainement envahi des terres sur lesquelles il n'avait aucun droit.

D'après Rabelais, *Gargantua*, 1534, chapitre 28.

1 **Doc 3** Que pensez-vous de l'hygiène de vie apprise à Gargantua par ses premiers précepteurs? Passe-t-il beaucoup de temps à étudier? Quel est le résultat de cette éducation?

2 **Doc 4** Comment Ponocrates organise-t-il l'emploi du temps de son élève? Perd-il une minute? Quelle éducation reçoit Gargantua?

3 Rédigez quelques phrases comparant l'éducation médiévale et l'éducation humaniste selon Rabelais.

4 **Doc 5 et 6** Dans un tableau de deux colonnes comparez les défauts de Picrochole et les qualités de Grandgousier.

5 Menez une recherche sur le roman de Rabelais, *Pantagruel*. Demandez à votre professeur de français de vous en faire lire des extraits.

3. La Renaissance en Italie

MOTS
- Renaissance
- Peinture à l'huile
- Perspective
- Mécène

À partir du 15e siècle, en Italie, les artistes s'enthousiasment pour l'art de l'Antiquité grecque et romaine qui, selon eux, a atteint la perfection. Ils veulent s'en inspirer pour leurs propres créations, rejetant ainsi l'art du Moyen Âge qu'ils qualifient de «gothique» c'est-à-dire de barbare. On parle d'une nouvelle naissance de l'art ou «renaissance». Des princes, de riches marchands, des ecclésiastiques encouragent les artistes en leur commandant des œuvres.

Comment se manifeste le renouveau artistique en Italie ?

Doc 1 ***La Vierge et l'Enfant en majesté* par Cimabue.** Peinture sur bois, vers 1270 (223 x 385 cm), musée du Louvre, Paris.

Doc 2 ***La Vierge, l'Enfant Jésus et Sainte Anne,* par Léonard de Vinci (1452-1519).** Huile sur bois (168 x 130 cm) vers 1508, musée du Louvre, Paris.

Doc 3 ***La naissance de Vénus* par Botticelli (1445-1510).** Peinture sur toile (172,5 x 278,5 cm), vers 1485, Galerie des Offices, Florence.

Doc 4 Statue de David par Michel-Ange. Marbre de 4,34 m de haut, musée de l'Académie, Florence.

Doc 5 La coupole de la cathédrale Sainte-Marie-des-Fleurs à Florence, par Brunelleschi, réalisée de 1420 à 1436. Elle est haute de 115 mètres.

Doc 6 La cité idéale. Tableau de Luciano Laurana, architecte italien, vers 1450, Palais ducal, Urbino.

1 Doc 1 et 2 Quelle œuvre a été peinte à la Renaissance? Relevez les points communs aux deux tableaux (support, personnages principaux) puis les différences (représentation des visages, du corps, les attitudes, décor en fond). Quelle impression se dégage de chacune des œuvres?

2 Doc 3 De quelle mythologie s'est inspiré l'artiste? De quoi Vénus est-elle le symbole? Quelle a été l'intention de Botticelli dans ce tableau?

3 Doc 4 Dans quel livre apparaît le personnage de David? Michel-Ange a une parfaite connaissance de l'anatomie: qu'est-ce qui le prouve?

4 Doc 5 Comparez cette église à Sainte-Sophie de Constantinople (doc 1, page 18) et à une cathédrale gothique (doc 1, p. 76): quels sont les points communs et les différences?

5 Doc 6 Comment l'artiste imagine-t-il la ville idéale de la Renaissance? Est-elle identique à celle du Moyen Âge (voir page 113)? Justifiez votre point de vue.

> La chapelle Sixtine

Située tout à côté de la basilique Saint-Pierre de Rome au Vatican, la chapelle Sixtine est la chapelle du palais du Pape.
Elle mesure 40 mètres de longueur, 13 de largeur et 20 de hauteur. On l'appelle ainsi car c'est le pape Sixte IV qui l'a fait construire à la fin du 15e siècle. En 1508, le pape Jules II fait appel au peintre Michel-Ange pour décorer la voûte. En 1534, le pape Paul III confie au même artiste le soin de décorer le mur au-dessus de l'autel. La chapelle Sixtine est considérée comme un chef-d'œuvre de l'art de la Renaissance.

MOTS
- **Fresque**

Doc 1 **Michel-Ange Buonarroti (1475-1564).**

Doc 2 ***Le Jugement dernier*, par Michel-Ange.** Fresque réalisée de 1535 à 1541 (13,70 x 12,20 m).

Doc 3 Le plafond de la chapelle Sixtine (vue partielle). Au centre, des scènes de l'Ancien Testament. Sur les côtés, les devineresses, les prophètes de l'Ancien Testament et les ancêtres de Jésus-Christ dans le Nouveau Testament. Fresque réalisée de 1508 à 1512 (36,50 x 13,40 m).

1 Doc 1 Menez une recherche sur Michel-Ange et établissez une courte fiche biographique de l'artiste : dates de naissance et de mort, formation, métiers, principales œuvres.

2 Doc 2 et 3 Présentez les œuvres : technique utilisée, thème(s) et source d'inspiration, lieu de réalisation, dates, peintre, commanditaire (celui qui a passé commande).

3 Doc 2 Retrouvez les numéros des principaux personnages et des principales scènes représentées : a / Le Christ juge ; b / la Vierge ; c / Saint Pierre avec les clés du paradis ; d / le petit Livre du Bien où sont inscrits les noms des Élus ; e / le grand Livre du Mal où sont inscrits les noms des Damnés ; f / les morts ressuscitent ; g / les Élus montent au Paradis ; h / les Damnés sont envoyés en Enfer.

4 Doc 3 Retrouvez sur le document les numéros des scènes suivantes : a / Adam et Ève chassés du Paradis ; b / Dieu sépare la terre et les eaux ; c / Noé fait un sacrifice à Dieu ; d / La Création d'Adam ; e / Dieu crée Ève en la tirant d'une côte d'Adam ; f / Le Déluge et l'Arche de Noé.

4. La Renaissance sans frontières

La Renaissance est un phénomène européen. C'est aux Pays-Bas, au début du 15e siècle, qu'est inventée la peinture à l'huile utilisée par les artistes italiens. La Renaissance italienne influence de nombreux pays en Europe. Mais si les artistes flamands et allemands adoptent certaines techniques italiennes, ils conservent un style original.

➔ Quels sont les foyers de la Renaissance en dehors de l'Italie ?

Doc 1 ***Les Époux Arnolfini*** **par Jan Van Eyck (vers 1390-1441).**
Peinture sur bois (82 x 60 cm), 1434, National Gallery, Londres.

Doc 2 ***Les Époux Arnolfini*** **par Jan Van Eyck.**
Détail du tableau.

Doc 3 ***Autoportrait*** **de Dürer (1471-1528), 1498.**
Huile sur toile (52 x 41 cm), musée du Prado, Madrid.
Il s'agit sans doute du 1er autoportrait d'artiste de l'Histoire.

Doc 4 ***La parabole des Aveugles,*** **par Pieter Bruegel l'Ancien (vers 1530-1569), 1568.**
Huile sur toile, musée de Capodimonte, Naples. Le thème s'inspire des Évangiles de Matthieu et Luc : « Un aveugle peut-il guider un aveugle ? Ne tomberont-ils pas tous les deux dans le même trou ? »

Doc 5 La galerie François 1er au Château de Fontainebleau, 1534-1536.
Le décor a été réalisé par des artistes italiens à la demande du roi. La galerie est longue de 60 mètres et large de 6 mètres.

1 **Doc 1 ET 2** Quel est le sujet du tableau ? Décrivez les personnages et le décor. Comment Van Eyck crée-t-il l'impression de profondeur ?

2 **Doc 3** Quel grand changement introduit ce tableau dans l'histoire de la peinture ?

3 **Doc 4** Comment sont habillés les personnages ? Décrivez le paysage. Ce tableau vous semble-t-il influencé par l'art italien ? Justifiez votre réponse.

4 **Doc 5** À l'aide du doc 6, page 147, situez Fontainebleau. Pourquoi François 1er s'est-il adressé à des artistes italiens pour décorer la galerie ? Décrivez le décor des murs et du plafond.

> Un château de la Renaissance : Chambord

À la fin du 15e siècle et au début du 16e siècle, les guerres d'Italie font connaître aux rois et aux grands seigneurs de France émerveillés les œuvres d'art de la Renaissance italienne. De 1519 à 1540, le roi François 1er, mécène, protecteur des humanistes, prince de la Renaissance, fait construire le château de Chambord. Léonard de Vinci participe à la conception du projet. Le château mêle le style italien et la tradition architecturale française du Moyen Âge. Pour son château aux 365 cheminées et aux multiples clochetons, le roi dépense des sommes considérables.

Doc 1 François 1er, par Jean Clouet (1485-1541), vers 1520-1525. Huile sur toile (74 x 96 cm), Louvre, Paris.

Doc 2 Chambord, la façade orientale.

Doc 3 **Chambord, la façade occidentale.**

Doc 4 **La terrasse du donjon.**

Doc 5 **L'escalier central à double montée.**
Il a été conçu par Léonard de Vinci.

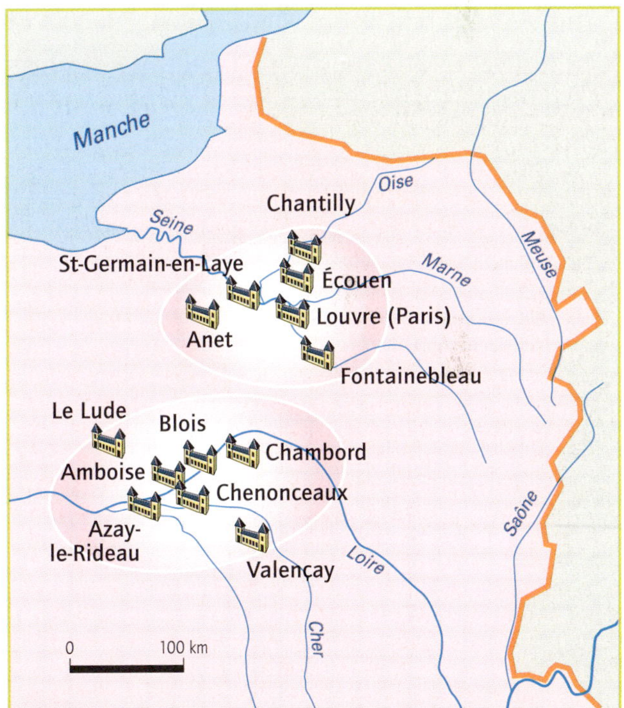

Doc 6 **Les châteaux de la Renaissance en France.**

1 Doc 1 À l'aide de la frise chronologique, page 177 indiquez les dates du règne de François 1er.

2 Doc 2 et 3 Quels éléments font dire que le château de Chambord se rapproche d'un château du Moyen Âge mais s'en éloigne aussi ?

3 Doc 4 Comment se présente la terrasse ?

4 Doc 5 Quelle est la particularité de l'escalier central de Chambord ? Qui en a fait les plans ?

5 Doc 6 Quelles sont les deux principales régions de France où ont été construits des châteaux de la Renaissance ? Pourquoi ?

Bilan

L'humanisme et la Renaissance

1 Le renouvellement des idées et leur diffusion

A. À la **fin du 15e siècle, des savants, des écrivains, des penseurs** se mettent à critiquer les connaissances enseignées dans les universités du Moyen Âge. Ils **redécouvrent avec enthousiasme les écrits des auteurs de l'Antiquité grecque et romaine** sur le gouvernement des sociétés, le savoir, l'éducation. Sans abandonner leur foi chrétienne ni contester l'autorité religieuse de l'Église, ils affirment que la dignité des hommes consiste à **penser librement**. On appelle ces intellectuels les **humanistes**.

B. Les humanistes donnent une **nouvelle vision du Monde et de l'Homme**. Ils veulent **faire progresser les connaissances** dans tous les domaines grâce à la recherche, la réflexion, l'observation et l'expérience. Le Flamand André **Vésale** décrit précisément comment fonctionne le corps humain, après avoir pratiqué la dissection, malgré l'interdiction de l'Église. Le Polonais Nicolas **Copernic** démontre que la terre tourne autour du Soleil, contrairement à ce que l'on croyait alors.
Les humanistes **pensent que l'humanité peut progresser**, connaître le bonheur et la paix. **Érasme** réfléchit à la manière de bien gouverner, d'éviter les guerres et les querelles religieuses. **Rabelais** demande que l'éducation favorise l'épanouissement de l'esprit et du corps.

C. Les idées humanistes se diffusent dans tout l'Occident grâce à l'**imprimerie** mise au point par l'Allemand **Gutenberg** au milieu du 15e siècle.

2 La Renaissance artistique en Italie

A. À la même époque, a lieu un **profond renouvellement des arts** dans les villes d'Italie comme **Florence**, **Rome** et **Venise** : c'est la **Renaissance**. Les artistes italiens partagent avec les humanistes la même **admiration pour l'Antiquité.** L'**architecte** Florentin **Brunelleschi** considère l'art gothique comme barbare et exagéré. Il construit des églises aux proportions harmonieuses, avec des formes qui s'inspirent de l'art antique : coupole, frise,

MOTS

Humanistes : savants, écrivains ou penseurs des 15e et 16e siècles mettant l'homme au centre de leur réflexion ; ils ont permis le développement des connaissances par l'étude des auteurs de l'Antiquité, de l'expérimentation scientifique et de l'observation de la nature.

Imprimerie : ensemble des techniques permettant la reproduction d'un texte par impression de caractères.

Renaissance : mouvement artistique né à la fin du Moyen Âge et actif jusqu'à la fin du 16e siècle, utilisant des idées et des formes inspirées de l'Antiquité pour créer un art nouveau en rupture avec celui du Moyen Âge.

Michel-Ange Buonarroti (1475-1564) : sculpteur, peintre, architecte, ingénieur et poète italien, auteur notamment des principales fresques de la chapelle Sixtine à Rome.

Nicolas Copernic (1473-1543) : astronome polonais, démontre que la Terre tourne sur elle-même et autour du Soleil.

Gutenberg (vers 1394-1468) : orfèvre allemand, invente les caractères typographiques mobiles et une encre qui permet d'imprimer sur les deux faces du papier.

Érasme de Rotterdam (1469-1536) : l'un des plus grands humanistes européens ; voyageur infatigable, traducteur colonnes, fronton. D'autres architectes italiens construisent de confortables palais, de luxueuses villas, des villes bien ordonnées autour de grandes places.

B. Les **sculpteurs**, comme **Michel Ange**, cherchent à **reproduire fidèlement les formes et les proportions** du corps de l'homme comme de la femme. Les **peintres** italiens révolutionnent la façon de peindre. Ils utilisent la **peinture à l'huile**. Ils peignent sur de la **toile** et plus seulement sur des murs ou du bois. Ils composent leurs tableaux en leur donnant une **perspective**. Les **sujets** qu'ils représentent ne sont pas seulement **religieux**, comme les **fresques** de la **chapelle Sixtine** à Rome. Ils s'inspirent aussi des récits de la **mythologie antique**. Ils portent un grand intérêt aux **portraits** des individus.

C. De riches marchands, des princes, comme les Médicis à Florence, des Papes, comme Jules II, encouragent les artistes. Ils deviennent leurs **mécènes**.

3 La Renaissance, un renouveau artistique européen

A. Hors d'Italie, les artistes des **Pays-Bas** et d'**Allemagne** font preuve d'une grande vitalité. Ils subissent l'influence de l'art italien mais leur style conserve une **forte originalité**.

B. Plus que dans la mythologie antique, les peintres flamands et allemands puisent leur inspiration dans la religion, la vie quotidienne et l'intimité des hommes de leur temps. Ils excellent aussi dans les portraits.

C. En **France**, les rois et les grands seigneurs ont été éblouis par la Renaissance italienne lors de guerres d'Italie. **François 1er** attire à sa cour les artistes italiens, comme **Léonard de Vinci.** L'art de la Renaissance française se manifeste surtout dans l'architecture des **châteaux** royaux ou seigneuriaux du **Val de Loire** et de l'**Île de France.**

Retenir autrement

- **À la fin du Moyen Âge, les humanistes renouvellent des idées en Europe. Curieux de tout, ils font progresser les connaissances. Ils mettent l'homme au centre de leurs préoccupations en se demandant comment faire son bonheur.**
- **Les idées des humanistes se répandent grâce à l'imprimerie mise au point par Gutenberg.**
- **Née en Italie et inspirée de l'Antiquité, la Renaissance transforme les arts et se diffuse en Europe.**

Peinture à l'huile : technique qui consiste à broyer des poudres minérales de couleur et à les utiliser pour peindre en les mélangeant avec de l'huile de lin ; elle donne plus d'éclat aux couleurs.

Perspective : technique qui consiste à créer l'illusion de la profondeur sur la surface plane d'un tableau.

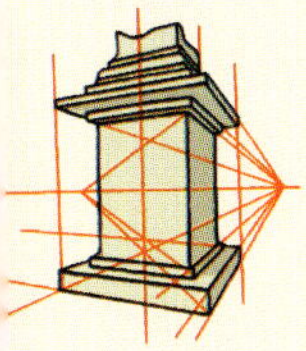

Fresque : peinture, souvent de grande dimension, réalisée sur un mur préalablement enduit de chaux.

Mécène : personne riche qui aide les écrivains et les artistes en les entretenant et en leur faisant des commandes.

de textes de l'Antiquité, du Nouveau Testament, écrivain. C'est un esprit pacifique, ennemi des guerres et des querelles religieuses.

Jan Van Eyck (vers 1390-1441) : peintre flamand, perfectionne considérablement la peinture à l'huile. Son intérêt pour l'individu le pousse à détailler les particularités des visages et à faire progresser l'art du portrait.

Léonard de Vinci (1452-1519) : peintre, architecte, sculpteur, ingénieur et savant italien. Auteur notamment de *La Joconde* (Louvre), il invente le *sfumato* qui noie le décor et le paysage sous un voile de brume.

5. Les Réformes protestantes

MOTS
- Indulgences
- Excommunication
- Écritures
- Réformes protestantes
- Protestant
- Calvinisme
- Pasteur
- Temple
- Église anglicane

Au début du 16e siècle, de nombreux chrétiens critiquent l'Église catholique. Ils accusent le clergé de ne pas donner l'exemple et de ne pas aider les hommes à faire leur salut. Les révoltes de deux réformateurs, Luther et Calvin, divisent le christianisme d'Occident en plusieurs Églises.

➔ Pourquoi les chrétiens se divisent-ils au 16e siècle ?

VOCABULAIRE

– **Purgatoire** : pour les catholiques, lieu de purification des âmes avant d'accéder au paradis.

– **Blasphémer** : outrager par des paroles.

Doc 1 ***La vente des indulgences* par Lucas Cranach l'Ancien, 1545.** Bois gravé en couleurs.
Sur le parchemin tendu par le pape : « Sitôt que le sou résonne, l'âme va au ciel. »

Doc 3 **Luther (1483-1546) prêchant avec la Bible dans un temple devant des fidèles protestants.** Gravure du 16e siècle.

Doc 2 **Les principales idées de Luther**

A. « Pourquoi le Pape, donc le sac, est aujourd'hui plus gros que celui des plus gros riches, n'édifie-t-il pas cette basilique Saint-Pierre avec ses propres deniers, plutôt qu'avec l'argent des fidèles ?
Ils ont tort, les prêtres qui disent que par les indulgences du Pape, l'homme est dispensé de toute peine et qu'il est sauvé. N'importe quel chrétien, vraiment repentant, a plein pardon de ses fautes ; ce pardon lui est dû même sans lettres d'indulgences. Il faut apprendre aux chrétiens que celui qui donne aux pauvres fait mieux que s'il achetait des indulgences. »

D'après Martin Luther, *Les Quatre-vingt-quinze thèses*, 1597.

B. « Le juste vivra par la foi. Tu dois t'abandonner avec une foi robuste et lui faire hardiment confiance. Alors, à cause de cette foi tous tes péchés seront pardonnés. Tu triompheras de tout ce qui te perdait, et tu seras apaisé. »

D'après Martin Luther, *De la Liberté du chrétien*, 1520.

Doc 4 **Jean Calvin (1509-1564).** Peinture anonyme du 17e siècle, Paris.

Doc 5 **Les principales idées de Calvin**

Puisque Jésus-Christ nous a été donné pour seul Avocat et nous a ordonné de nous adresser directement à son Père en son nom, nous croyons que tout ce que les hommes ont inventé quant à l'intercession[1] des saints n'est que ruse de Satan pour les détourner de la manière de bien prier. Nous considérons le purgatoire, les vœux monastiques, les pèlerinages, l'interdiction de se marier comme des erreurs.

D'après Jean Calvin, *La Confession de La Rochelle*, 1571.

1. Intervention en faveur de quelqu'un.

Doc 7 **Le temple calviniste de Lyon nommé le Paradis, vers 1565.** Peinture du 16e siècle, Genève.

Doc 6 **Calvin organise à Genève la « Cité de Dieu »**

Chacun est tenu de venir les dimanches écouter la parole de Dieu ainsi que les autres jours où ils pourront être libres sous peine d'être repris par la justice. Personne ne doit jurer ni blasphémer le nom de Dieu, sous peine la première fois de baiser terre, la seconde de baiser terre et payer 3 sous, la troisième d'être mis en prison trois jours. Que personne ne joue de l'argent sous peine chaque fois de payer 5 sous. Qu'aucun hôtelier ne donne à personne à manger et à boire pendant qu'on prêchera le dimanche. Que personne ne danse, sauf aux noces, ni ne chante des chansons malhonnêtes, ni ne se déguise ou ne porte des masques ou ne fasse des mômeries, sous peine de 60 sous d'amende et trois jours de prison, au pain et à l'eau.

D'après Calvin, *Ordonnance sur les mœurs*, 1539.

1 **Doc 1 et 2** Que sont les indulgences ? Pourquoi les chrétiens en achètent-ils ? Qu'est-ce qui scandalise Luther dans cette pratique ? Pour lui, que doivent faire les fidèles pour assurer leur salut ?

2 **Doc 3** Où se trouve Luther sur l'image ? Quelle est la seule figure chrétienne présente ? Luther ne reconnaît que deux sacrements : lesquels ?

3 **Doc 4 et 5** Quelles croyances et quelles pratiques de la religion catholique condamne Calvin ?

4 **Doc 6** Quelles sont les obligations et les interdictions imposées par Calvin ? Comment qualifier ses règles de vie ?

5 **Doc 7** Décrivez le lieu. Y a-t-il des éléments montrant que c'est un lieu religieux ?

6 Rédigez quelques phrases sur les changements introduits par Luther et Calvin dans les croyances et les pratiques de la religion chrétienne.

6. La Réforme catholique

MOTS
- Réforme catholique
- Séminaire
- Jésuites
- Catéchisme

Pour lutter contre les Réformes protestantes qui gagnent à elles des régions entières de l'Europe, l'Église catholique ne peut pas seulement compter sur la répression. Elle est obligée d'évoluer et de se réformer elle-même.

Comment l'Église catholique réagit-elle face aux Réformes protestantes ?

Doc 1 Le Concile de Trente (1545-1563), par les frères Zuccari. Fresque (1560-1566), Palais Farnèse, Rome.

Doc 2 Les décisions du Concile de Trente

A. Les Écritures
Que personne, se fiant à son propre jugement, n'ait l'audace d'interpréter lui-même l'Écriture contrairement au sens qu'a donné la Sainte Mère l'Église.

B. Le Salut et les œuvres
Le Concile condamne ceux qui prétendent que les indulgences sont inutiles, ou qui nient que l'Église a le pouvoir de les accorder. Toutefois, le Concile ordonne que soient complètement abolis tous les déplorables trafics d'argent qui ont été une cause de nombreux abus dans le peuple chrétien. [...] Abondez en œuvre bonne, car Dieu n'est pas injuste et n'oubliera pas vos œuvres et la charité dont vous avez fait preuve en son nom.

C. Les cérémonies
L'Église a introduit les cérémonies comme les bénédictions, les lumières, les encensements, les ornements pour exciter les esprits des fidèles par ces signes visibles de religion, à la contemplation des choses sublimes qui sont cachées dans le sacrifice de la messe.

D. Les images
On doit avoir et conserver principalement dans les églises, les images de Jésus-Christ, de la Vierge mère de Dieu, et des autres saints. Certes il ne faut pas voir en elles quelque divinité comme faisaient autrefois les païens qui mettaient leur espérance dans les idoles. Mais par le moyen des images devant lesquelles nous nous prosternons, nous adorons Jésus-Christ et vénérons les saints dont elles portent la ressemblance.

E. La conduite du clergé
Le concile de Trente exhorte les évêques et tous les gens d'Église à louer Dieu incessamment, à offrir sacrifices et prières et à faire la messe au moins chaque dimanche. En outre, nous les exhortons de jeûner au moins chaque vendredi, en mémoire de la passion de Notre Seigneur, et de faire l'aumône aux pauvres. Les évêques doivent être irréprochables, sobres, chastes.

D'après les *Actes du concile de Trente*, 1545-1563.

Doc 3 Le pape Paul III autorise en 1540 la Compagnie de Jésus, fondée par Ignace de Loyola. Gravure du 16e siècle.

Doc 4 Règlement des études dans les collèges de Jésuites (1586)

Avant de commencer la classe, quelqu'un fera la courte prière d'usage ; le professeur et tous les élèves l'écouteront attentivement à genoux et la tête découverte. Le professeur exhortera ses élèves, par-dessus tout, à prier Dieu tous les jours, à s'approcher souvent et religieusement des sacrements de Pénitence et d'Eucharistie et à pratiquer les vertus dignes d'un chrétien.
Les décurions[1] seront chargés par le maître de faire réciter les leçons, de ramasser les copies, de pointer sur un cahier les fautes de récitation, de noter ceux qui n'ont pas remis le devoir.
Afin d'encourager l'émulation, on pourra partager la classe en deux camps qui seront opposés l'un à l'autre, et chaque élève aura un adversaire qui lui sera désigné.

1. Élèves responsables d'un groupe de dix élèves.

Doc 5 L'église du Gésu à Rome. Elle est construite à partir de 1568. C'est l'église principale des Jésuites.

1 Doc 1 Quels personnages sont réunis lors d'un concile ? Par qui ? À quoi travaille le Concile de Trente ?

2 Doc 2 Montrez que les paragraphes A à D s'opposent en totalité ou en partie à la religion protestante. Montrez à l'aide des paragraphes B et E que le Concile veut faire cesser certains abus dans l'Église catholique.

3 Doc 3 Menez une recherche pour établir une fiche biographique simple d'Ignace de Loyola.

4 Doc 4 À quoi est consacrée une bonne part du temps des élèves ? Quels moyens emploient les Jésuites pour encourager les élèves au travail ?

5 Doc 5 En comparant avec le doc 7 page 151, relevez les différences dans le décor entre une église de la réforme catholique et un temple calviniste. Qu'est-ce qui peut émerveiller le fidèle catholique dans l'église du Gésu ?

Bilan

Les Réformes protestantes et catholique

1 Les Réformes protestantes de Luther et de Calvin

A. À la **fin du Moyen Âge**, les chrétiens vivent dans une **profonde inquiétude religieuse.** Ils pensent que les malheurs du temps (épidémies, famines et guerres) sont des punitions de Dieu et que la fin du Monde est proche. Ils redoutent le Jugement dernier annoncé par les Évangiles. Or, **l'Église ne répond pas aux angoisses des fidèles.** On accuse les curés d'être ignorants, de se comporter sans respecter les principes religieux, les évêques et les abbés de vivre dans le luxe comme de grands seigneurs.
Au début du 16e siècle, le Pape Léon X, qui a besoin d'argent pour financer les travaux de la basilique Saint-Pierre à Rome, autorise la vente des **indulgences.**

B. Pour **Martin Luther**, un moine allemand, il est scandaleux de laisser croire aux fidèles qu'il leur suffit d'acheter des indulgences pour aller au Paradis. En **1517**, il dénonce cette pratique et publie à Wittemberg **95 propositions**, ou **thèses**, pour **combattre les abus de la papauté et réformer l'Église**. En 1521, **excommunié** par le Pape mais protégé par des princes allemands, il **rompt avec l'Église catholique** et fonde une **nouvelle Église**, l'**Église protestante** ou **réformée** qui rejette l'autorité du Pape. Le protestantisme luthérien se répand dans les pays germaniques et scandinaves.

C. Luther considère que **la foi suffit** pour assurer le salut au chrétien et que seules les **Écritures** disent la vérité religieuse. Il **traduit la Bible** du latin **en allemand** pour que tout fidèle puisse la lire directement. Il ne conserve que **deux sacrements**, le **baptême** et la **communion** car ils sont décrits dans les Évangiles. Il condamne le culte de la Vierge et des saints. Il supprime les monastères. **Les cérémonies sont célébrées très simplement** dans des **temples** par des **pasteurs** qui ont le droit de se marier.

D. **En France**, **Jean Calvin**, devenu **protestant**, va plus loin que Luther en affirmant que le salut dépend uniquement de la volonté de Dieu. Il se réfugie à Genève pour fuir les persécutions. Il y fonde une autre Église protestante à la **morale très stricte.** Le **calvinisme** se développe en Suisse, aux Pays-Bas et en France. **En Angleterre**, le roi Henri VIII, excommunié par le pape, se proclame chef d'une **Église anglicane**.

MOTS

Réformes protestantes : au 16e siècle, mouvement de rénovation religieuse et de rupture avec le pape qui a donné naissance au protestantisme.

Indulgence : pardon des péchés accordé à un fidèle par l'Église catholique en échange d'une somme d'argent donnée.

Excommunication : exclusion d'un fidèle de l'Église catholique ; elle est prononcée par le Pape ou un évêque.

Écritures : ensemble des livres de la Bible.

Temple : édifice dans lequel les protestants célèbrent le culte.

Pasteur : ministre du culte protestant.

Protestant : personne qui appartient à l'une des Églises réformées par Luther ou Calvin au 16e siècle.

Calvinisme : doctrine protestante du réformateur Calvin.

Martin Luther (1483-1546) : moine réformateur chrétien allemand. Il rompt avec l'Église catholique en 1521 et organise la première Église protestante, dite « luthérienne ».

❷ La Réforme catholique

A. L'Église catholique considère le protestantisme comme une **hérésie**. Le pape rétablit les tribunaux de l'**Inquisition** qui pourchassent les protestants. Il fait dresser l'**Index**, un catalogue des livres, dont la lecture est interdite.

B. Mais l'Église catholique entreprend aussi sa propre réforme: c'est la **Réforme catholique**. Le pape réunit un **concile,** dans la ville de **Trente**, en Italie, qui siège **de 1545 à 1563**. Cardinaux, évêques et abbés maintiennent en les précisant les croyances et les pratiques catholiques: culte de la Vierge et des saints, salut par la foi et les actions charitables, sept sacrements, messe en latin et lecture de la Bible par des prêtres. Le concile réaffirme l'autorité du pape et restaure la discipline dans l'Église: les évêques doivent résider dans leur diocèse, les prêtres être instruits dans des **séminaires.**

C. Le clergé séculier est aidé par un nouvel ordre religieux, les **Jésuites**, qui se consacrent à l'enseignement et à la prédication. L'enseignement du **catéchisme** est développé.

D. En réaction contre la sévérité du culte protestant, l'Église encourage à **l'éclat des cérémonies catholiques** qui doit émerveiller les fidèles. De **somptueuses églises** sont construites que les artistes sont invités à **décorer abondamment.** L'**Église catholique** réussit à arrêter la progression du protestantisme mais elle **ne peut restaurer l'ancienne unité religieuse de l'Europe**.

Retenir autrement

- **Au début du 16e siècle, l'Église catholique est critiquée car elle ne répond pas aux préoccupations des chrétiens. Luther et Calvin rompent avec elle et lancent les réformes protestantes.**
- **Pour contrer le développement du protestantisme, l'Église catholique se réforme. Elle réaffirme ses principes et se réorganise.**
- **À partir du 16e siècle, il y a désormais trois religions chrétiennes en Europe: le catholicisme, le protestantisme (luthérien, calviniste et anglican) et le christianisme orthodoxe.**

Église anglicane: Église protestante d'Angleterre dirigée par le roi; elle conserve des évêques et de fastueuses cérémonies religieuses.

Hérésie: voir p. 81.

Inquisition: voir p. 81.

Réforme catholique: au 16e siècle, mouvement de rénovation religieuse de l'Église catholique.

Concile: voir p. 73.

Séminaire: école où sont formés les prêtres de l'Église catholique.

Jésuites: ordre religieux fondé en 1534 par Ignace de Loyola pour servir l'Église catholique contre le protestantisme; son nom officiel est la Compagnie de Jésus.

Catéchisme:

enseignement de la religion catholique aux enfants et livre pour cet enseignement.

Jean Calvin (1509-1564): réformateur chrétien français. Converti au protestantisme, il s'établit à Genève et organise une nouvelle Église protestante, dite «calviniste».

Je m'exerce

1. Se repérer dans le temps

1. À quels événement correspondent les dates « vers 1450 » et « 1517 » ?
2. Quel événement, important pour l'Église catholique, se déroule au milieu du 16e siècle ?
3. Que se passe-t-il à Genève à la même époque ?

2. Se repérer dans l'espace

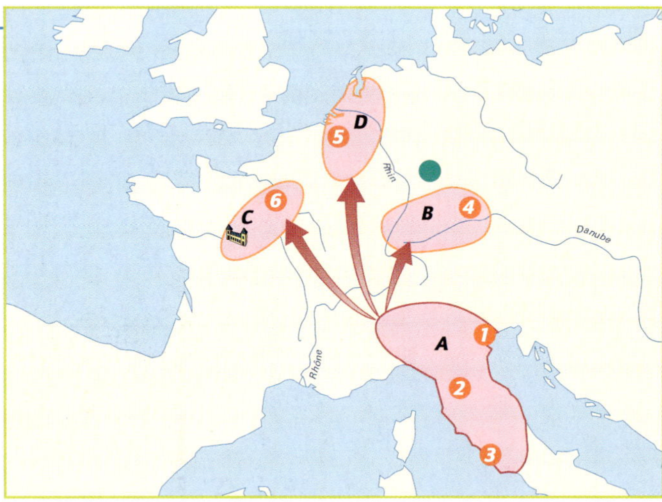

1. Dans quelle ville signalée par un point vert Gutenberg a inventé les caractères mobiles pour l'imprimerie ?
2. À propos de la Renaissance, que désigne la couleur violette ? Attribuez une lettre aux espaces délimités : Allemagne, Île-de-France et Val de Loire, Italie, Pays-Bas.
3. Que veulent dire les flèches ?
4. Indiquez le nom de grandes villes de la Renaissance numérotées de 1 à 6.
5. Que veut signifier le château de la Renaissance dessiné sur la carte à cet endroit ?

3. Comprendre un texte

Doc Je me ferai savant en la philosophie,
en la mathématique et médecine aussi ;
je me ferai légiste[1], et, d'un plus haut souci,
Apprendrai les secrets de la théologie[2] ;

Du luth et du pinceau j'ébatterai[3] ma vie,
De l'escrime et du bal. Je discourais[4] ainsi
Et me vantais en moi d'apprendre tout ceci,
Quand je changeai la France au séjour d'Italie.

Joachim du Bellay, poète français du 16e siècle,
Regrets, 31, vers 1555.

1. Spécialiste du droit. 2. Étude des textes sacrés. 3. J'égaierai, je rendrai gai. 4. Je parlais, je bavardais.

1. De quelle sorte de texte s'agit-il ?
2. Dans quel pays l'auteur a-t-il voyagé ?
3. Faites la liste des disciplines et des activités qu'il souhaiterait apprendre.
4. Comment s'appelle ce type d'éducation ?

4. Reconnaître des œuvres de la Renaissance

Doc 1 **Le château d'Azay-le-Rideau.**

Doc 2 ***La Cène*, mosaïque, Ravenne.**

Doc 3 ***La Joconde.***

Doc 4 **Le tombeau des Médicis à Florence, par Michel-Ange.**

Doc 5 ***La Vierge du chancelier Rolin*, par Van Eyck.**

1. Quel est le château du Moyen Âge ? Quel est le château de la Renaissance ? Expliquez votre choix.
2. Quelle œuvre date du début du Moyen Âge ? Expliquez votre réponse.
3. Des deux tableaux de la Renaissance, lequel est le plus célèbre ? Qui en est l'auteur ?
4. Quel est le sujet de l'œuvre de Van Eyck ? Quelle technique l'artiste a-t-il utilisée pour donner de la profondeur au tableau ?
5. De quelle civilisation les statues et les autres éléments du décor s'inspirent-ils ? Citez une autre œuvre d'art de l'artiste de la Renaissance qui a réalisé ce tombeau.

Doc 6 **Le château de Loches.**

5. Comprendre une gravure de l'époque des Reformes

1. Décrivez la scène : à quoi reconnaît-on l'Église catholique à droite de l'image ? Comment sont représentés les protestants à gauche ?
2. Quels objets sont placés dans chaque plateau de la balance ? De quel côté penche-t-elle ? Que veut-on signifier ainsi ?
3. Cette gravure est-elle d'origine catholique ou protestante ? Justifiez votre réponse.

Doc Gravure du 16e siècle.

6. Distinguer les religions catholique et protestantes

• Recopiez le tableau et répondez aux questions dans chaque case.

	Religion catholique	Religions protestantes
Doit-on obéir au pape ?		
Qui guide les fidèles ? Peuvent-ils se marier ?		
Où se déroulent les cérémonies religieuses ?		
Y a-t-il un culte de la Vierge et des saints ?		
Quelle est l'apparence des cérémonies ?		
Combien y a-t-il de sacrements ?		
En quelle langue est la Bible ?		
Quelle est la langue de cérémonies ?		
Comment faire son salut ?		

7. Se repérer dans l'espace

1. Nommez les quatre villes qui ont joué un grand rôle dans les Réformes religieuses au 16e siècle.
2. Donnez la signification des deux couleurs sur la carte.
3. Quels pays sont indiqués par les lettres de A à E ?

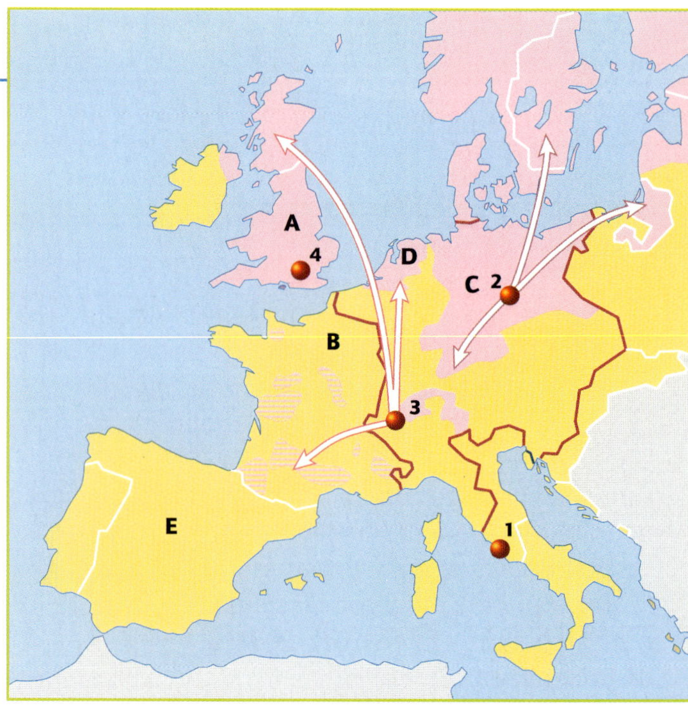

Doc La division religieuse de l'Europe au 16e siècle.

Découvrir sur internet un artiste et savant de la Renaissance

Pour faire connaissance avec Léonard de Vinci, l'artiste, le savant et l'humaniste, allez sur le site **http://artdevinci.free.fr**. Vous y trouverez de quoi mener une recherche biographique sur le personnage, mais aussi un grand nombre de ses œuvres peintes et de ses dessins (études pour des tableaux, recherches techniques et scientifiques...). Une navigation simple vous permettra d'agrandir ou de voir dans le détail les chefs-d'œuvre artistiques de ce génie de la Renaissance. En cliquant sur « Jeux », vous pourrez même tester, grâce à un « Quizz », vos connaissances sur Léonard de Vinci.

1

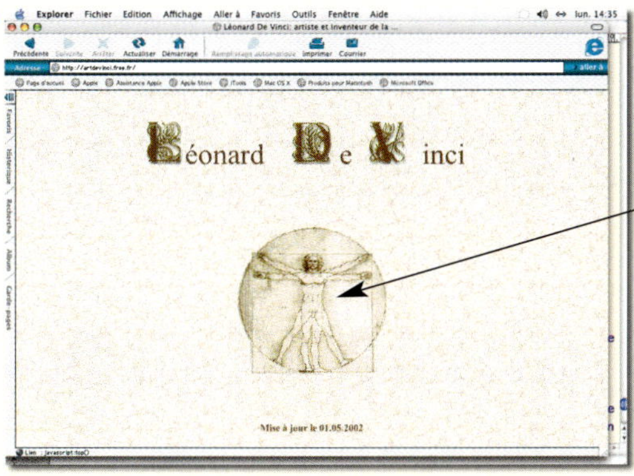

Cliquer

2

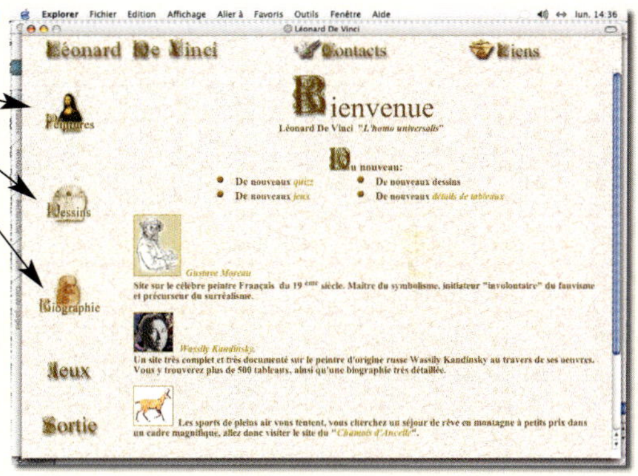

Cliquer

3

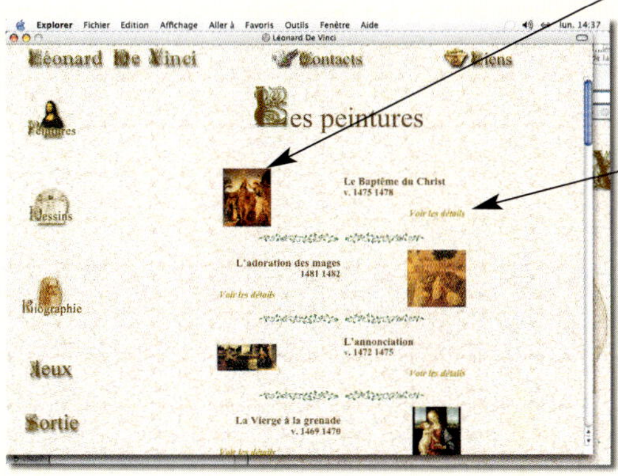

Cliquer pour agrandir l'image

Cliquer

4

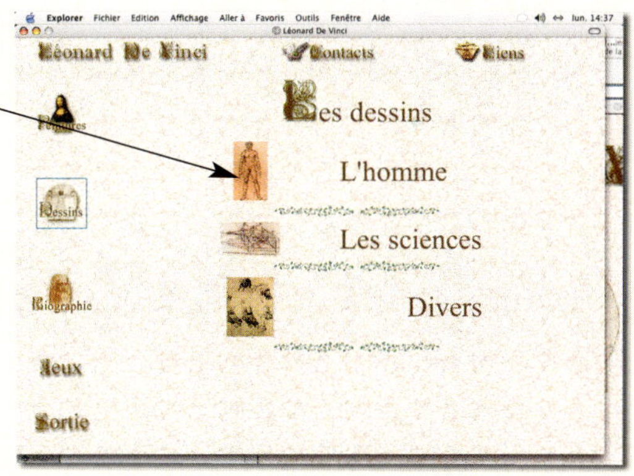

Cliquer

5

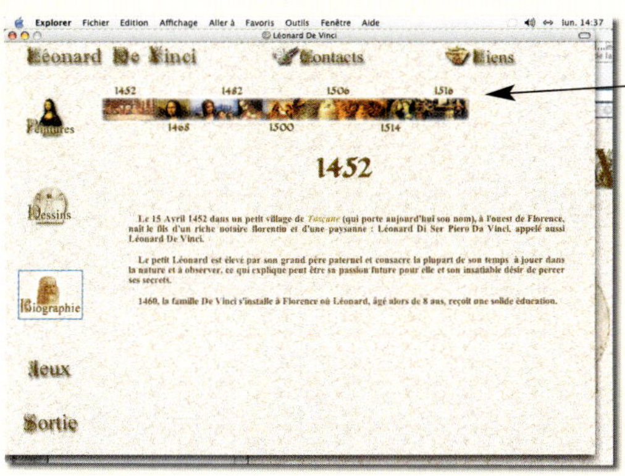

Cliquer sur les années

Autres sites à consulter

http://pages.globetrotter.net/pcbcr/vinci.html
http://www.grandspeintres.com
http://www.vinci-closluce.com

chapitre

8 L'Europe à la découverte du Monde

Doc 1 **Les grands voyages de découvertes.**

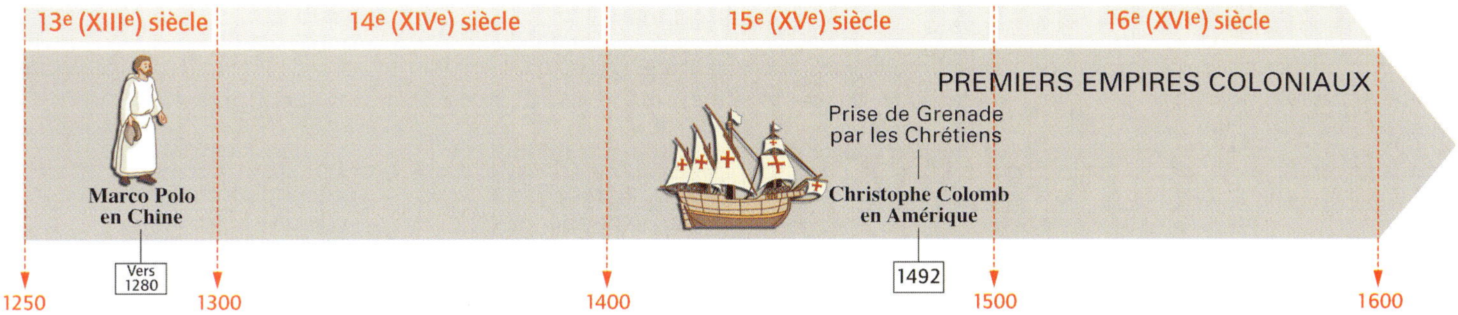

Doc 2 **Carte-portulan du Monde connu par les Européens en 1470.** British Library, Londres.

Doc 3 **Planisphère du Monde connu par les Européens en 1579.** Service Géographique de l'Armée, Madrid.

> *Le Livre des Merveilles* de Marco Polo

MOTS
- Épices
- Indes

En 1271, le Vénitien Marco Polo, alors âgé de quinze ans, accompagne en Asie son père et son oncle qui doivent remettre des présents à l'empereur de Chine, le Grand Khan. Il séjourne en Chine durant 17 ans. À son retour à Venise en 1295, après un voyage de 24 ans, il dicte ses souvenirs de voyages dans un récit appelé *Le Livre des Merveilles* ou *Le devisement du monde*. L'ouvrage connaît un grand succès et nourrit les rêves d'aventures et de richesses des explorateurs de la fin du Moyen Âge.

Doc 2 Le père et l'oncle de Marco Polo reçus par le Grand Khan (empereur) en Chine. Miniature du *Livre des Merveilles*, 15e siècle, BNF, Paris.

Doc 1 Au pays du Grand Khan

A. *Le palais du Grand Khan à Cambaluc (Pékin)*

Sachez qu'il est le plus grand qui fut jamais. Il est de plain-pied. Les murs et les chambres sont tout couverts d'or et d'argent, et peints de dragons, bêtes, cavaliers. Et la couverture n'est faite que d'or, d'argent et de peinture. La salle est si grande et si large que bien y mangeraient six mille personnes. Il y a tant de chambres que c'est merveille à voir. Les solives[1] de la couverture sont toutes de couleur vermeille, et jaunes, et vertes, et bleues, et d'autres couleurs. Elles sont envernissées[2] si bien et si subtilement qu'elles resplendissent comme cristaux, si bien que très loin aux environs le palais resplendit.

B. *Une monnaie extraordinaire*

Le Grand Khan fait circuler comme monnaie, dans tout le pays, de l'écorce d'arbre qui ressemble à du papier. Il en fait faire tous ses paiements. Et nul n'ose la refuser. Chacun la prend volontiers, parce que où qu'on aille dans la seigneurie du Grand Khan, on s'en sert pour le paiement des marchandises achetées ou vendues, aussi bien que si elle fût de l'or fin.

D'après *Le Livre des Merveilles*, 1298.

1. Poutres.
2. Enduites de vernis.

Doc 3 Des animaux inconnus en Europe. Miniature du *Livre des Merveilles*, 15e siècle, BNF, Paris. Pour les Européens, des êtres et des animaux étranges peuplent les terres inconnues. Dans les souvenirs de Marco Polo, l'imagination se mêle souvent à la réalité.

Doc 4 **Cipango**[1]

Cipango est une île qui est dans la haute mer, au levant, au large de Cathay. C'est une île très grande. Les habitants sont de belle manière et je vous dis qu'ils ont tant d'or que c'est sans fin, car ils le trouvent dans leurs îles. Peu de marchands s'y rendent parce que c'est trop loin de la terre ferme. Le palais du seigneur de cette île est tout couvert d'or fin. Et encore, tous les pavements du palais et des chambres sont tout d'or en dalles épaisses de bien deux doigts; de sorte que ce palais est de si démesurée richesse que nul ne le pourrait croire.
Dans la mer plus au Sud, il y a 7 459 îles, toutes riches en épices, notamment un poivre blanc comme neige, en grande abondance.

D'après *Le Livre des Merveilles*, 1298.

1. Le nom Cipango vient du chinois *Ribenguo* et signifie «le pays du soleil levant», c'est-à-dire le Japon.

Doc 5 **Le commerce avec l'Asie.** Miniature du *Livre des Merveilles*, 15e siècle, BNF, Paris.

Doc 6 **Les richesses du pays de Malabar**[1]

On y trouve beaucoup de brésil[2]: il est très fin. Il y croît aussi du bon gingembre, et du poivre en grande abondance, par tout le pays; et je vais vous dire comment il croît: sachez qu'ils ont des arbres domestiques qu'ils plantent et dont ils recueillent le poivre aux mois de mai, de juin et de juillet. Ils ont aussi, en abondance, de l'indigo[3] très fin: il se fait d'une herbe qu'on cueille et qu'on met dans un grand vase, puis on verse de l'eau dessus et on l'y laisse jusqu'à ce que l'herbe pourrisse; ensuite on le met à la chaleur du soleil. Car en cette contrée il y a chaleur si grande qu'à peine on peut l'endurer; et si vous mettiez un œuf dans un fleuve, il serait aussitôt cuit par la chaleur du soleil. Les marchands du Mangi[4], du Levant et d'Arabie viennent dans ce pays avec leurs navires et leurs marchandises, et ils font de grands gains.

D'après *Le Livre des Merveilles*, 1298.

1. Nom arabe de la côte sud-ouest de l'Inde.
2. Bois tropical qui a la couleur de la braise.
3. Plante servant à teindre en bleu.
4. Chine du Sud.

1 CARTE P. 160 De quelle ville part Marco Polo? Où se rend-il? Quel trajet suit-il à l'aller? Au retour?

2 Doc 1 Qu'est-ce qui étonne Marco Polo dans l'architecture et la décoration du palais? À quoi servent les écorces d'arbre?

3 Doc 3 Quels animaux peut-on reconnaître sur l'image? Qu'y a-t-il d'imaginaire dans cette représentation?

4 Doc 4 D'après la carte page 160, Marco Polo est-il allé à Cipango? Comment a-t-il pu se renseigner?

5 Doc 5 Quel moyen de transport est utilisé par les marchands d'Occident et du monde musulman pour commercer avec l'Asie? Y en a-t-il un autre?

6 Doc 4 ET 6 Classez dans un tableau en deux colonnes les richesses évoquées dans chacun des textes.

7 On sait que Christophe Colomb a lu *Le Livre des Merveilles*: rédigez quelques phrases expliquant pourquoi il a voulu partir vers les Indes après cette lecture.

1. Les motivations et les moyens des grands voyages

MOTS
- Boussole
- Astrolabe
- Portulan
- Caravelle

À la fin du 15e siècle, des navigateurs portugais et espagnols se mettent à chercher une route maritime qui mènerait directement vers les Indes. Les progrès accomplis dans la navigation facilitent leurs explorations.

➔ Pourquoi, comment les Portugais et Espagnols partent-ils à la découverte du Monde ?

Doc 1 Un encouragement aux voyages

L'infant Dom Henrique[1] désirait savoir quelles terres il y avait au sud des îles Canaries et d'un cap nommé Bojador, car jusqu'à cette époque, ni par écrit, ni par la mémoire d'aucun homme, personne ne savait quelle terre il y avait au-delà.
La deuxième raison fut que si en ces terres se trouvaient des ports où l'on aborderait sans danger, on pourrait en rapporter beaucoup de marchandises bon marché.
La troisième raison fut qu'il désirait savoir si, en ces régions-là, il y aurait quelques princes chrétiens assez forts pour l'aider contre les ennemis de la foi.
La quatrième raison fut son grand désir d 'augmenter la sainte foi de Notre Seigneur Jésus-Christ et d'amener à elle toutes les âmes désireuses d'être sauvées.

D'après G. Eanes de Azura, *Chronique de la découverte et conquête de la Guinée*, 1543.

1. Le prince héritier du Portugal, Henri, dit « le Navigateur » (1394-1463).

Doc 2 Le projet de Christophe Colomb

En cette présente année 1492, après que Vos Altesses[1] eurent mis fin à la guerre contre les Maures en la très grande cité de Grenade, elles pensèrent m'envoyer aux Indes, suite aux informations que j'avais données sur un prince qui se nomme le Grand Khan. Elles m'ordonnèrent de ne pas aller par voie de terre vers l'Orient, par où l'on a coutume de le faire, mais par le chemin d'Occident, par lequel nous savons que jusqu'à ce jour personne n'est passé. Je partis de la cité de Grenade et je vins au port de Palos, où j'armais trois navires adaptés à cette entreprise. Bien pourvu en vivres et de nombreux gens de mer, je partis le troisième jour du mois d'août 1492. Et je pris le chemin des îles Canaries, qui sont à Vos Altesses et se trouvent en ladite mer Océane pour, de là, prendre ma route et naviguer jusqu'à toucher aux Indes.

D'après le *Journal de bord de Christophe Colomb*, 1492-1493.

1. Les souverains espagnols Ferdinand d'Aragon et Isabelle de Castille.

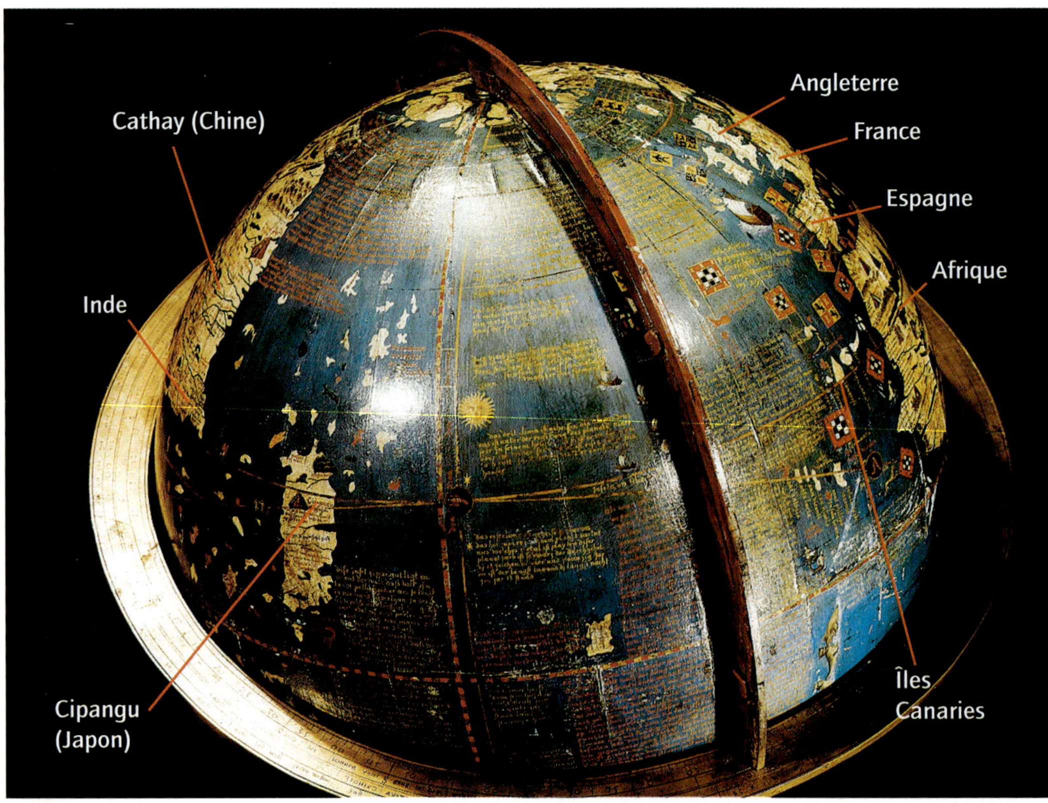

Doc 3 Le globe terrestre de Martin Benhaïm, cartographe allemand, 1492. BNF, Paris.

Doc 4 **Deux instruments de navigation du 16e siècle.**
À gauche : une boussole (Musée national de la Renaissance, Écouen).
À droite : un astrolabe (Musée national de la Renaissance, Écouen).

Doc 5 **Reconstitution d'une caravelle.**

1 **Doc 1** Classez les paragraphes du texte en trois ensembles : volonté de connaissances, raisons commerciales, raisons religieuses. Qui sont désignés par les « ennemis de la foi » ?

2 **Doc 2 p. 161 et Doc 2 et 3** Quels sont les continents connus des Européens avant 1492 ? D'après Benhaïm, quel continent fait face à l'Europe de l'autre côté de l'Atlantique ? En quoi consiste son erreur ? Christophe Colomb fait la même erreur : quel indice, dans le texte, le prouve ?

3 **Doc 2** Quel est le projet de Colomb ?

4 **Doc 2** Qui lui permet de réaliser ce voyage ? D'où part-il et par quels moyens ?

5 **Doc 4** Recherchez la définition de ces deux instruments p. 172. En quoi facilitent-ils la navigation en haute mer ?

6 **Doc 5** Quelles sont les qualités de la caravelle ?

7 Rédigez quelques phrases sur les motivations des explorateurs et les moyens techniques qui ont permis les grands voyages. Utilisez les mots caravelle, boussole, astrolabe, Indes, évangélisation, commerce.

2. De Christophe Colomb à Magellan

MOTS
- Épices
- Indes

De grands navigateurs mènent des expéditions aventureuses qui aboutissent à la découverte de terres, de mers, de routes maritimes et de populations jusque-là inconnues. La connaissance du monde par les Européens en est considérablement transformée.

Que découvrent les explorateurs ?

Doc 1 Christophe Colomb découvre l'Amérique

9 septembre 1492
L'Amiral prit sa route, cap à l'ouest. Ce jour-là, les marins perdirent complètement la terre de vue. L'Amiral décida de marquer dorénavant des chiffres plus bas que les distances parcourues, afin que ses hommes ne s'effrayent pas si le voyage venait à se prolonger.

24 septembre
Un albatros vint au navire et les marins virent beaucoup d'oiseaux marins. Mais plus les indices de terre se révélaient vains, plus la peur des marins grandissait ainsi que les occasions de murmurer.

10 octobre
Les hommes n'en pouvaient plus et se plaignaient de la longueur du voyage. L'Amiral les réconforta de son mieux en leur rappelant les profits qui les attendaient.

11 octobre
À la deuxième heure après minuit, la terre parut. Ils attendirent jusqu'au jour du vendredi où ils arrivèrent à une petite île[1]. Alors ils virent des gens nus et l'Amiral se rendit à terre dans sa barque armée. Il déploya la bannière royale. Il me sembla que les Indiens étaient des gens très pauvres en tout. Tous étaient nus, comme leur mère les avait faits, même les femmes. Certains se peignaient en noir, d'autres en blanc, en rouge. Je me suis employé à savoir s'il y avait de l'or. J'ai remarqué que quelques-uns d'entre eux en portaient un petit morceau suspendu à un trou qu'ils ont au nez.

24 octobre
Je suis parti pour une île que les Indiens que j'emmène avec moi appellent Colba [Cuba]. Ce doit être Cipango. Ils disent qu'elle est très étendue, bien pourvue de perles, d'or et d'épices. Ensuite mon désir est d'aller à la terre ferme et de donner au Grand Khan les lettres de Vos Altesses et de ramener sa réponse.

16 décembre 1492
Que Vos Altesses veuillent croire que les terres sont bonnes et fertiles, spécialement celles de cette île Hispaniola (Haïti). Et qu'elles veuillent croire que cette île et les autres îles proches sont à elles, tout autant que la Castille, et qu'il suffit de s'y établir. Les Indiens n'ont pas d'armes et sont si peureux qu'à mille, ils n'oseraient pas combattre trois des nôtres. Ils sont donc propres à être commandés et à ce qu'on les fasse travailler. Vos Altesses auront la grande joie d'en avoir fait des Chrétiens.

D'après des extraits du *Journal de bord* de Christophe Colomb.

1. San Salvador.

Doc 2 L'arrivée de Christophe Colomb à San Salvador. Illustration d'un manuel scolaire du début du 20e siècle.

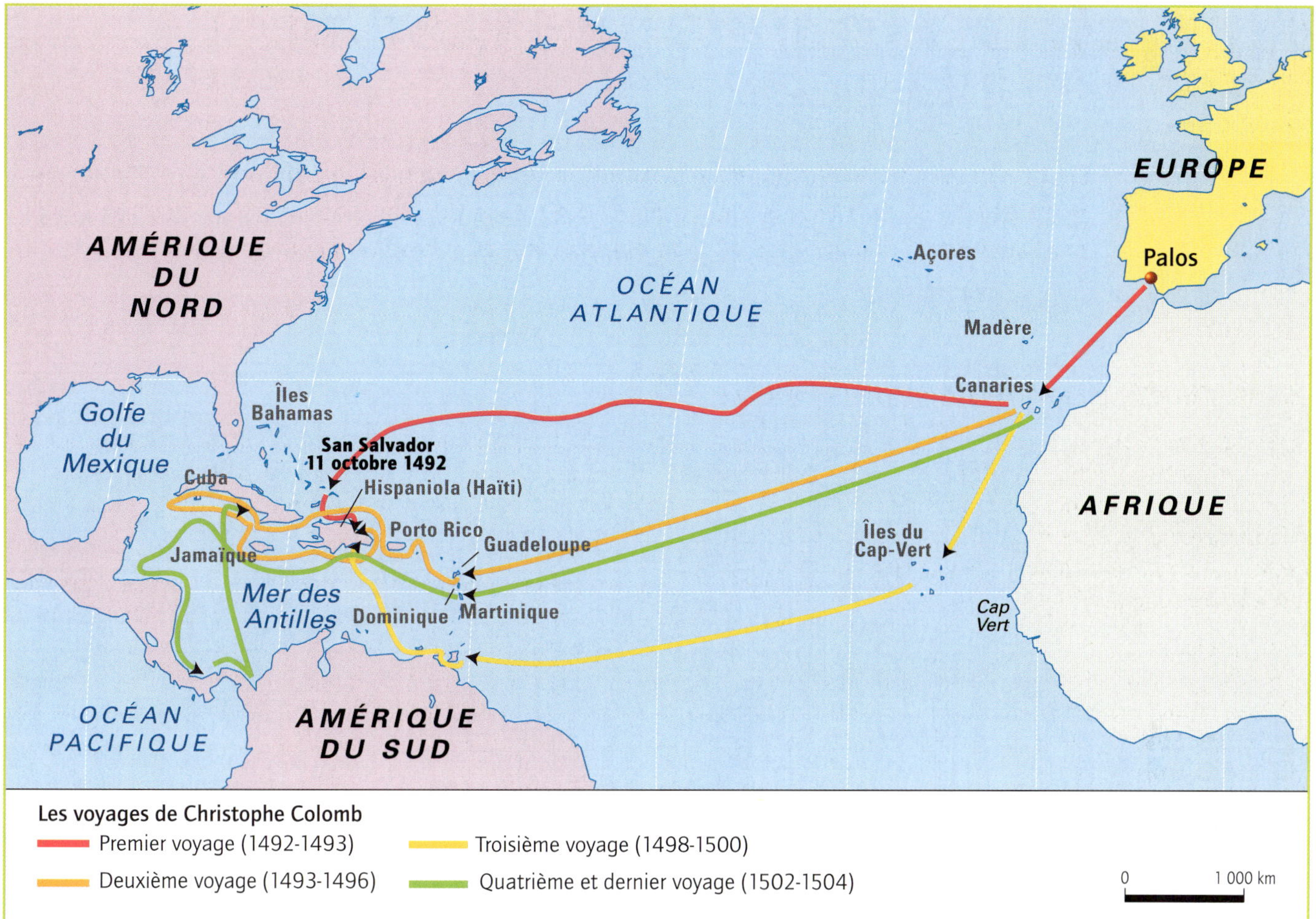

Doc 3 **Les voyages de Christophe Colomb.**

Doc 4 Le voyage de Magellan

A. Nous avons dépassé le détroit et plongé dans l'océan Pacifique. Nous avons passé trois mois et vingt jours sans aucune sorte d'aliment frais. Nous mangions des biscuits qui n'étaient plus des biscuits mais une poussière infestée de charançons et empestant l'urine de rat. Nous buvions une eau jaunâtre, depuis longtemps putride. Nous avons souvent mangé de la sciure de bois et des rats.

D'après Antonio Pigafetta, membre de l'expédition, *Journal de bord*, le 28 novembre 1520.

B. Nous sommes rentrés 18 hommes avec un seul des 5 navires que Votre majesté avait envoyés. Nous avons trouvé le camphre, la cannelle et les perles. Nous avons fait le tour de la Terre. Partis vers l'Ouest, nous revenons par l'Est.

D'après une *lettre* de Del Cano à Charles Quint, roi d'Espagne et empereur, après le retour de l'expédition en Espagne, le 7 septembre 1522.

1 Doc 2 et 4 À quelles difficultés sont confrontés les marins des expéditions de Christophe Colomb et de Magellan ?

2 Doc 2 et 3 Où est située l'île de San Salvador ? Où Christophe Colomb croit-il être arrivé ?

3 Doc 1 et 2 À quelle date précise Christophe Colomb aborde-t-il dans l'île ? Quelles sont ses premières impressions sur les populations qu'il découvre ? Comment nomme-t-il les habitants ? La représentation donnée plus tard de l'arrivée à San Salvador correspond-elle à la description de Christophe Colomb ?

4 Doc 1 Que recherche Christophe Colomb ? Relevez la phrase du texte montrant que son voyage a aussi un but religieux.

5 Doc 4 et carte p. 160 Que réalise l'expédition de Magellan ?

6 Doc 3 p. 161 Après les grandes découvertes, les Européens connaissent-ils mieux la Terre ? Expliquez votre réponse.

7 Racontez en quelques phrases le premier voyage de Christophe Colomb.

3. La conquête de l'Amérique

MOTS
- **Amérindiens**
- **Indigènes**
- **Conquistadores**

Quand les Espagnols arrivent en Amérique centrale et en Amérique du Sud, ils découvrent trois brillantes civilisations : l'empire aztèque, l'empire inca et les Mayas. Les Espagnols sont accueillis comme des dieux par les Indiens d'Amérique mais ils les soumettent à leur domination.

➔ Comment le Nouveau Monde est-il conquis ?

Doc 1 La cité inca de Machu Picchu (Pérou actuel).

Doc 2 Manche d'un couteau de sacrifice inca, en or et émeraude.
Musée de l'Or, Lima.

Doc 3 Des dieux aztèques : Quetzalcoatl dévore un être humain sous le regard du dieu Xipetotec. *Codex Borbonicus*, 15e siècle, Bibliothèque de l'Assemblée nationale, Paris.

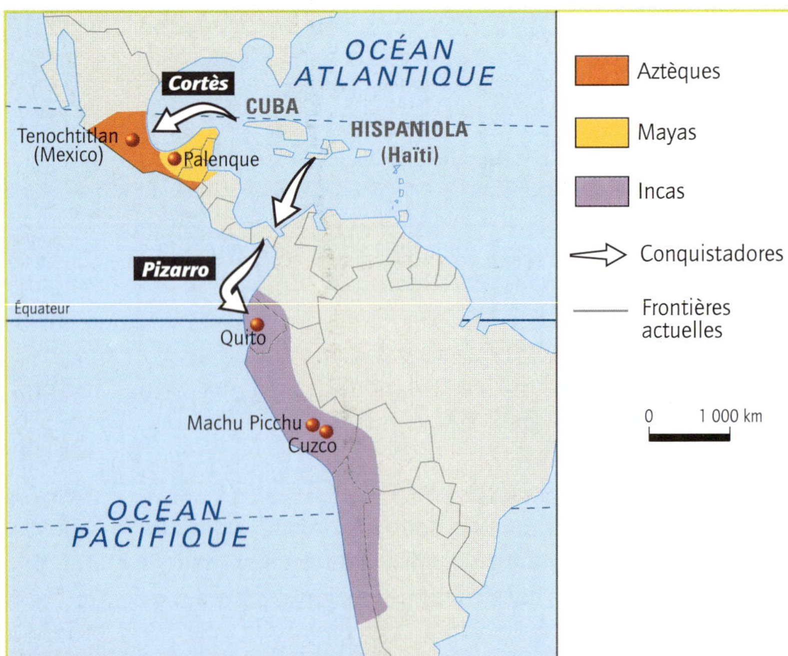

Doc 4 Les civilisations amérindiennes au début du 16e siècle.

Doc 5 Cortès accueilli par l'empereur aztèque Moctezuma à Mexico en 1519. Dessin du 16e siècle, BN, Madrid.

Doc 6 Tenochtitlan (Mexico) vu par les Espagnols

Dans cette grande ville, les maisons étaient construites avec des toits en terrasses. Nous avons aussi remarqué les temples ; ils sont bâtis en forme de tour et de forteresse et, d'autres, élevés sur la chaussée, sont blanchis à la chaux et extraordinairement éclatants. Le bruit et le tumulte du marché pouvaient s'entendre à presque une lieue. En arrivant à la grande place de Mexico, nous tombâmes en admiration devant l'immense quantité de monde et de marchandises qui s'y trouvaient. Commençons par les marchands d'or, d'argent, de pierres précieuses, de plumes, d'étoffes, de broderies et autres produits. Puis, les esclaves, hommes et femmes. D'autres marchands se trouvaient là, vendant des étoffes ordinaires en coton, ainsi que divers ouvrages en fil tordu ; on y voyait aussi des marchands de cacao… Il y avait encore les étalages de la poterie, faite de mille façons, depuis les jarres d'une taille gigantesque jusqu'aux plus petits pots.

D'après B. Diaz del Castillo, *Histoire véridique de la conquête de la Nouvelle Espagne*, 1519.

Doc 7 Les soldats espagnols face aux Aztèques. Dessin du 16e siècle, BN, Madrid.

1 Doc 4 Recherchez à quels pays actuels correspondent les trois civilisations amérindiennes indiquées sur la carte.

2 Doc 1, 2, 3 et 6 Que nous apprennent les quatre documents sur ces civilisations ?

3 Doc 4 et 5 Quelle est la nationalité des deux conquistadores Cortès et Pizarro ? Où arrive Cortès ? Comment est-il accueilli ?

4 Doc 6 Qu'est-ce qui fascine l'auteur dans la ville de Tenochtitlan ?

5 Doc 7 Que représente ce dessin ? Comparez l'armement des soldats espagnols et des guerriers aztèques. Que peut-on en déduire sur l'issue du combat ?

6 Rédigez quelques phrases sur la conquête de l'Amérique par les Espagnols en utilisant les mots suivants : Amérindiens, conquistadores, Incas, Aztèques, massacres.

4. Les premiers empires coloniaux

MOTS
- Colonie
- Colon
- Comptoir

Grâce aux conquêtes, les Espagnols et les Portugais sont les premiers Européens à posséder de vastes empires sur les terres et les océans découverts. Ils en tirent de grandes richesses qui affluent vers les ports d'Europe, mais ils exploitent et déciment les populations indigènes.

Comment les Espagnols et les Portugais exploitent-ils leurs découvertes ?

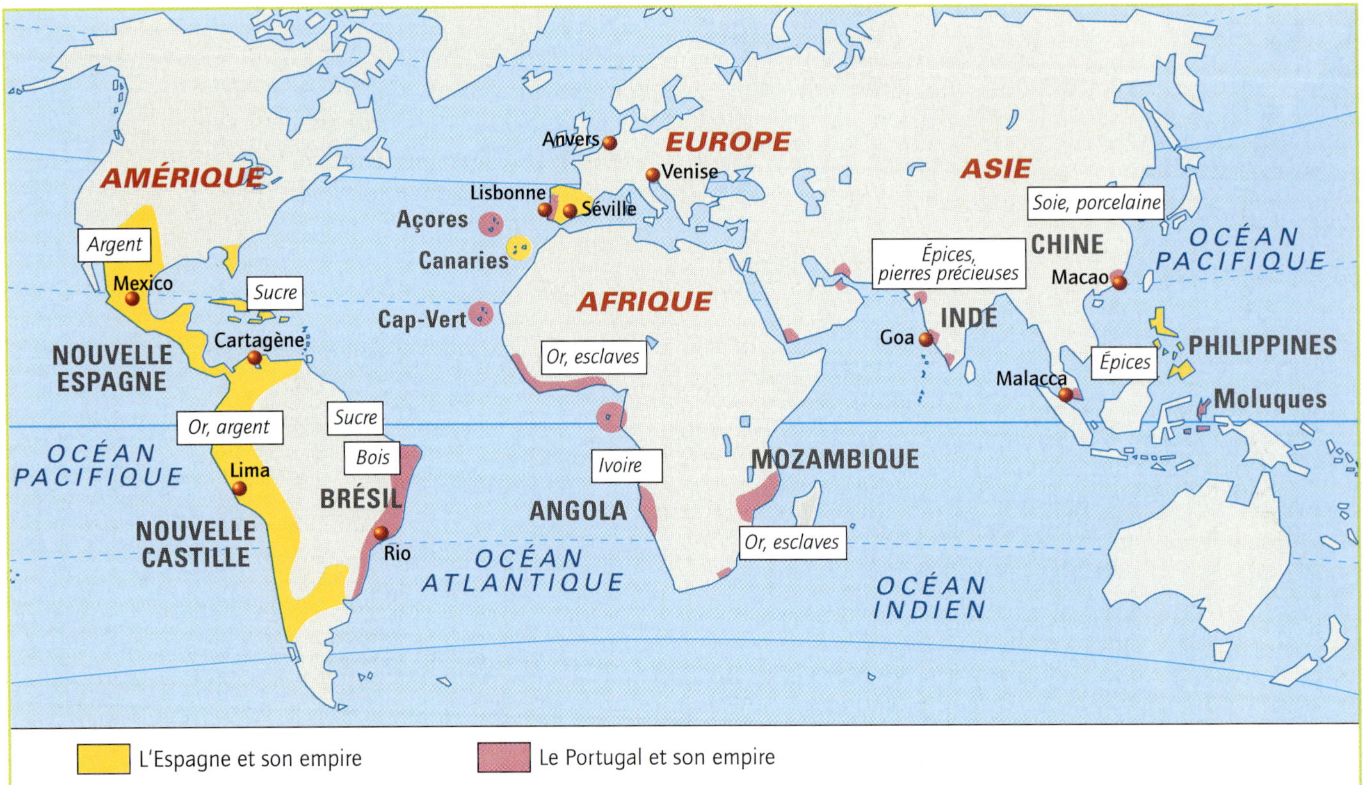

Doc 1 **Les empires coloniaux.**

Doc 2 **Le port de Séville au 16e siècle.** Détail du tableau de Francisco Pacheco, 16e siècle, Musée de l'Amérique, Madrid.

Doc 3 Une exploitation de canne à sucre aux Antilles au 17e siècle.
Gravure du 17e siècle. ❶ Canne à sucre ❷ Moulin à canne

Doc 4 Le sort des Amérindiens

A. Les Indiens étant par leur nature, esclaves, barbares, incultes et inhumains, s'ils refusent d'obéir à d'autres hommes plus parfaits, il est juste de les soumettre par la force et par la guerre.

Jean Guinés de Sepulveda, *Débats de Valladolid* (1550).

B. Les Indiens ont une intelligence vive tout à fait apte à recevoir notre sainte foi catholique, mais les Espagnols se comportèrent à leur égard à la manière des tigres et des lions. Ils n'ont rien fait depuis quarante ans, sinon les tuer, les faire souffrir par des méthodes extraordinairement cruelles, nouvelles et variées. Il y a eu deux façons pour ces gens qu'on appelle chrétiens de tuer les Indiens. La première ce furent les guerres cruelles et sanglantes. La seconde fut un esclavage si dur, si horrible que jamais des bêtes n'y ont été soumises.

D'après Bartolomé de Las Casas, *Brève relation de la destruction des Incas*, 1543.

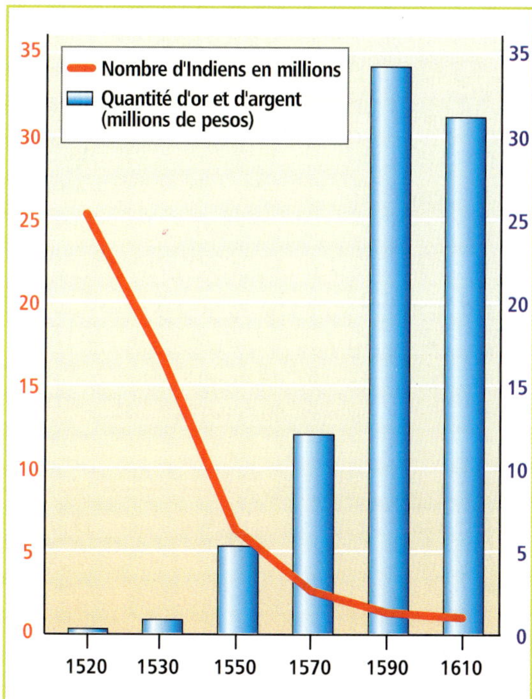

Doc 5 Les arrivées d'or en Espagne et l'évolution de la population indienne du Mexique de 1520 à 1610.

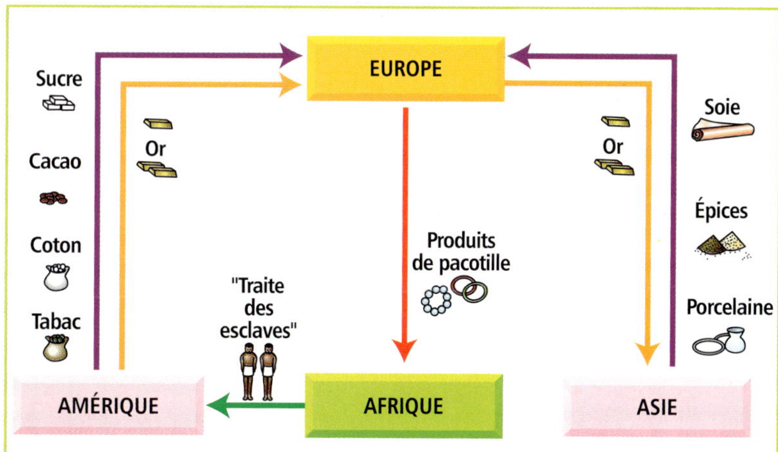

Doc 6 L'Europe et le Monde.

1 Doc 1 Comparez les deux empires coloniaux : où se situent principalement les possessions espagnoles ? De quels territoires est composé l'empire portugais ? En quoi ces deux empires sont-ils différents ? Quels sont les produits expédiés vers l'Espagne et le Portugal ?

2 Doc 1 et 2 Où est située la ville de Séville ? À quoi voit-on l'intense activité de son port ?

3 Doc 3 Où est située l'exploitation agricole de l'image ? Qu'y cultive-t-on et que produit-on ? Avec quelle main-d'œuvre ?

4 Doc 4 Les deux auteurs ont-ils le même point de vue sur les Amérindiens et le traitement qui leur est infligé ? Justifiez votre réponse.

5 Doc 4, 5 et 6 Pourquoi les Européens ont-ils mis en place la traite des esclaves d'Afrique vers l'Amérique ?

Bilan

Des grandes découvertes aux empires coloniaux

1 Les grands voyages

A. **Jusqu'au 13e siècle**, les Européens n'ont aucune idée des autres continents en dehors des rivages de l'Afrique du Nord et du Proche-Orient. Des **marchands italiens** cherchent à aller aux « **Indes** » pour se procurer la **soie** et les **épices** qu'ils achetaient alors aux marchands musulmans dans les ports du Proche-Orient. Parmi ces marchands italiens, le plus célèbre est le Vénitien **Marco Polo** qui va jusqu'en Chine et décrit à son retour l'**Asie** comme un **continent fabuleux et très riche**.

B. **Au 15e siècle**, les **Portugais** et les **Espagnols** recherchent une **route maritime** qui leur permette d'atteindre **les Indes** et ses richesses **en contournant le monde musulman**. Ils veulent aussi **étendre le monde chrétien** en convertissant au christianisme les populations des terres nouvelles qu'ils découvriront. Les explorateurs sont aussi poussés par un **désir d'aventure** et de **mieux connaître le Monde**.

C. Les **explorations** sont rendues possibles grâce aux **progrès de la navigation**. La **boussole**, l'**astrolabe**, les **portulans** permettent aux marins de mieux se repérer et de naviguer avec plus de précision. Les **Portugais** mettent au point la **caravelle**.

D. Les **navigateurs portugais** pensent **atteindre les Indes en contournant le continent africain**. En 1487, ils atteignent le cap de Bonne Espérance. En **1498**, **Vasco de Gama aborde aux Indes**. Convaincu que la Terre est ronde, le Gênois **Christophe Colomb** pense pouvoir **aller en Asie par la route de l'ouest** en traversant l'océan Atlantique. Il persuade les souverains d'Espagne de financer son expédition. En octobre **1492**, il accoste les **îles des Antilles**. Il est certain d'être arrivé en Asie. En réalité, **il vient de découvrir un nouveau continent, l'Amérique.** En **1519**, **Magellan,** parti Espagne, franchit à la pointe Sud du continent américain le détroit qui lui permet de passer de l'océan Atlantique à l'océan Pacifique. Son expédition revient à son point de départ en **1522** : le **premier tour du Monde** est réalisé.

2 La conquête de l'Amérique par les Espagnols

A. L'Amérique que découvrent les Espagnols est peuplé d'**Amérindiens** appartenant à trois grandes civilisations : les **Aztèques**, les **Mayas** et les

MOTS

Indes : pays d'Asie riverains de l'océan Indien.

Épices : voir p. 40.

Boussole : instrument indiquant le Nord.

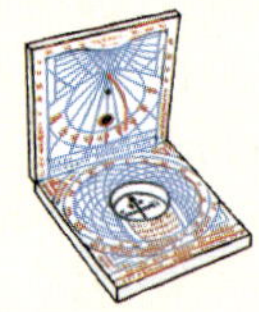

Astrolabe : instrument utilisé par les marins qui mesure la hauteur des astres au-dessus de l'horizon et permet de déterminer la latitude du lieu où l'on se trouve.

Portulan : carte nautique des 15e et 16e siècles indiquant le détail des côtes et l'emplacement des ports. Il permet de guider les marins et donne des indications sur la route à suivre.

Christophe Colomb (1451-1506) : navigateur et explorateur génois passé au service de l'Espagne ; en 1492, il traverse l'océan Atlantique et pense être arrivé aux Indes ; en fait, il découvre sans le savoir un nouveau continent, l'Amérique.

Caravelle : le bateau à voile des grandes découvertes ; de faible coût, muni de plusieurs mâts, de voiles triangulaires et carrées, d'un gouvernail à l'arrière, c'est un bateau maniable et rapide.

Amérindiens : Indiens d'Amérique, premiers habitants de ce continent.

Indigène : personne originaire d'un pays ; elle y est née et y vit.

Conquistador : mot espagnol qui désigne un conquérant de l'Amérique centrale et de l'Amérique du Sud.

Colonie : territoire conquis, administré, exploité et parfois peuplé par un autre État.

Colon : personne venue s'installer dans une colonie. Ses descendants sont aussi désignés ainsi.

Comptoir : établissement commercial d'un État dans un pays étranger. Le comptoir est généralement un port.

Fernand de Magellan (1480-1521) : navigateur et explorateur portugais, il entre au service de l'Espagne ; parti pour l'Amérique, il découvre une voie pour passer de l'océan Atlantique à l'océan Pacifique, qu'il traverse, et parvient aux Philippines où il meurt ; son expédition revient en Espagne en 1522 après avoir accompli le premier tour du Monde.

Incas. Les **indigènes** cultivent des plantes inconnues des Européens : maïs, pomme de terre, tomate, cacao, tabac. Ils **travaillent les métaux précieux** mais ignorent l'usage du fer, de la roue et de la monnaie. Ils ont des connaissances avancées en mathématiques et en astronomie. Ils sont **polythéistes.** Les **Aztèques** pratiquent des **sacrifices humains**, ce qui les fait considérer comme des barbares par les Européens.

B. Les **conquistadores** s'emparent rapidement et par la violence d'immenses territoires. Ils profitent de la supériorité de leur armement et des rivalités entre les peuples amérindiens. Avec quelques centaines de guerriers, **Cortès** débarque en 1521 au Mexique et soumet l'empire aztèque. En 1531, **Pizarro** fait la conquête de l'empire inca au Pérou. Les **civilisations amérindiennes disparaissent.**

3 Les premiers empires coloniaux

A. Les **Espagnols** dominent les Antilles, l'Amérique centrale et andine ainsi que les Philippines. Ces territoires deviennent des **colonies.** Des **colons** espagnols y possèdent de grands domaines agricoles, les mines d'or et d'argent qu'ils exploitent grâce au **travail forcé des Indiens.** Mais, victimes des mauvais traitements et des maladies apportées par les conquérants, les Indiens sont bientôt décimés. Pour les remplacer, on fait venir des **esclaves d'Afrique.**

B. Les **Portugais** fondent un **empire maritime.** Ils créent des **comptoirs** sur les côtes d'Afrique, d'Inde, de Chine et d'Indonésie. Ils occupent les côtes du Brésil. Ils s'enrichissent du commerce de l'ivoire, épices, des bois précieux et des esclaves.

C. L'**Europe** se trouve au **cœur du commerce mondial.** Les **ports** de l'Atlantique, comme **Séville** et **Lisbonne**, et de la mer du Nord, comme **Anvers** et **Amsterdam**, connaissent un grand essor car ils reçoivent les produits d'Amérique et d'Asie.

Retenir autrement

- **À la fin du 15e siècle, les Européens recherchent de nouvelles routes pour se procurer directement les richesses des Indes.**
- **En 1492, Christophe Colomb traverse l'Atlantique et découvre un nouveau continent, l'Amérique. En 1498, Vasco de Gama arrive aux Indes en contournant l'Afrique. Magellan fait le premier tour du Monde.**
- **Les Espagnols font la conquête d'une partie de l'Amérique et anéantissent les civilisations amérindiennes. Avec les Portugais, ils créent des empires coloniaux dont ils exploitent les richesses. L'Europe s'enrichit.**

»»»» Je m'exerce

1. Se repérer dans le temps et dans l'espace

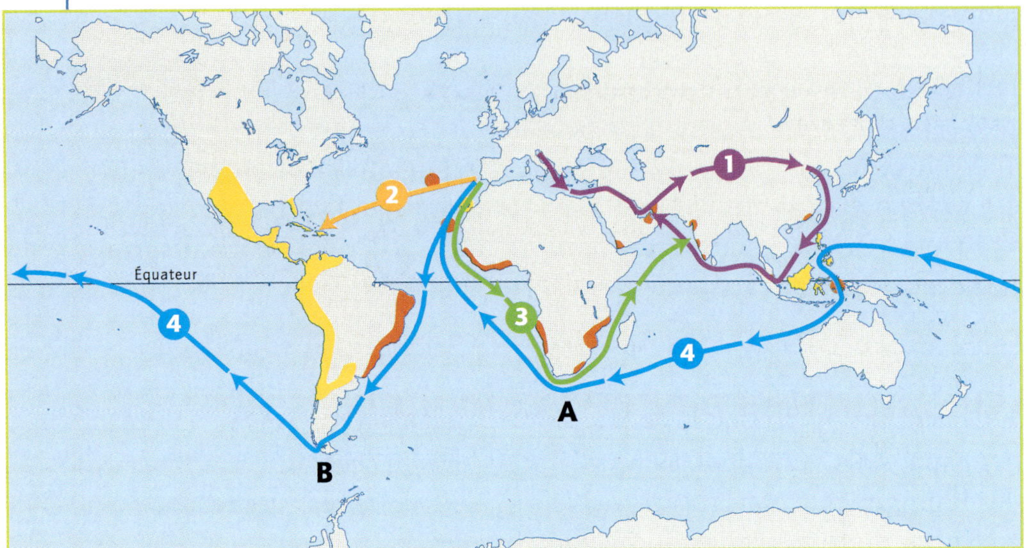

1. Nommez les lieux géographiques indiqués par A et B.
2. Recopiez et complétez le tableau ci-dessous.
3. De quelle couleur est représenté l'empire colonial espagnol ? Sur quel continent sont principalement situés ses territoires ? Quel est l'autre empire colonial sur la carte ?

Voyages	Qui est l'explorateur ?	Qu'a-t-il réalisé ?	Quand ?
1			À quel siècle ?
2			En quelle année ?
3			À la fin de quel siècle ?
4			Au début de quel siècle ?

2. Expliquer un document cartographique

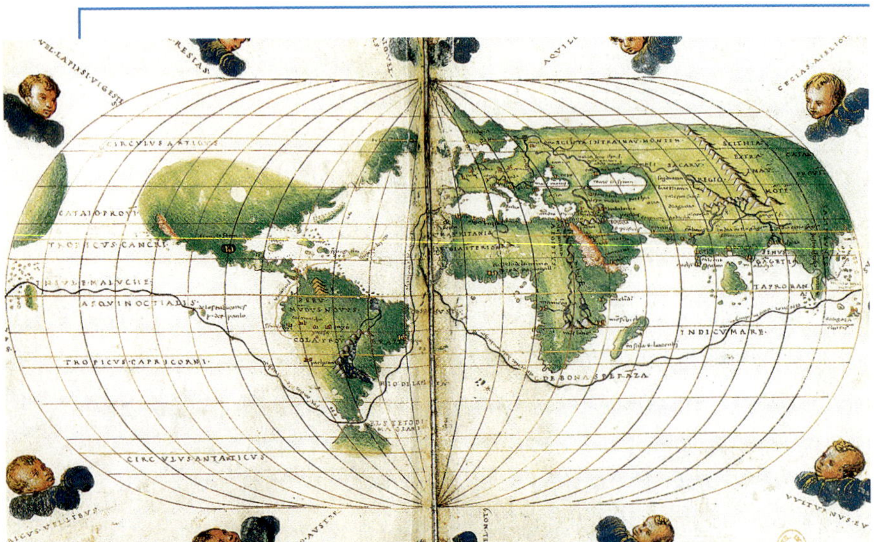

Doc L'expédition de Magellan (1519-1522).
Atlas nautique de Battista Agnese, 1543.

1. Quand cette carte a-t-elle été élaborée ? Que représente-t-elle ?
2. D'où est parti le navigateur ? Dans quelle direction ? Quel océan a-t-il découvert ? Dans quelle région du Monde arrive-t-il après l'avoir traversé ?
3. Qu'est-ce que cette expédition a confirmé sur la connaissance de la Terre ?
4. Quel est le continent encore inconnu des Européens quand ce planisphère a été réalisé ? Quel grand territoire de l'Océanie n'est pas non plus représenté ?
5. Quelle partie du continent américain semble la plus mal connue ?

3. Distinguer causes et conséquences

• Dans la liste qui suit, on a mélangé :
les **moyens** qui ont rendu possibles les grands voyages maritimes,
ce qui a poussé les navigateurs européens à partir (les **causes** des explorations),
ce qu'ont entraîné les grandes découvertes (leurs **conséquences**).

Classez les mots ou groupes de mots dans un tableau en trois colonnes : Causes, Moyens, Conséquences

1	L'utilisation d'un navire maniable et rapide, la caravelle
2	Diffuser la religion chrétienne
3	Les populations amérindiennes décimées (massacres, exploitation, propagation de nouvelles maladies)
4	La connaissance géographique du Monde transformée
5	La recherche de l'or et des épices
6	La naissance des premiers empires coloniaux
7	Le goût de l'aventure
8	Mieux connaître le Monde
9	L'utilisation d'outils de navigation plus précis
10	L'essor des ports européens sur l'Atlantique
11	Trouver une route maritime vers les « Indes » pour contourner le monde musulman
12	L'introduction de nouvelles plantes en Europe
13	L'enrichissement de l'Europe

4. Mettre en relation une image et un texte

Doc 1 Un conquistador

J'envoie chez les Chichimecs[1] soixante cavaliers et deux cents fantassins, accompagnés de quelques milliers de nos alliés, pour étudier les ressources de la province. Si on peut les amener à la connaissance de notre Sainte Foi et à reconnaître l'autorité de Votre Majesté, mes gens sont autorisés à y fonder une ville. S'ils nous refusent obéissance, on leur fera la guerre et on les réduira en esclavage. On les emploiera alors dans les mines d'or. Nous peuplerons la contrée car il y a aussi de riches mines d'argent.

D'après une *lettre* rédigée à Mexico, le 3 septembre 1526, par Hernan Cortès, et destinée à Charles Quint, roi d'Espagne et empereur.

1. Peuple vivant à l'Ouest de Mexico.

Doc 2 Le travail dans une mine de l'Empire colonial espagnol. Gravure de Théodore de Bry, 16e siècle, BNF.

1. Qui est Hernan Cortès ? Quel pays vient-il conquérir ? De quelle ville s'est-il déjà emparé ? Qui est « Votre Majesté » dans le texte ?
2. Quels sont les buts de la conquête ?
3. Sur l'image qui travaille ? À quelle activité ? Qui sont les personnages du premier plan à gauche ?
4. Quelles phrases du texte pouvez-vous mettre en relation avec l'image ?
5. Rédigez un petit paragraphe sur la manière dont les Espagnols exploitent leur Empire colonial.

chapitre

9 Le royaume de France au 16e siècle

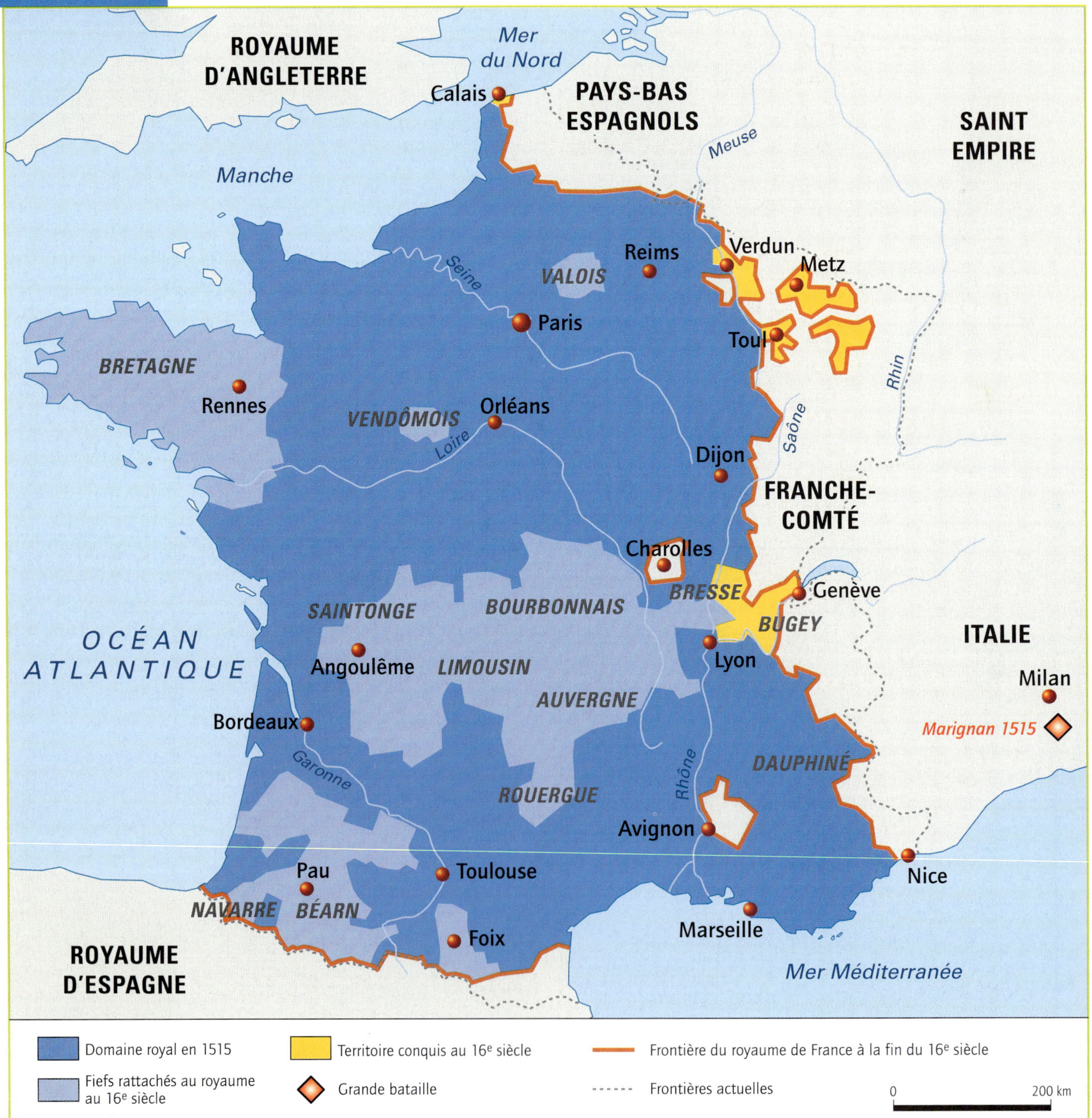

Doc 1 **Le royaume de France au 16e siècle.**

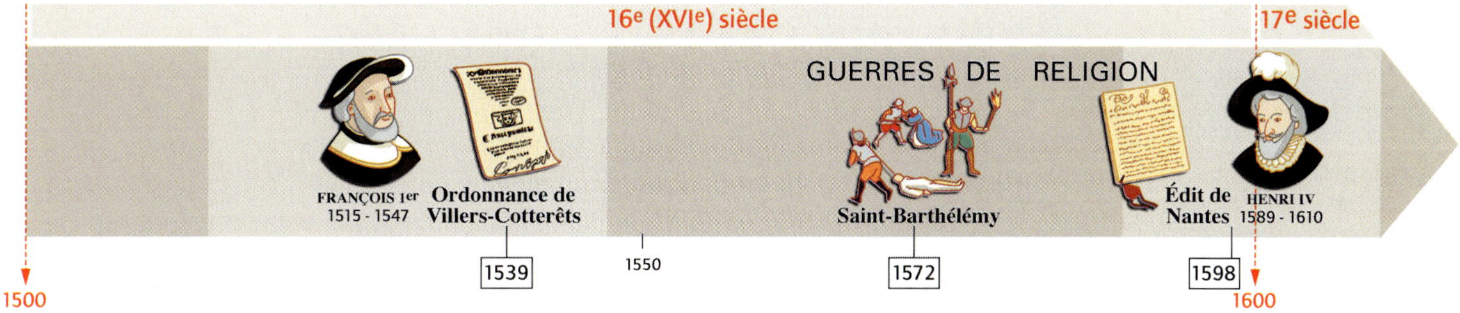

Doc 2 **La France religieuse au 16e siècle.**

1. L'affirmation de la monarchie française

MOTS
- Couronne
- Chancelier
- Connétable
- Secrétaires d'État
- Officier
- Édit
- Cour
- Concordat

Au 16e siècle, le roi de France est considéré comme l'un des plus puissants souverains de la chrétienté. François 1er (1515-1547) poursuit l'extension du domaine royal entreprise par les rois précédents. Il perfectionne le gouvernement monarchique, unifie le royaume, travaille au prestige de la royauté et à son affirmation en Europe.

➔ Comment le roi de France affirme-t-il sa puissance au début du 16e siècle ?

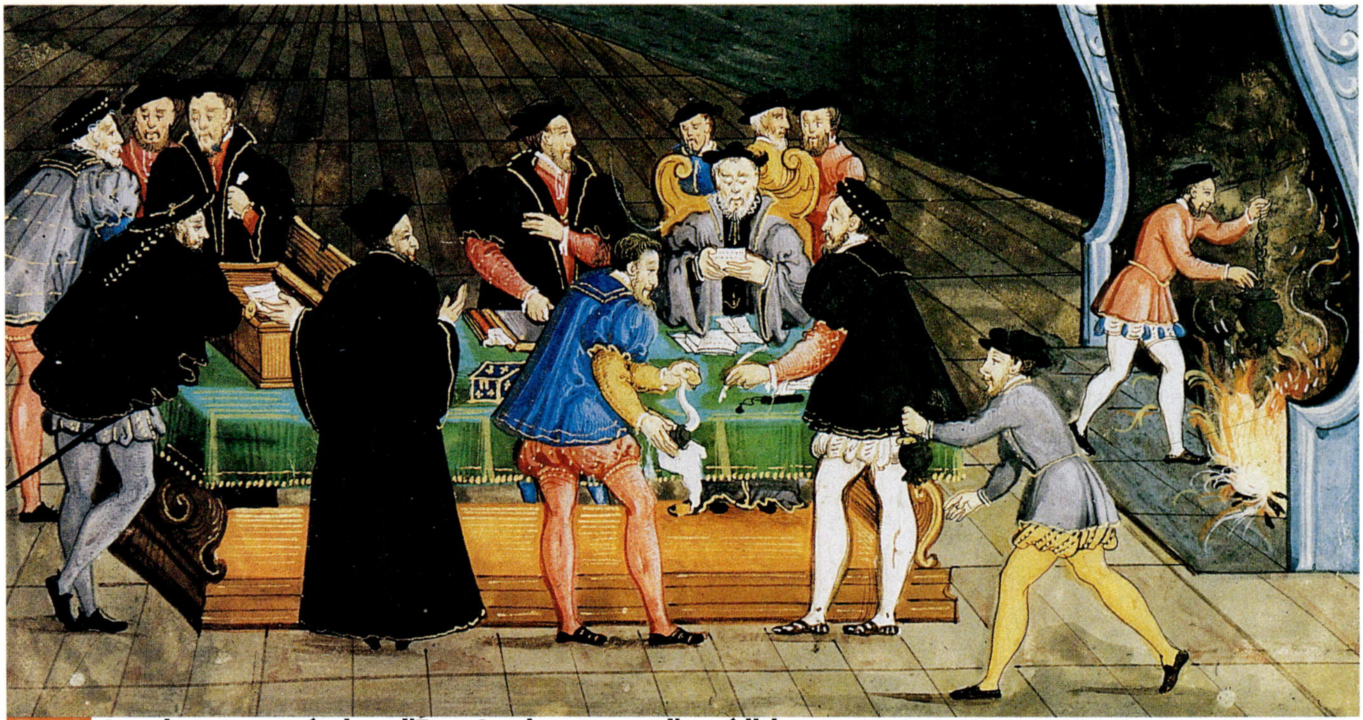

Doc 1 Le roi et ses secrétaires d'Etat. La signature et l'expédition. Parchemin du 16e siècle. Bibliothèque de l'Arsenal, Paris.

Doc 2 L'ordonnance de Villers-Cotterêts

« François, par la grâce de Dieu, roi de France, avons, par édit perpétuel et irrévocable, statué et ordonné ce qui suit :
Article 50 : Il sera fait registre des sépultures par les curés qui doivent mentionner la date du décès.
Article 51 : Il sera fait registre des baptêmes, qui contiendront le temps et l'heure de la naissance. Et par l'extrait dudit registre, on pourra prouver le temps de majorité ou minorité, et il fera pleine foi.
Article 110 : Afin que l'on comprenne bien les arrêts de nos cours de justice, nous voulons et ordonnons qu'ils soient faits et écrits si clairement qu'il ne puisse y avoir aucune ambiguïté ou incertitude ni lieu à demander interprétation.
Article 111 : Et parce que de tels problèmes sont souvent survenus sur la compréhension des mots latins, nous voulons dorénavant que tous arrêts, registres, enquêtes, contrats, sentences, testaments et autres actes de justice soient prononcés, enregistrés et délivrés en langage français, et non autrement. »

Extraits de *l'Ordonnance de Villers-Cotterêts*, 1539.

Doc 3 Le roi de France vu par un Italien

Nul pays n'est aussi uni et facile à gouverner que la France. Les Français ont entièrement remis leur liberté et leur volonté aux mains de leur roi. La volonté du roi est tout désormais car il n'y a personne qui ose contredire le monarque. Il lui suffit de dire « Je veux telle ou telle somme, j'ordonne » et l'exécution est aussi rapide que si c'était la nation entière qui eût décidé de son propre mouvement. On paye au roi tout ce qu'il demande. Il incorpore toujours de nouvelles possessions à celles de la couronne.
La royauté fait des progrès continuels en richesse et elle se garantit contre des guerres civiles. Les grands seigneurs étant pauvres, ils ne peuvent rien oser contre le roi, ainsi qu'ils le faisaient jadis. Le roi nomme les évêques et les abbés ; ce privilège lui assure la plus grande soumission et obéissance du haut clergé.

D'après le *rapport* de Marino Cavalli, ambassadeur de Venise, 1546.

Doc 4 La bataille de Marignan, en 1515, en Italie du Nord. Tableau de Datti, 16e siècle, Musée Condé, Chantilly. Elle oppose l'armée de François 1er aux troupes suisses, alliées du duc de Milan.

Doc 5 François 1er reçoit l'empereur Charles Quint à Paris, en 1540. Fresque de Taddeo Zuccaro, vers 1562, Villa Farnèse, Rome.

❶ Charles Quint

1 Doc 1 Qui est le personnage au centre de cette image ? Par qui est-il entouré ? Que fait-il ? Qu'appose-t-on sur les édits quand le roi les a signés ? Où les place-t-on ensuite ?

2 Doc 2 Qu'est-ce que cette ordonnance rend obligatoire par les articles 50 et 51 ? Qui sera chargé de tenir à jour les registres de la paroisse ? Pourquoi le latin est-il abandonné ? En quelle langue les actes seront-ils désormais rédigés ?

3 Doc 3 Quelles sont, selon l'auteur, les manifestations de la puissance du roi de France ? Relevez la phrase qui selon vous résume le mieux cette puissance. Justifiez votre choix.

4 Doc 4 Repérez les deux camps en présence. À quoi reconnaît-on le roi de France ?

5 Doc 5 Pour quelles raisons François 1er déploie-t-il tant de luxe quand il reçoit son ennemi Charles Quint à la cour ?

6 Carte p. 176 Quelles provinces et quels territoires sont rattachés au royaume de France au 16e siècle ? Citez le nom d'une région, aujourd'hui française, qui ne l'est pas encore à la fin du 16e siècle.

2. Les guerres de religion

MOTS
- Huguenots
- Guerres de religion
- Ligue catholique
- Tolérance
- Enregistrer

Dans la seconde moitié du 16e siècle, la France est ravagée par l'affrontement violent entre les protestants et les catholiques. Ces guerres de religion affaiblissent l'autorité des rois. Henri IV (1589-1610) parvient à rétablir la paix dans le royaume et réaffirme la puissance royale.

➜ Comment se déroulent et se terminent les guerres de religion ?

Doc 1 Des protestants calvinistes détruisent les images et la décoration dans une église. Gravure de 1566, Genève.

Doc 2 Le massacre des protestants à Paris lors de la Saint-Barthélémy, le 24 août 1572. Peinture de F. Dubois, 16e siècle, Musée des Beaux-Arts, Lausanne.

Doc 3 **L'édit de Nantes (1598, extraits)**

Henri, par la grâce de Dieu, roi de France, nous avons jugé nécessaire de donner maintenant à tous nos sujets une loi générale, claire, nette et absolue qui règle tous les désaccords survenus entre eux, afin qu'il se puisse établir une bonne et durable paix.

– Nous défendons à tous nos sujets de s'attaquer, de s'injurier, de se provoquer en se reprochant ce qui s'est passé. Nous leur demanderons de vivre paisiblement comme des frères, amis et concitoyens.

– Nous ordonnons que la religion catholique soit rétablie en tous lieux de notre royaume pour y être paisiblement et librement exercée, sans aucun trouble ni empêchement.

– Nous permettons à ceux de la Religion Prétendue Réformée de vivre en tous lieux de notre royaume sans être vexés, brutalisés ni obligés à agir contre leur conscience.

– Nous permettons à ceux de la Religion Prétendue Réformée *[religion protestante]* de continuer l'exercice de leur religion là où il existait en 1597.

– Nous ordonnons qu'il ne sera fait aucune différence ni distinction entre les religions pour être instruit dans les universités, collèges et écoles et pour être admis dans les hôpitaux.

Doc 4 **« Vous me devez obéir »**

Je vous prie d'enregistrer l'édit[1] que j'ai accordé à ceux de la Religion Prétendue Réformée[2]. Ce que j'ai fait est pour le bien de la paix. Vous me devez obéir compte tenu de ma qualité et de l'obligation qu'ont tous mes sujets envers moi, et particulièrement vous tous de mon Parlement.

Si l'obéissance était due à mes prédécesseurs, elle m'est due autant et plus parce que j'ai rétabli l'État, Dieu m'ayant choisi pour me placer à la tête du royaume. Ne m'opposez pas la religion catholique ; je l'aime plus que vous, je suis plus catholique que vous. Je suis roi maintenant et parle en roi, et veux être obéi. Faites seulement ce que je vous commande, pour moi mais aussi pour le bien de la paix.

D'après la *déclaration* du roi Henri IV aux magistrats du Parlement de Paris convoqués au Louvre, 1599.

1. L'édit de Nantes.
2. Les protestants.

Doc 5 **Henry IV fait enregistrer l'édit de Nantes par le Parlement de Paris, le 25 février 1599.** Gravure, BNF, Paris.

1 Doc 1 Dans quel édifice se déroule la scène ? Que font les personnages ? Pourquoi agissent-ils ainsi ?

2 Doc 2 À quelles violences assiste-t-on ? Où se déroulent-elles ? Qui sont les agresseurs ? Qui sont les victimes ?

3 Doc 3 Quel est le but de l'édit de Nantes ? Que demande le roi Henri IV dans le premier article ? Que désigne « ce qui s'est passé » ? Quelle attitude Henri IV a-t-il envers la religion catholique ? Comment est appelée la religion protestante ? Quels sont les droits accordés aux protestants ?

4 Doc 4 et 5 Pourquoi le Parlement de Paris refuse-t-il d'enregistrer l'édit de Nantes ? Sur quel ton Henri IV s'adresse-t-il aux membres du Parlement ? Quelles expressions montrent son autorité ?

5 Rédigez quelques phrases expliquant l'origine des guerres de religion, leur déroulement et comment elles prennent fin. Utilisez les mots : Huguenots, catholiques, édit de Nantes, tolérance, Henri IV, massacre de la Saint-Barthélemy.

Bilan

Le royaume de France au 16e siècle

1 L'affirmation de la monarchie française

A. Au début du 16e siècle, la France est un **vaste royaume, le plus peuplé d'Europe** avec 17 à 18 millions d'habitants. **François 1er**, qui règne de 1515 à 1547, **continue d'agrandir le domaine royal** en rattachant définitivement à la **Couronne** plusieurs grands fiefs, comme la Bretagne. **Le domaine royal se confond peu à peu avec le royaume.**

B. François 1er décide seul après avoir pris l'avis d'un **conseil privé** composé de personnages qu'il désigne. Il est aidé par le **chancelier**, le **connétable** et quatre **secrétaires d'État**. Dans les **provinces**, les **officiers** du roi font appliquer ses **édits** et ses ordonnances. Au nom du principe « un roi, une loi », le pouvoir royal réduit progressivement les pouvoirs locaux. Par exemple, les **Parlements** du roi empiètent de plus en plus sur les justices seigneuriales. Même l'**Église est soumise au roi** puisque c'est lui qui nomme les évêques et les abbés grâce au **concordat signé avec le pape en 1516**.

C. Dans la réalité les décisions du roi se heurtent à des obstacles. Le royaume est composé de **provinces diverses** ne parlant pas toutes le même langage et qui sont très attachées à leurs coutumes. Pour **renforcer l'unité du royaume**, François 1er prend en **1539 l'ordonnance de Villers-Cotterêts** qui impose l'usage de la langue française dans tous les actes officiels. Le roi doit aussi écouter les avis du **Parlement de Paris** qui **enregistre** les décisions royales.

2 Le prestige et la gloire du roi

A. François 1er est très **soucieux du prestige de la royauté**. Il s'entoure d'une **Cour** brillante composée des princes de la famille royale et de grands seigneurs qu'il appelle auprès de lui. La Cour suit le roi dans ses déplacements dans les provinces. Elle séjourne dans les châteaux du **Val de Loire**, comme **Chambord**, où le roi aime chasser et faire la fête. À la fin du règne, le **château de Fontainebleau**, décoré à l'italienne, devient la résidence préférée du roi.

MOTS

Couronne : État gouverné par un roi ou un empereur.

Chancelier : gardien du sceau royal et chef de la justice.

Connétable : chef de l'armée royale.

Secrétaires d'État : conseillers du roi qui connaissent les « secrets » du gouvernement.

Officier : personne qui possède un emploi dans l'administration (justice, finances) appelé office.

Édit : le mot a à peu près le même sens que celui d'ordonnance. Il désigne une décision sur un problème précis.

Parlement : voir p. 129.

Concordat : traité entre le Pape et un roi sur les affaires religieuses.

François 1er (1515-1547) : prince de la Renaissance, grand mécène, il renforce l'autorité du roi de France, son gouvernement du royaume, travaille au prestige de la royauté et à son affirmation en Europe.

Enregistrer : avant d'être appliquée, une décision royale (édit ou ordonnance) doit être inscrite sur un registre par les Parlements, qui peuvent refuser l'enregistrement ou demander au roi de modifier sa décision.

Cour : entourage du roi.

Mécène : voir p. 149.

Huguenots : nom donné aux protestants en France au 16e siècle.

Guerres de religion : de 1562 à 1598, guerres civiles opposant catholiques et protestants français.

Ligue catholique : association de catholiques français farouchement hostiles aux protestants.

Tolérance : le fait d'accepter une idée ou une croyance différente de la sienne

Henri IV (1589-1610) : grand seigneur et prince protestant du sud-ouest de la France, Henri de Navarre devient le roi en 1589, mais il doit se convertir au catholicisme. Par l'édit de Nantes en 1598, il met fin aux guerres de religion. Il est assassiné en 1610 par Ravaillac, un catholique fanatique.

Le prestige du roi de France est aussi lié à son rôle de **prince mécène, protecteur des humanistes et des artistes.**

B. François 1er est avide de gloire. En **1515**, il mène une expédition militaire en Italie. Il remporte la **victoire de Marignan** et s'empare de la région de Milan. Il s'oppose à un redoutable adversaire, l'empereur du Saint Empire, Charles Quint.

3 Le royaume déchiré par les guerres de religion

A. Au milieu du 16e siècle, les **idées religieuses de Calvin se répandent** dans toutes les couches de la société. Des paysans, des artisans, des bourgeois et même des grands seigneurs, comme Henri de Navarre, se convertissent au protestantisme. Les **protestants français** ou **Huguenots** sont plus de deux millions et souhaitent **pratiquer librement leur religion**, ce que refusent les **catholiques**, qui veulent **maintenir l'unité religieuse du royaume.**

B. Les **guerres de religion** entre catholiques et protestants **commencent en 1562**. Elles se traduisent par des **massacres** comme celui de la **Saint-Barthélémy** en **1572** à Paris où des milliers de protestants sont assassinés. Catholiques et protestants s'organisent en partie avec d'un côté la **Ligue catholique** et de l'autre l'**Union calviniste.** Les rois ont du mal à faire respecter leur autorité. **Henri III est assassiné en 1589.** Comme il n'a pas d'héritier direct, c'est son plus proche parent, **Henri de Navarre,** qui devient le **roi Henri IV**.

C. Les catholiques refusent de le reconnaître comme roi car il est protestant. **Henri IV** comprend que pour se faire accepter par la majorité de ses sujets il **doit se convertir au catholicisme**. Il met fin également aux guerres de religion en imposant en **1598 l'édit de Nantes.** C'est une mesure de **tolérance** religieuse **qui reconnaît aux protestants le droit de pratiquer leur culte.**

Retenir autrement

- **Dans la première moitié du 16e siècle, François 1er renforce l'autorité du roi. Il met en place une administration moderne qui unifie le royaume. Le français devient la langue des actes officiels.**
- **Dans la seconde moitié du 16e siècle, la France est déchirée par les guerres de religion entre catholiques et protestants. Henri IV rétablit la paix grâce à l'édit de Nantes en 1598.**

Le Monde au 5e siècle

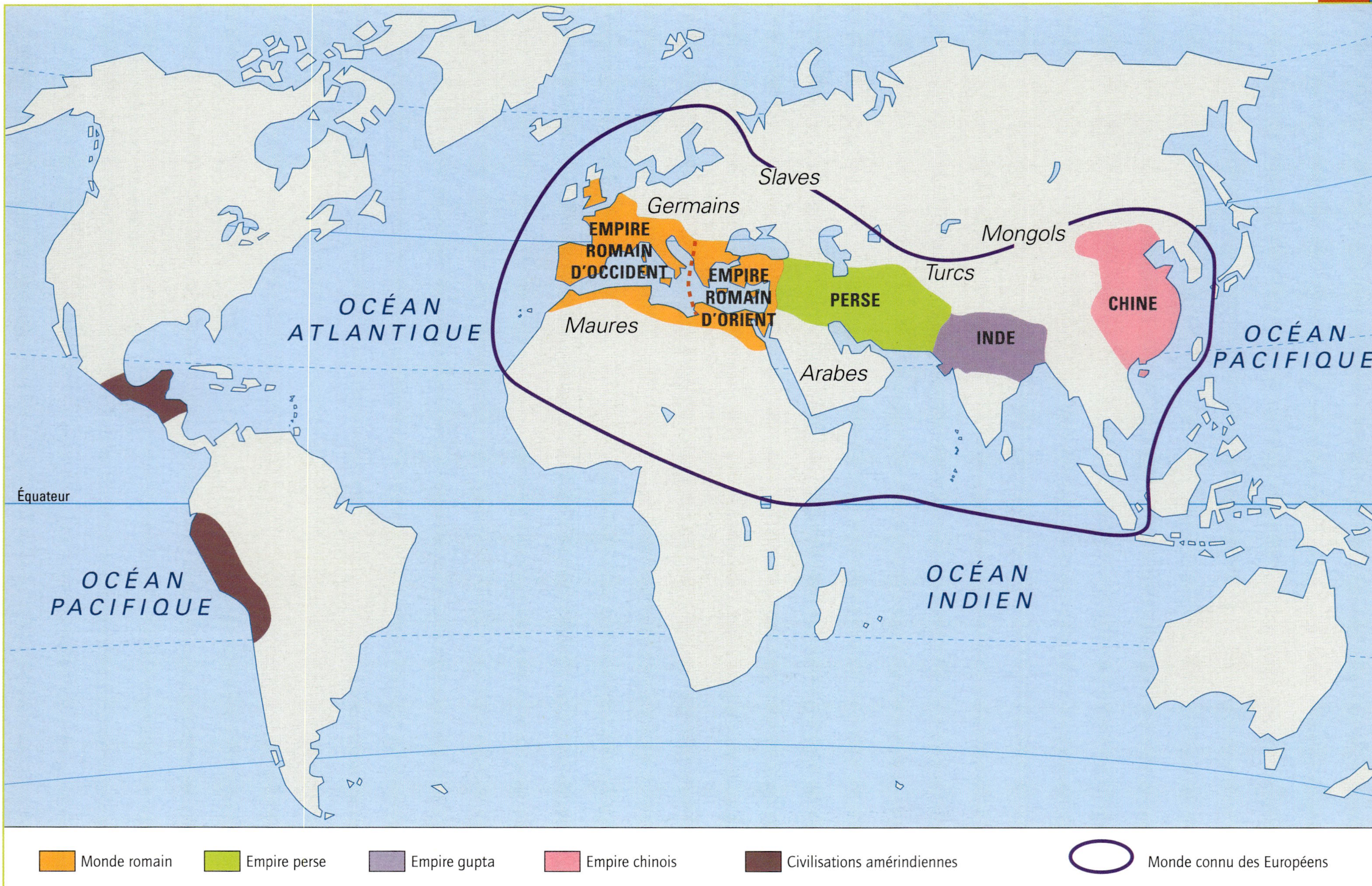

Le Monde au 16e siècle

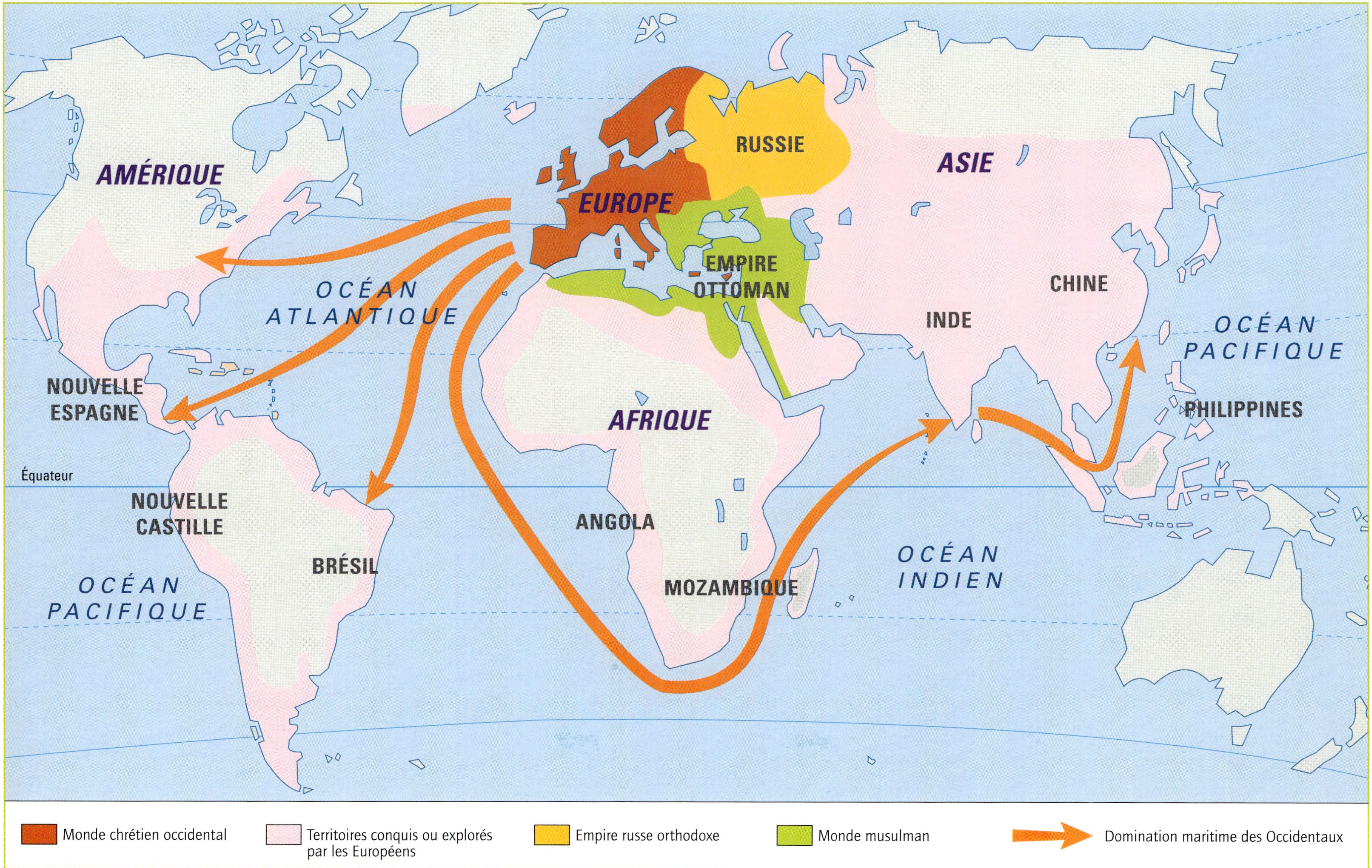

chapitre

10 La diversité de l'Afrique

Doc 1 **Le continent africain.**

Doc 2 **Initiation à l'informatique à Dakar.** Un réseau d'organisations situées dans les zones défavorisées, urbaines ou rurales du Sénégal, agit, dans le cadre de la lutte contre la pauvreté, pour un accès de tous aux nouvelles technologies.

Doc 3 **La corvée d'eau au Burkina Faso.** Ce sont les femmes qui sont chargées d'aller chercher de l'eau. Pour se rendre à la rivière, elles doivent souvent parcourir plusieurs kilomètres. L'installation d'un puits permet d'alléger leur tâche, d'obtenir une eau de meilleure qualité, d'améliorer l'arrosage des cultures, de développer un petit artisanat (teinture de tissus, par exemple).

> Je découvre l'Afrique à partir du Burkina Faso

MOTS clés
- Sous-développement
- Enclavement
- Cultures vivrières
- Agriculture commerciale

Le Burkina Faso est un État d'Afrique de l'Ouest. Il fait partie des pays les plus pauvres du Monde. 83 % des Burkinabés vivent à la campagne. Le Burkina Faso exporte de l'arachide et, surtout, du coton. Depuis quelques années, le Burkina cherche à développer ses cultures commerciales (soja, tomates, mangues, haricots verts, etc.). Le pays a été colonisé par la France. Il est devenu indépendant en 1960. Ouagadougou (1 400 000 habitants) est la capitale.

Doc 1 Le Burkina Faso : un pays sous-développé

	Superficie (milliers de km²)	Population (millions)	Taux de mortalité infantile (pour mille naissances)	Taux de fécondité	Moins de 15 ans (en %)	Espérance de vie		PNB par hab. (en dollars)
						hommes	femmes	
Burkina Faso	274	13,2	105	6,5	49	43	46	1 120
France	552	59,8	4	1,9	19	76	83	24 080

Source : *Population et Sociétés*, n° 392, juillet-août 2003.

VOCABULAIRE

- **Taux de mortalité infantile** : nombre de décès d'enfants de moins d'1 an en une année pour mille naissances.
- **Taux de fécondité** : nombre d'enfants par femme en âge de procréer.
- **PNB** : produit national brut, ensemble des valeurs, des biens et des services produits en une année par les habitants d'un pays, où qu'ils vivent.
- **Pandémie** : épidémie qui s'étend sur un ou plusieurs continents.

Doc 2 Le blason de la ville de Ouagadougou.

Devise : *« Ouagadougou, n'aie pas peur de l'avenir ! »*
À gauche : l'épi de mil, céréale qui constitue l'aliment de base.
Il est préparé sous forme de « tô », pâte bouillie et consistante accompagnée d'une sauce à base de légumes, feuilles, viande ou poisson.
C'est une culture vivrière.
À droite : le coton, image de pureté. Le coton est considéré comme « l'or blanc ». Cette culture commerciale est la principale richesse produite par le pays.

Doc 3 Campagne du PNUD[1] dans le Sahel contre le sida (12 au 15 juin 2004)

« Le Représentant du PNUD, M. Christian Lemaire, le Dr Mamadou Sakho de l'ONUSIDA, le Poenaana, chef traditionnel représentant le Moogo Naaba et plusieurs collègues du PNUD ont sillonné les localités de Sanpelga, Sebba, Falagoutou et Essakane à la rencontre des chefs traditionnels pour les interpeller et les encourager à s'impliquer dans la lutte contre le sida. [...] La caravane a en outre insisté pour que les populations ne rejettent pas les malades. Les chefs traditionnels [...] estiment que pour que la lutte soit encore plus opérationnelle, il y a la nécessité de doter la région du Sahel d'un centre de dépistage et de rendre accessibles les médicaments. Le Burkina Faso est l'un des pays en Afrique de l'Ouest à être durement touché par la pandémie, après la Côte d'Ivoire. »

Le PNUD au Burkina Faso : www.pnud.bf/CARAVANE2.htm

1. PNUD : Programme des Nations Unies pour le Développement.

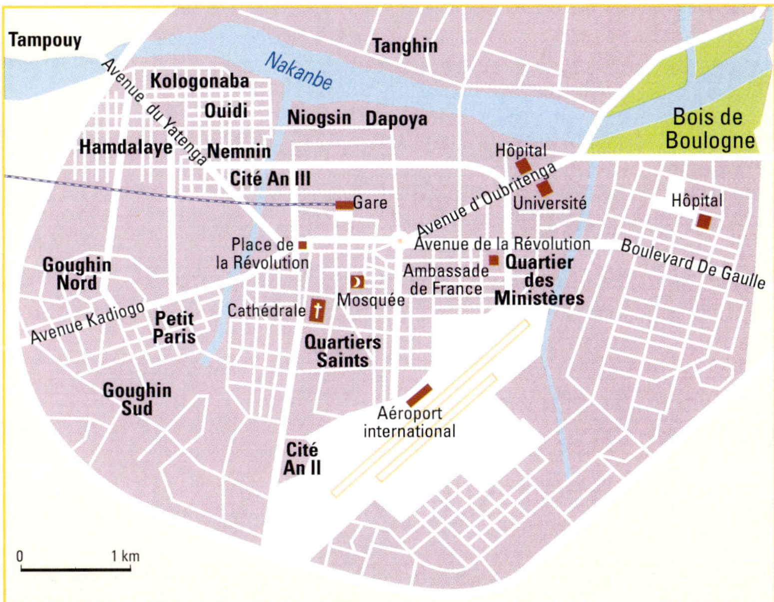

Doc 4 **Plan de Ouagadougou.**

Doc 5 **Le transport du bois.** Les forêts reculent (déforestation) de 1 % chaque année, car le bois est la principale source d'énergie et les terres cultivées s'étendent. Dans leurs bassines, les femmes transportent divers objets et denrées.

1 CARTE P. 186 Situez le Burkina Faso sur la carte. Le pays est-il en contact avec le littoral ?

2 Doc 1 Pourquoi peut-on dire que le Burkina Faso est un pays peu développé ?

3 Doc 2 Quelles sont les principales cultures du Burkina ?

4 Doc 3 Quels sont les personnes et les organismes qui agissent pour combattre le sida ?

5 Doc 4 Quelles sont les religions pratiquées au Burkina Faso ?

6 Doc 5 À quoi sert le bois transporté par les femmes ?

DE L'EXEMPLE AU COURS

- **Le Burkina Faso est un des pays les plus pauvres du Monde : l'enclavement, le manque d'eau, de moyens de transport, de soins posent de nombreux problèmes aux populations.**
- **La plupart des Burkinabés vivent dans les campagnes. Les productions céréalières qui constituent la base de l'alimentation sont insuffisantes.**
- **Le coton est la principale ressource du pays.**

1. Le continent le plus pauvre du Monde

MOTS
- Sous-développement
- Informel
- Bidonville

Alors que dans le reste du Monde, des progrès importants sont enregistrés sur la voie du développement, la pauvreté persiste et parfois même s'aggrave en Afrique. La pauvreté rend difficile l'accès à ce qui est indispensable. 40 % de la population africaine n'ont ni accès à l'eau potable ni à une installation sanitaire (75 % des malades atteints du sida dans le Monde vivent en Afrique noire). 2 enfants sur 5 ne peuvent aller à l'école. Faute de routes goudronnées, il est souvent long et difficile de se déplacer.

➔ **Que signifie « être pauvre » en Afrique ?**

VOCABULAIRE
- **Migration** : voir p. 250.
- **Réfugié** : se dit d'une personne qui a fui une région ou un pays pour échapper à un danger.

Doc 1 **Bidonville dans un quartier périphérique de Lagos.**

Doc 2 **D'importantes inégalités**

	Taux de mortalité infantile (pour mille naissances)	Taux de fécondité	Espérance de vie		PNB par hab. (en dollars)
			hommes	femmes	
Monde	55	2,8	65	69	7 160
Afrique	88	5,2	51	53	2 120
Europe occidentale	4	1,6	75	82	25430

Population et Sociétés, n° 392, juillet-août 2003.

Doc 3 **Migrer pour survivre**

« Si l'Afrique compte 40 millions de migrants, la plupart d'entre eux sont des migrants internes au continent. Ainsi, l'Afrique de l'Ouest est la plus grande zone de migrations du continent et la première zone d'émigration vers l'Europe, mais la majorité de ces migrations restent intra-régionales. Les populations du Bénin, du Burkina et du Niger, notamment, pays de départ les plus actifs, migrent traditionnellement vers les États côtiers ou les provinces littorales, dans le cas du Bénin. On observe ainsi une *[concentration]* des mouvements vers les zones les plus actives économiquement, les plus riches... ».

S. Brunel, *L'Afrique*, éd. Bréal, 2003.

Doc 4 **Camp de réfugiés saoudiens au Tchad.** Le Darfour est une région à l'Ouest du Soudan ravagée par la guerre civile. 70 000 personnes ont été tuées et plus d'1,5 million ont fui la région. Le Tchad, pays lui-même très pauvre, accueille les réfugiés du Darfour dans une dizaine de camps.

Doc 5 **Petits métiers : fabriquer des objets à partir de boîtes de conserve.**
L'économie dite informelle est composée de milliers de petites entreprises familiales. On y trouve aussi bien des réparateurs de vidéos, des tailleurs, des transporteurs, des mécaniciens, des petits cireurs, des barbiers, des laveurs et des gardiens de voiture, des maçons, des menuisiers, des petits commerçants, des « écoles de la rue », que des banquiers informels.

1 **Doc 1** Quels équipements seraient nécessaires dans ce quartier pour vivre décemment ?

2 **Doc 2** Quels sont les indicateurs qui permettent de connaître l'état de santé de la population ? (Justifiez votre réponse.)

3 **Doc 3** Quelles sont les deux formes de migrations évoquées dans le texte ?

4 **Doc 4** Dans quelles conditions sont accueillis les réfugiés ?

5 **Doc 5** Pourquoi ces « petits métiers » aident-ils à survivre (cherchez plusieurs raisons) ?

6 **Doc 1 à 5** Rédigez, à partir des documents, quelques lignes pour répondre à la question initiale : que signifie « être pauvre » en Afrique ?

2. Un continent peu peuplé

MOTS
- Peuplement

L'Afrique rassemble 13 % de la population mondiale. Si la densité moyenne reste faible par rapport à l'Europe et à l'Asie, elle est en nette augmentation (elle était estimée à 8 hab./km² en 1950). À l'échelle du continent, cette faible densité semble pouvoir s'expliquer par des contraintes naturelles. À une échelle plus fine, les facteurs historiques doivent être pris en compte pour comprendre les régions plus densément peuplées.

➔ Comment la population occupe-t-elle l'espace ?

Doc 1 Une densité moyenne faible

	Afrique	Europe	Monde
Superficie en millions de km²	30,33	5,92	134,28
Population en millions d'habitants	861	588,5	6 314
Densité (hab./km²)	28	200	47

Population et Sociétés, n° 392, juillet-août 2003.

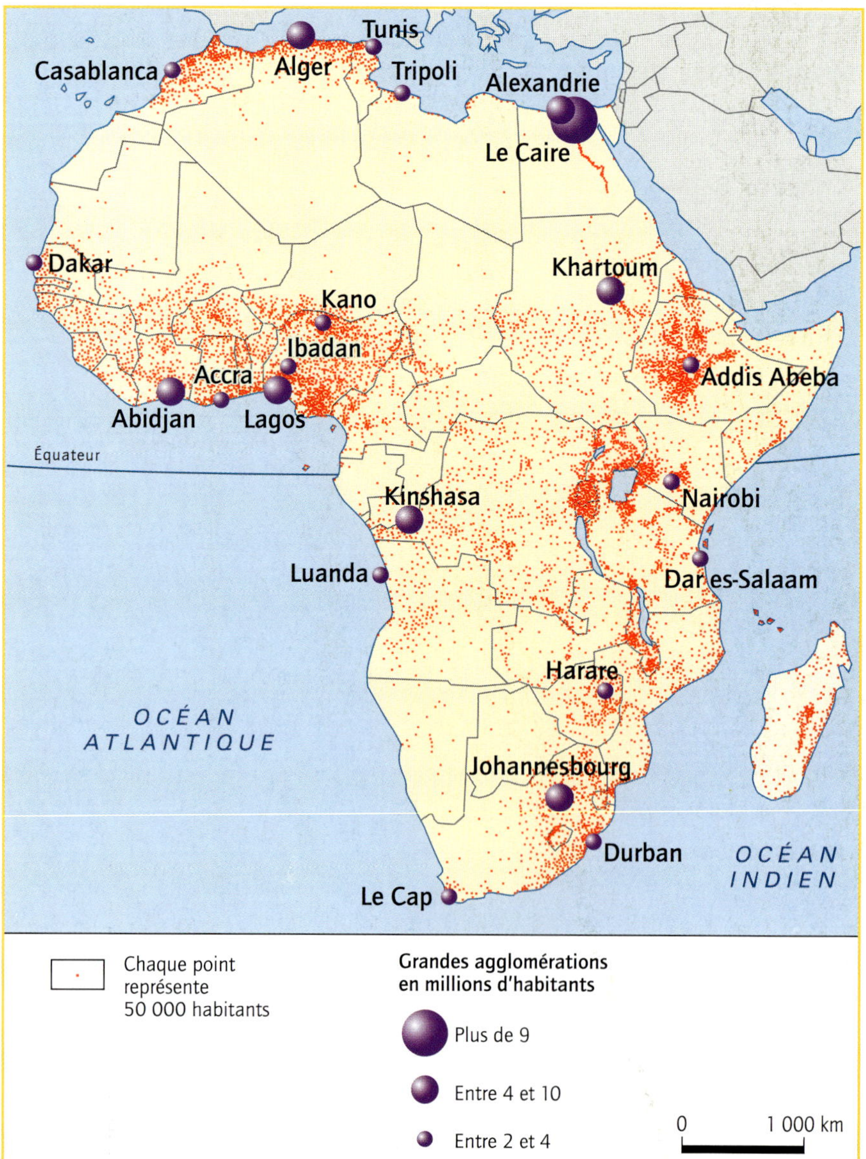

Doc 2 La répartition de la population.

Doc 3 Histoire et peuplement de l'Afrique

« Seule l'histoire permet d'expliquer la répartition plus fine, à grande échelle du continent. Certaines régions sont délaissées, d'autres au contraire sont densément peuplées sans qu'elles ne présentent de meilleurs atouts au plan naturel [...]. Les régions les plus anciennement peuplées portent les densités les plus fortes, ainsi la zone soudano-sahélienne ou les hautes terres de l'Est africain ; [...] certains peuples, pour échapper aux razzias, se sont regroupés dans des régions-refuges, souvent difficiles sur le plan naturel (montagnes, marécages, falaises, îles fluviales...) où ils développèrent des systèmes agraires sophistiqués pour faire face à de fortes densités de population. »

S. Brunel, *L'Afrique*, éd. Bréal, 2003.

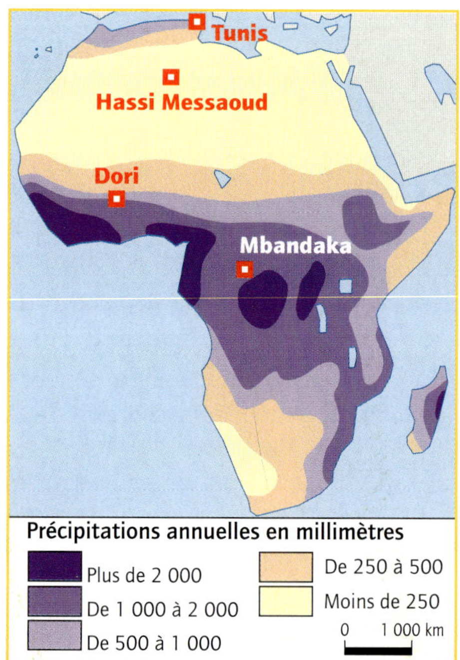

Doc 4 Les précipitations.

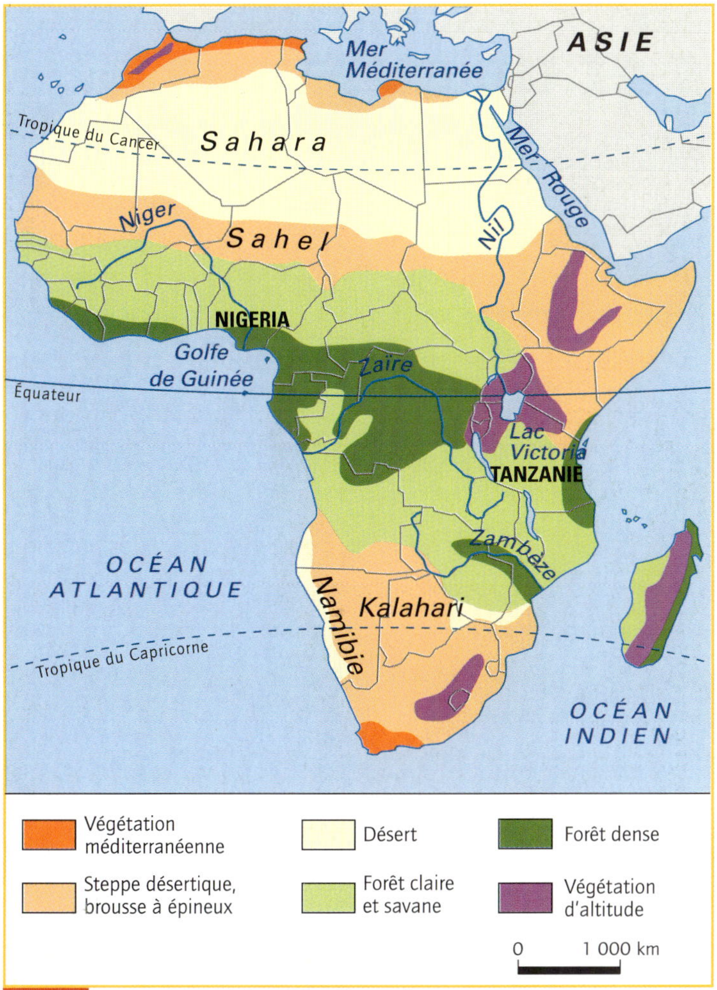

Doc 5 **Les ensembles bioclimatiques.**

Doc 6 **La forêt dense au Nigeria.**

VOCABULAIRE

- **Densité** : nombre d'habitants par unité de surface (en général le km^2).
- **Facteurs de localisation** : éléments naturels et humains qui permettent d'expliquer la répartition de la population.
- **Surpeuplement** : peuplement d'un territoire tel que les ressources sont insuffisantes pour assurer la subsistance de cette population (une région très peuplée et assez riche pour nourrir sa population n'est donc pas surpeuplée).
- **Razzia** : incursion en territoire ennemi pour enlever du bétail, des récoltes, des esclaves, etc.

Doc 7 **La savane en Tanzanie.**

1 Doc 1 **Pourquoi peut-on dire que l'Afrique est un continent peu peuplé ?**

2 Doc 2 **Nommez les zones de forte densité ; nommez les zones de très faible densité.**

3 Doc 3, 4 et 5 **Comment expliquer la répartition de la population africaine (utilisez les expressions *contraintes naturelles, facteurs historiques*) ?**

4 Doc 6 et 7 **À l'aide des documents, donnez une définition de la savane et de la forêt dense.**

5 Doc 1 à 7 **Rédigez un paragraphe de quelques lignes en présentant tout d'abord les zones densément peuplées, puis les zones de très faible densité et enfin en présentant les facteurs de localisation de la population.**

3. Une mosaïque de peuples et de cultures

MOTS
- Culture
- Traite des Noirs

L'Afrique, vaste continent, présente une grande diversité de peuples et de cultures. Les États africains sont récents, fruits d'une histoire marquée par la traite des Noirs, puis la colonisation. On distingue deux types de traite : la traite menée par les Arabes (évaluée à 17 millions d'Africains du 7e au 20e siècle) et la traite des Européens dans le cadre du commerce triangulaire (du 16e au début du 19e siècle, environ 11 millions d'esclaves africains auraient été déportés vers l'Amérique). L'Europe colonise le continent africain aux 19e siècle et 20e siècle.

➜ Cette diversité est-elle un atout ou un handicap pour l'Afrique ?

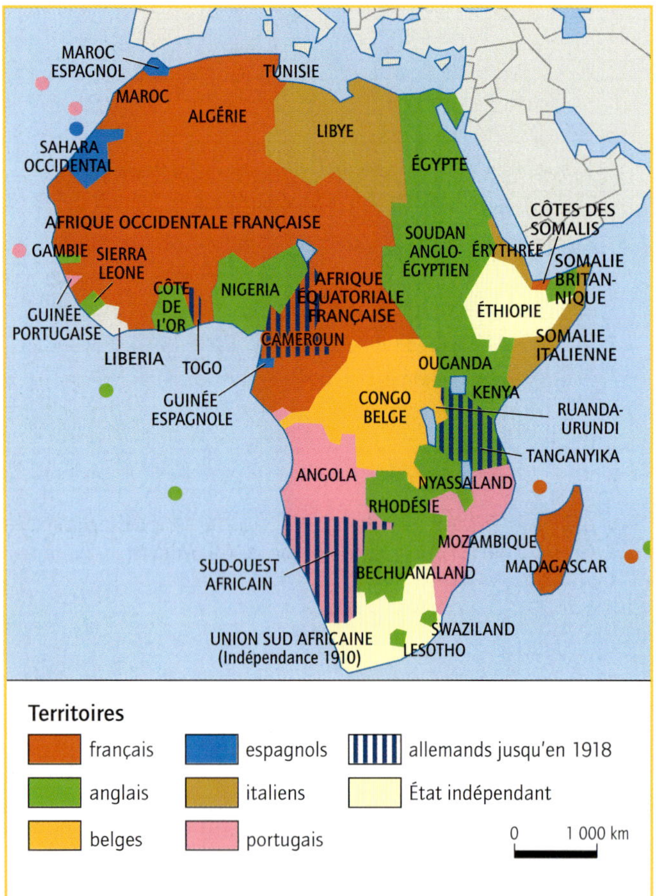

Doc 1 L'Afrique au début du 20e siècle.

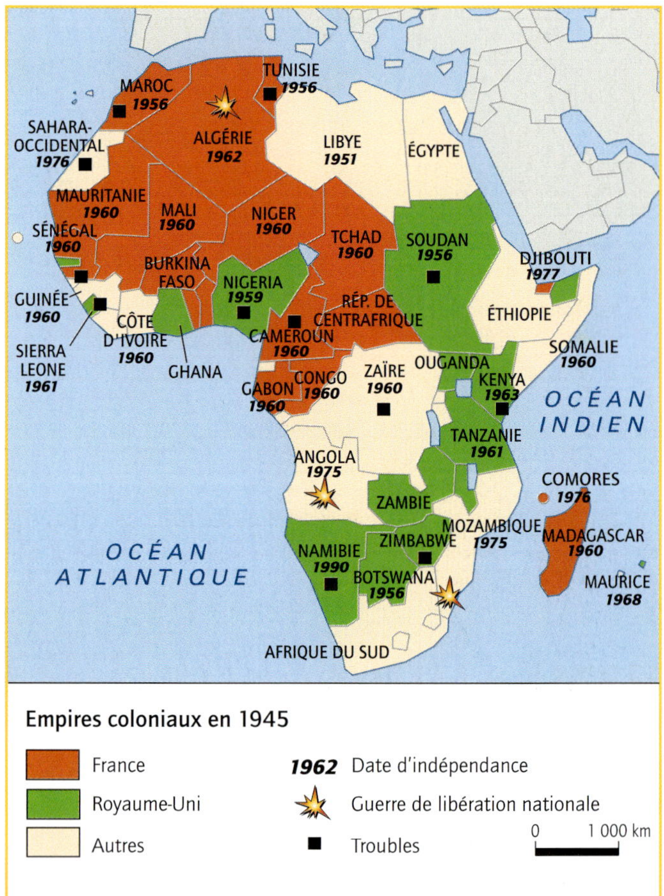

Doc 2 Les États et leurs dates d'indépendance.

Doc 3 **La nouvelle traite des Noirs au Niger et le travail clandestin**

« Pour ne pas mourir de faim, ils travaillent gratuitement, dans les maisons des commerçants. Ils lavent les casseroles, s'occupent des jardins, cueillent des dattes, pour un plat de pâtes, un café ou quelques cigarettes. Ils voulaient arriver en Italie, ils sont devenus esclaves. […]. Mais la peur de tous est de rester prisonnier plus d'un an. Ceux qui sont dans ce cas sont devenus fous et vivent dans les maquis. C'est une vieille histoire. Les Arabes libyens considèrent que les habitants de la côte africaine sont des êtres inférieurs. Avant, ils traversaient le Sahara pour les acheter et les revendre comme esclaves. Maintenant, ils les amassent sur des camions et les traitent plus mal que des bêtes. Personne ne s'inquiète si ces clandestins meurent dans le désert. »

F. Gatti, cité par S. Magister, *L'Espresso*, 7 au 14 janvier 2004.

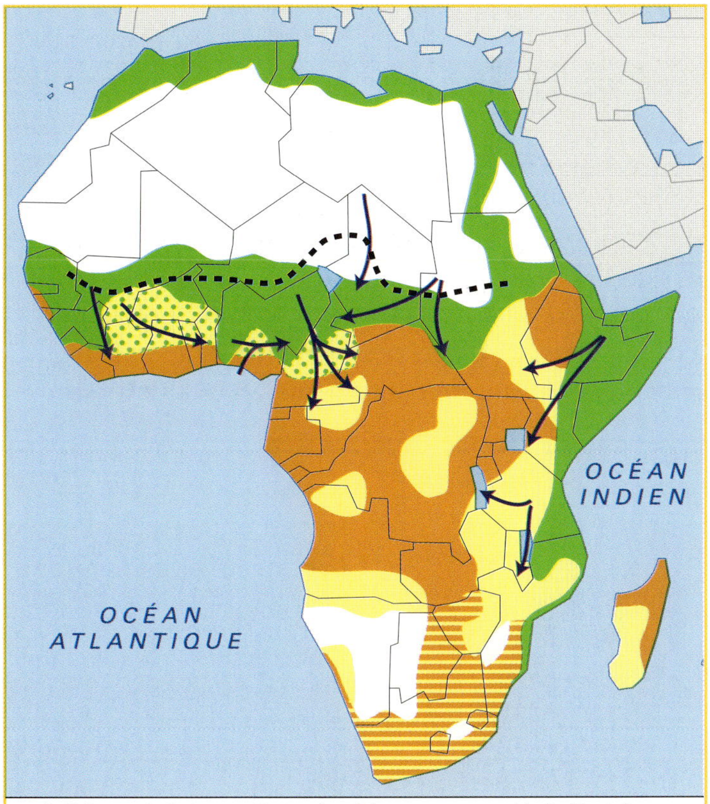

Doc 4 La diversité culturelle : religions.
Les religions « traditionnelles », appelées aussi « animistes », ont reculé devant l'islam et le christianisme, mais elles subsistent dans une large part de l'Afrique, sous la forme, par exemple, du culte des ancêtres et des divinités du sol, de l'eau, de la brousse, dont dépend le succès des activités humaines (agriculture, pêche, chasse). En fait, la religion en Afrique est souvent un mélange de religions importées et de pratiques traditionnelles.

VOCABULAIRE

– **Ethnie :** ensemble d'êtres humains aux structures familiales, économiques et sociales homogènes, unis par des caractéristiques communes (langue, religion, culture...).

Doc 5 Gorée : centre de traite français au Sénégal. Gravure de J. de Saint-Sauveur, 1796, Bibliothèque des Arts Décoratifs, Paris.

Doc 6 Les tensions ethniques en Afrique

« Depuis le grand génocide perpétré en 1994 au Rwanda, se *[multiplient]* les récits de nombreuses atrocités qui font chaque année des dizaines de milliers de victimes. Ces tragédies se répercutent d'un pays à l'autre. Ce sont ce que l'on appelle couramment des "conflits ethniques" qui éclatent localement entre des peuples voisins.
Un grand nombre de ces conflits durent quelques jours ou quelques semaines. En revanche, en Afrique de l'Est, au bord des Grands Lacs, au Soudan, en Somalie, au Congo, mais aussi en Afrique de l'Ouest au Liberia, en Sierra Leone, il s'agit de conflits bien plus graves. Ils ont fait plusieurs millions de morts. »

Y. Lacoste, « Géopolitique des Tragédies africaines », in *Hérodote* n° 111, 4e trim. 2003.

1 Doc 1 Au début du 20e siècle, quelles étaient les deux principales puissances coloniales ?

2 Doc 2 Quelle est l'année où un grand nombre de pays africains ont obtenu leur indépendance ?

3 Doc 3 Pourquoi les Libyens imposent-ils un sort aussi dur que celui des esclaves aux Nigériens ?

4 Doc 4 Quelles sont les religions pratiquées en Afrique ?

5 Doc 5 Quels rôles jouent les deux personnages à droite de la gravure dans le commerce des esclaves ?

6 Doc 6 Où se situent les principaux conflits en Afrique ?

4. La population africaine : une croissance exceptionnelle

MOTS
- Croissance démographique
- Urbanisation

L'Afrique connaît une croissance démographique rapide, sans égale dans le reste du Monde. Ce phénomène brutal entraîne de profonds bouleversements, des tensions et des déséquilibres de toutes sortes. De nombreux Africains ont quitté les campagnes pour s'installer dans une ville, provoquant une urbanisation plus soudaine encore. Dans un premier temps, ce sont les plus grandes villes qui ont gagné des habitants ; aujourd'hui ce sont les villes moyennes ou même les villages. Alors que dans le Monde, près d'un habitant sur deux, en moyenne, vit dans une ville (75 % en Europe), ils ne sont encore que 38 % en Afrique.

➔ Dans quelle mesure la croissance de la population augmente-t-elle les difficultés en Afrique ?

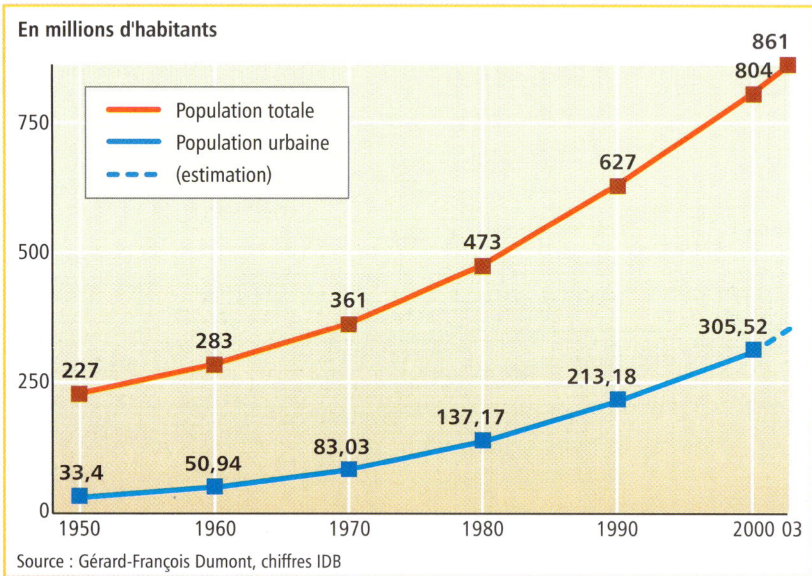

Doc 1 **La croissance de la population africaine.**

Doc 2 **« Le continent de la jeunesse »**

La population africaine est la plus jeune du Monde. Les moins de 15 ans la composent à plus de 45 %. Cette proportion frôle les 50 % dans des pays tels que le Niger, le Bénin ou la Tanzanie, voire les dépasse au Kenya. Cela pose au continent noir son défi majeur. Le coût de la formation pèse d'un poids considérable sur le budget des États tandis que les économies ne parviennent pas à fournir un emploi aux jeunes. *[Faute de trouver du travail]*, les jeunes deviennent des vecteurs de violences, « enfants-soldats » perdus dans les guerres civiles, au Libéria ou en Sierra Leone.

D'après R. Pourtier, *Afriques noires*, éd. Hachette, 2001.

Doc 3 **Écoliers à Addis Abeba (Éthiopie).**

VOCABULAIRE

- **Agglomération :** ensemble formé par une ville-centre et sa banlieue.
- **Vecteur :** *au figuré*, ce qui véhicule quelque chose.
- **Taux d'urbanisation :** part de la population urbaine dans la population totale.
- **Exode rural :** migration de population des campagnes vers les villes.

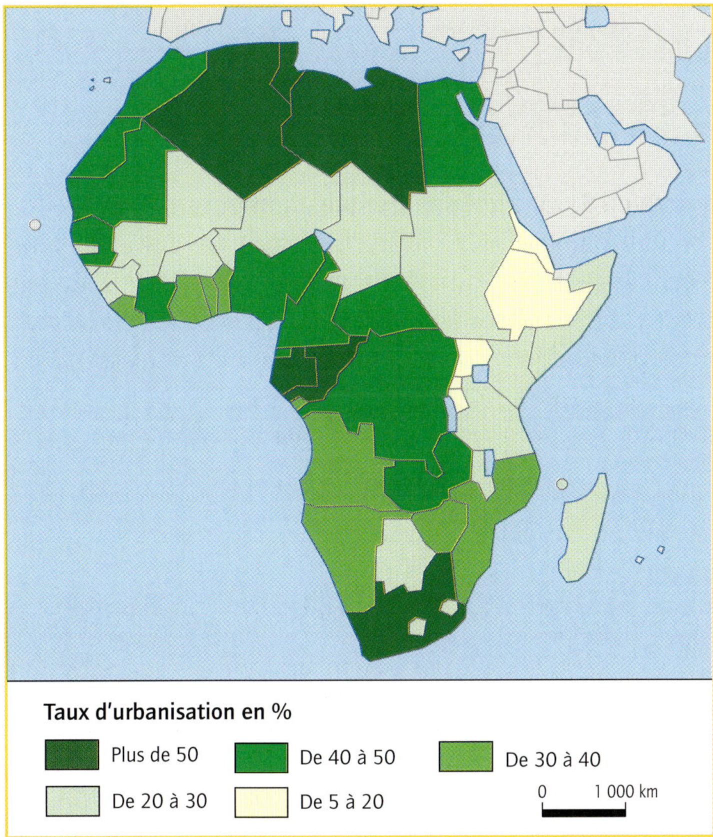

Doc 4 **L'urbanisation.**

Doc 5 La ville : une porte vers la modernité

Si l'attraction urbaine est si forte en Afrique subsaharienne, c'est que la ville est le lieu par où on accède à la « civilisation », notamment par la voie de l'école. Les grandes villes, après avoir été dotées de lycées, ont leur université. Face aux carences de l'État, des établissements privés ont fleuri ces dernières années. Une intense vie anime les métropoles africaines. Le stade représente un lieu emblématique où les villes participent à la culture sportive internationale. Au bout du compte, les villes agissent comme de véritables transformateurs. La plupart des citadins, désormais natifs de la ville, se sentent plus proches d'une culture mondiale urbaine que d'une brousse dont ils n'ont plus, bien souvent qu'une vision folklorique.

D'après R. Pourtier, « Villes africaines », *La Documentation photographique*, n° 8009, juin 1999.

Doc 6 **Vue aérienne d'Abidjan : extensions entre la mer (à gauche) et la lagune en haut).**

1 **Doc 1** Comment évolue la population africaine ? Quelle est la part de la population urbaine, en 2000, dans la population totale ?

2 **Doc 2** Quelle est la part de la jeunesse dans la population africaine ? Quelles sont les conséquences du poids de la jeunesse en Afrique ?

3 **Doc 3** En observant cette photographie, comment décririez-vous le système éducatif éthiopien ?

4 **Doc 4 et carte p. 192** Quelles sont les principales agglomérations africaines ? Quelles sont les régions où le taux d'urbanisation est le plus important ?

5 **Doc 5** Pourquoi les Africains sont-ils attirés par les villes ?

6 **Doc 6** Relevez dans ce paysage trois formes différentes de croissance urbaine.

5. Les mutations de l'agriculture africaine

MOTS
- **Cultures vivrières**
- **Agriculture commerciale**
- **Dépendance alimentaire**

La première fonction des campagnes est de fournir des denrées alimentaires (cultures vivrières) pour les populations rurales et urbaines en très forte croissance. Les cultures commerciales permettent aussi de dégager des revenus. Pour de nombreux pays africains, l'agriculture représente le principal secteur d'activité économique. Si les techniques semblent souvent rudimentaires, on observe des innovations où les femmes jouent un rôle essentiel.

➔ **Quelles sont les transformations de l'agriculture africaine ?**

VOCABULAIRE

– **Précarité** : situation d'une personne qui ne bénéficie d'aucune stabilité d'emploi, de logement, de revenus.

Doc 1 Jardin potager au Burkina Faso. Le maraîchage se développe dans la périphérie des villes africaines, comme ici à Ouahigouya. Ces cultures, vendues sur le marché de la ville voisine où la demande en fruits et légumes frais est très forte, permettent d'augmenter les revenus familiaux. On parle de « cultures vivrières marchandes ».

Doc 2 Le travail des labours au Rwanda. La houe est l'outil le plus utilisé pour les labours. Les femmes s'organisent en communautés pour améliorer la rentabilité de leur travail et gérer leurs bénéfices.

Doc 3 Les liens villes-campagne

« Et partout, le long des routes, du matin au soir, des gens qui marchent, marchent, marchent, sans précipitation, à des kilomètres du premier village. [...] Les femmes surtout : moyen de transport le plus commun, véhiculant sur la tête, dans d'immenses cuvettes en plastique coloré, eau, bois, charbon, céréales, fruits, légumes, tissus, quincaillerie...
Les bourgs traversés sont l'occasion d'arrêts prolongés. En bord de route s'alignent des dizaines de minuscules échoppes : mercier, épicier, coiffeur, bijoutier, mécanicien-forgeron, cybercafé... Entourés de vendeurs ambulants de mangues, bananes, ananas, oranges, papayes, petits pains, pâtés, brochettes, poissons séchés, plats cuisinés, tabacs, cartes de téléphone... »

Ch. De Brie, « En roue libre sur les routes d'Afrique (dans l'Ouest africain) », *Monde diplomatique*, août 2002.

Doc 4 Les transformations dans les campagnes

Le développement des cultures d'exportation, qui ont bénéficié des investissements, a bien été le moteur de la croissance globale de l'agriculture, mais cela a accentué les inégalités : modernisation, il y a eu, dans les systèmes de production, dans l'ouverture des campagnes, dans les échanges, etc. et dans le développement d'une agriculture familiale qui a dû se perpétuer. L'Afrique agricole apparaît comme un laboratoire de nouvelles dynamiques rurales, mais dans un contexte général de très grande précarité et de très fortes inégalités.

D'après B. Charlery de La Masselière, *L'Afrique continent pluriel*, sous la direction de F. Bart, CNED-SEDES, 2003.

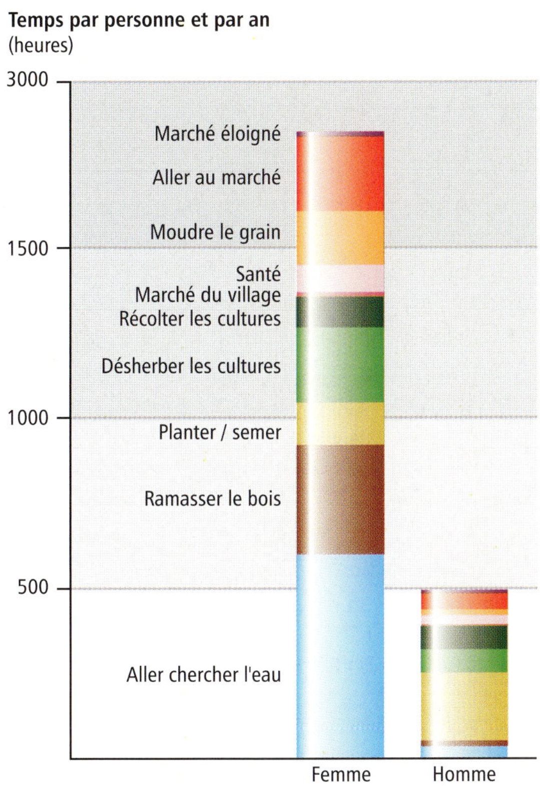

D'après : FAO, *Agriculture, alimentation et nutrition en Afrique*, 2002

Doc 6 Le rôle des femmes et des hommes en milieu rural.

Doc 5 Récolte d'oignons au Kenya pour l'exportation.

Doc 7 Séchage du café au Kenya. Après la cueillette des « cerises » de café, les grains de café vert sont séchés (comme ici) avant d'être mis en sacs pour l'exportation.

1 Doc 1 à 7 Relevez les activités où les femmes jouent un rôle important.

2 Doc 2, 3 et 7 Recopiez le tableau ci-dessous (il faut ajouter des lignes) et classez les cultures en suivant le modèle indiqué sur la première ligne (recherchez d'autres cultures dans tout le chapitre).

Cultures vivrières	Cultures commerciales
Mil (page 188)	Coton (page 188)

3 Doc 4 Pourquoi les cultures commerciales contribuent-elles au développement de l'Afrique ?

4 Doc 3 Quels sont les produits apportés des campagnes par les femmes ? Quels produits peuvent-elles trouver dans les villes ?

5 À partir des documents, rédigez un paragraphe de quelques lignes pour présenter les changements de l'agriculture africaine.

6. L'Afrique dans le Monde

MOTS
- Mondialisation
- Sud
- Nord
- Développement

Le continent africain est durement confronté à la mondialisation. Si l'Afrique méditerranéenne est mieux intégrée, en particulier grâce aux échanges avec l'Europe, l'Afrique subsaharienne représente moins de 2 % des échanges internationaux.
Le bois et les minerais ont longtemps représenté une part importante des exportations africaines, mais le pétrole y prend aujourd'hui une part grandissante.

➔ Quelle est la place de l'Afrique dans les échanges avec le reste du Monde ?

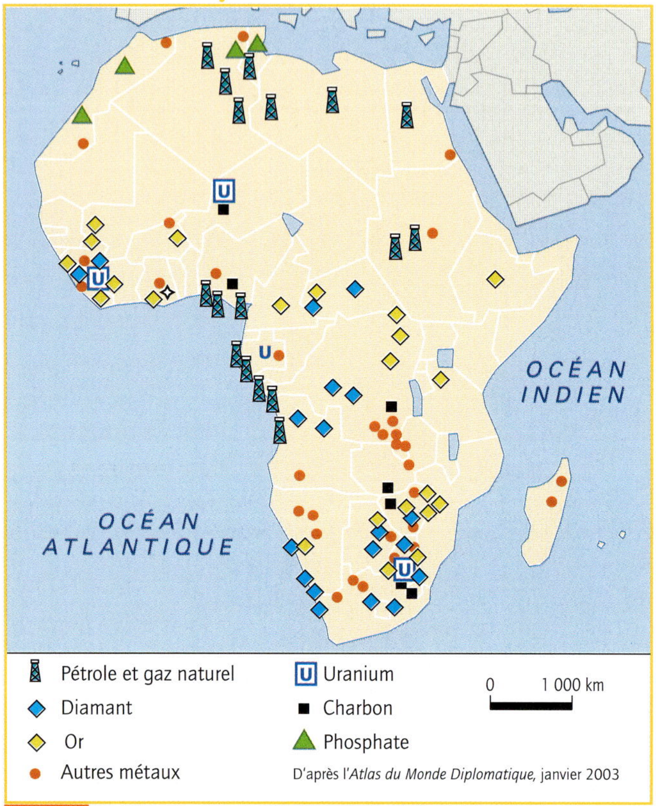

Doc 1 Les ressources minières.

Doc 2 Des ressources minières détournées

Le pétrole véhicule une fausse image de prospérité. Il est particulièrement convoité par les grandes puissances, notamment les États-Unis, dont l'économie est étroitement dépendante de cette source d'énergie et qui cherche à en contrôler le marché. C'est l'illustration du mauvais rapport entre l'exploitation d'une matière première et le bien-être des populations. Une ou plusieurs multinationales, d'une part, et un groupe de politiciens-marchands locaux d'autre part qui accaparent la rente et privent les pays concernés de l'amélioration économique qu'ils pourraient attendre.

D'après C. Bouquet, *L'Afrique continent pluriel*, sous la direction de F. Bart, CNED-SEDES, 2003.

Doc 3 Le pétrole *off shore* au Gabon.

VOCABULAIRE

- **Afrique subsaharienne :** ensemble des pays d'Afrique qui se situent au Sud du Sahara.
- ***Off shore* :** au-delà du rivage, en mer.
- **Production de rente :** production destinée à l'exportation et qui permet de dégager un revenu.
- **Multinationale :** entreprise possédant plusieurs filiales dans des pays étrangers.

Doc 4 Touristes en Égypte, devant les pyramides de Gizeh.
L'Égypte cherche à s'intégrer dans l'économie mondiale. Le tourisme, qui a résisté aux difficultés liées aux tensions internationales, assure une part importante des revenus du pays (8 millions d'arrivées internationales en 2004).

Doc 5 La place de l'Afrique dans la production mondiale du café en milliers de tonnes

	1990	2001	2002
Monde	6 100	7 293	7 365
Cameroun	101	83	78
Congo (RDC)	120	37	32
Côte-d'Ivoire	286	260	198
Éthiopie	204	228	235
Kenya	104	52	59
Madagascar	85	65	65
Ouganda	141	197	198
Tanzanie	53	58	58

Images Économiques du Monde 2005, A. Gamblin, éd. A. Colin, 2004.

Le café, 2e produit commercial au Monde en valeur après le pétrole, est vraisemblablement originaire d'Éthiopie. Il est souvent cultivé dans le cadre d'exploitations familiales, mais le commerce du café est contrôlé par de puissantes multinationales. Globalement, la production africaine de café progresse un peu, mais la chute du prix du café ces dernières années ruine les petits planteurs.

1 Doc 1 Quelles ressources minières sont exploitées en Afrique ? Quelle partie de l'Afrique en est dépourvue ?

2 Doc 2 Pourquoi les pays producteurs de pétrole en Afrique ne parviennent-ils pas à se développer ?

3 Doc 4 Quels sont les atouts qui permettent à l'Égypte d'être un pays très touristique ?

4 Doc 5 Quels sont les principaux pays producteurs de café en Afrique ?

7. L'Afrique : terre de contrastes

MOTS
- Puissance régionale
- IDH
- Enclavement

L'Afrique est un vaste continent qui présente une grande diversité de peuples, de paysages, de ressources. Les échanges se développent à l'intérieur du continent, à l'échelle régionale. Les inégalités entre les pays sur la voie du développement renforcent les contrastes régionaux.

➔ Quels sont les grands ensembles régionaux du continent ?

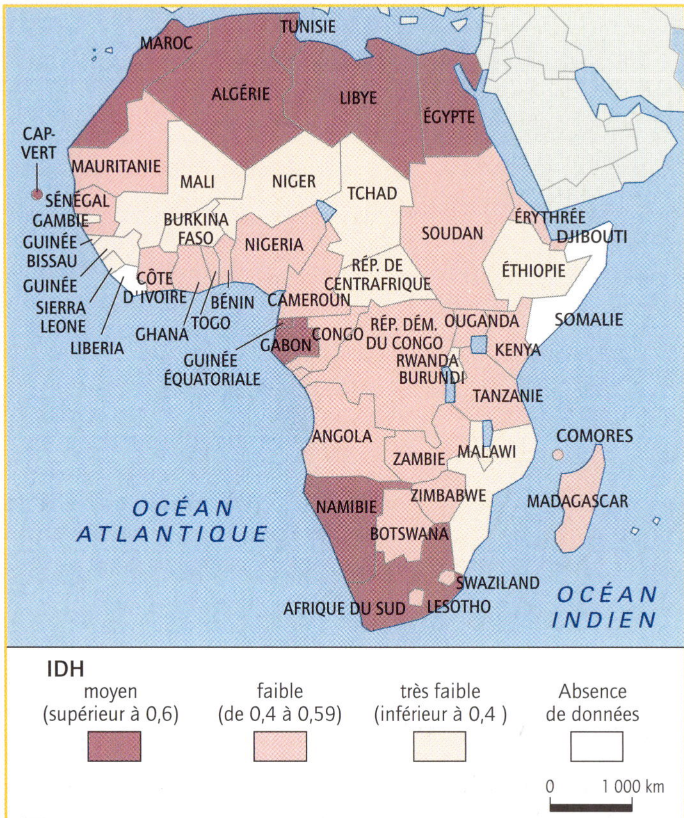

Doc 1 **Les inégalités de développement en Afrique.**

Doc 2 **L'Afrique du Sud : un pays émergent face à l'héritage de l'apartheid**

« Les séquelles de la politique raciste s'estompent doucement. En dix ans, le taux de scolarisation des Noirs dans le secondaire est passé de 70 à 85 % [...]. L'accès à l'électricité a progressé (de 32 % en 1996 à 70 % en 2001) comme l'accès à l'eau (de 60 % à 85 %) et à l'assainissement (de 49 à 63 %). Mais la proportion de ménages sous le seuil de pauvreté s'est accrue, de 28 % en 1995 à 33 %, et l'écart entre riches et pauvres ne cesse de grandir. Le chômage demeure un des problèmes majeurs, nourrissant inégalité et insécurité. [...] La réforme agraire n'avance qu'à petits pas : 80 % des terres appartiennent encore aux Blancs.
Mais on peut évoquer la redistribution de 185 000 hectares appartenant à plus de 200 fermes ; 27 % des terres de Illowo Sugar, le plus grand producteur de sucre en Afrique australe, ont été cédées à de petits planteurs entre 1996 et 2003. »

F. Bart, O. Chapuis, *Images économiques du monde*, 2005, éd. A. Colin, 2004.

VOCABULAIRE

- **Apartheid** : régime de séparation légale entre les Blancs et les gens de couleur appliqué en Afrique du Sud jusqu'en 1990-1991.
- **Pays émergent** : pays en développement caractérisé par une croissance économique très forte.
- **Réforme agraire** : voir p. 328.
- **Désertification** : dégradation d'un milieu qui conduit à sa transformation en désert.

Doc 3 **Le Caire, centre ancien.**

Doc 4 **Le quartier des affaires à Johannesbourg.**

Doc 5 **Le Niger : un pays enclavé, comptant parmi les plus pauvres du Monde**

« Peu urbanisé et très peu industrialisé, le Niger reste un pays agricole (41 % du PIB par habitant). Ses perspectives de développement sont faibles alors qu'il enregistre un taux de fécondité parmi les plus élevés du Monde. De par la progression de la désertification, les terres arables n'ont cessé de se réduire. Les surfaces cultivées ne couvriraient plus que 5 % du territoire. Le Niger n'est plus autosuffisant depuis 1975 et doit importer chaque année une part croissante de son alimentation. Les cultures vivrières sont surtout pratiquées le long du fleuve Niger (millet, sorgho, mil, manioc, niébé[1], oignon, etc.). La pêche en eau douce et l'élevage en zone sahélienne viennent en complément. La part des cultures de rente (arachide, gomme arabique, canne à sucre, etc.) est dérisoire. »

F. Bost et O. Chapuis, *Images Économiques du Monde* 2005, éd. A. Colin, 2004.

1. Plante voisine du haricot, cultivée en Afrique de l'Ouest.

1 Doc 1 p. 200 Quelles sont les ressources minières exploitées en Afrique du Sud ?

2 Doc 2 Relevez les éléments qui montrent que l'Afrique du Sud enregistre des progrès. Quelles formes d'inégalités peut-on observer ?

3 Doc 3 Relevez sur la photographie les éléments qui montrent que Le Caire est une grande ville du monde musulman.

4 Doc 4 Relevez sur la photographie les éléments qui montrent que Johannesbourg ressemble aux villes des pays du Nord.

5 Doc 5 Quelles sont les difficultés qui limitent les perspectives de développement du Niger ?

6 Rédigez, à l'aide des documents, quelques lignes qui caractérisent les grands ensembles régionaux de l'Afrique.

Bilan

Un continent pauvre en mutation

❶ Le continent le plus pauvre du Monde

A. La **pauvreté** marque fortement le continent africain. Les indicateurs soulignent les forts écarts de **développement** entre l'Afrique et les pays du **Nord**. Mais cet écart s'accroît aussi par rapport à l'ensemble des pays du **Sud**. L'accès à ce qui est indispensable – l'eau potable, la nourriture, un logement décent, la santé, la scolarisation – est difficile pour une grande part de la population. Les inégalités sont de plus en plus grandes à toutes les échelles. Pour survivre, les Africains font preuve d'inventivité, notamment dans le cadre de l'**économie informelle**. Les **migrations** vers une ville proche, un pays voisin, en Europe, peuvent susciter l'espoir d'une vie meilleure.

B. L'Afrique est frappée par de **nombreux drames humains** (les guerres civiles, les famines, les déplacements de réfugiés, l'épidémie du sida) ou **écologiques** (désertification, déforestation, érosion des sols). La plupart des difficultés ont une cause humaine. Les régions où sévit la famine correspondent aux pays ravagés par les guerres civiles.

❷ Un peuplement contrasté, en augmentation rapide

A. L'Afrique est un **continent peu peuplé** (densité moyenne : 28 habitants par km^2). La population est répartie de façon contrastée. Dans certaines régions, le **peuplement** est très faible en raison des **contraintes naturelles** : les déserts de Sahara, de Kalahari et du Namib ou bien les régions de forêts denses équatoriales. Inversement, les **facteurs historiques** peuvent expliquer la répartition des régions plus densément peuplées (vallée du Nil, Grands Lacs africains, certains littoraux) ; la **traite des Noirs** est responsable de la moindre densité de certaines régions du Golfe de Guinée, où les trafiquants d'esclaves venaient s'approvisionner. La **diversité des cultures** (langues, religions, **ethnies**...) de l'Afrique est **très grande**.

B. La population de l'Afrique (861 millions d'habitants en 2003) a augmenté très rapidement grâce à des **taux de natalité** élevés et à la baisse du **taux de**

Développement : croissance durable de l'économie et élévation du niveau de vie de la société tout entière.

Nord : 1. un des points cardinaux ; 2. désigne les pays développés.

Sud : 1. un des points cardinaux ; 2. désigne les pays en voie de développement.

Informel : se dit des activités qui échappent au contrôle de l'État car elles ne sont pas déclarées et donc ne payent pas d'impôts.

Peuplement : 1. Occupation d'un territoire vide ; 2. Répartition de la population sur un territoire et ses caractéristiques.

Traite des Noirs : commerce et transport des esclaves noirs.

Culture : ensemble des usages, des coutumes, des manifestations artistiques, religieuses, intellectuelles... qui définissent un groupe, une société.

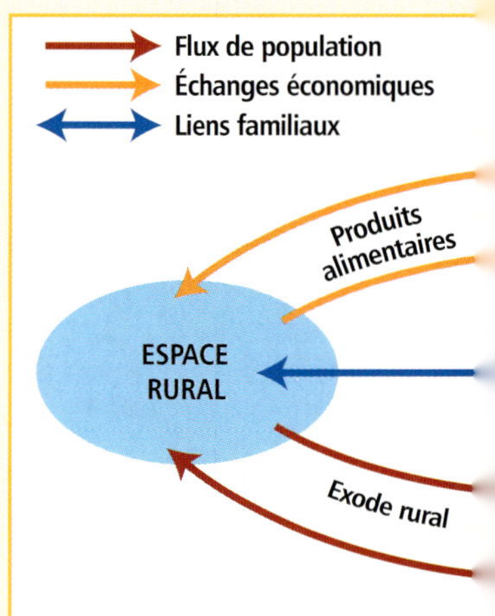

Les relations villes-campag

mortalité. Cette **croissance démographique** a tendance à ralentir, en particulier à cause des guerres et des **pandémies** comme le sida. L'Afrique est un **continent jeune** (45 % de moins de 15 ans) : son avenir représente d'immenses défis.

C. Les villes africaines grandissent très rapidement. Dans un premier temps, les capitales, comme Le Caire, les grands ports, comme Lagos, ont connu une très forte croissance, formant de vastes **agglomérations**. Dans leurs périphéries, se sont multipliés des quartiers d'**habitat spontané**, souvent dépourvus des équipements indispensables, où se rassemblent des populations très démunies (les **bidonvilles**). Dans un deuxième temps, de nombreuses petites villes ou même des villages ont accueilli de nouveaux habitants. Cette **urbanisation** très rapide bouleverse les modes de vie, creuse les **inégalités sociales**, et de nombreux urbains vivent dans la **précarité**. Les violences urbaines se multiplient.

3 Un continent fragile face au Monde

A. La plupart des Africains vivent dans les campagnes. L'agriculture doit répondre aux besoins alimentaires d'une population en forte augmentation. Les conditions de travail sont souvent difficiles en climat tropical, notamment à cause des terres fragiles, des pluies irrégulières… Les pays africains n'arrivent pas à produire suffisamment de **cultures vivrières**, malgré le défrichement de nouvelles terres : ces pays souffrent de **dépendance alimentaire. L'aide alimentaire** est parfois indispensable dans les pays les plus pauvres. L'**agriculture commerciale** permet de dégager des revenus pour favoriser **le développement** de nombreux pays africains. Cette agriculture est ouverte à la modernisation favorisée par des **échanges entre villes et campagnes**, de plus en plus importants. Les cultures « **vivrières marchandes** » se développent. Les **femmes** prennent une part très active dans ces transformations. Ces mutations creusent **les inégalités sociales** dans les campagnes : d'un côté des entrepreneurs audacieux s'enrichissent, d'un autre, de nombreux paysans, souvent en manque de terres, sont laissés pour compte.

B. Le continent africain est pourvu de **nombreuses ressources** : ressources **minières**, diversité des cultures et des paysages… mais la plupart des entreprises qui les exploitent sont des **multinationales** des pays du Nord. La part de l'Afrique dans les exportations agricoles mondiales est en recul en raison de la **faiblesse des prix** et de la **concurrence des autres pays producteurs** dans le Monde. Le **bois**, les **minerais**, le **pétrole** représentent une part importante des exportations africaines. Le tourisme y tient une place modeste. On parle souvent **d'économie de « rente »**. La **mondialisation** laisse une place réduite à l'Afrique.

Croissance démographique : voir p. 225.

Bidonville : voir p. 225.

Urbanisation : concentration de population dans les villes.

Cultures vivrières : la production est destinée à l'alimentation de la famille.

Dépendance alimentaire : situation d'un pays où l'agriculture ne produit pas suffisamment de quoi nourrir sa population, ce qui nécessite l'importation d'une partie de l'alimentation.

Agriculture commerciale : la production est destinée à la vente.

Mondialisation : action des entreprises qui s'implantent dans les régions où elles font le plus de bénéfices et entretiennent des échanges avec le Monde entier.

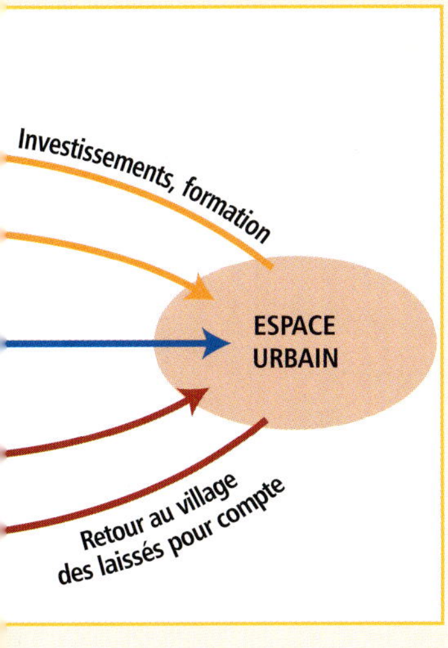

Bilan

Les sous-ensembles régionaux

L'Afrique est un vaste continent (**30 millions de km²**) qui offre une grande **diversité de peuplement, de cultures, de paysages, de ressources**... Face à la pauvreté, les pays africains sont inégalement armés. On peut ainsi distinguer **quatre ensembles régionaux**.

1 Une Afrique ouverte sur le Monde

A. **Les pays du pourtour méditerranéen** ont un **IDH moyen**. Ces pays sont musulmans, de langue arabe. **L'agriculture**, les **hydrocarbures**, le **tourisme** sont leurs **atouts importants**. Les échanges avec l'Europe favorisent l'essor de ces activités. Mais **la maîtrise de l'eau** représente un enjeu majeur.

B. **L'Afrique du Sud** est devenue une **puissance régionale** qui joue une influence sur le **Sud du continent**. Son dynamisme s'appuie sur ses **ressources minières** (or, diamants...) qui ont favorisé l'essor de grandes **multinationales.** Les marques laissées par le régime d'**apartheid** se traduisent par de fortes inégalités sociales et spatiales. Malgré quelques progrès, les Noirs constituent encore les populations les plus pauvres.

2 Des pays marqués par la pauvreté

A. Plusieurs pays de **l'Afrique subsaharienne** parviennent à enregistrer quelques progrès. Placés **en position littorale**, ils entretiennent des échanges avec les autres continents. Certains pays diversifient et modernisent leur agriculture. D'autres disposent d'importantes ressources minières (hydrocarbures, minéraux...). Toutefois, une part importante de la population reste en marge de ces progrès et l'avenir, dans ces pays, est très incertain.

B. Les **pays les plus pauvres d'Afrique** sont, le plus souvent, des États **enclavés,** ou des États frappés par les **guerres civiles** et **l'instabilité politique**. Ils cumulent les difficultés : pauvreté persistante, dégradation accélérée de l'environnement... La famine frappe durement leurs populations. **L'Afrique subsaharienne**, dans son ensemble, présente tous les caractères du **sous-développement.**

MOTS

IDH : (indice de développement humain) mesure du développement tenant compte de trois données principales : la santé, l'éducation et le revenu.

Puissance régionale : pays capable d'influencer ou de dominer des pays voisins.

Enclavement : situation d'un territoire isolé, sans contact avec la mer.

Sous-développement : état d'un pays caractérisé par un niveau de vie faible ; le développement économique est insuffisant en regard de l'augmentation rapide des besoins de cette population.

CARTE DE SYNTHÈSE

›››› Je m'exerce

1. Connaître les repères essentiels

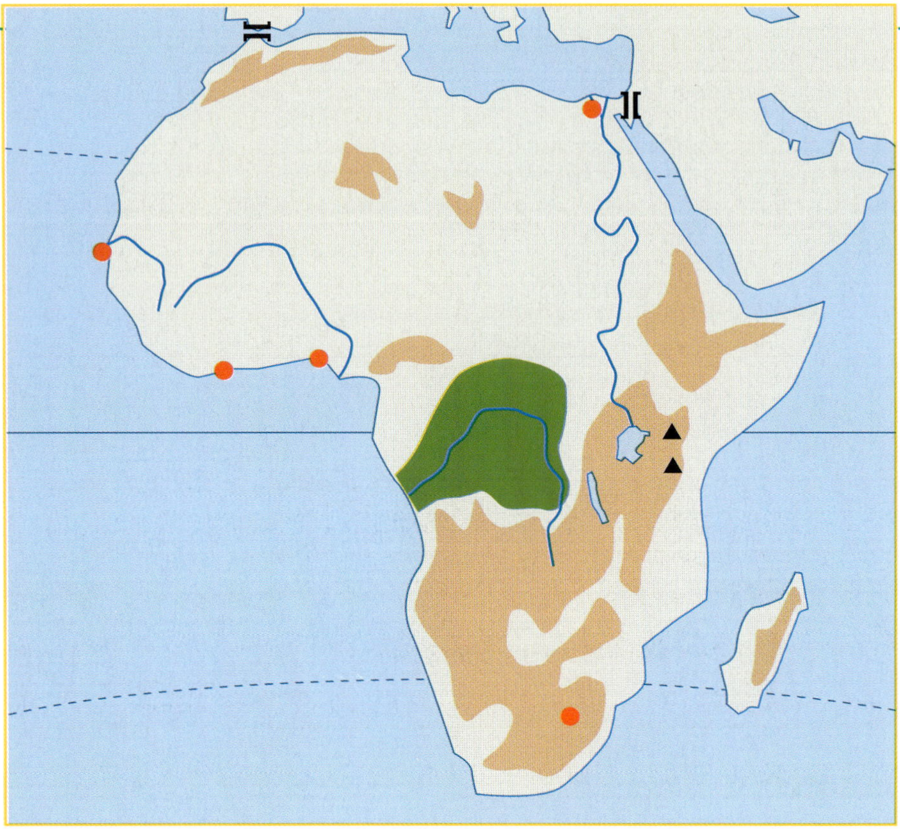

- Repères du Brevet : reproduisez la carte ci-contre et placez les éléments suivants :

- ❏ Le Caire
- ❏ Tropique du Cancer
- ❏ Équateur
- ❏ Tropique du Capricorne
- ❏ Détroit de Gibraltar
- ❏ Isthme de Suez
- ❏ Océan Atlantique
- ❏ Abidjan
- ❏ Forêt d'Afrique centrale
- ❏ Sahara
- ❏ Congo
- ❏ Nil
- ❏ Johannesbourg
- ❏ Dakar
- ❏ Océan Indien
- ❏ Lagos

2. Étudier un tableau de données statistiques pour comprendre les problèmes du développement

L'Angola	Superficie : 1 246 700 km²
	Population, 2003 : 13 100 000 habitants
	Capitale, Luanda : 2 819 000 habitants

	DONNÉES	CARACTÉRISTIQUES
Taux d'urbanisation 2002	35	faible
Natalité 2002	50 ‰	
Mortalité 2002	19 ‰	
Mortalité infantile 2002	154 ‰	
Taux de fécondité	6	
Espérance de vie des femmes	41 ans	
Espérance de vie des hommes	39 ans	
IDH	0,381	

Images économiques du monde 2005, A. Gamblin, éd. A. Colin, 2004.

1. Définissez les mots suivants : taux d'urbanisation, taux de fécondité, espérance de vie, IDH.
2. Recopiez le tableau et, dans la colonne de droite, caractérisez les données (précisez si les indices sont forts ou faibles en suivant l'exemple de la première ligne).
3. En quelques lignes, montrez que l'Angola est un pays peu développé.

3. Étudier une carte des densités

1. Définissez le mot « densité ».
2. Décrivez la répartition de la population en Afrique. Comment expliquer cette répartition ?
3. Quels sont les pays enclavés (qui n'ont aucun contact avec la mer) ? À quels ensembles régionaux appartiennent ces pays ?

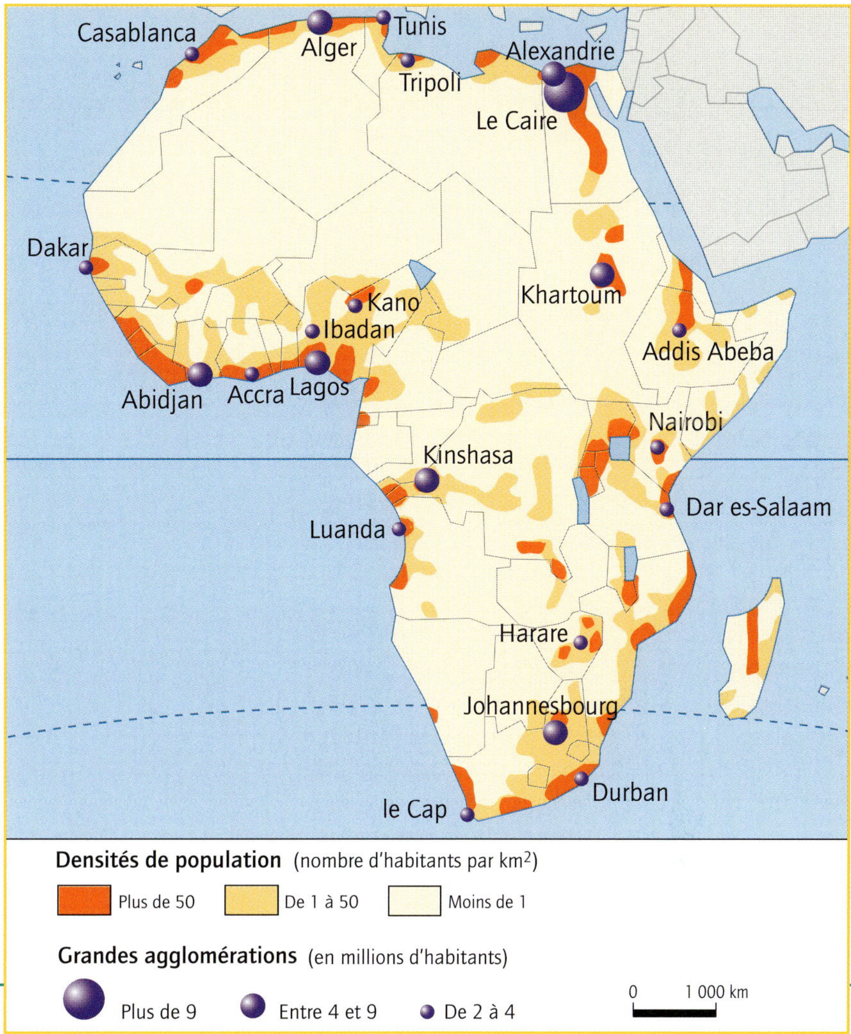

Doc Les densités et les grandes villes en Afrique.

4. Étudier des diagrammes climatiques

1. Situez chaque station sur la carte (doc 4, p. 192).
2. Pour chaque climogramme, relevez le nombre de mois secs (où la courbe des températures est située au-dessus du bâton des précipitations).
3. Indiquez le climat auquel correspond chaque climogramme (justifiez votre réponse).

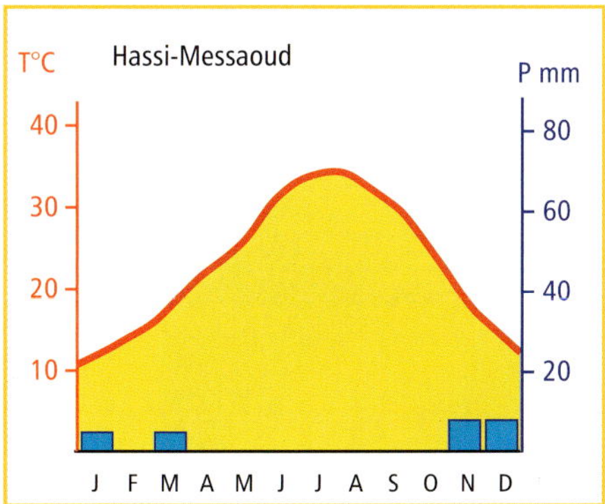

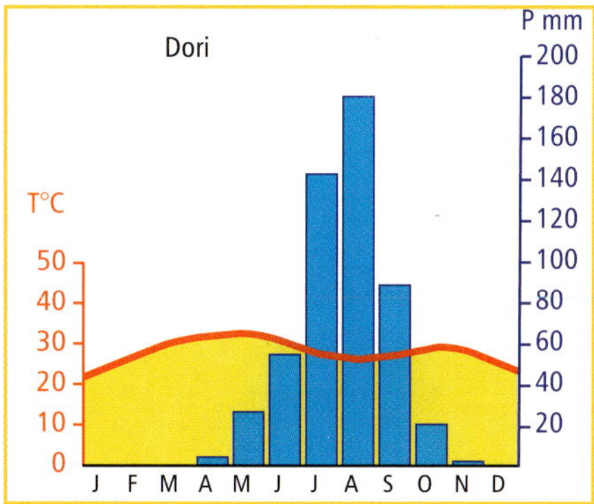

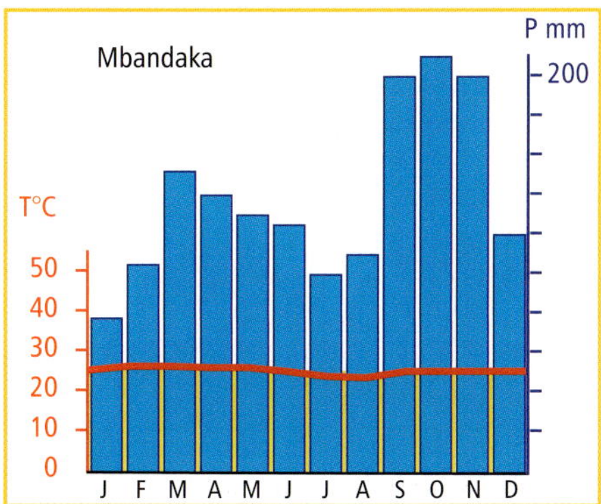

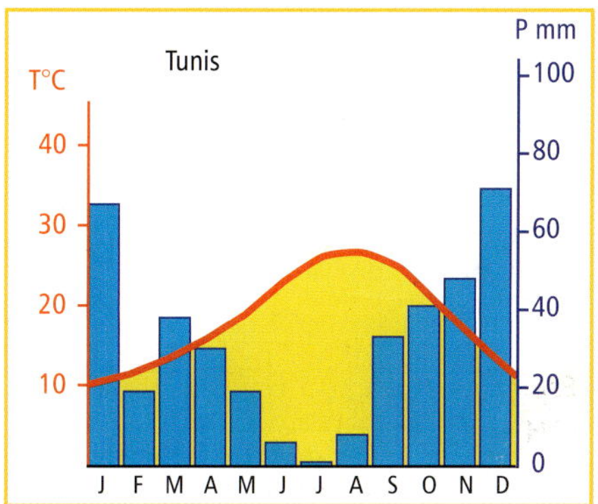

5. Étudier un ensemble documentaire en lien avec le programme d'éducation civique : *« refuser les discriminations »*

Doc 1 Quartiers interdits aux pauvres

« À Johannesbourg, au cours des dix dernières années, des clôtures ont coupé 1245 rues publiques du monde extérieur. Elles ont pour but de protéger ceux qui sont derrière – en majorité des Blancs riches – d'une vague de crimes et de délits en général commis par des Noirs pauvres.

Les barrages urbains – les Sud-Africains les appellent « booms » – ont fait leur apparition dans les riches banlieues nord de la ville en 1994. Johannesbourg a la réputation d'être l'une des villes les plus violentes du monde. La criminalité est un véritable problème : *[attaques à main armée, vol de voitures, meurtres]*. La plupart de ces actes touchent les zones pauvres. »

Courrier International, n° 733, 18 au 24 nov 2004.

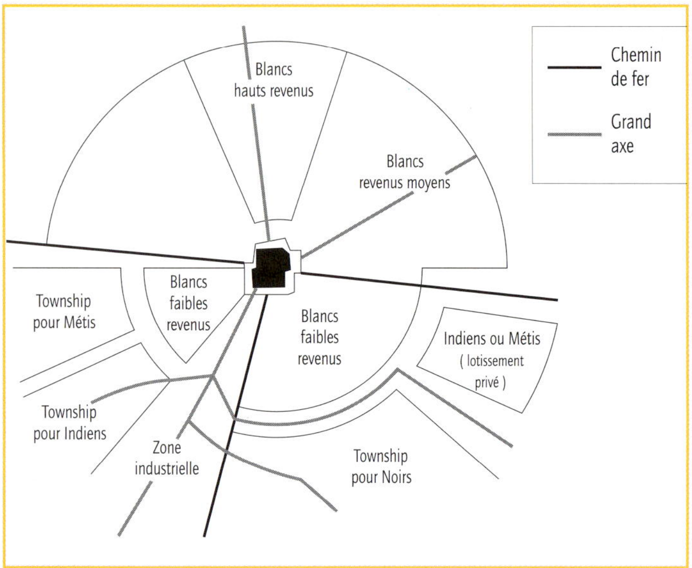

Doc 2 Johannesbourg, ville de l'apartheid.

Doc 3 Bidonville à Soweto.

1. À partir d'une recherche au CDI, présentez en quelques lignes l'histoire de l'Afrique du Sud au cours du 20e siècle, puis expliquez l'origine du quartier de Soweto.
2. **Doc 3** Relevez sur la photographie, les éléments qui montrent que le quartier de Soweto est dépourvu d'équipements de base.
3. **Doc 2** Comment se traduit la ségrégation raciale dans une ville d'apartheid ?
4. **Doc 1** D'après le texte, quelles sont les formes de discriminations actuelles dans les villes sud-africaines ?
5. Certains Sud-Africains justifient les « booms », d'autres les combattent. Organisez un débat où certains élèves soutiennent les arguments des premiers et d'autres les arguments des seconds.

« Images de l'Afrique »

Les représentations que l'on se fait de l'Afrique reposent souvent sur des images fausses ou simplifiées à l'excès, parfois anciennes, qui empêchent de prendre en compte la grande diversité de l'Afrique et toutes ses richesses culturelles et naturelles.

1. Extrait d'un manuel du Cours préparatoire, 1933.
Gravure extraite de A. Aymard, *Histoire de France*, début 20e siècle.

2. Une caricature de Plantu, *Le Monde*, 29 août 1986.

a

b

3.a : affiche du film *Massaï, les guerriers de la pluie* (2004) ;
3.b : Couverture d'une plaquette touristique[1] (2005).

1. *Observez la scène du premier plan, puis la scène du dernier plan : quels sont les éléments qui montrent que les Blancs se pensent supérieurs aux Noirs ?*
- *D'après l'auteur de la gravure, quels « bienfaits » sont apportés par les colonisateurs aux peuples colonisés ?*
- *Dans quelle langue se fait l'enseignement auprès des jeunes Africains ? Quelles sont les conséquences pour ces Africains ?*

2. *Observez cette caricature, puis rédigez quelques lignes sur les malheurs de l'Afrique évoqués par le dessinateur.*

3a. *À partir de recherches au CDI, rédigez un paragraphe de quelques lignes pour montrer comment vivent les Massaïs aujourd'hui.*
- **3b.** *Qu'est-ce que les plaquettes touristiques comme celle-ci cherchent à nous montrer ?*

Synthèse *À partir de toutes vos réponses, remplissez le tableau suivant que vous aurez pris soin de recopier :*

Document	Image de l'Afrique qui en ressort
1.	
2.	
3a.	
3b.	

1. Safari : terme d'origine swahilie qui signifie « le voyage ».

Un film
La petite Vendeuse de Soleil de Djibril Mambety Diop, 1998, 43 mn.

chapitre

11

Le Maghreb

Doc 1 **Le Maghreb.**

Doc 2 Vue aérienne de Tanger. La médina domine le port.

Doc 3 La vieille ville de Tanger (médina).

> Je découvre le Maghreb à partir de Tanger

Officiellement, la ville de Tanger compte environ 550 000 habitants. En fait, probablement bien plus. La ville, point de passage vers l'Europe, est un lieu de trafics en tous genres, qui attirent les populations, du reste du Maroc, mais aussi d'Afrique Noire.

MOTS
- Médina

Doc 1 **Plan de la ville de Tanger.**

Doc 2 **Franchissement du détroit par ferry rapide.**

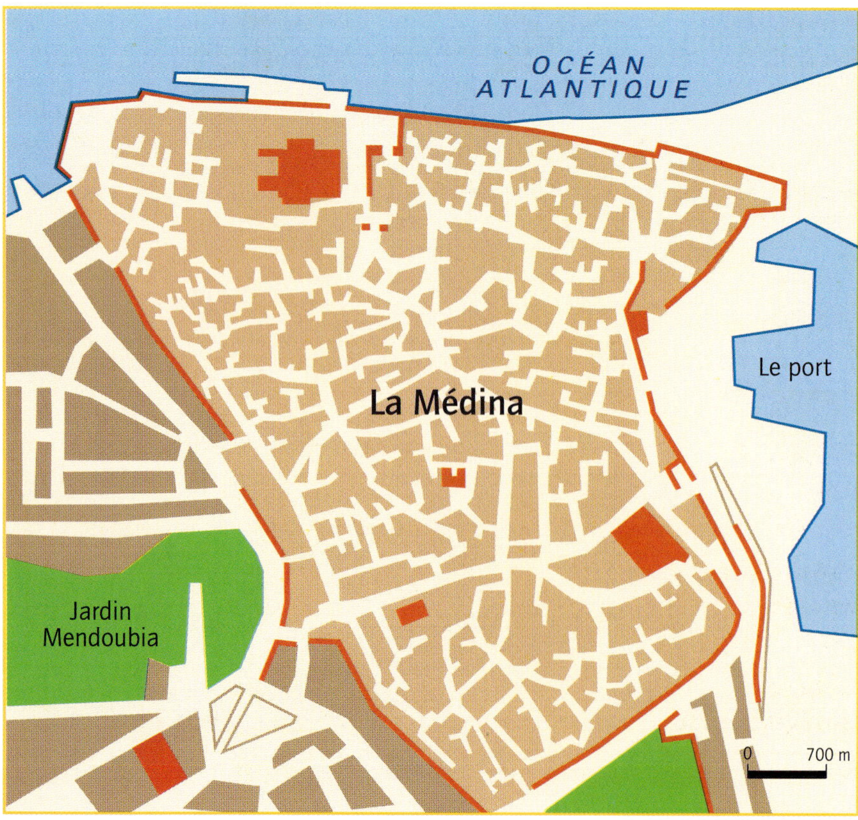

Doc 3 **Plan de la médina.**

Doc 4 **L'évolution de la population de l'agglomération et de la médina**

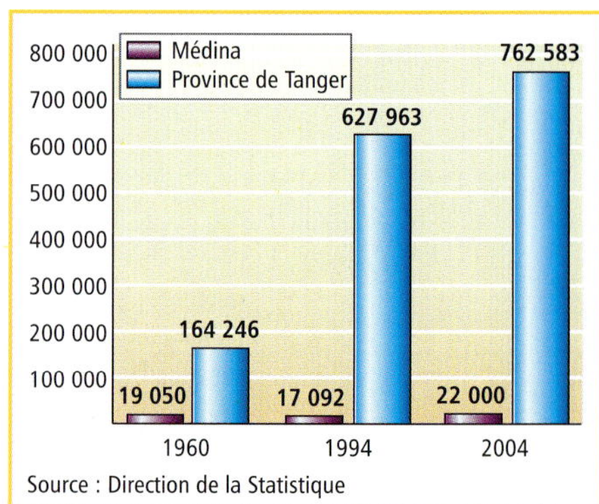

La ville de Paris a une superficie de 10,5 km², soit 10 540 ha ; elle compte 2 125 000 habitants, soit une densité de 201,6 habitants à l'hectare. La médina de Tanger, qui couvre une superficie de 26 hectares, est peuplée de 22 000 habitants.

Doc 5 Sortie d'école à 10 h du matin.

Doc 6 Le port de Tanger : le 2e du Maroc.

Doc 7 Une croissance sauvage

« Sur l'agglomération de Tanger, 20 % de la population n'aurait pas accès à l'eau et à l'électricité. Construits sans plan d'urbanisme et à flanc de collines, *"trop de quartiers rendent presque impossible le passage des tuyaux d'écoulement et pour ceux qui le permettent, les rues sont si étroites que le déblaiement des égouts est parfois effectué à dos d'âne."* La panacée[1] prévue pour 2006, c'est le traitement de ces eaux, rebuts ménagers et l'assainissement de la baie… »

M. Alfandari, *Le Figaro*, 30 juillet 2003.

1. Prétendu remède à tous les problèmes.

1 Doc 1 La médina est la partie ancienne de la ville : quelle part de l'agglomération occupe-t-elle ?

2 Doc 3 Décrivez le plan de cette partie de la ville : comment se présentent les rues ?

3 Doc 4 Quelle est la densité moyenne de la médina ? Comparez-la à celle de Paris. Que peut-on en déduire ?

4 Doc 6 Décrivez la photographie. Comment expliquer le nombre des camions ?

5 Doc 5 Pourquoi des enfants sortent-ils de l'école à 10 heures du matin ?

DE L'EXEMPLE AU COURS

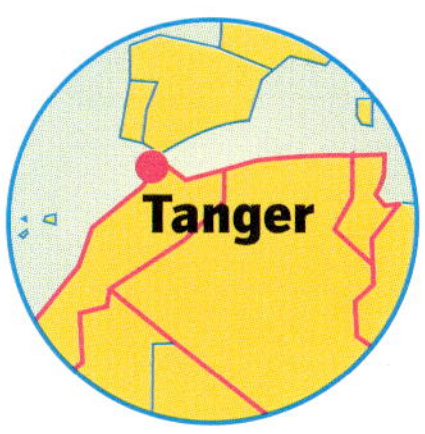

- **Une ville du monde arabo-musulman, à la limite du bassin méditerranéen,**
- **située juste en face des côtes de l'Europe, avec laquelle les liens sont anciens,**
- **confrontée à d'importants problèmes démographiques et de développement.**

1. La situation géographique du Maghreb

MOTS
- Situation géographique
- Émigration
- Monde arabe
- Monde musulman

Le Maghreb est un carrefour d'influences : au Nord de l'Afrique, au Sud de la Méditerranée, face à l'Europe, en bout occidental du monde arabo-musulman.

➔ Avec quelles parties du Monde le Maghreb est-il en relation ?

Doc 1 Le monde arabo-musulman.

Doc 2 Le détroit de Gibraltar vu par satellite.

Doc 3 **Les destinations internationales d'Air Algérie en 2004.**

Doc 4 La traversée illégale du détroit

« Plus de 100 000 Marocains tentent chaque année de traverser clandestinement le détroit de Gibraltar pour gagner l'Europe, nouvelle terre de toutes les promesses. Pour des milliers d'entre eux, ce rêve se termine tragiquement. Pourtant, le drame des noyés du détroit ne dissuade nullement de plus en plus de jeunes Marocains de tenter à leur tour l'aventure. Pourquoi partent-ils ? Il y a d'abord la conviction qu'un pays où les structures sociales demeurent désespérément archaïques, voire féodales, n'offre pas aux nouvelles générations de véritables perspectives d'avenir. Il y a ensuite l'irrésistible attrait qu'exerce l'image des pays européens diffusée par les chaînes de télévision du Nord qui inondent désormais tout le Maghreb. Mais il y a loin du mirage à la réalité… »

P. Vermeren, « Les Marocains rêvent d'Europe », *Le Monde diplomatique*, juin 2002.

Doc 6 **Début août : la queue à Algésiras, pour embarquer sur un ferry.**

Doc 5 L'émigration algérienne

« L'émigration algérienne à l'étranger (et particulièrement en France) a une longue histoire, puisqu'elle a démarré avec la guerre de 1914. Mais sa montée en puissance date de la période de la grande croissance européenne (1945-1975) pendant laquelle l'économie européenne avait besoin de main-d'œuvre. La fermeture des frontières algérienne (1973) et française (1974), puis la crise économique générale, ont stoppé toute émigration, hormis les regroupements familiaux. La communauté émigrée s'est stabilisée en France, avec une légère baisse, due à la fois à des retours définitifs et surtout aux naturalisations. »

M. Cote, *L'Algérie*, éd. A. Colin, 1996.

1 **Doc 1** Dans quelle partie du monde arabe se trouve le Maghreb ? Pourquoi l'Afrique du Nord a-t-elle été appelée par les Arabes « Djzirat Al Maghrib », c'est-à-dire « l'île du couchant » ?

2 **Doc 2 et Doc 2 p. 214** Quelle distance sépare l'Europe de l'Afrique ? En combien de temps peut-elle être franchie ?

3 **Doc 3** Avec quels pays l'Algérie entretient-elle le plus de liaisons aériennes ? Pourquoi ?

4 **Doc 6** Décrivez ces véhicules. Pourquoi sont-ils aussi chargés ? De quelles populations s'agit-il ?

2. Entre Méditerranée et Sahara

MOTS
- Aridité
- Désert
- Oasis
- Irrigation

Coincé entre la mer et le désert, le Maghreb offre une grande diversité d'atouts.

Quelles sont les contraintes de la nature au Maghreb ? Comment sont-elles surmontées ?

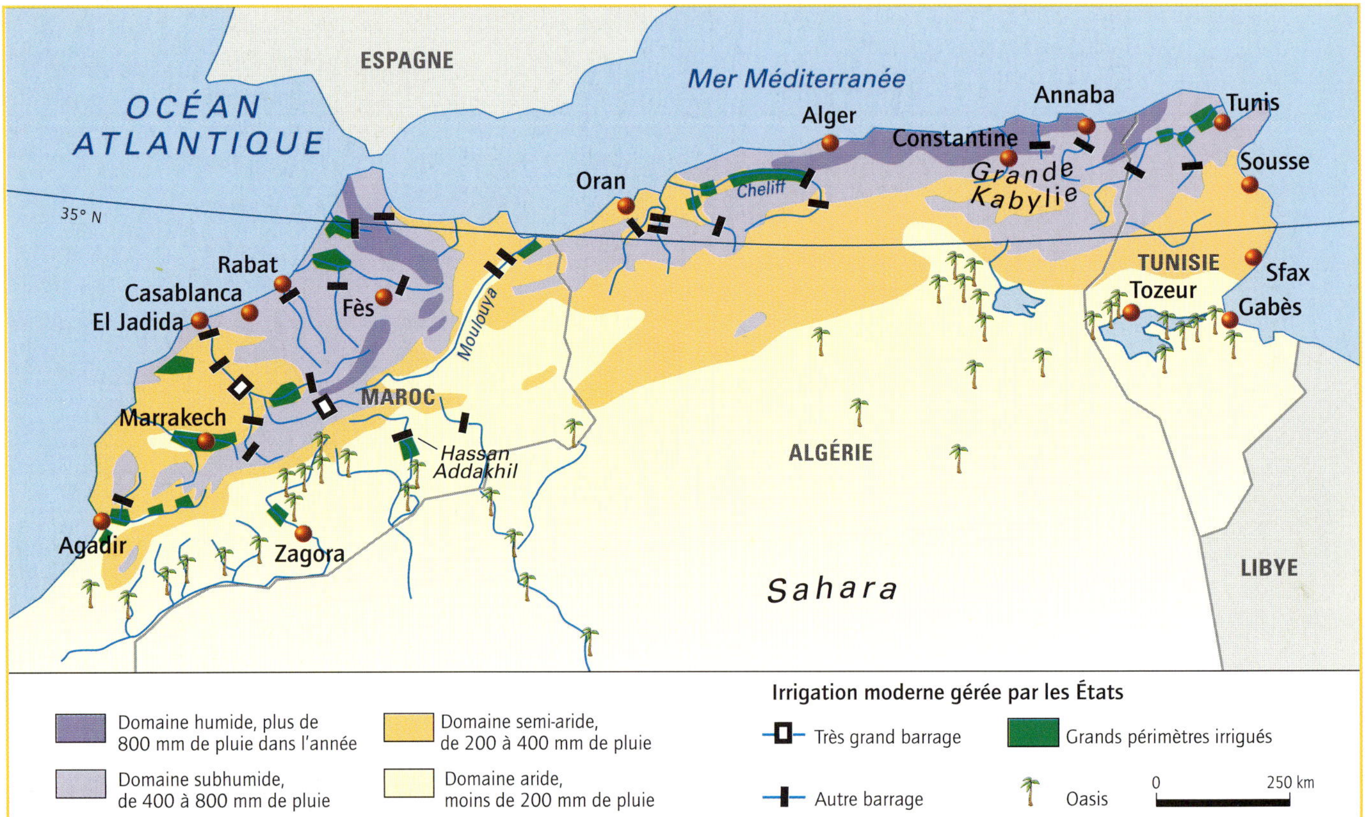

Doc 1 **Les précipitations et les zones irriguées.**

Doc 2 **Cultures sous serres, près d'El Jadida, Maroc.**

Doc 3 **Peinture murale à Zagora (Sud du Maroc).**

Doc 4 **Le barrage Hassan Addakhil (Maroc).**

Doc 5 **Paysage de la Grande Kabylie (Algérie).**

Doc 6 **Hôtel à Tozeur (Tunisie).**

1 Doc 1 Quelles sont les régions les plus arrosées ? Où se situe la partie la plus aride ?

2 Doc 2 Décrivez ce paysage. En quoi s'agit-il d'une agriculture moderne, tournée vers l'exportation ?

3 Doc 3 ET CARTE PAGE 212 Où se situent Zagora et Tombouctou ? Qu'est-ce qui sépare ces deux lieux ?

4 Doc 4 Décrivez ce paysage. Sous quel climat ce barrage a-t-il été créé ? À quoi sert-il ?

5 Doc 5 Situez et décrivez ce paysage.

6 Doc 6 Décrivez ce paysage. Dans quelle partie du Maghreb se situe Tozeur ?

3. Les problèmes démographiques

MOTS
- Croissance démographique

Tout l'espace du Maghreb n'est pas également habitable. Dans tous les cas, la pression démographique s'accroît fortement.

➔ Comment se distribue la population dans l'espace ? Quelles sont les conséquences de l'explosion démographique ?

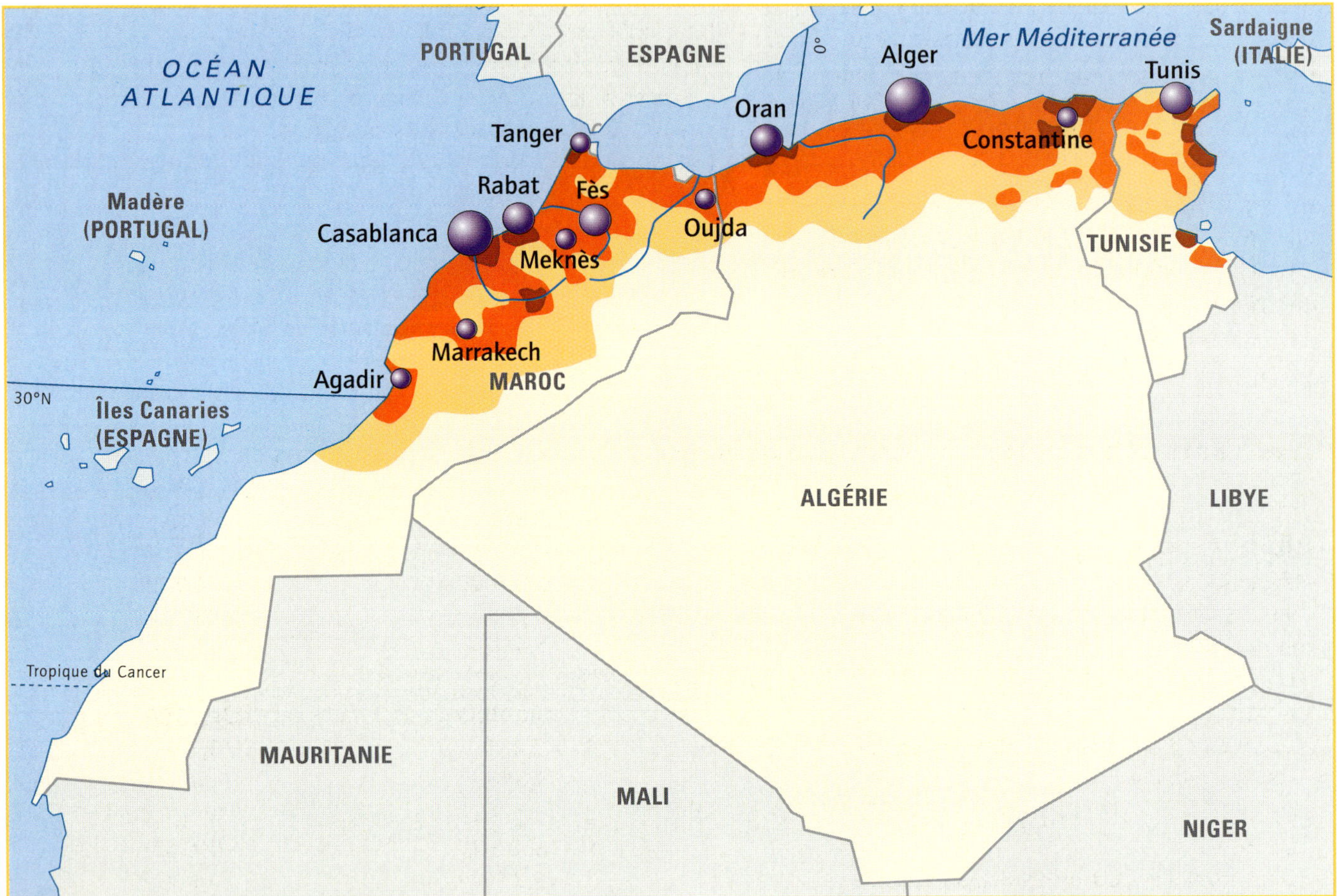

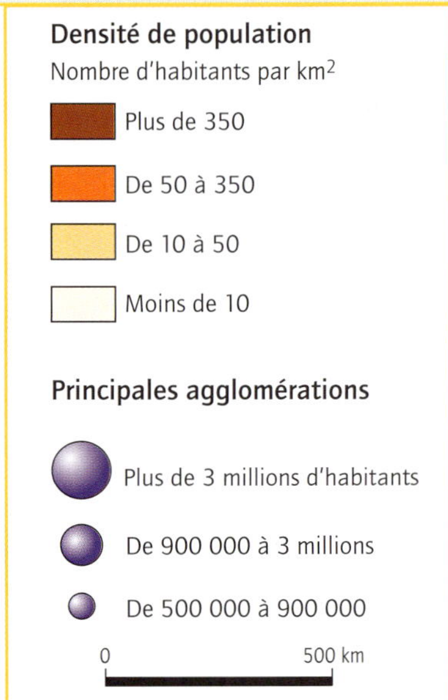

Doc 1 **Les densités de population et les grandes villes.**

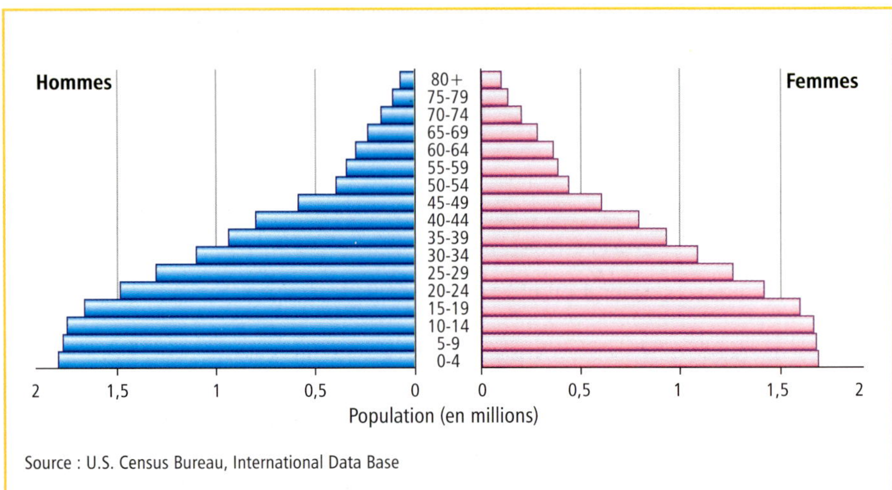

Doc 2 **Pyramide des âges du Maroc (en 2000).**

Doc 3 **Un témoignage d'une lycéenne d'Alger**

Il suffit d'un seul regard. À droite, un petit bidonville qui tente de s'imposer au milieu de ce quartier de Delly Brahim. À gauche, des bâtiments, encore en pleine construction, comme un espoir en chantier. Plus au loin, on peut distinguer Alger, et contempler cette ville dans tout son éclat. Alger, qui me retient encore et m'attache à ce pays. Et puis, en face, la mer. Cette vaste et miroitante frontière, séparant le passé de l'avenir, la misère de la richesse ou encore la souffrance du bonheur, car ici beaucoup d'Algériens ont pour seul rêve de partir. Je longe d'abord le bidonville et, sans trop m'y attarder, j'essaie d'observer ses habitants. Rien que des femmes et des enfants. Des femmes, dont le mari est absent toute la journée, s'affairant aux tâches ménagères quotidiennes; sur leurs visages se lisent la fatigue et la souffrance. Personne n'ose parler. Enfin, plus loin, je vois des hommes relativement jeunes, Noirs africains ou Algériens, tous adossés à un même mur, regardant les passants, avec l'espoir qu'on leur propose un travail.

D'après Djeyda, *Textes* écrits par des élèves du Lycée international d'Alger, *Le Monde*, 23 décembre 2004.

Doc 4 **L'importance de l'émigration marocaine**

« L'émigration marocaine est tardive par rapport à celle d'autres pays du Sud, comme l'Algérie (qui a envoyé ses premiers émigrés en France métropolitaine dès les années 1920). C'est après l'Indépendance, à la fin des années 1950, que le mouvement a vraiment décollé. Jusqu'à la fin des années 1960, il s'agissait d'hommes seuls, le plus souvent originaires du Rif et du Souss. [...] selon les chiffres officiels, près de deux millions de Marocains vivaient hors de leur pays en 1993, dont plus de 80 % en Europe [...]. Cette émigration a joué le rôle de véritable soupape de sécurité pour une économie en crise depuis la fin des années 1970: non seulement elle a diminué la pression démographique dans les grandes villes, notamment sur un marché de l'emploi saturé, mais elle a aussi constitué une source de revenus importants. Beaucoup d'émigrés envoient en effet de l'argent à leurs proches restés au pays... ».

P. Vermeren, *Le Maroc en transition*, éd. La Découverte, 2001.

VOCABULAIRE

- **Taux de fécondité**: nombre d'enfants par femme en âge de procréer.

Doc 5 **L'évolution récente de la population du Maghreb et comparaison avec la France**

	1987	2003
ALGÉRIE		
Population	23 500 000	31 700 000
Taux annuel d'accroissement démographique	2,9 %	1,8 %
Taux de fécondité	6,4 ‰	2,8 ‰
MAROC		
Population	24 400 000	30 400 000
Taux annuel d'accroissement démographique	2,2 %	1,7 %
Taux de fécondité	4,8 ‰	2,8 ‰
TUNISIE		
Population	7 600 000	9 900 000
Taux annuel d'accroissement démographique	2,3 %	1,1 %
Taux de fécondité	4,5 ‰	2,1 ‰
FRANCE		
Population	55 600 000	59 800 000
Taux annuel d'accroissement démographique	0,5 %	0,4 %
Taux de fécondité	1,8 ‰	1,9 ‰

1 Doc 1 Où se situe la partie la moins peuplée du Maghreb? À quelle région correspond-elle? Où se situent les villes principales?

2 Doc 2 Décrivez la pyramide. Quelle est la génération la plus nombreuse? Pourquoi?

3 Doc 5 Combien d'habitants compte le Maghreb en 2003 et en 1987? De combien de millions a-t-il progressé en 16 ans? Quels sont les indices qui montrent que cette croissance se ralentit? Dans quel pays, la démographie est-elle la plus proche de celle des pays développés?

4 Doc 3 Quels sont les problèmes décris par la lycéenne?

5 Doc 4 Combien y a-t-il de phases dans cette émigration? Qu'est-ce que la « pression démographique »? En quoi est-elle atténuée par l'émigration?

4. Les problèmes de développement

MOTS
- **Dépendance alimentaire**
- **Matières premières**
- **Politique de développement**
- **Bidonville**

Le Maghreb présente de nombreux caractères de sous-développement. Pourtant, ses ressources naturelles ne sont pas négligeables, mais inégalement réparties.

➔ Quel est le niveau de développement du Maghreb ?

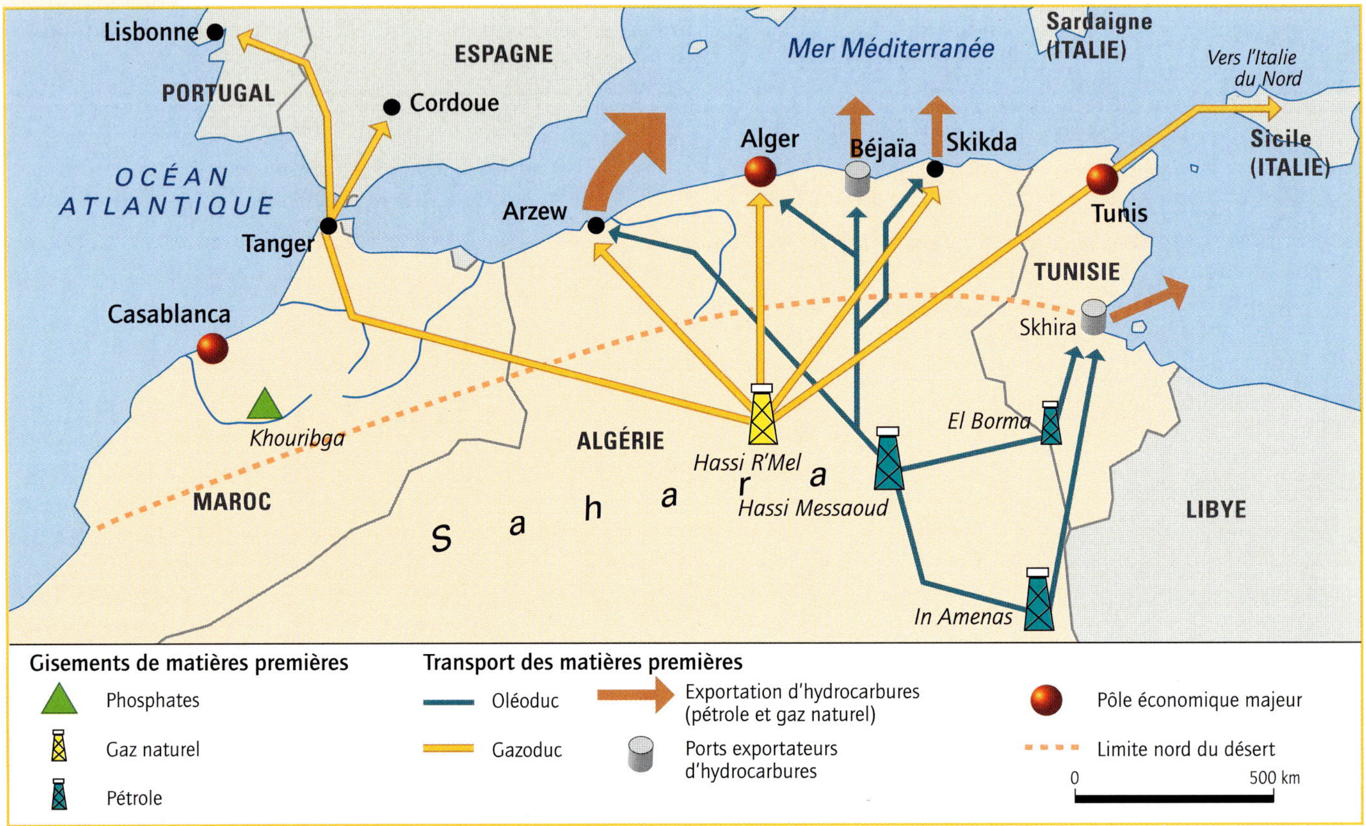

Doc 1 **Les gisements de matières premières.**

Doc 2 **Exploitation pétrolière dans le Sahara algérien.**

Doc 3 **La dépendance alimentaire**

L'Algérie paie l'échec des méthodes de développement qui ont été choisies après l'indépendance : investissements massifs dans une industrie nationalisée qui n'a jamais atteint ses objectifs de production et de rentabilité, priorité aux secteurs industriels lourds, dits structurants, sur les biens de consommation et les services, socialisation de l'agriculture qui a conduit à l'effondrement de la production. Aujourd'hui, l'agriculture emploie 25 % de la population active et contribue pour 11 % au PIB de l'Algérie. L'Algérie est loin de l'indépendance alimentaire. Les importations de produits agro-alimentaires se sont élevées à 2,6 milliards de dollars en 1998 et le taux de dépendance alimentaire est évalué à 45 %. Pour les céréales seules, le taux de dépendance est de 70 %.

D'après http://www.insert-export.com/indexframes/indexactu.htm

Doc 4 **Le centre des affaires de Casablanca.**

Doc 5 **Bidonville à Casablanca.**

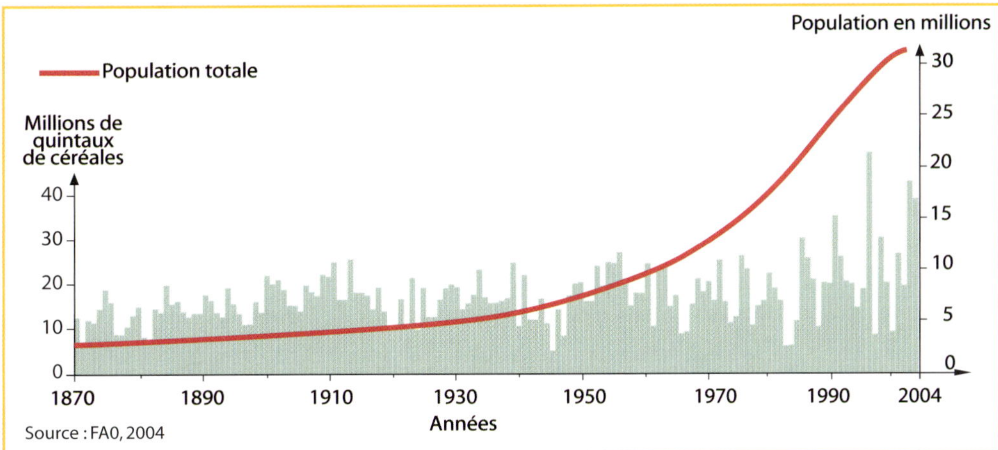

Doc 6 **Production céréalière et évolution de la population en Algérie.**
Source : FAO, 2004.

Doc 7 La Tunisie dans la mondialisation

Secteur phare de l'économie tunisienne – un cinquième du PIB et 15 % des emplois – l'industrie s'apprête à affronter la tempête. « Ici, le prix de revient d'un jean est de 8 euros, alors qu'en Chine son prix de vente est de 6 euros ! » Le niveau des salaires pèse lourdement dans la balance : un ouvrier tunisien gagne chaque mois entre 115 et 130 euros (pour 40 à 48 heures de travail par semaine) quand un ouvrier chinois perçoit entre 50 et 60 % de moins. Les grandes centrales d'achats ont vite fait leurs comptes, et la Tunisie perd déjà du terrain. Quatrième fournisseur de l'Union européenne en produits textiles, elle était jusqu'en 2002 le premier fournisseur de la France, avant d'être surclassée par la Chine en 2003. « Sur les grandes séries, nous avons décroché depuis dix ans, reconnaît Afif Chelbi, ministre de l'Industrie. Mais nous n'avons pas dit notre dernier mot : si le prix était le seul facteur de choix, il n'y aurait plus d'usines ici depuis longtemps ! Nous devons miser sur la qualité et exploiter au mieux l'atout de la proximité géographique et culturelle. »

D'après C. Hoorman, *L'Express* du 10 janvier 2005.

1 **Doc 1** Établissez la liste des matières premières représentées sur la carte : quelles sont les spécialités de chaque pays ? Quel est le pays le mieux doté ? À qui ces matières premières sont-elles destinées ?

2 **Doc 4 et 5** Décrivez ces deux paysages urbains. En quoi traduisent-ils les difficultés du développement du Maroc ?

3 **Doc 6** Décrivez l'évolution de la production céréalière. Pourquoi est-elle aussi irrégulière ? Pourquoi la dépendance alimentaire de l'Algérie augmente-t-elle ?

4 **Doc 7** Pourquoi peut-on dire que la Tunisie est réellement en développement ? Que signifie l'intention d'exploiter la « proximité géographique et culturelle » ?

Bilan

La situation géographique

1 Une terre d'échanges

A. La situation géographique

Maghreb signifie, en arabe, « **pays du soleil couchant** » : c'est la partie la **plus occidentale du monde musulman**. Ce monde musulman, en Afrique du Nord, résulte de **la conquête arabe** qui, partie du désert d'Arabie, arriva jusqu'à l'océan Atlantique (l'actuel Maroc), dès **la fin du 7e siècle**.

La conséquence en fut **un peuplement arabe** qui, progressivement, submergea le peuplement **berbère** dans la plus grande partie du Maghreb, ainsi que **l'islamisation de toutes les populations**, à l'exception des communautés juives.

Aujourd'hui encore, le Maghreb est la partie du **monde arabe** la plus occidentale. Pour les Européens, le Maghreb est **la porte d'entrée de l'Orient**, la plus proche. C'est cette proximité qu'exploite **le tourisme**.

B. La rive Sud de la Méditerranée

En effet, le Maghreb n'est pas éloigné de l'Europe : **14 km dans le détroit de Gibraltar** ; Alger est à 750 km de Marseille ; la Sicile n'est qu'à 110 km des côtes de Tunisie.

Le Maghreb a ainsi, au cours de l'Histoire, participé à la vie de la Méditerranée : à ses conflits, mais aussi à ses **échanges commerciaux et culturels**, ainsi qu'à des **échanges de populations**.

C. Le Nord de l'Afrique

Le Maghreb, arabo-berbéro-musulman, est séparé de l'Afrique noire par un **désert**, le **plus grand du Monde** : le **Sahara**. Celui-ci, large de près de 2 000 km, n'a jamais empêché les relations entre le Maghreb et l'Afrique noire : **échanges commerciaux**, mais aussi **trafics d'esclaves noirs** emmenés au Maghreb, dans les oasis du Sud du Maroc ou d'Algérie.

Une petite partie de la population d'Afrique du Nord est ainsi composée des descendants de ces anciens esclaves noirs : les Harratins.

D. Les liens avec l'Europe

Ces liens sont **très anciens** : le Maghreb a appartenu à l'Empire romain. Au 8e siècle, les Arabes envahirent **l'Espagne** et s'y établirent pendant plusieurs siècles (le royaume de Grenade fut conquis en 1492). À son tour, l'Espagne

Situation géographique : position d'un lieu par rapport à d'autres lieux.

Monde musulman : partie du Monde où la population est de religion musulmane.

Monde arabe : partie du Monde où la population, qui peut être originaire d'Arabie, parle arabe.

Désert : espace quasi inhabité du fait de son aridité.

Le peuplement du Maghreb

occupa des villes du Nord du Maroc dès le 15e siècle. La France entreprit la **conquête de l'Algérie à partir de 1830,** puis la **Tunisie** en 1881 et le **Maroc** en 1912. **L'influence européenne** s'y accompagna d'installations de populations : Français surtout en Algérie, Espagnols et Français au Maroc, Italiens et Français en Tunisie.
En **1956, le Maroc et la Tunisie devinrent indépendants** et, au terme d'une guerre de 8 ans, l'Algérie accéda à **l'indépendance en 1962.**

2 Les problèmes du développement

A. 73 millions d'habitants dans les trois États : Algérie, Maroc et Tunisie. Le PIB par habitant y est en moyenne d'à peine 2 000 dollars (24 000 en France) ; le PIB de la Belgique (10 millions d'habitants) est beaucoup plus élevé que celui de l'ensemble du Maghreb.

B. Le Maghreb est donc un ensemble de pays en voie de développement. Malgré des **matières premières** parfois importantes (le pétrole et le gaz naturel en Algérie, les phosphates au Maroc), une population nombreuse, le développement économique et social ne progresse pas au même rythme que la démographie.

C. L'explosion démographique : en 1950, la population du Maghreb n'était que de 21 millions d'habitants ; la population a donc plus que triplé en un demi-siècle. C'est la conséquence d'une natalité encore forte, surtout au Maroc et en Algérie ; en Tunisie, la politique de contrôle des naissances et d'émancipation des femmes a été engagée plus tôt, avec plus de résultats.

D. La population augmente plus vite que la richesse : elle progresse encore **d'environ 2 % par an** en moyenne. L'explosion démographique pèse donc sur le développement de ces États qui ont du mal à mettre tous les enfants à l'école, à donner un emploi à tous (la proportion des chômeurs y est forte, variant de **15 % en Tunisie à 30 % en Algérie**) et à loger les populations : importances des **bidonvilles**, **médinas** surpeuplées. L'une des conséquences du déséquilibre entre la **croissance démographique** et celui de la production est la **dépendance alimentaire**, qui atteint son maximum en Algérie, obligée d'importer 80 % de son alimentation (céréales, produits laitiers, viande).

E. Autre conséquence : l'importance de l'émigration : surtout depuis les années 1960, le **départ vers des pays plus riches** a été une réponse à la misère. La **France** a reçu **le flux le plus important** ; puis les pays voisins (Italie, Belgique, Pays-Bas, etc.) ont, à leur tour, reçu des **migrants maghrébins.** Le Canada est également devenu une destination importante, surtout des Marocains.

Matières premières : richesses tirées de la Terre (du sol ou du sous-sol).

Bidonville : habitat bâti par les plus pauvres à l'aide de matériaux de récupération (tôles, briques, cartons, toiles, etc.).

Médina : centre ancien de la ville arabo-musulmane. Entourée de remparts, organisée autour de mosquées, elle se compose de rues, le plus souvent étroites et tortueuses, et d'impasses.

Croissance démographique : augmentation de la population calculée en comptant l'accroissement naturel (différence entre natalité et mortalité) et le solde migratoire (différence entre le nombre d'entrées et le nombre de sorties).

Dépendance alimentaire : voir p. 205.

Émigration : fait de quitter son pays pour aller habiter dans un autre pays.

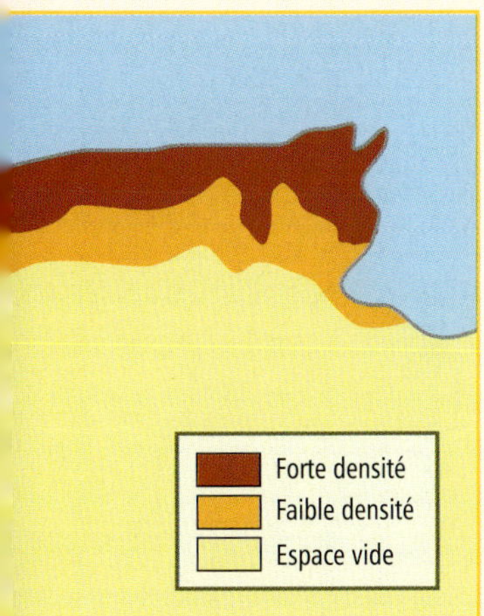

Bilan

L'espace du Maghreb

1 Variété des conditions naturelles

Le Maghreb se compose de milieux différents, par le relief et le climat.
Le Nord et l'Ouest sont les parties les plus arrosées : en année normale, on peut y cultiver sans **irrigation** ; mais les sécheresses rendent les barrages et les travaux d'irrigation indispensables pour garantir les cultures.
Les montagnes fragmentent l'espace : elles sont nombreuses et hautes (point culminant : 4 165 m au mont Toubkal, dans le Haut Atlas). Le relief s'abaisse vers l'Est (le sommet de la Tunisie dépasse de peu les 1 500 m).
Au Sud de la chaîne de l'Atlas règne **l'aridité** : au Sahara : l'agriculture n'est possible que ponctuellement, dans les **oasis** pourvues en eau.

2 Dynamisme littoral, retard de l'intérieur

L'essentiel de la population du Maghreb se concentre dans les **plaines littorales** (Gharb et plateau central au Maroc, plaine de la Mitidja en Algérie, plaine de Tunis et Sahel tunisien). Ces plaines accueillent aujourd'hui **l'agriculture la plus modernisée**, qui exporte vers l'Europe. C'est, par exemple, le cas de la **plaine du Sous** (arrière-pays d'Agadir) où **l'agriculture sous serres** s'est récemment développée.
Presque toutes les villes importantes sont sur le littoral. **Casablanca, Alger et Tunis** sont les principaux ports de commerce (sauf pour les hydrocarbures).
Le **tourisme** anime une grande partie du littoral tunisien ; **Agadir** est la première station marocaine. Le tourisme contribue à moderniser plusieurs régions du Sud marocain (régions de Marrakech, Ouarzazate et Agadir) et tunisien (Tozeur, Djerba).
Les **montagnes** sont restées des espaces de pauvreté et d'archaïsme.

3 De fortes différences entre États

La Tunisie est à la fois le pays **le moins riche en ressources naturelles et celui qui affronte le mieux le développement** : le tourisme international y est important, l'industrie dynamique.
Le Maroc, trois fois plus peuplé, a du mal à faire face à la croissance démographique. Mais son agriculture se modernise et le pays mise à la fois sur le tourisme et sur les revenus des Marocains qui vivent à l'extérieur.
L'Algérie, la mieux dotée en matières premières, offre l'économie la plus déficiente, résultat du choix d'une **politique de développement** inefficace.

MOTS

Irrigation : technique qui consiste à distribuer de l'eau aux cultures.

Aridité : se dit d'un espace sec, qui ne reçoit pas ou peu de précipitations.

Oasis : mot féminin, lieu habité, cultivé, au milieu du désert. Une oasis est toujours liée à la présence d'eau (cours d'eau, source, pompage dans une nappe souterraine).

Politique de développement : ensemble de mesures visant à améliorer l'état économique et social d'une population.

CARTE DE SYNTHÈSE

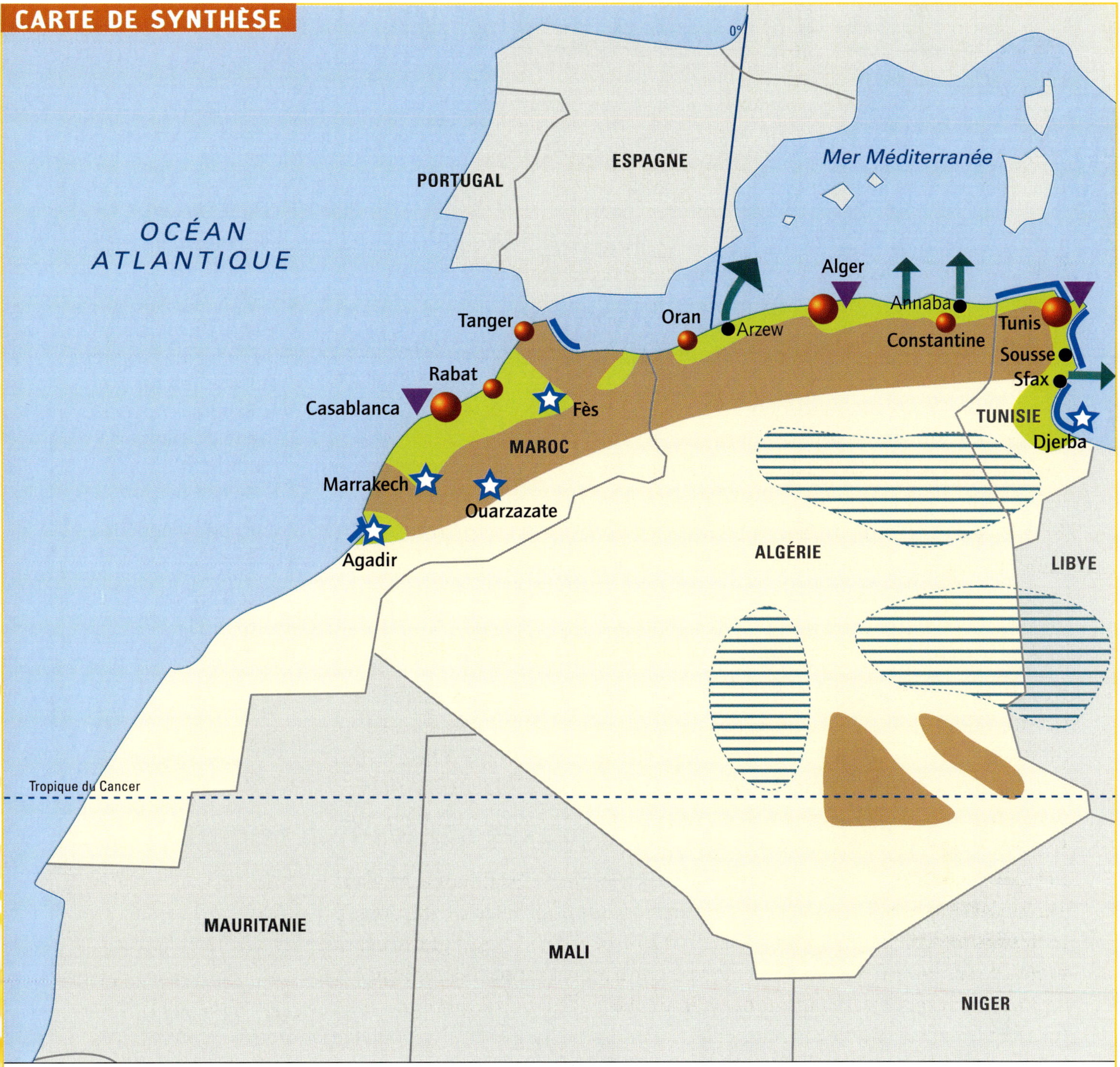

1. Pôles et axes

- Grands centres économiques et urbains
- Ports non pétroliers
- Ville touristique
- Littoral touristique

2. Matières premières

- Bassin d'hydrocarbures
- Port exportateur d'hydrocarbures

3. Les ensembles régionaux

- Le Maghreb des plaines agricoles et des métropoles
- Les montagnes en dépeuplement à l'économie archaïque
- Le désert aux développements ponctuels (tourisme, agriculture, hydrocarbures)

0 — 500 km

›››› Je m'exerce

1. Connaître les repères essentiels

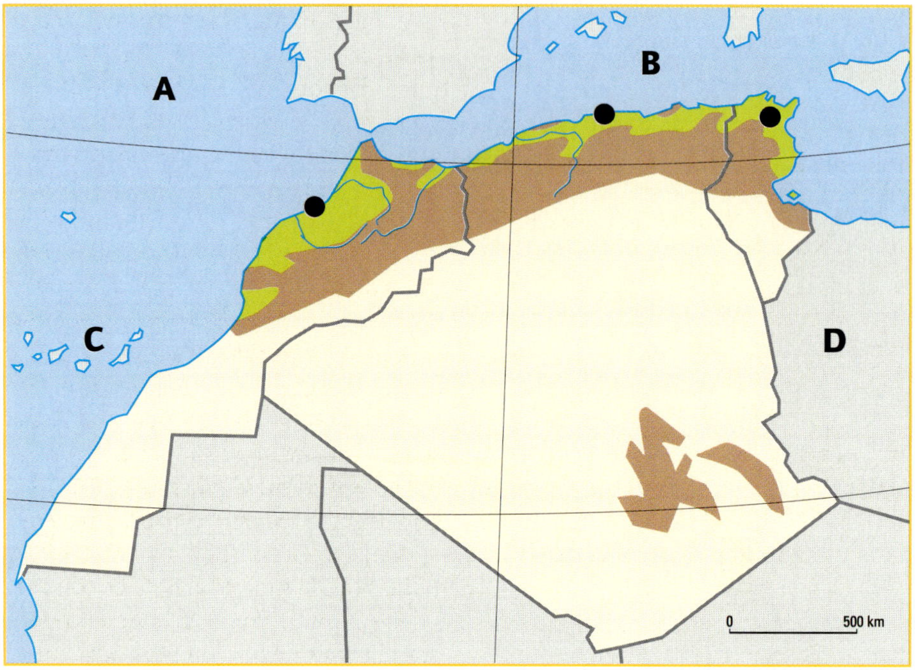

1. Décalquez la carte ci-contre pour la placer dans votre cours.
2. Remplissez-la avec les éléments suivants :
   - ❏ les États du Maghreb et leur capitale
   - ❏ le Sahara
   - ❏ Tanger, Casablanca, Marrakech
   - ❏ le détroit de Gibraltar
3. À quoi correspondent les lettres A ; B ; C ; D ?

2. Comprendre un dessin de presse sur les flux migratoires

Doc **Dessin de Juan Ballesta, paru dans *Cambio 16* (octobre 2003).**

1. Quel est le thème de ce dessin ?
2. Repérez dans votre chapitre les documents qui l'abordent.
3. Comment comprenez-vous le travail de l'humoriste ? Pourquoi la fourchette sert-elle de pont ?
4. Comment s'appelle ce passage entre l'Europe et l'Afrique ?
5. Quel est le principal pays du Nord touché par ce phénomène ?
6. Les migrations sont-elles toutes légales (justifiez votre réponse) ?

3. Expliquer le tourisme en Tunisie

Doc 1 **Port El Kantaoui (carte topographique de l'Institut cartographique tunisien).**

Doc 2 **Les nouveaux atouts du tourisme tunisien**

De plus en plus d'hôtels se dotent d'un centre de remise en forme ou de thalassothérapie, tandis que d'autres s'associent à une clinique. « Le tourisme médical a de beaux jours devant lui », assure Ahmed Smaoui. « Les Algériens et les Libyens aisés viennent se faire soigner ici, car leur pays ne dispose pas d'infrastructures médicales performantes. Nous accueillons également des Britanniques lassés de devoir attendre des mois avant de pouvoir se faire opérer dans leur pays. Enfin, de plus en plus de gens ont recours à la chirurgie esthétique. » Susceptibles d'occuper les hôtels en dehors des vacances scolaires, les retraités constituent aussi une cible de choix pour les tour-opérateurs. Loin des côtes, la Tunisie développe aussi son offre touristique dans le Grand Sud, à la lisière du Sahara. Mais le sable a plus de succès au bord de la mer. Pour susciter l'intérêt d'une clientèle de plus en plus exigeante, l'imagination des voyagistes est pourtant sans limites : dans quelques mois, les touristes pourront parfaire leur swing sur le green du premier golf tunisien construit en plein désert !

D'après C. Hoorman, *L'Express* du 10/01/2005.

Doc 3 **Les nuitées touristiques à Sousse, Port El Kantaoui et Kairouan (2003)**

	Nuitées
Total	**6 486 960**
Européens[1]	5 764 781
Algérie-Maroc	144 781
États-Unis / Canada	48 359
Moyen-Orient	9 783
Tunisie	356 099
Divers	163 157

1. Arrivent en tête Allemands et Britanniques, devant les Français, puis les Russes.

1. **Doc 1** Relevez sur le plan de Port El Kantaoui tous les signes d'une activité touristique. D'après vous ce port est-il de construction récente ?
2. **Doc 3** D'où provient la majorité des touristes ? Comment l'expliquez-vous ?
3. **Doc 1 et 2** Quels sont les atouts traditionnels de la Tunisie ? Comment les professionnels cherchent-ils à attirer de nouveaux clients ?
4. Rédigez un petit paragraphe qui reprendra le contenu de vos réponses :
   - ❑ provenance des touristes ;
   - ❑ lieux de villégiature (c'est-à-dire l'endroit où l'on séjourne) ;
   - ❑ atouts du tourisme tunisien.

chapitre

12 Diversité de l'Asie

Doc 1 **Le territoire asiatique et les très grandes villes.**

Doc 2 **Le centre de Dubaï (Émirats Arabes Unis).**

Doc 3 **Un bidonville à Djakarta (Indonésie).**

> Je découvre l'Asie à partir de l'Indonésie

MOTS
- Autosuffisance
- Révolution verte
- Front pionnier

L'Indonésie, en Asie du Sud-Est, est un pays de 2 millions de km², qui compte 217 millions d'habitants d'une grande diversité. Prenant pour modèle des États comme Singapour, il est aujourd'hui en voie d'industrialisation et s'ouvre au Monde.

VOCABULAIRE
- **Densité :** voir p. 193.
- **Tsunami :** raz-de-marée provoqué par un tremblement de terre sous-marin.

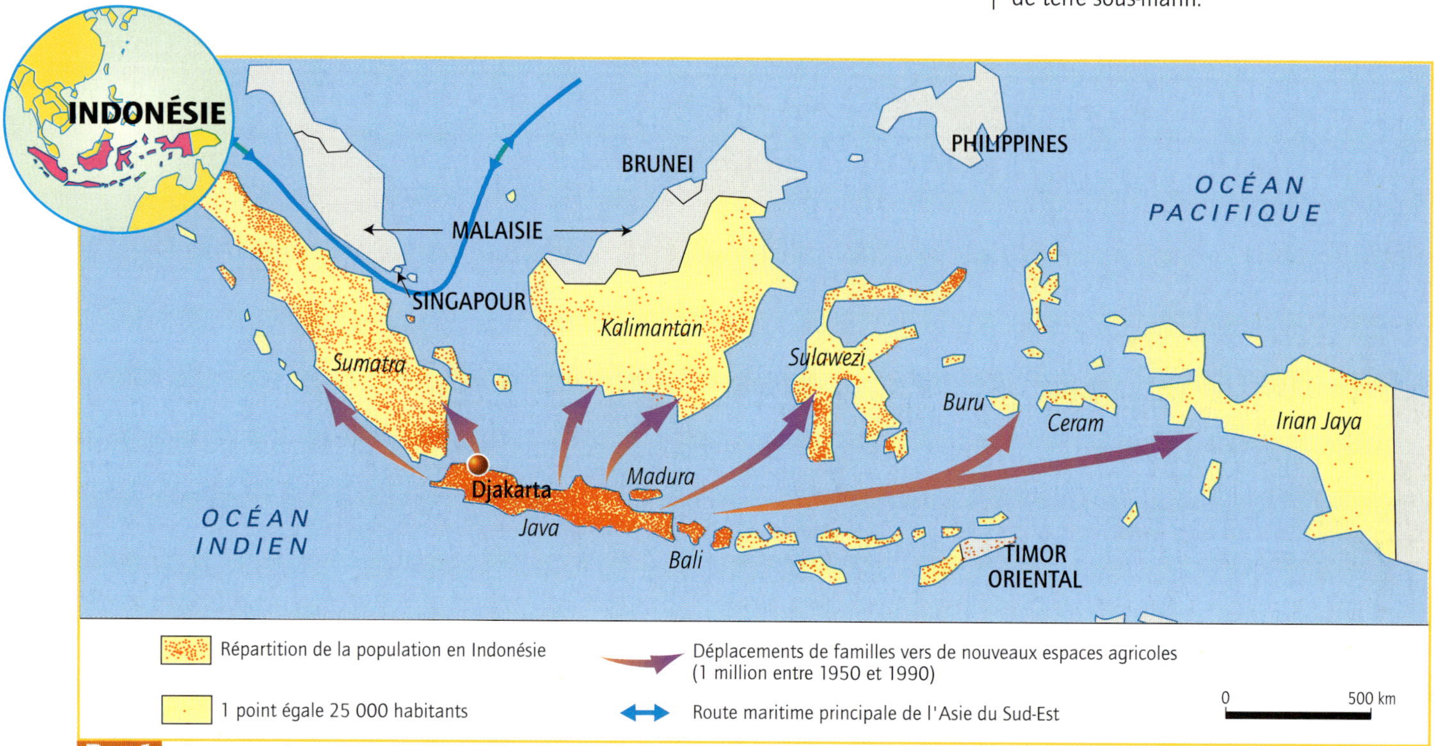

Doc 1 L'espace indonésien.

Doc 2 L'usine japonaise Casio sur l'île de Batam. Un ouvrier gagne en moyenne 2 euros par jour. Pourtant, les grandes multinationales investissent plutôt en Chine où la main-d'œuvre est encore moins chère.

Doc 3 Une rizière sur l'île de Sumatra. Après avoir été le plus grand importateur mondial de riz, l'Indonésie est devenue autosuffisante en 1984. C'est la conséquence de l'intensification et de l'extension des surfaces cultivées (Révolution verte).

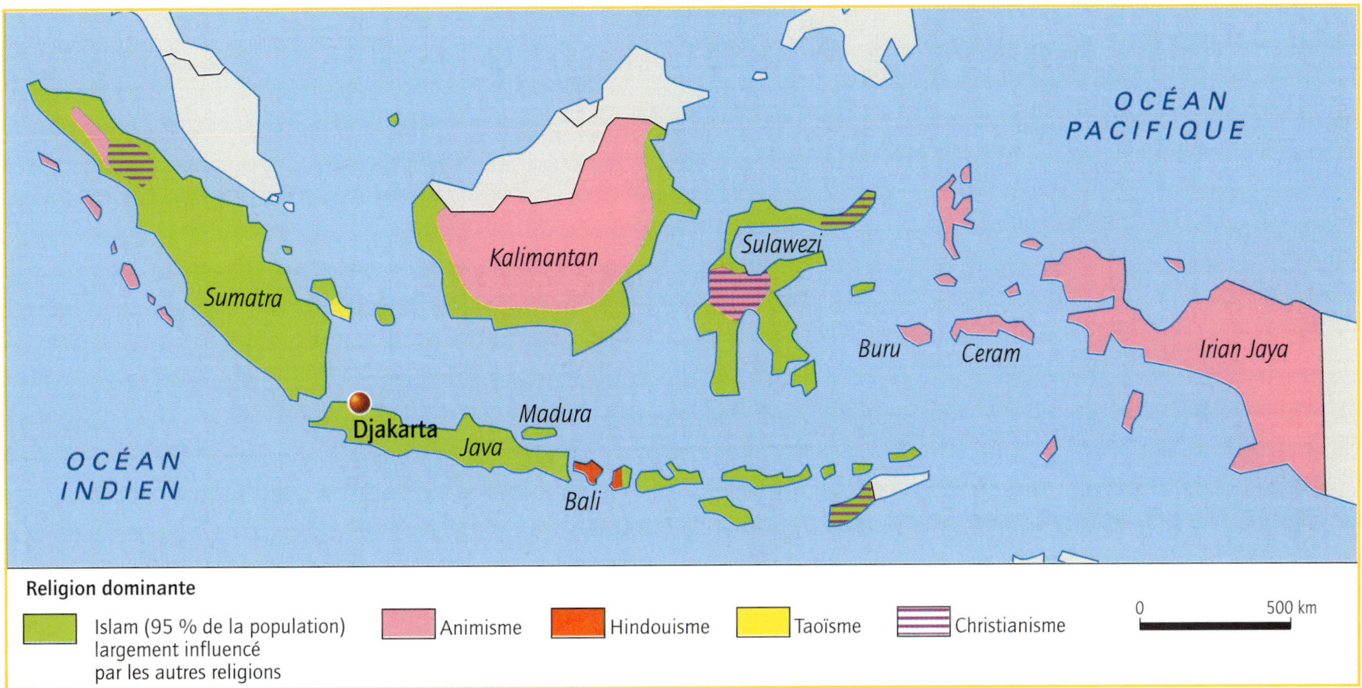

Doc 4 **Les religions en Indonésie.**

Doc 5 **Une plage sur l'île de Bali.**

L'île reçoit 1,5 million de touristes par an.

Doc 6 **Le Nord de l'île de Sumatra après le passage du Tsunami, le 26 décembre 2004.**

1 **Doc 1** Quel nom donne-t-on à un ensemble d'îles ? Quelle est l'île la plus peuplée de l'Indonésie ? Comment l'État cherche-t-il à résoudre les inégalités de peuplement ?

2 **Doc 2 et 4** Pourquoi peut-on parler de diversité culturelle ? Quelle est la religion dominante ?

3 **Doc 2, 3 et 5** Quelles sont les activités principales de l'Indonésie ?

4 **Doc 5** Qu'est-ce qui fait l'intérêt de l'île de Bali pour les touristes ?

5 **Doc 6** Quel contraste majeur repérez-vous entre le premier et l'arrière-plan ? Que s'est-il passé à Sumatra ?

6 **Doc 2 à 6** Relevez tout ce qui permet à l'Indonésie d'être en contact avec le Monde.

> Je découvre l'Asie à partir de Dubaï

Dubaï, sur les bords du Golfe Persique, appartient à la Fédération des Émirats Arabes Unis (EAU) ; celle-ci compte plus de 3 millions d'habitants parmi les plus riches du Monde grâce aux revenus tirés du pétrole.

VOCABULAIRE

- **Oléoduc** : conduite transportant du pétrole.
- **Transit** : point de passage entre deux lieux.

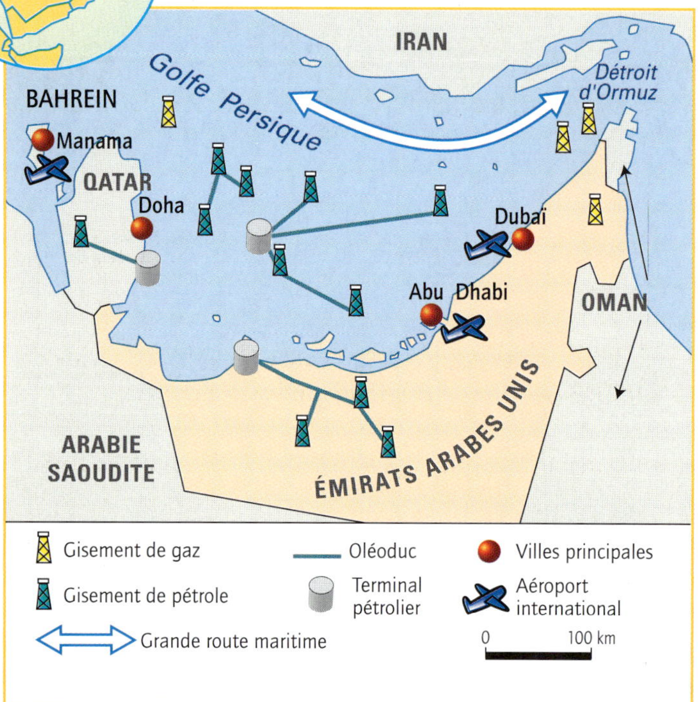

Doc 1 **Les Émirats Arabes Unis.**

Doc 2 **Un hôtel de luxe : le Jumeirah Beach.**

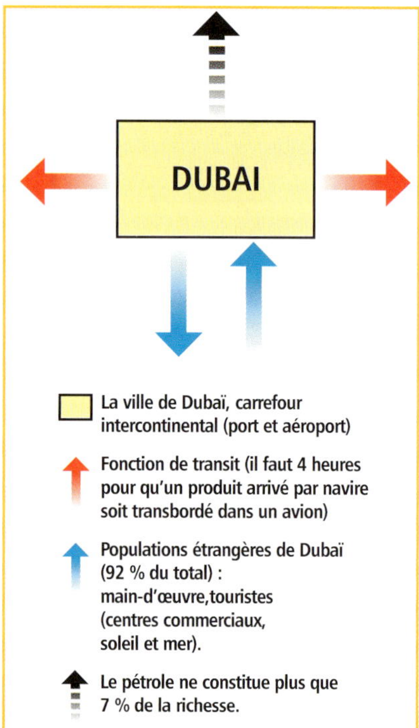

Doc 3 **La plate-forme de Dubaï.**

Doc 4 **Internet City**

A. Au début de l'année 2000, Son Altesse le général cheik Muhammad bin Maktoum, ministre de la défense des Émirats Arabes Unis (EAU), a annoncé, lors d'une conférence de presse, que le gouvernement de Dubaï s'ouvrait à la révolution Internet et à la nouvelle économie. Les expressions « *synergie* », « *solutions Internet* » ou « *réduction des cycles* » défilant derrière lui, le cheik a promis d'établir son « e-government @ Dubai » dans les dix-huit mois.

D'après David Hirst, « Portrait de Dubaï, ville globale », *Le Monde diplomatique*, février 2001.

B. En 2004, Internet City est un pôle technologique qui abrite les filiales de plus de 300 sociétés informatiques parmi les premières de la planète.

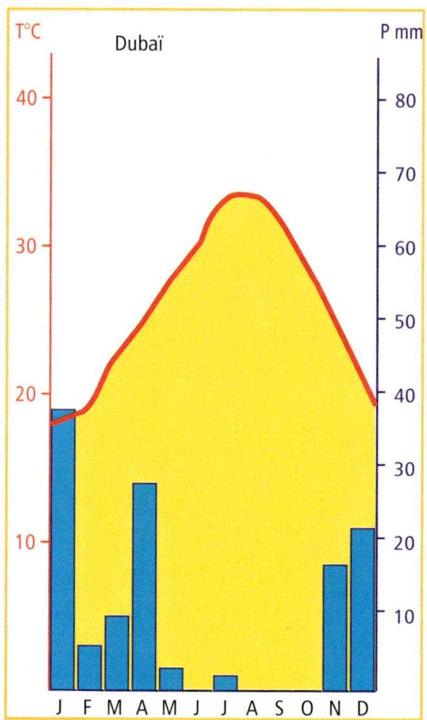

Doc 5 **Climogramme de Dubaï.**

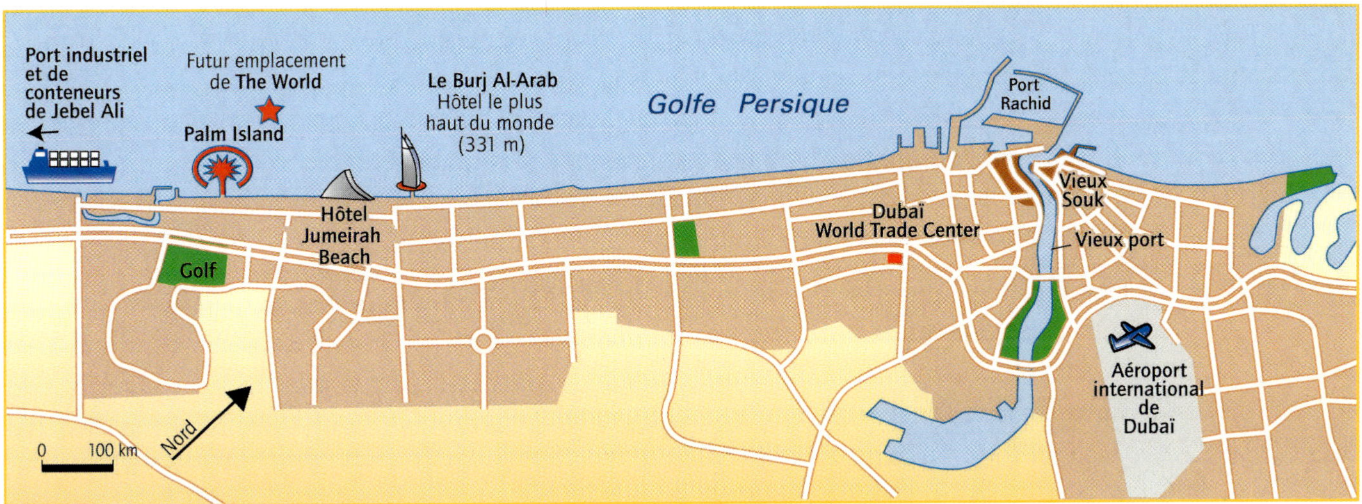

Doc 6 La ville de Dubaï. « Palm Island » et « The World » sont des projets d'îles artificielles, à but résidentiel et touristique. Le premier est achevé, le second, dont les îles vues du ciel représentent un planisphère, est à venir.

1 CARTE P. 238, DOC 1 ET 5 Dans quel milieu naturel la ville de Dubaï est-elle construite ?

2 DOC 1 ET 3 Sur quelle ressource était fondée autrefois la richesse de Dubaï ?

3 DOC 2, 3, 4 ET 6 Sur quels secteurs économiques Dubaï mise-t-elle pour assurer sa richesse future ?

4 DOC 1, 3, 4 ET 6 Comment la ville est-elle reliée au Monde ?

5 DOC 6 Quel est le prochain grand projet immobilier de Dubaï ? Cherchez des informations sur Internet.

6 Dubaï est-il un État riche ? Dans quel groupe le classer (aidez-vous de la page 251) ?

DES EXEMPLES AU COURS

- **Archipel à la population majoritairement musulmane et aux fortes inégalités sociales.**
- **État encore rural, même si le poids des villes se renforce.**
- **Java, malgré des déplacements de populations vers les autres îles, demeure la plus peuplée et celle qui concentre aussi l'essentiel des richesses.**

- **Transformation radicale de l'économie en quelques années, fondée auparavant sur les revenus du pétrole.**
- **La ville, à la croissance rapide, mise aujourd'hui sur le tourisme, la nouvelle économie (informatique et communication) et sur sa situation de carrefour.**

1. Populations d'Asie

MOTS

- Croissance démographique
- Foyers de peuplement
- Urbanisation

L'Asie, dont l'occupation humaine est ancienne, a toujours été le continent le plus peuplé. Elle abrite encore aujourd'hui l'essentiel de la population mondiale.

➔ **Comment caractériser les populations asiatiques ?**

VOCABULAIRE

- **Densités** : voir p. 193.
- **Steppe** : formation végétale herbacée.
- **Nomade** : personne se déplaçant plus ou moins régulièrement.

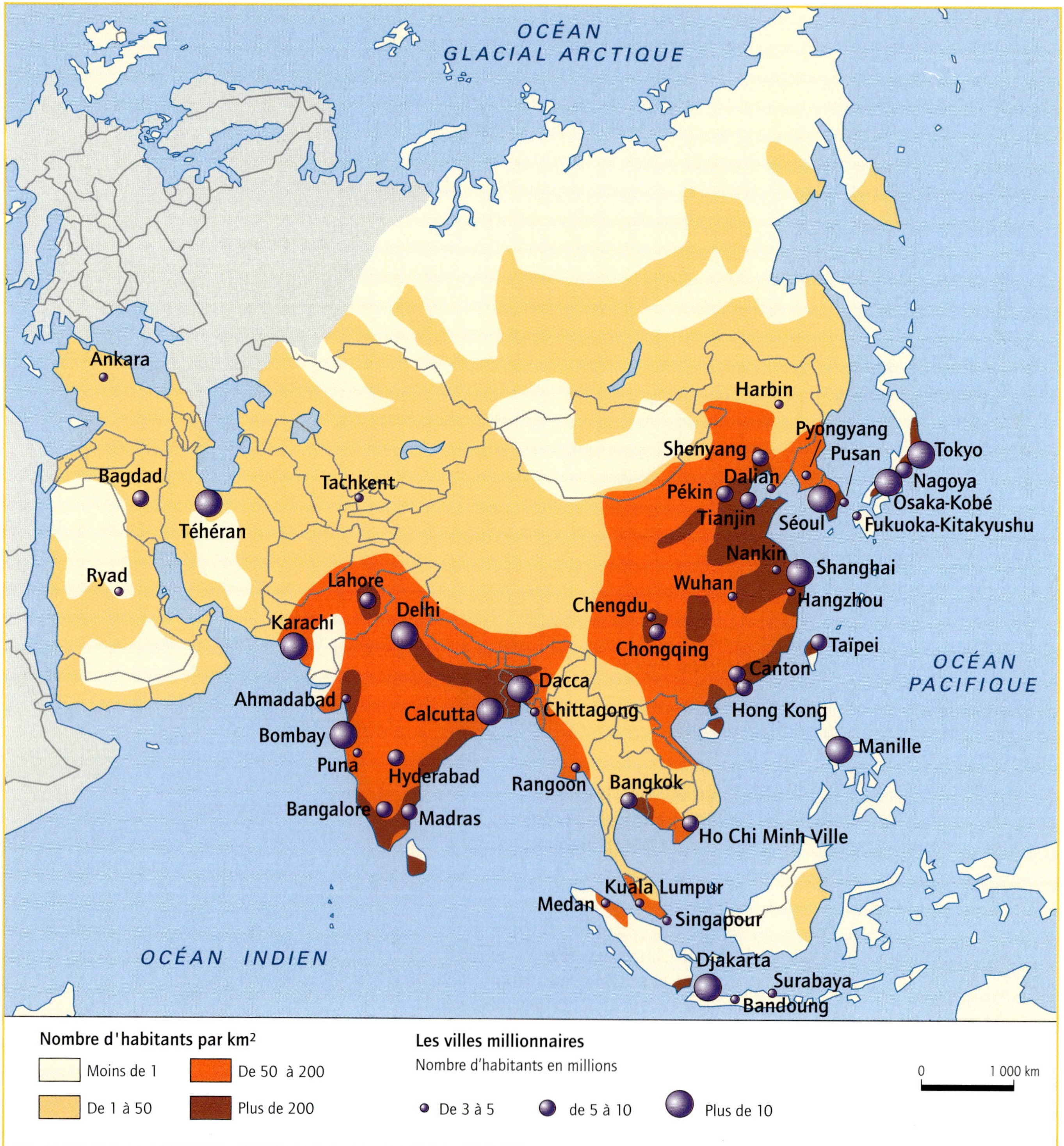

Doc 1 L'Asie : densités de population et grandes villes.

Doc 2 **La steppe mongole.**

Doc 3 **Une rue commerçante à Tokyo.**

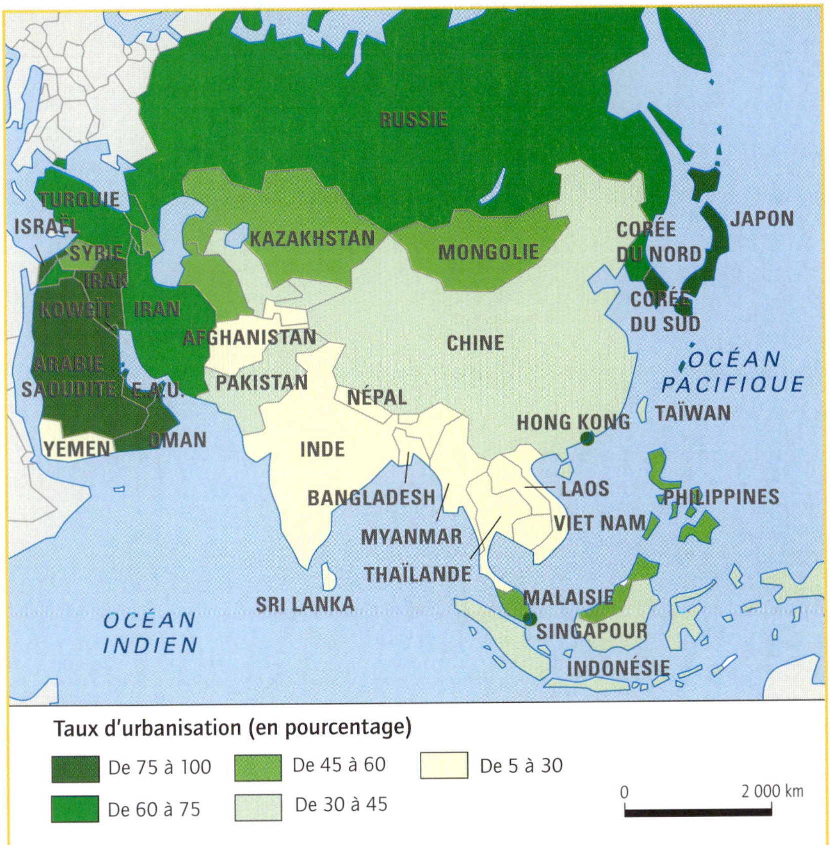

Doc 4 **Le taux d'urbanisation en Asie en 2000.**

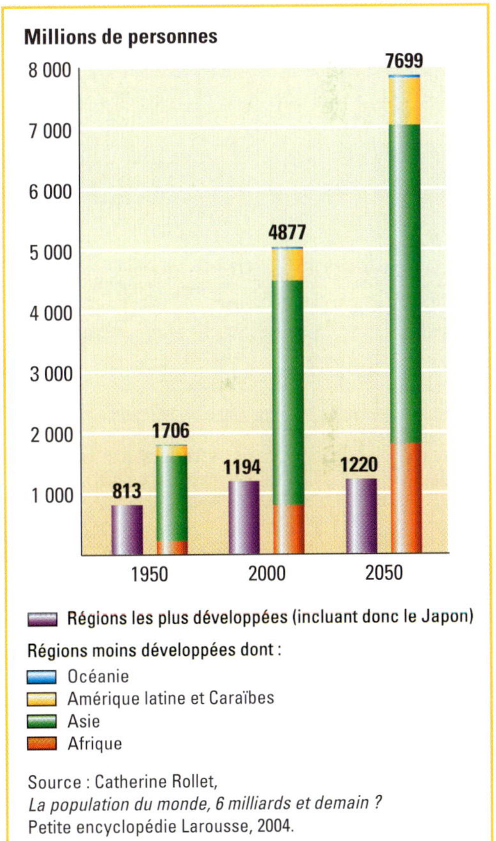

Doc 5 **La population mondiale.**

1 **Doc 1 et carte p. 230** Donnez le nom d'États aux très faibles densités et inversement d'États aux densités extrêmes.

2 **Doc 2 et 3** Où se trouvent la Mongolie (entre quels pays ?) et Tokyo ? Quels contrastes repérez-vous ? À quoi voit-on que les Mongols sont des nomades et les habitants de Tokyo des sédentaires ?

3 **Doc 4** Quels sont les États où le taux d'urbanisation est le plus bas ?

4 **Doc 1 et 4** Comment expliquez-vous qu'il y a de très grandes villes en Inde et en Chine ?

5 **Doc 5** Comment évolue la population d'Asie par rapport à celle des autres continents ?

2. Paysages d'Asie

MOTS

• Mousson

La grande superficie de l'Asie (13 000 km d'Est en Ouest et 44 millions de km²) explique sa variété : les conditions naturelles, le relief, la présence humaine aussi ont modelé les paysages que l'on y rencontre.

➔ Quels sont les principaux paysages asiatiques ?

VOCABULAIRE

- **Plaine alluviale** : produite par les dépôts transportés par un fleuve.
- **Sherpa** : membre d'une tribu népalaise.
- **Taïga** : forêt de conifères et de bouleaux.

Doc 1 **Les climats asiatiques.**

Doc 2 **Le désert en Arabie Saoudite.**

Doc 3 **Sherpas dans le massif de l'Everest.**

Doc 4 **Rizières dans une plaine alluviale au Cambodge.**

Doc 5 **La taïga russe en Sibérie orientale.**

1 Doc 1 Quel est le rôle de la mousson ?

2 Doc 1 Quelle est la température moyenne des régions situées sous la ligne isotherme rouge ? En matière de température, combien d'Asie(s) comptez-vous ?

3 Doc 3 Qu'est-ce que l'Everest ? Dans quelle chaîne de montagnes se trouve-t-il ?

4 Quelles sont les deux photographies où l'on peut repérer une présence humaine ? Est-elle dans les deux cas de même nature ?

5 Classez les paysages en allant du Nord au Sud. Pour chacun d'entre eux, dites dans quelle zone climatique il se trouve.

3. Nourrir les hommes

MOTS
- Civilisation hydraulique
- Révolution verte
- Sous-alimentation
- Autosuffisance

C'est en Asie que sont apparues l'agriculture et les premières grandes civilisations hydrauliques. Le monde rural a dû très tôt faire face à une augmentation constante de la population. La croissance démographique du dernier demi-siècle est telle, qu'il s'agit aujourd'hui de nourrir près de 2/3 de la population mondiale.

➜ L'Asie est-elle autosuffisante pour son alimentation ?

Doc 1 Repiquage mécanisé dans une rizière en Corée du Sud.

Doc 3 Des progrès à relativiser

Au bout d'une mauvaise route, quelques rizières médiocres, des paillotes quasi vides de mobilier, des habitants mal vêtus. La région reste oubliée dans sa pauvreté. Ces contrastes se répètent du Pakistan à la Chine, avec certes des différences très fortes entre les districts de « révolution verte », marqués par les progrès de l'irrigation, des semences nouvelles, des engrais chimiques, et les régions mal dotées en pluies et en potentiel d'irrigation. De 1965 à 1990, l'Asie a connu des progrès considérables. Mais depuis la mi-1980, dans la plupart des pays, les fonds publics destinés à l'agriculture sont en baisse.

D'après G. Étienne, *Le Monde*, 17 juin 2003.

VOCABULAIRE
- **Riziculture :** culture du riz.
- **Nappe d'eau :** accumulation d'eau dans un sous-sol perméable.

Doc 2 Champs circulaires (carrousels) en Jordanie, au milieu du désert.

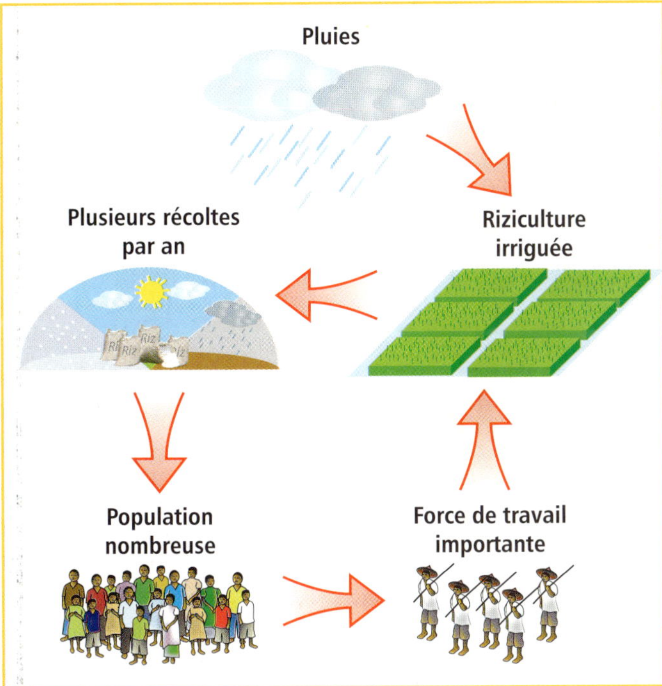

Doc 4 Riz et population.

Doc 5 La sous-alimentation en Asie

(en % de la population totale)

	1990-1992	1999-2001
Arabie Saoudite	4	3
Chine continentale	17	11
Thaïlande	28	19
Inde	25	21
Irak	7	27
Corée du Nord	18	34
Afghanistan	58	70

Source : FAO, 2004.

On estime qu'en dessous de 2 500 calories par jour, une personne est sous-alimentée.

Doc 6 Repas dans un village, région de Phnom Penh, au Cambodge.

Doc 7 La nécessaire organisation collective

« L'Asie abrite les plus grandes paysanneries du Monde. Tant d'hommes et depuis si longtemps, puisque les reconstitutions de la répartition de la population mondiale indiquent que dans les derniers siècles qui précèdent le premier millénaire de l'ère chrétienne, le monde indien et la Chine comptaient chacun 20 à 25 % de la population mondiale. Le dénominateur technique commun est le contrôle ancestral de l'eau, technique améliorante et base de l'intensification des cultures, fondée sur l'effort collectif et planifié [...]. C'est en Asie que l'on trouve les plus grandes superficies irriguées du Monde. »

M. Foucher, *Asies nouvelles*, éd. Belin, 2002.

1 Doc 1 Qu'est-ce que le repiquage du riz ? Comparez cette photographie avec celle du document 3 p. 232.

2 Doc 2 Décrivez ce document. Pourquoi les cercles sont-ils verts ? Comment s'appelle la technique qui consiste à apporter l'eau aux plantes ?

3 Doc 4 Rédigez un petit texte qui reprend le contenu du document.

4 Doc 6 Décrivez la photographie. Qu'est-ce qui diffère de notre façon de manger ?

5 Doc 1, 2, 3 et 7 Quels sont les exemples de modernisation de l'agriculture asiatique que vous pouvez donner ?

6 Doc 3 et 5 Est-ce que toute l'Asie mange à sa faim ? Y a-t-il eu dans l'ensemble des progrès ? Quels sont les États en régression ? Pourquoi ?

4. Un carrefour culturel

MOTS
- Bouddhisme
- Civilisation
- Hindouisme
- Islam
- Musulman

L'Asie est le berceau de grandes civilisations apparues il y a plusieurs milliers d'années, presque au même moment, en Chine, en Inde et en Mésopotamie. Là aussi sont nées les plus grandes religions du Monde.

➜ **Pourquoi peut-on dire que l'Asie est un carrefour de civilisations ?**

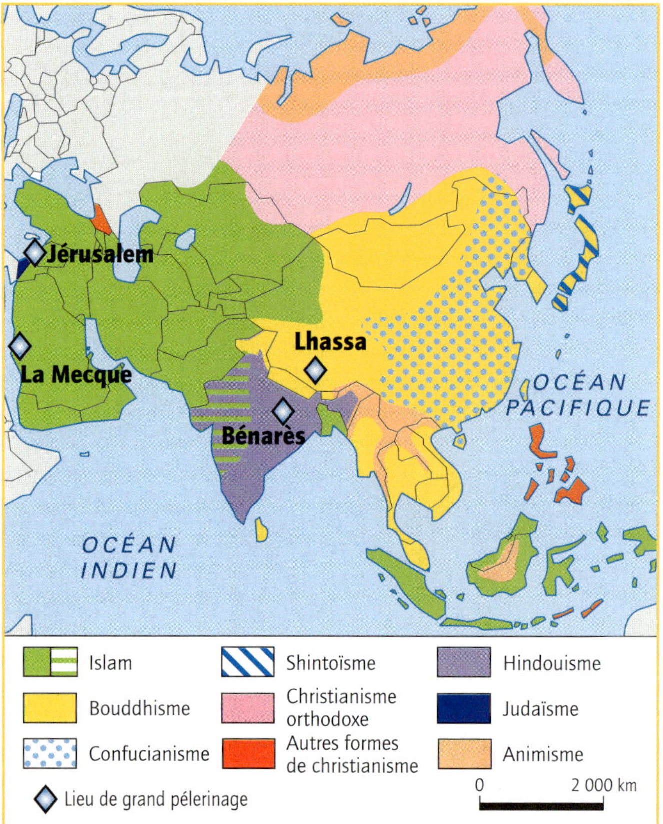

Doc 1 **Les religions d'Asie.**

Doc 2 **Les langues nationales officielles.**

VOCABULAIRE
- **Stupa** : toit en pointe du temple bouddhiste.

Doc 3 **Monastère bouddhiste hérissé de stupas, en Birmanie.**
Au premier plan, de jeunes moines mendiants qui sortent chaque matin de leur monastère en procession pour faire la quête dans les rues.

Doc 4 **Un musulman dans une mosquée (Sumatra).**

Doc 5 **Rite hindouiste à Bénarès (Varanasi), en Inde.**

Doc 6 **Le Dôme du Rocher et le Mur des Lamentions à Jérusalem (Israël).**

1 Doc 1 Quelles sont les trois grandes religions monothéistes en Asie ?

2 Doc 2 Quelle est la langue la plus pratiquée ? Dites pourquoi.

3 Doc 3 Pourquoi les enfants ont-ils la tête rasée ?

4 Doc 4 Dans quelle direction ces deux musulmans sont-ils tournés ?

5 Doc 5 Savez-vous la raison pour laquelle ces gens se baignent ?

6 Doc 6 Quelles sont les deux religions pour qui ces deux monuments sont des lieux saints ? Jérusalem est-elle aussi un lieu saint pour les chrétiens ?

7 En quelques lignes, expliquez pour quelles raisons on peut considérer l'Asie comme un carrefour culturel.

5. L'Asie et le Monde

MOTS
- **Migration**
- **Diaspora**
- **NPI**
- **Agriculture commerciale**

Les liens entre l'Asie et le reste du Monde ont toujours été nombreux. Déjà au Moyen Âge des voyageurs hardis, partis d'Europe, empruntaient la Route de la Soie pour traverser l'Asie centrale et la Sibérie jusqu'au Pacifique. Aujourd'hui, les relations sont essentiellement maritimes.

➔ L'Asie est-elle un continent ouvert sur le Monde ?

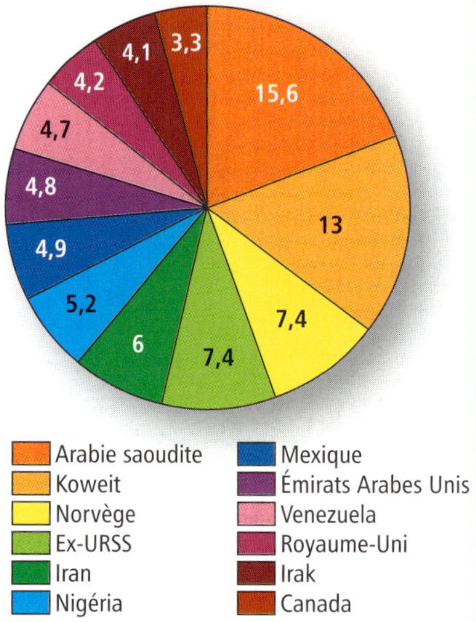

Source : secrétariat de la CNUDCED, d'après les données de l'OPEP (bulletin annuel statistique de 2003)

Doc 1 Les 12 premiers exportateurs de pétrole de la planète (moyenne 1999-2003).

VOCABULAIRE

– **Conteneur** : caisse métallique prévue pour le transport de marchandises, quel que soit le moyen utilisé : avion, navire, camion ou rail. Il facilite le passage de l'un à l'autre.

– **Quotas** : pourcentage ou valeur déterminée à l'avance.

Doc 2 La fin des quotas dans l'industrie textile

Le système des quotas dans le commerce mondial du textile et de l'habillement a été supprimé le 1er janvier 2005. Une mesure qui laissera libre cours aux exportations d'articles fabriqués en Chine et en Inde. La Chine est déjà devenue le premier exportateur de vêtements avec 28 % du marché planétaire. L'Inde est, elle aussi, bien préparée ; le gouvernement fait de la production textile l'un des moteurs de sa croissance. Face à cette offensive, les États-Unis ont abandonné la production et la confection. L'Europe, elle, s'est recentrée sur le design, le luxe et le textile technique. Au Sud, les États les moins développés, qui pensaient au départ être favorisés par la levée des quotas, sont en fait les grands perdants. Le Bangladesh, la République dominicaine, l'île Maurice craignent de s'enfoncer dans la misère. Leur principal atout (une main-d'œuvre à bas prix) est balayé par les champions chinois et indiens, qui allient faibles coûts à production intégrée (du fil au vêtement) et qualité.

D'après F. Amalou, *Le Monde*, 29 décembre 2004.

Doc 3 Plantation de palmiers à huile en Malaisie.
Un régime de noix peut en regrouper jusqu'à 1 500. L'huile obtenue est très populaire dans les cuisines brésilienne et africaine.

Doc 4 Terminal de conteneurs à Singapour, modèle de NPI, aujourd'hui premier port mondial devant Shanghai et Rotterdam.

Doc 5 La diaspora philippine

L'émigration représente 10 % des 77 millions d'habitants en 2002, soit 18,5 % de la population active. Les transferts annuels des émigrés représentent plus de 8 % du PNB. L'émigration a été coordonnée par les pouvoirs publics philippins qui sont devenus la première agence de travail temporaire du Monde. Cela s'explique à la fois par la qualité de la main-d'œuvre et par une situation sociale explosive (le taux de pauvreté s'élève à 33,7 % et un tiers de la population vit avec moins de 1 dollar par jour; de plus, 800 000 personnes arrivent chaque année sur le marché du travail). Trois types d'États cumulent l'essentiel des flux: les pays producteurs de pétrole du Proche et du Moyen-Orient, devant les Dragons asiatiques et les pays développés. Les flux et les ressources des migrants sont cependant sous la menace permanente, soit d'une détérioration économique du pays d'accueil, soit d'une crise géopolitique grave.

D'après L. Carroué, « La grande braderie de main-d'œuvre », *Alternatives économiques*, juin 2003.

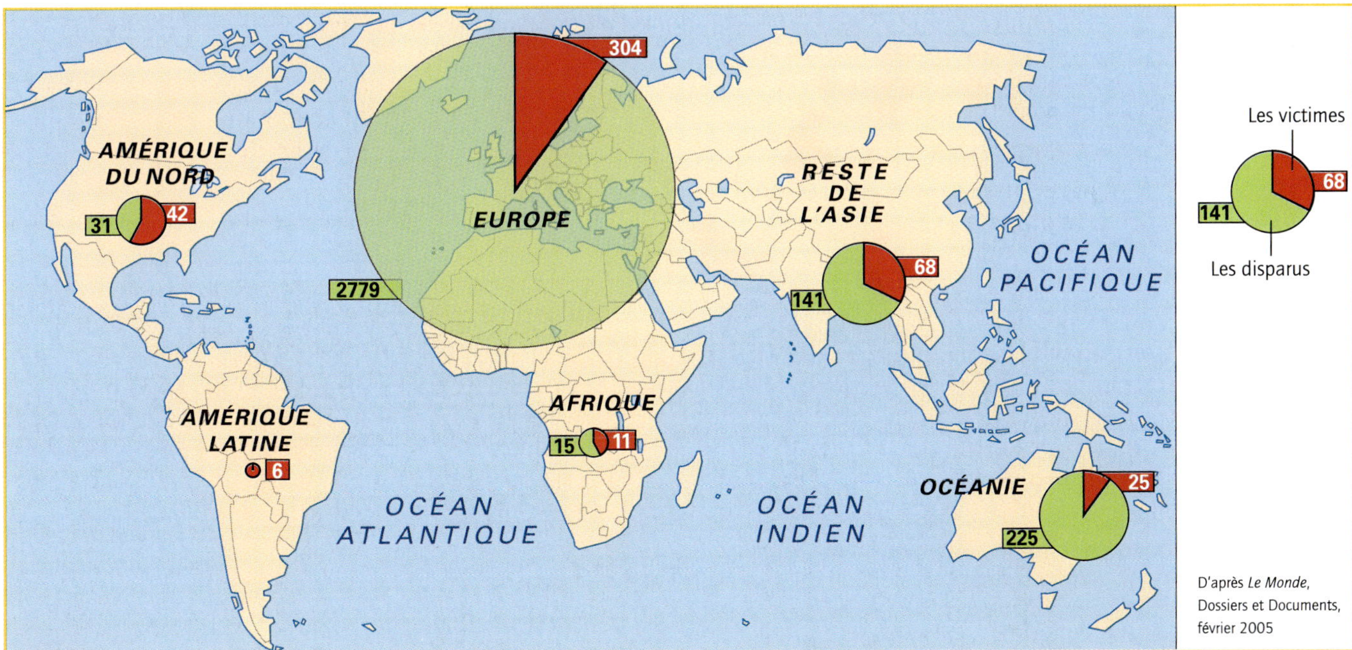

Doc 6 Nombre de touristes victimes du tsunami de décembre 2004 dans le Monde (hors population locale).

1 Doc 1 Calculez le pourcentage des exportations mondiales qui proviennent d'Asie.

2 Doc 2 Quelles vont être les conséquences de la fin des quotas pour les pays riches et pour certains pays pauvres?

3 Doc 4 Localisez Singapour. Décrivez la photographie, en insistant sur les activités que vous identifiez.

4 Doc 5 Que signifie émigrer?

5 Doc 6 Pourquoi faire la distinction entre victimes et disparus? Quelle est la région la plus touchée?

6 Doc 1 à 6 Relevez tous les éléments qui montrent l'insertion de l'Asie dans l'économie mondiale.

6. Le développement inégal de l'Asie

MOTS
- IDH
- PMA

On dit d'un État qu'il est développé lorsqu'il est en mesure d'assurer les besoins essentiels de sa population. L'Asie a longtemps été considérée comme une région pauvre du Monde.

➔ Où en est le niveau de développement asiatique ?

VOCABULAIRE
- **PNB** : voir p. 188

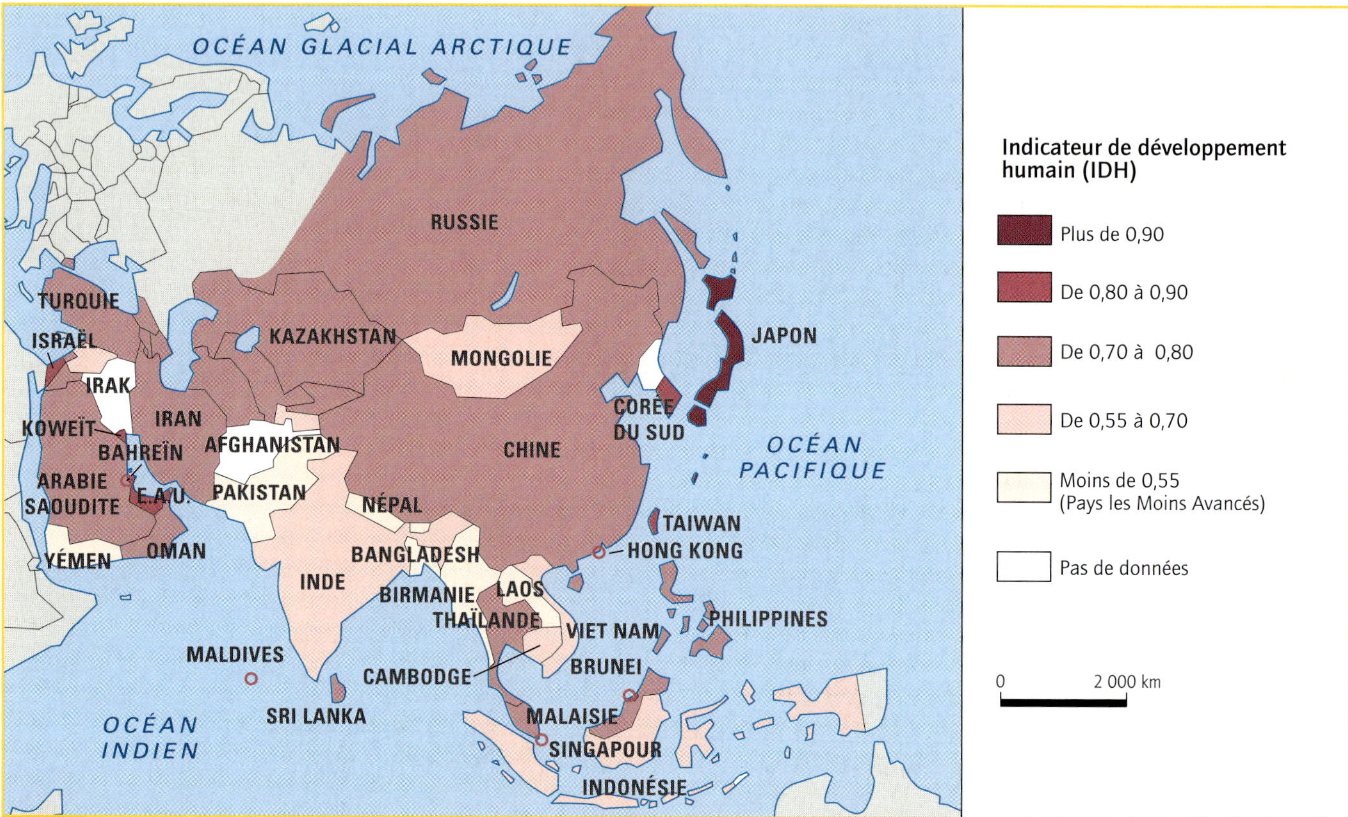

Doc 1 L'indicateur de développement humain (IDH) par État. L'IDH est obtenu par la combinaison de la richesse par habitant, de l'espérance de vie et du niveau d'éducation. Plus la moyenne est proche de « 1 », plus le pays est développé.

Doc 2 Quelques RNB (revenu national brut)
(en milliards de dollars US, en 2002)

Japon	4 323
Chine	1 234,2
Inde	494,8
Corée (Rép.)	473
Taiwan	288,9
Arabie Saoudite	186,8
Chine de Hong Kong	167,6
Malaisie	86,1
Singapour	86
Bangladesh	51
Vietnam	34,8
Cambodge	3,8
États-Unis	10 207
France	1 362

Images Économiques du Monde 2005, A. Gamblin, éd. A. Colin, 2004.

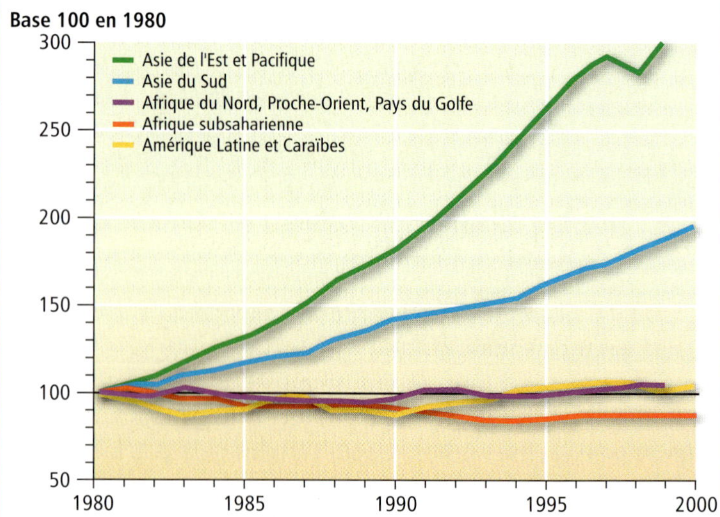

Source : *Atlas du Monde diplomatique*, 2002.

Doc 3 Évolution du PNB des pays du Sud.

Doc 4 **Un bidonville à Manille.**

Doc 5 **La circulation automobile à Bangkok.**

Doc 6 **Une distribution de vivres à Kaboul.**

1 **Doc 1 ET 2** Quel est l'État le plus développé d'Asie ?

2 **Doc 1 ET 2** Citez deux États parmi les plus pauvres. Pourquoi les données sur l'Irak et l'Afghanistan ne sont-elles pas disponibles ?

3 **Doc 2 ET 3** Quelle a été l'évolution de l'Asie depuis 1980 ? Sachant qu'il y a à Singapour, en Chine et au Cambodge, respectivement 4,2, 1 288 et 12,6 millions d'habitants, calculez le RNB par habitant.

4 **Doc 4 À 6** Dans quels États se trouvent ces trois villes ?

5 **Doc 4 À 6** En décrivant chacun des documents, évaluez le niveau de développement de chaque État.

Bilan

La terre et les hommes

❶ Le continent le plus peuplé

A. L'Asie est **le premier foyer de peuplement** avec **plus de 60 % de la population mondiale** (3,7 milliards d'habitants). La présence humaine ancienne a été renforcée par la **croissance démographique** rapide des 50 dernières années. Le rythme est aujourd'hui freiné par les **mesures de limitation des naissances** adoptées avec plus ou moins de rigueur par quelques nations, comme la Chine et l'Inde. Ce ralentissement est aussi à mettre en rapport avec une hausse des niveaux de vie et une **urbanisation** de populations qui modifient ainsi leurs pratiques.

B. Cette masse asiatique cache **d'importants contrastes de densités.** À des régions peuplées ponctuellement (péninsule arabique, massifs montagneux, Sibérie), s'opposent les espaces aux **fortes densités du quart Sud-Est de l'Asie**, en particulier les **régions littorales** où l'on rencontre les densités rurales les plus élevées de la planète, en **relation étroite avec la culture du riz**.

C. L'Asie n'est pas le continent le plus urbanisé de la planète (les populations rurales y sont encore très nombreuses), mais c'est celui qui connaît **l'urbanisation la plus rapide**, en même temps que la plus forte concentration de grandes villes. Tokyo, Shanghai, Calcutta ou Bombay, par exemple, sont des **mégapoles**; ces agglomérations **dépassent** en effet **8 millions d'habitants**. Elles sont en outre révélatrices des contrastes sociaux de l'Asie avec des centres d'affaires qui côtoient les bidonvilles.

❷ La diversité naturelle

A. L'Asie, qui est **le plus vaste des continents**, offre des **milieux de vie très différents.** On y trouve les **montagnes les plus élevées de la planète**, des **plateaux** et des **plaines** situées parfois au niveau de la mer. Ces **plaines alluviales**, souvent menacées par la montée des eaux, sont parcourues par des **fleuves puissants** que l'on cherche à domestiquer: en amont, par exemple, en construisant de **grands barrages** et en aval, dans leurs deltas (lien étroit entre les fortes densités et l'agriculture). L'Asie présente d'autre part **les plus forts contrastes pluviométriques** mais aussi **de températures de la planète**.

MOTS

Foyer de peuplement: espace densément peuplé depuis longtemps. Il renforce ce caractère par accumulation.

Croissance démographique: voir p. 225.

Urbanisation: voir p. 205.

Mousson: vent saisonnier de l'Asie du Sud et de l'océan Indien, qui, à partir du printem apporte des pluies mettant fin à la saison sèche.

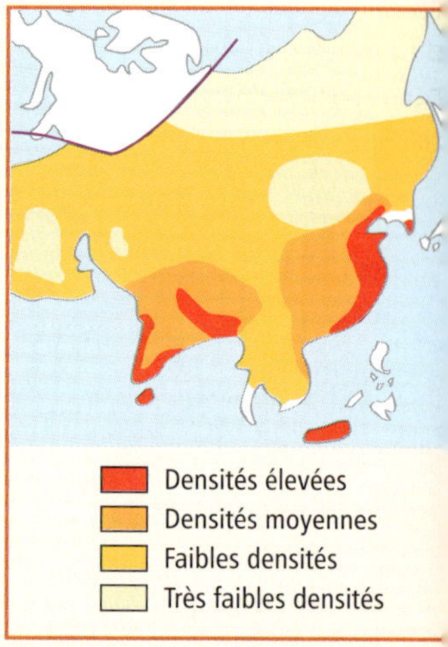

1. **Densités asiatiques.**

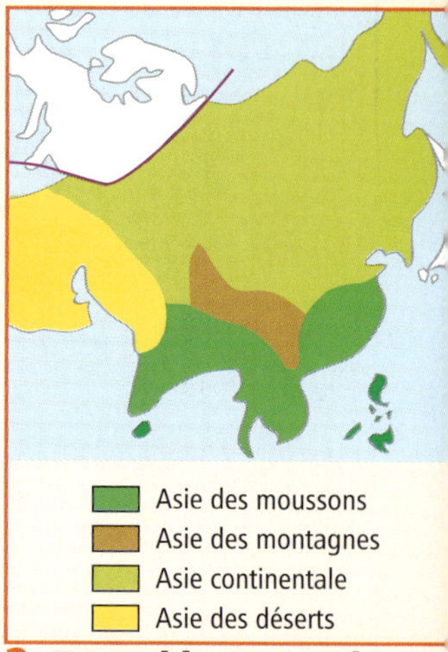

2. **Ensembles naturels.**

Civilisation hydraulique : système politique et technique en mesure d'organiser la maîtrise de l'eau.

Front pionnier : voir p. 327.

Révolution verte : ensemble des changements techniques et économiques permettant d'augmenter la production agricole : emploi de semences plus productives, d'insecticides, d'engrais et développement de l'irrigation.

Sous-alimentation : insuffisance des rations alimentaires (moins de 2 500 calories par jour).

Autosuffisance : atteindre l'autosuffisance, c'est disposer de biens en quantité suffisante pour, par exemple, nourrir sa population.

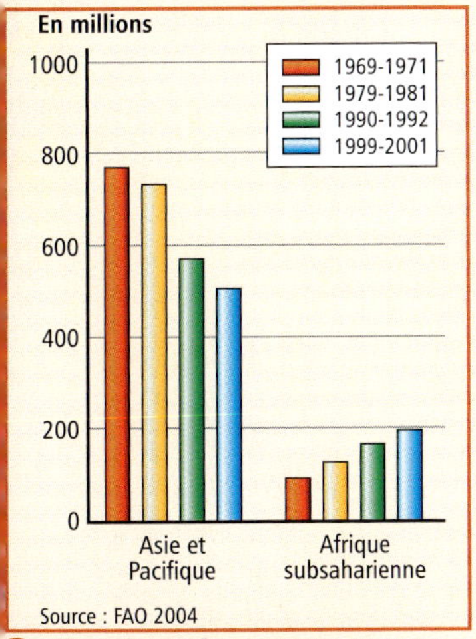

3. Nombre de personnes sous-alimentées.

B. Ainsi, il est possible de faire apparaître **plusieurs grands ensembles** :
– **l'Asie continentale** : hivers de plus en plus longs et froids en allant vers le Nord (climat polaire au bord de l'océan Arctique), paysages de steppe et de taïga ;
– **l'Asie des déserts chauds** (péninsule arabique) ou **froids** (Asie centrale) : peuplement faible ; la rareté de l'eau peut y être source de tension ;
– **l'Asie des montagnes** : essentiellement organisée autour de l'ensemble himalayen ;
– **l'Asie humide des moussons** : elle reçoit **précipitations les plus abondantes** et accueille **les plus fortes densités** de populations.

C. La **nature peut être parfois très violente.** Le continent n'échappe pas à de fréquentes **catastrophes naturelles.** Le **tsunami de décembre 2004,** parce que largement médiatisé, a frappé la communauté internationale, provoquant un élan de solidarité sans précédent des pays riches. Mais nombreux sont les séismes (Iran, Turquie), éruptions volcaniques, inondations (Bangladesh ou Inde) qui restent dans l'ombre.

3 La question alimentaire

A. La **mise en valeur de la nature est ancienne** en Asie, en rapport étroit avec l'apparition de la première agriculture. Il a fallu pour cela **maîtriser l'eau,** en procédant à des **aménagements hydrauliques** (irrigation), essentiellement dans les espaces désertiques des pays arabes ou dans les régions rizicoles. Dans le premier cas, il s'agit de puiser l'eau des nappes souterraines grâce à de profonds puits, ou d'utiliser l'eau des fleuves pour créer des oasis ; dans le second, de tirer profit **des pluies de mousson.** Pour cette maîtrise, une organisation collective a toujours été nécessaire, coordonnée par des États puissants (**civilisations hydrauliques**).

B. Deux solutions sont aujourd'hui possibles pour augmenter les productions et répondre ainsi à la croissance rapide de la population. **La première consiste à défricher des terres** aux dépens des forêts, en avant des **fronts pionniers.** La seconde solution est **d'augmenter les productions en mécanisant,** en **sélectionnant les semences** et en **utilisant des engrais** : c'est la **Révolution verte** (surtout bénéfique à la riziculture). Par ses rendements et son besoin de main-d'œuvre, **la riziculture** autorise les fortes densités de l'Asie des moussons ; elle explique dans ces régions l'accumulation des hommes.

C. Grâce à ces progrès, la **sous-alimentation** a reculé sur le continent (bien qu'elle touche encore 500 millions de personnes) ; dans certains États, devenus **autosuffisants,** on peut même dégager **des excédents pour l'exportation.** Pourtant, l'immense majorité des paysans demeure pauvre et pense trouver son salut **en migrant vers les villes.**

Bilan

« Asie plurielle »

1 Un carrefour culturel

A. Les grandes **civilisations** sont nées en Asie et se sont diversement diffusées au reste du Monde. Civilisations chinoise, indienne, musulmane ne sont que les plus visibles d'une **multitude de peuples** dont les coutumes et les modes de vie, la langue sont d'une grande diversité. Ainsi, par exemple, on parle sur le continent **plus de 400 langues**, dont certaines dominent (le **Mandarin** et l'**Anglais**) tandis que d'autres sont menacées de disparition (celles des minorités ethniques).

B. Les civilisations sont **liées à des religions** qui en constituent la base. Le **bouddhisme**, **l'hindouisme** et le confucianisme sont fortement représentés en Asie du Sud-Est, même si on y rencontre aussi des **majorités musulmanes** (Indonésie) ou **chrétiennes** (Philippines). Les **trois grandes religions monothéistes**, construites autour du même socle, sont nées en Asie occidentale (Proche et Moyen-Orient) : judaïsme, christianisme, **islam**, aujourd'hui la plus dynamique.

C. **L'appartenance religieuse** peut ici ou là **provoquer des tensions**, poussées parfois jusqu'à la violence et au terrorisme. Elle peut aussi contribuer à réduire la portée des campagnes de limitation des naissances.

2 L'Asie et le Monde

A. L'Asie fournit des **matières premières** (hydrocarbures) et des **produits agricoles** (**agriculture commerciale**). Depuis trois décennies, elle est aussi devenue grâce au Japon aux **NPI** et à la Chine une **grande zone de production industrielle** (construction automobile, chantiers navals, textile, jouets, informatique). Le faible coût de la main-d'œuvre, la perspective de marchés de consommation futurs attirent les **investissements des grandes multinationales**. Ces activités économiques renforcent les grandes routes maritimes et contribuent à **l'essor irrésistible des ports** asiatiques dont Singapour est le plus actif (il est le premier de la planète). À l'opposé, les **PMA** restent à l'écart du monde (**IDH** très faible)

B. Le continent est aussi une terre de **migrations**. C'est une destination touristique pour les Occidentaux. Inversement, nombreux sont les Asiatiques qui tentent l'aventure hors de leur pays à la recherche d'une vie nouvelle. Philippins, Indiens et surtout Chinois constituent une **diaspora** attachée à ses traditions perpétuées à travers le Monde.

MOTS CLÉS

Civilisation : vaste groupe d'hommes qui ont en commun les mêmes croyances, les même goûts artistiques, les mêmes techniques, les mêmes façons de naître, de vivre et de mourir.

Bouddhisme : religion issue de l'Hindouisme, qui s'est répandue dans l'ensemble de l'Asie orientale.

Hindouisme : religion pratiquée en Inde. Les hindous croient que l'homme peut se réincarner plusieurs fois et ainsi renaître dans une caste meilleu

Musulman : qui pratique l'islam.

Islam : religion créée par Mohammed (voir p. 34).

Agriculture commerciale : voir p. 205.

NPI (Nouveau pays industrialisé) : désigne à l'origine les quatre Dragons qui ont fait preuve d'une remarquable croissance industrielle dans le but d'exporter.

PMA : pays les moins avancés, dénomination de la quarantaine de pays les plus pauvres du Monde.

IDH : p. 206.

Migration : déplacement de populations.

Diaspora : voir p. 270.

CARTE DE SYNTHÈSE

1. Un continent ouvert

- Foyer de diffusion d'une grande civilisation
- Lieu de pèlerinage
- Principales routes maritimes
- Façades les plus actives en liaison avec le Monde
- Mouvements d'émigration
- Villes, liens majeurs entre l'Asie et le reste du Monde

2. Un développement inégal

- Le Japon, grande puissance industrielle et les 4 Dragons (NPI sortis du sous-développement). IDH élevé
- Les pays ateliers à industrialisation rapide
- Les États pétroliers du golfe Persique
- La Chine et l'Inde, véritables États continents et géants démographiques ont choisi de s'ouvrir depuis peu
- Les pays en développement à faible revenu et pays les moins avancés (PMA). IDH très bas
- La Russie, en transition

0 — 2 000 km

Je m'exerce

1. Connaître les repères essentiels

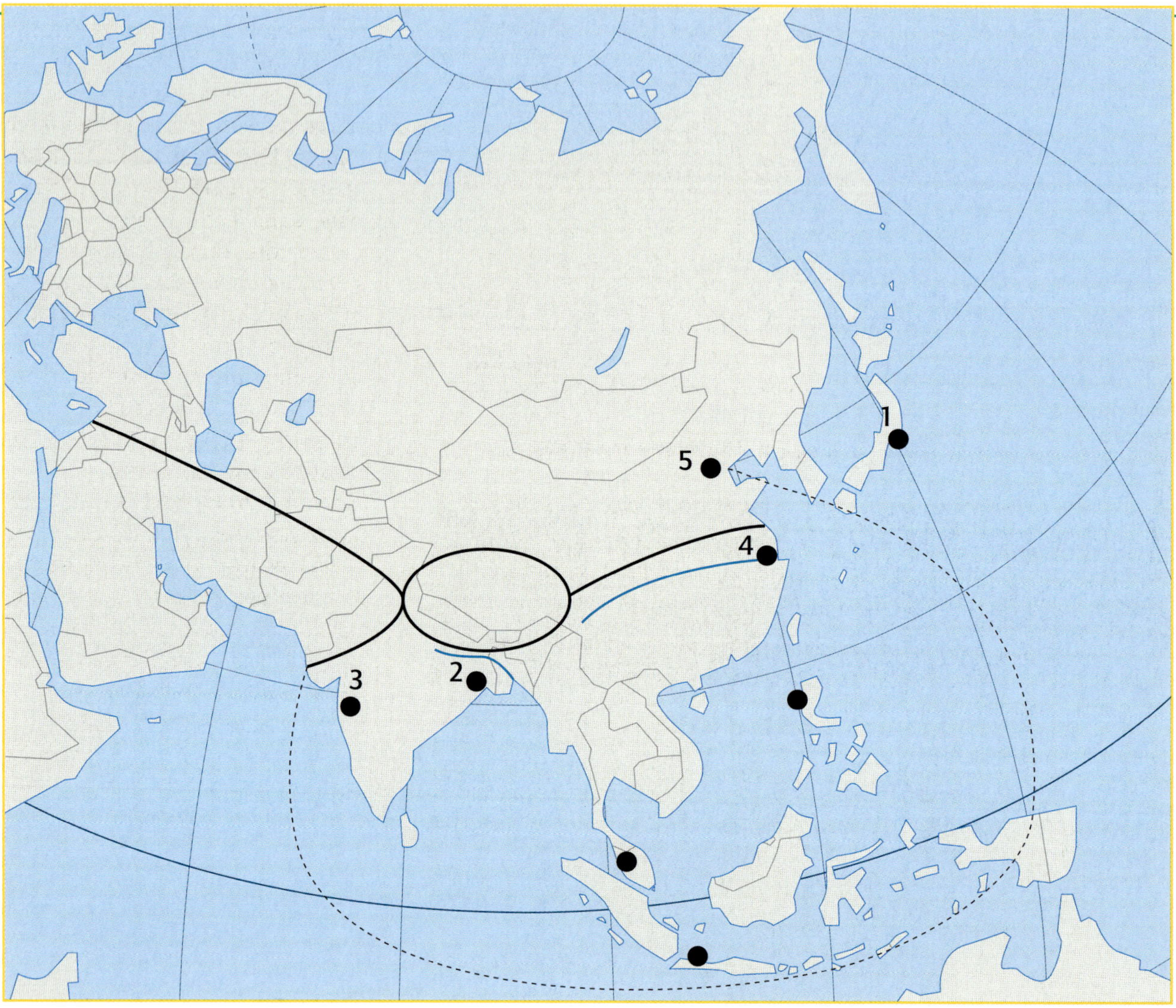

1. Décalquez la carte ci-dessus pour la placer dans votre cours.
2. Coloriez sur la carte :
   - ❑ en jaune, l'Asie sèche
   - ❑ en marron, l'Himalaya
   - ❑ en vert, l'Asie des moussons
3. Nommez sur la carte le Gange et le Chang Jiang.
4. À quel numéro sur la carte correspondent les villes de :
   - ❑ Pékin ❑ Shanghai
   - ❑ Calcutta ❑ Tokyo
   - ❑ Bombay
5. Dans quel État se trouvent les villes de :
   - ❑ Manille
   - ❑ Kuala Lumpur
   - ❑ Djakarta

   Attribuez leur un numéro sur la carte.
6. Placez avec des lettres :
   - ❑ un État où il y a la guerre (A)
   - ❑ un État à majorité musulmane, à majorité chrétienne, bouddhiste et hindoue (B, C, D, E)
   - ❑ un État très pauvre (F)
   - ❑ une puissance démographique (G)
   - ❑ un pays développé (H)
   - ❑ un État aux densités très faibles (I)

2. Étudier une catastrophe naturelle : le tsunami de décembre 2004

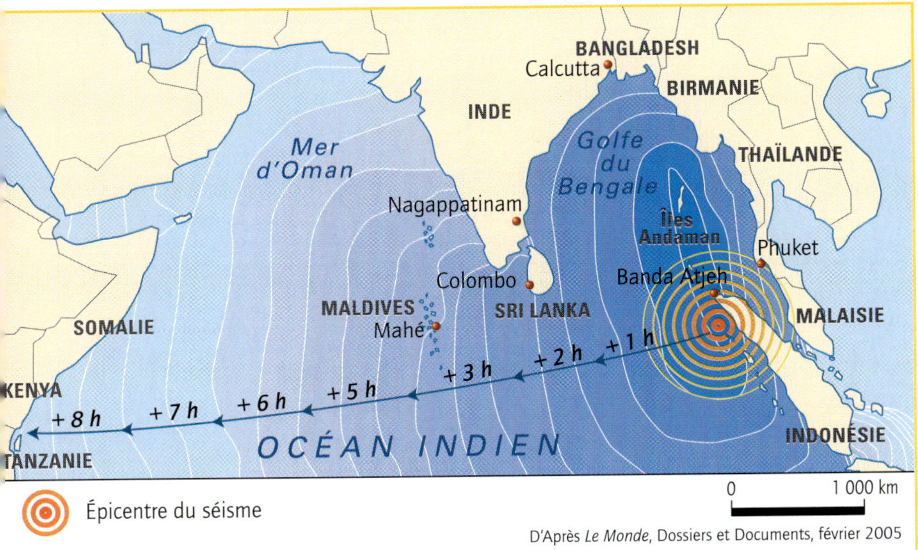

D'Après *Le Monde*, Dossiers et Documents, février 2005

Doc 1 **L'ampleur de la catastrophe du 26 décembre 2004.**

Doc 2 **Campagne de publicité d'une ONG parue dans la presse, en janvier 2005.**

Doc 3 **Nagappatinam dans l'Est de l'Inde**

Après s'être profondément retirée, la mer a frappé trois fois. La deuxième vague semble avoir porté le coup le plus violent, balayant moutons, vaches, bateaux, murs, ponts, voies ferrées, cases, installées pour certaines à 15 ou 20 m de l'eau. Au-delà du port sinistré (la pêche n'existe plus dans cette région de l'État indien du Tamil Nadu), chacun s'avance masqué par crainte d'épidémies. Aux carrefours, des équipes médicales procèdent à des injections, notamment contre le choléra. Nombre de consultations psychologiques ont déjà été dispensées : près de 6 000 au total.
Amami Balu est pêcheur. Il a perdu sa maison, ses meubles et ses vêtements ; et aussi la dot qu'il réservait à sa fille aînée, prête à se marier : une parure en or, un lit, une table, une télévision, un vaisselier avec ses couverts. Huit ans de salaire.

D'après J.-M. Dumay, *Le Monde*, 4 janvier 2005.

1. **Doc 1** Quel est le parcours du tsunami ? Nous éclaire-t-il sur l'ampleur du phénomène ? Comment le définissez-vous ?
2. **Doc 1 à 3** Recopiez et remplissez le tableau ci-contre sur les conséquences du tsunami.
3. **Doc 2** Pourquoi l'un des problèmes majeurs est-il celui de l'eau potable ?
4. **Doc 1 et 2** Dans quelle catégorie de pays classe-t-on les pays touchés par le tsunami ?
5. **Doc 2** Ont-ils par conséquent les moyens de reconstruire rapidement ? Comment réagit la communauté internationale ?

Conséquences humaines	
Conséquences matérielles	
Conséquences sanitaires	

3. Étudier une grande ville à l'aide d'une carte complexe : Singapour

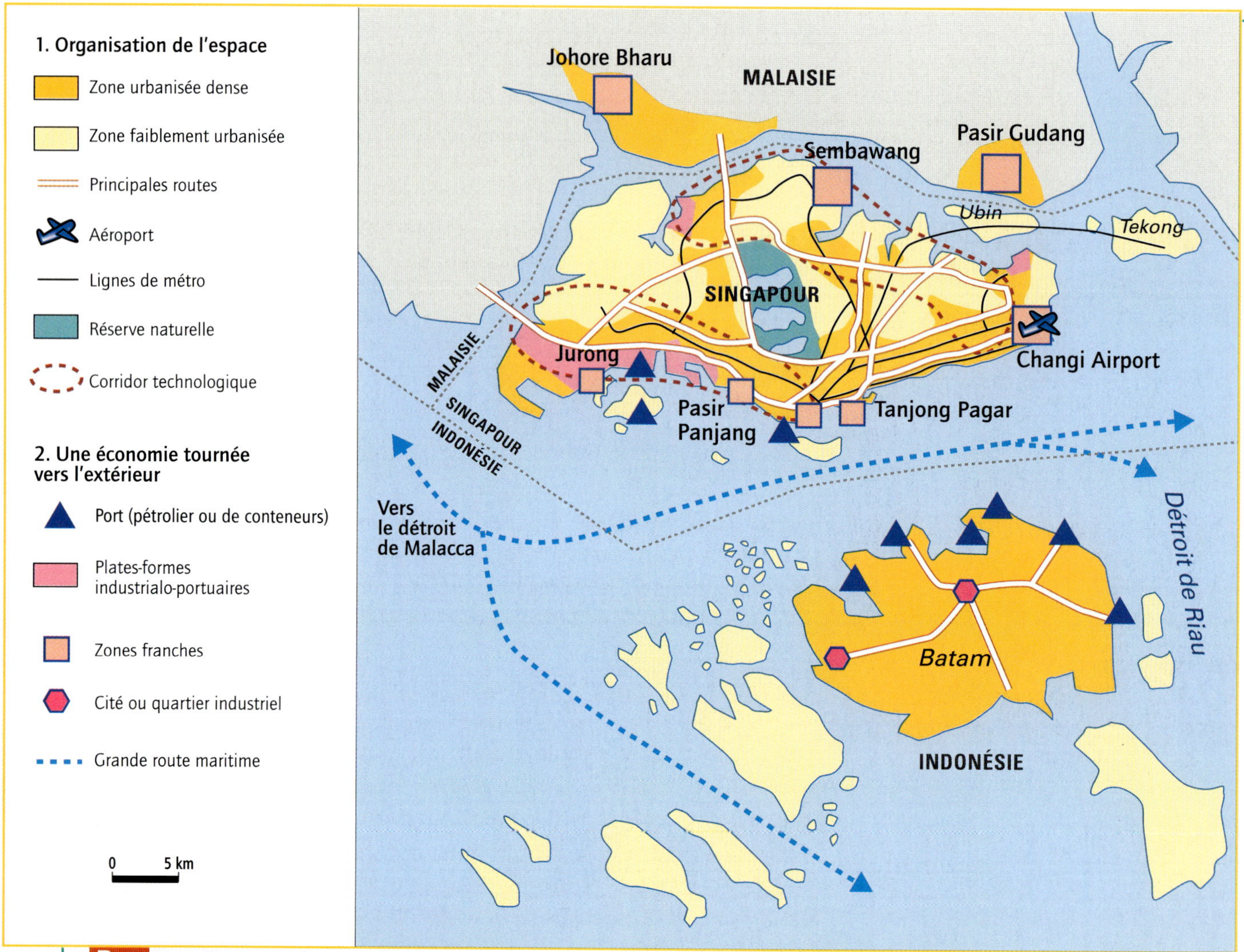

Doc **Une île tournée vers le large.**

1. Où se trouve Singapour et quel est son niveau de développement (aidez-vous de votre manuel). Est-ce un État de superficie importante (quelle est sa taille d'Est en Ouest) ?
2. À quels États appartiennent la région de Johore et l'île de Batam ? La géographie de Singapour est-elle par conséquent limitée aux frontières de son territoire ?
3. Pourquoi l'État de Singapour a-t-il décidé de créer une réserve au centre de son territoire ?
4. Relevez toutes les activités de cette ville-État.
5. Comment Singapour est-elle reliée au reste du Monde ?
6. Recopiez ce tableau et remplissez-le à l'aide de la carte :

L'espace aménagé	Singapour et ses voisins	Singapour et le Monde

Le déracinement paysan

Dans toute l'Asie, les paysans pauvres quittent les campagnes pour tenter leur chance en ville. Ce mouvement est particulièrement fort en Chine où les autorités estiment à plus de 200 millions les paysans en surnombre dans les zones rurales. On appelle ces migrants des « populations flottantes », car elles ne sont pas fixées (en particulier elles n'ont pas de domicile).

Un migrant chinois.

- *Comment appelle-t-on une migration des campagnes vers les villes ? Qu'est-ce que Tseng Fan-Kouo comptait y trouver en quittant son village ?*
- *Quel type de travail propose-t-on aux nouveaux citadins ?*
- *À la lecture de cet entretien, pourquoi peut-on parler de « mirage de la ville » ?*

Sur le Web
http://www.gravelet.net/chine/
Le reportage photo d'un voyage en Chine
http://www.yannlayma.com/

Un film
À l'Ouest des rails de Wang Bing

Entretien avec Tseng Fan-kouo, qui fait la plonge en 1997 dans un restaurant populaire de Shanghai (il dort d'ailleurs dans la cuisine).

« **Hsi Hsuan-wou :** Il y a longtemps que tu as quitté la campagne ?
Tseng Fang-kouo : Une bonne dizaine d'années.
HHw : Mais en partant tu étais sûr de trouver du travail, de t'en sortir ?
TFk : Dans ces moments-là, on ne réfléchit pas trop. On est jeune, on est prêt à en baver un peu. Et puis il y avait la rumeur, les chantiers de construction des grandes villes où on peut gagner en un an autant d'argent que pendant une vie tout entière au village. Les histoires que l'on retient sont celles des personnes qui reviennent au village quelques années plus tard et qui, fortune faite, s'achètent un camion pour faire du transport, qui montent une petite fabrique ou qui font travailler les autres. Les histoires de ceux qui ont échoué, de ceux qui végètent ou qui sont morts, celles-là, on ne veut pas les entendre. On veut croire au miracle et on part, avec pleins de rêves dans la tête. Au début, j'étais pas trop loin du village, je revenais tous les six mois. J'avais de l'argent plein les poches, j'en donnais à ma famille […]. Je travaillais comme manœuvre. D'abord sur un barrage, ensuite sur les routes, les ponts. C'était dur mais on gagnait bien sa vie. Et puis j'ai eu envie d'aller plus loin, sur la côte. Et j'ai échoué à Canton, en 1985. La ville était sens dessus dessous, les périphériques, les échangeurs, les toboggans. Ils pensaient résoudre ainsi le problème de la circulation. En fait, ils ont massacré ce qui était encore une assez jolie ville, en particulier le centre. […] Je suis arrivé à Canton en plein boom de la construction. Et le moins que l'on puisse dire, c'est qu'il y avait du boulot à la pelle. On allait d'un chantier à un autre. […] On faisait de longues heures de travail, la paye, plus élevée que dans les villes de l'intérieur, n'était pas mirifique, mais ça valait le coup quand même. Au début, je continuais à regarder la ville avec mes yeux de paysan. Mes attaches restaient à la campagne. Je gagnais bien ma vie, j'étais économe. Je ne renâclais pas devant les heures supplémentaires. Je pensais que j'allais pouvoir mettre de l'argent de côté, que je rentrerais au pays avec du fric en poche, que je pourrais m'acheter un tracteur, un 4 x 4, faire construire, me marier, m'installer… »

Hsi Hsuan-wou et Charles Reeves,
Bureaucratie, bagnes et business, L'insomniaque éditeur, 1997.

chapitre

13 La Chine

Doc 1 **Le territoire chinois.**

Doc 2 La Chine de l'intérieur. Battage du blé dans la province du Yunnan (Sud de la Chine). 600 millions de Chinois vivent encore de l'agriculture.

Doc 3 La Chine littorale : le port de Shanghai et, au loin, Pudong sur la rive droite du Huang Pu.

> Je découvre la Chine à partir de Shanghai

MOTS
- Ouverture
- Société de consommation
- Migrations internes

Shanghai, mégapole de 17 millions d'habitants située à l'embouchure du Fleuve Bleu (Chang Jiang) a repris depuis le milieu des années 1980 son essor économique, interrompu 50 ans plus tôt. Elle veut devenir une grande métropole mondiale, pour s'imposer définitivement comme la capitale économique de la Chine. Pour l'heure, elle se prépare en vue de l'Exposition universelle de 2010.

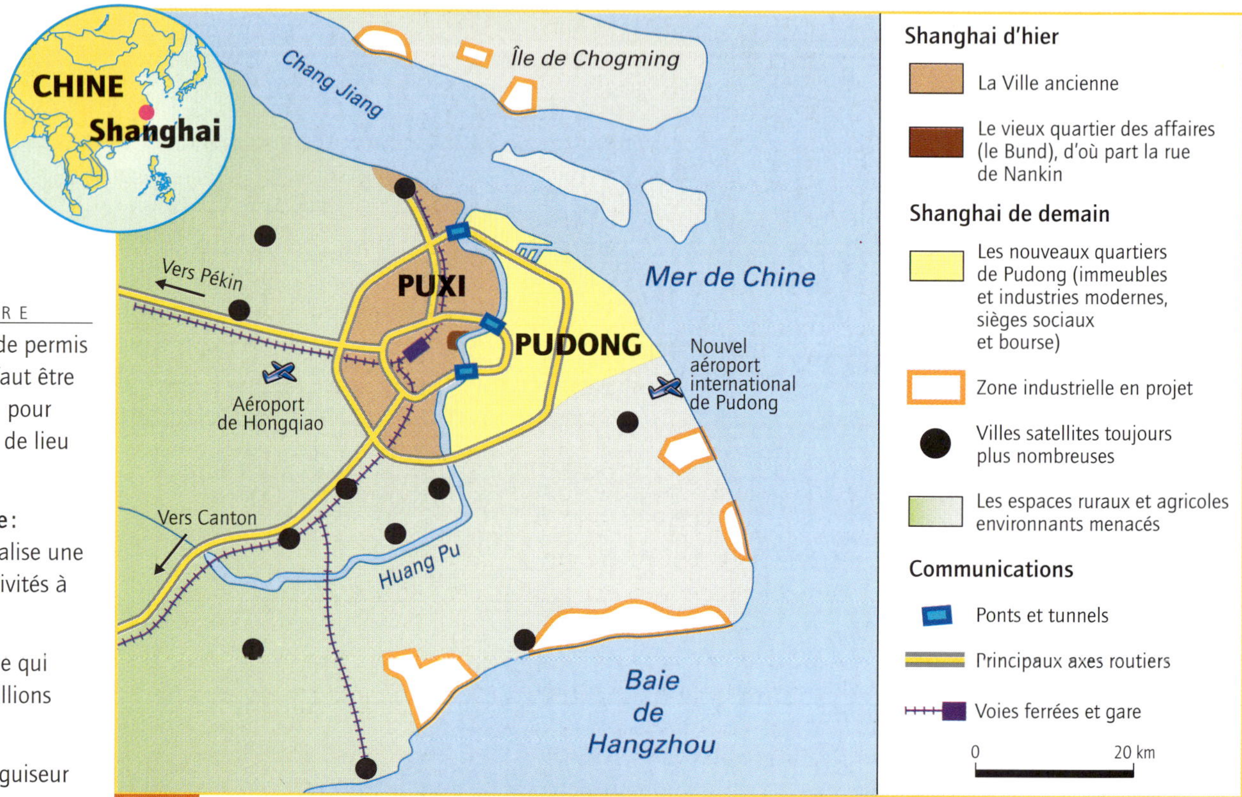

Doc 1 Les mutations du Grand Shanghai.

VOCABULAIRE
- **Hukou** : sorte de permis de résidence. Il faut être en sa possession pour pouvoir changer de lieu de vie.
- **Multinationale** : entreprise qui réalise une partie de ses activités à l'étranger.
- **Mégapole** : ville qui dépasse les 8 millions d'habitants.
- **Rémouleur** : aiguiseur d'objets tranchants.

Doc 2 Pudong est sortie de terre en une décennie. Plus d'une centaine de hauts immeubles s'élèvent vers le ciel. La zone doit à terme compter 2 millions d'habitants.

Doc 3 Une ville qui attire

Shanghai compte beaucoup de résidents temporaires. Ils forment la « population flottante », suivant le terme utilisé en Chine. À vélo ou à pied, ils sillonnent les rues, en agitant des clochettes ou en criant pour proposer leurs services : ils sont rémouleurs, vendeurs de fruits et de légumes ou chiffonniers. Ils sont prêts à faire n'importe quoi, pourvu qu'ils puissent rester dans la ville la plus dynamique de Chine. Le nombre de ces migrants est estimé à 3,3 millions sur une population de 13,6 millions d'habitants à Shanghai. […] Le système des cartes *hukou* est toujours en vigueur, mais des villes comme Shanghai délivrent également des permis temporaires pour accueillir les migrants.

D'après J. Irwin, « Shanghai et ses milliers de migrants », *Le Courrier de l'Unesco*, juin 1999.

Doc 6 **Le vieux Shanghai.** Dans sa course à la verticalité, Shanghai a sacrifié des quartiers entiers : 2,5 millions de ses habitants auraient été expropriés depuis le début des années 1990 et relogés dans les immenses tours de la périphérie.

Doc 4 **La rue de Nankin.** Débouchant sur le Bund, c'est la principale rue commerçante de Shanghai. Elle a été récemment rendue aux piétons.

Doc 5 **Les moteurs du futur**

Près de 150 personnes, étudiants, techniciens et chercheurs travaillent au Laboratoire du véhicule électrique de l'université de Tongii, qui doit rejoindre d'ici à quelques mois les locaux flambant neufs dans la nouvelle Cité automobile internationale de Shanghai, un gigantesque parc industriel, tout entier consacré à l'automobile, à une trentaine de kilomètres de la ville. On y trouve des usines automobiles et de pièces détachées, des laboratoires ainsi que le circuit de formule 1. La plupart des recherches sont menées conjointement avec les constructeurs étrangers. Il est tout à fait possible que la Chine soit le premier pays à utiliser la voiture électrique à grande échelle pour ne pas dépendre du pétrole et réduire les pollutions.

D'après B. Pe, supplément « Le développement durable », *Le Monde*, 10 novembre 2004.

1 **Doc 1** Sur cette carte, qu'est-ce qui oppose Puxi à Pudong ?

2 **Doc 1, 2, 4, 5** Quelles sont les principales transformations que connaît la ville de Shanghai aujourd'hui ?

3 **Doc 6** Celles-ci ont-elles des conséquences pour les habitants ?

4 **Doc 4 à 6, doc 3, p. 257** Quelles sont les principales activités de Shanghai ?

5 **Doc 3** Comment agit la ville sur les populations des campagnes voisines ?

DE L'EXEMPLE AU COURS

- **Shanghai, ville la plus peuplée de Chine, est représentative de l'essor de la Chine littorale, ouverte sur le Monde.**
- **Sa croissance est aujourd'hui fulgurante mais inégalement partagée par ses habitants.**
- **Cette richesse continue d'attirer des populations rurales nombreuses qui affluent des provinces intérieures peu développées à la recherche d'un travail.**

1. Le territoire chinois

MOTS
• Densités

La Chine est, par sa superficie, le 3e pays du Monde. Mais le territoire n'est pas également mis en valeur: il y a une Chine utile et une Chine en réserve. Les conditions naturelles mais aussi l'histoire du peuplement expliquent cette opposition ancienne.

➔ Comment le territoire chinois s'organise-t-il aujourd'hui ?

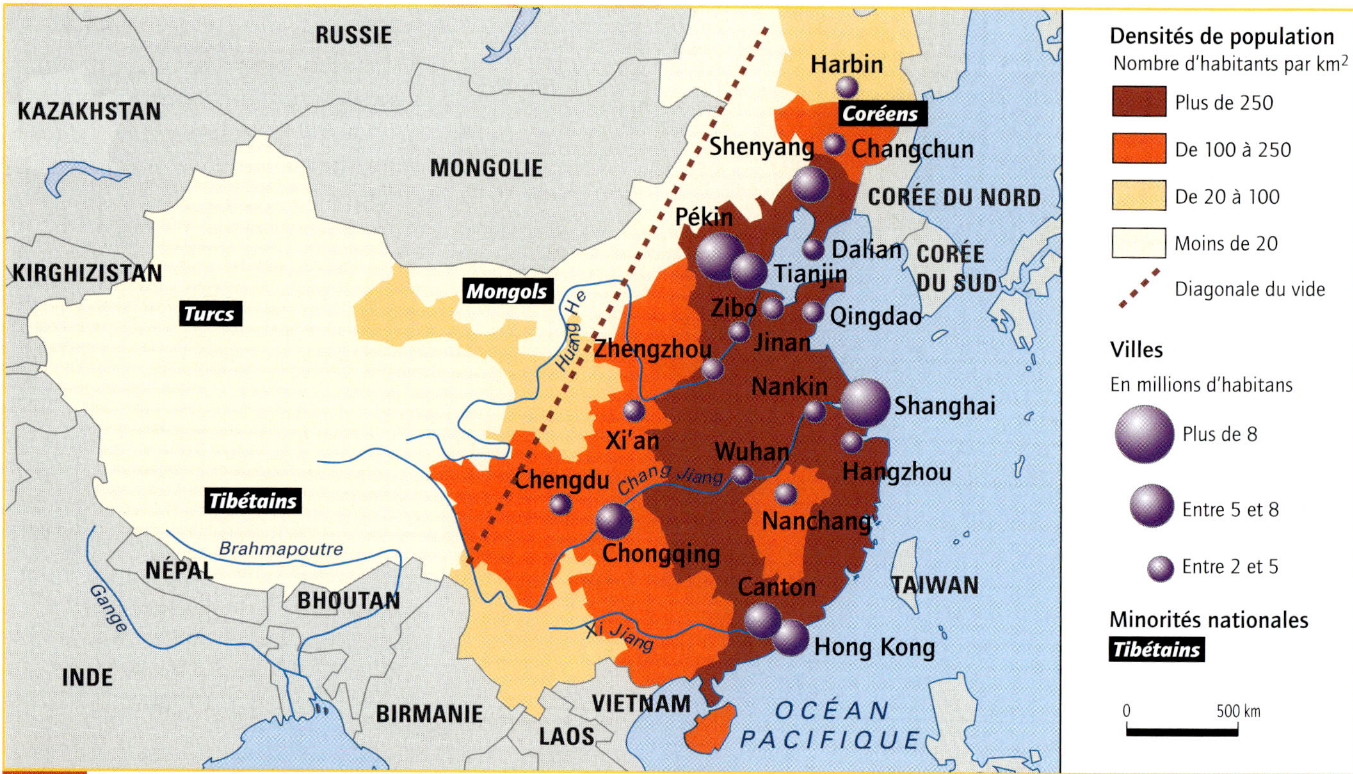

Doc 1 **La Chine: densités de population et grandes villes.**

Doc 2 **Riziculture dans la province de Guilin.**

Doc 3 **Les contrastes du peuplement**

« La population se concentre jusqu'à étouffer dans certaines régions et elle en laisse d'autres au désert, écrivait un géographe en 1928. Cette phrase demeure valable pour la Chine d'aujourd'hui. […]. Les géographes chinois opposent de part et d'autre d'une diagonale Nord-Est/Sud-Ouest une Chine pleine à l'Est et une Chine vide à l'Ouest. La première concentre 94 % de la population totale sur 43 % de la superficie alors que la seconde sur 57 % de la superficie n'est habitée que par 6 % de la population. […] La répartition de la population reproduit celle de la surface cultivable, ce qui est normal dans un pays où la population est composée majoritairement de ruraux. La distribution de la population chinoise est d'abord le fait de la civilisation agricole Han *[chinoise]*. Elle se traduit par une accumulation de producteurs de grains (riz et blé) dans les plaines, vallées et deltas qui ne représentent qu'une faible partie de la surface totale. »

J.-P. Larivière et J.-P. Marchand, *Géographie de la Chine*, éd. A. Colin, 2000.

Doc 4 **Plaine de la Chine de l'Est.**

Doc 5 Le train chinois

Deux nuits et un jour pour descendre de Pékin à Canton. Trois jours et trois nuits pour rallier la capitale depuis Ouroumtsi, au cœur du Xinjiang turcophone. Vingt heures quand même pour aller de Pékin à Shanghai. Ces moyennes ont pourtant signifié une révolution dans un pays où les déplacements lointains se mesuraient en semaines[1]. L'amélioration du transport ferroviaire est une priorité des autorités chinoises, même si l'essor du trafic aérien et le développement du réseau routier (avec la multiplication des autoroutes à péage) lui font concurrence. Le dédoublement des voies et l'électrification des lignes ont raccourci le temps de voyage. L'introduction de trains à deux étages, climatisés et rapides, a accru le confort des passagers, sécurité et ponctualité demeurant le maître atout des chemins de fer chinois. Demain, le train à grande vitesse, révolutionnera les transports en abolissant les distances.

D'après Ph. Paquet,
L'ABCédaire de la Chine,
éd. Philippe Picquier, 2004.

1. À cause des montagnes omniprésentes et des barrières que dressaient les Fleuves Jaune et Bleu.

VOCABULAIRE
- **Han** : chinois.

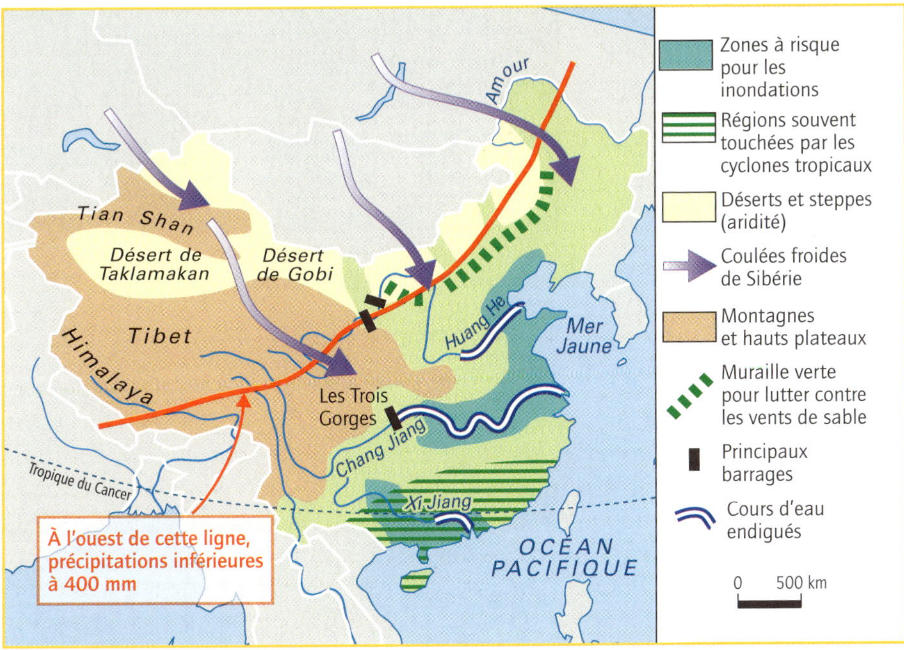

Doc 6 **Une nature violente en partie domestiquée.**

1 **Doc 1, 3 et 6** Combien de Chine(s) trouvez-vous ? Expliquez la répartition de la population en utilisant aussi la carte de la page 256.

2 **Doc 4** Décrivez cette photographie. Réalisez un petit croquis de repérage.

3 **Doc 6** Citez quelques excès de la nature.

4 **Doc 1 à 6** Relevez dans les documents tous les éléments qui montrent que les Chinois ont toujours cherché (sans toutefois y parvenir) à maîtriser leur territoire.

5 **Doc 5** Les transports chinois sont-ils en cours de modernisation ? En quoi cela peut-il contribuer au développement du pays ?

2. Le poids du nombre

MOTS
- Croissance démographique
- Diaspora
- Taux de fécondité
- Minorité
- Politique antinataliste

La population chinoise, qui représente 1/3 de la population asiatique et 1/5 de la population mondiale, est la plus nombreuse du Monde (1,3 milliard d'habitants). Sa croissance a été si rapide depuis 1950 que le gouvernement a dû prendre des mesures pour répondre au défi du nombre.

➔ Pourquoi peut-on dire que la population chinoise est en pleine mutation ?

VOCABULAIRE
- Chinatown : quartier chinois dans une ville.

Doc 1 Les conséquences de la politique antinataliste

Après trois décennies de contrôle des naissances, la croissance démographique est aujourd'hui maîtrisée. Mais de nouveaux déséquilibres apparaissent. Avec la baisse du nombre d'enfants par femme et l'augmentation de l'espérance de vie à la naissance, la population vieillit. Les plus de 60 ans seront 20 % en 2025, avec toutes les conséquences que cela implique dans un pays guère préparé à un tel bouleversement : pas de système de retraite généralisé, peu de structures d'accueil, des solidarités familiales en perte de vitesse. Une autre conséquence de la limitation des naissances est le déficit de filles. Devant réduire le nombre de leurs enfants, les couples mettent tout en œuvre pour avoir au moins un fils, qui perpétuera la lignée familiale et prendra en charge ses parents une fois devenus vieux.

D'après I. Attané dans *La Chine*, « Questions internationales », La documentation Française, mars-avril 2004.

Doc 2 Campagne en faveur de la limitation des naissances.

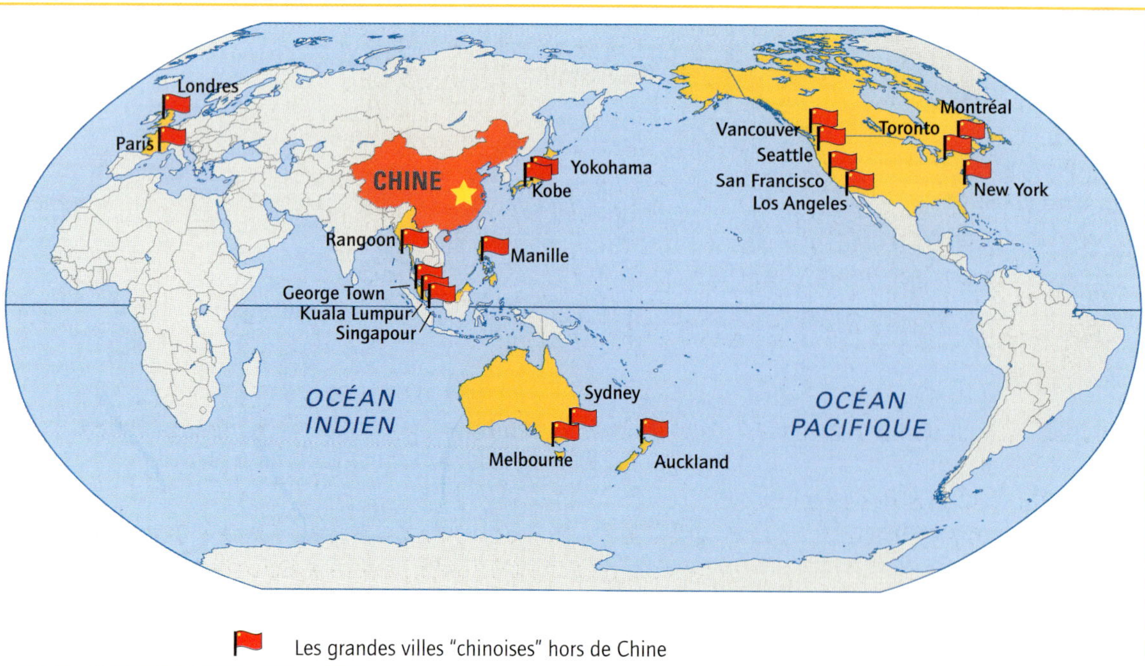

Doc 3 Les grandes villes « chinoises » hors de Chine. La diaspora chinoise compte plus de 30 millions d'individus, dispersés sur la planète. Souvent regroupés au sein de « Chinatowns », ils entretiennent des liens de solidarités forts entre eux et maintiennent des relations avec leur terre d'origine.

Doc 4 La fin programmée d'un monde rural

Selon une étude officielle, le taux d'urbanisation de la Chine va passer de 36 % aujourd'hui à 50 % en 2020 et 70 % en 2050. Cela signifie que 10 à 12 millions de ruraux vont rejoindre les villes chaque année.

L'annonce par le gouvernement chinois, en mars 1984, d'une diminution souhaitable de 30 à 40 % des actifs agricoles signifiait en fait qu'une politique était déjà mise en œuvre, qui risquait de conduire 400 millions de ruraux dans les villes. […] La stratégie qui se trouve derrière ces mouvements est de faire de la Chine, en peu de décennies, un pays avancé dans tous les domaines. La Chine doit donc s'urbaniser fortement et supprimer progressivement cette part d'agriculture attardée qui conduit ses observateurs peu attentifs à continuer à la classer dans les pays du Tiers monde.

P. Gentelle, *Chine, un continent… et au delà ?*, Asie plurielle, La documentation Française, 2001.

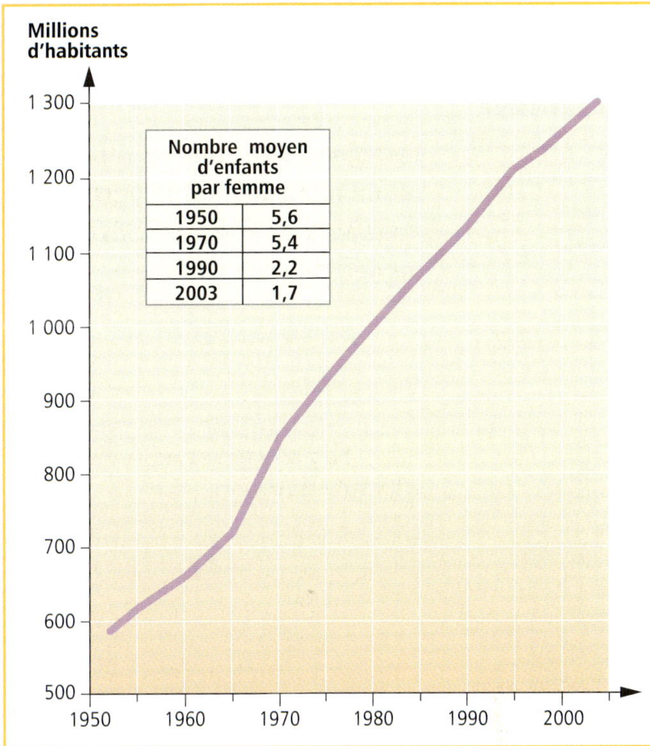

Doc 5 Évolution de la population chinoise.

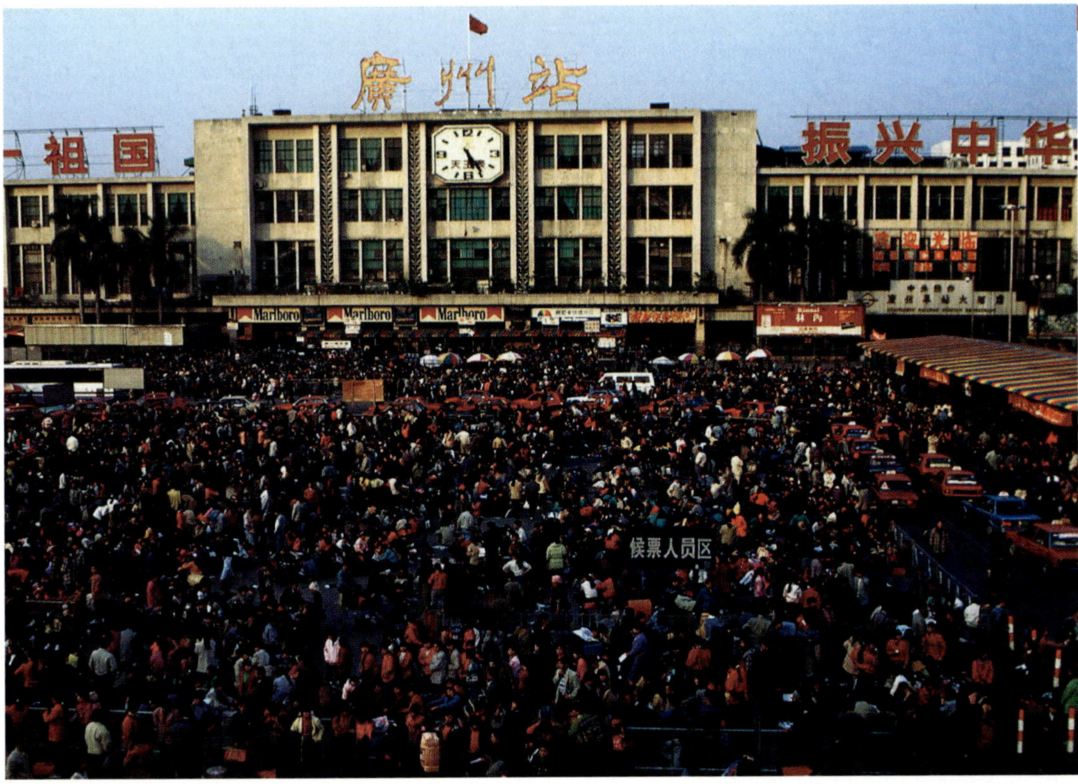

Doc 6 Ouvriers immigrants attendant à la gare, à Guangzhou. Près de 100 millions de travailleurs retournent chez eux après les fêtes du Nouvel An lunaire.

1 Doc 1 ET 5 Comment la population chinoise évolue-t-elle ?

2 Doc 1, 2 ET 5 Le gouvernement a-t-il pris des mesures pour limiter la croissance ? Ont-elles été efficaces ?

3 Doc 4 La population est-elle majoritairement urbaine ou rurale ?

4 Doc 6 Pourquoi cette photo est-elle représentative de la Chine ?

5 Doc 3 Y a-t-il des Chinois hors de Chine ? Quel nom leur donne-t-on ? Où sont-ils pour l'essentiel localisés ?

3. Le développement chinois

MOTS
- **Développement**
- **Ouverture**
- **ZES**

La Chine, par volonté des autorités, a un temps vécu repliée. Elle s'est progressivement ouverte au Monde depuis une vingtaine d'années, connaissant en parallèle un développement économique sans précédent.

➜ Quelle est aujourd'hui la place de la Chine dans l'économie mondiale ?

VOCABULAIRE
- **Industrie de pointe** : industrie utilisant des techniques récentes, en particulier l'informatique.
- **Matière première** : produit brut extrait du sous-sol ou fourni par l'agriculture ou la forêt.

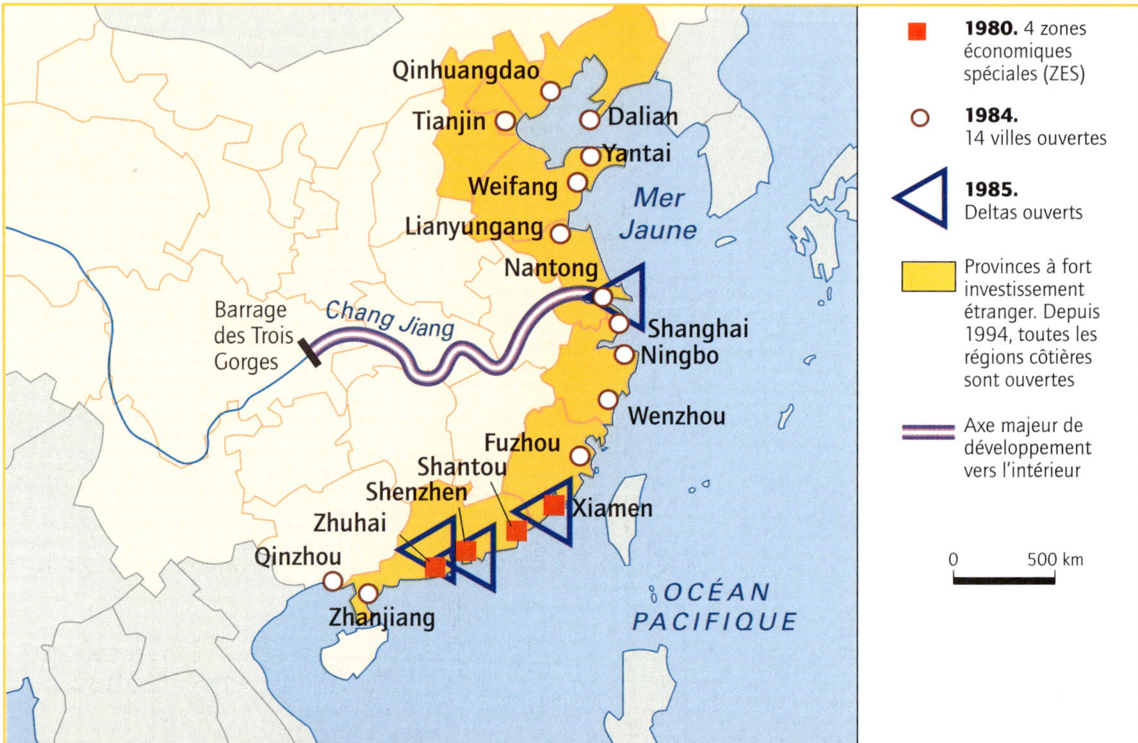

Doc 1 **La progressive ouverture aux investissements étrangers.**

Doc 2 **Le premier taïkonaute (spationaute) chinois.**
En octobre 2003, la Chine réalise son premier vol spatial habité.

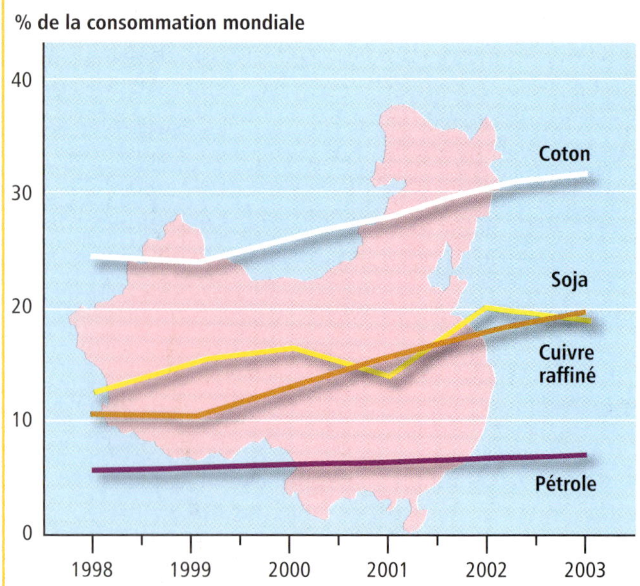

Source : *Financial Times*

Doc 3 **Une Chine** avide de matières premières et d'énergie.

Doc 4 L'Atelier du Monde

Cette Chine-atelier produit déjà pour le compte du Monde entier, 50 % des téléviseurs, 25 % des machines à laver et presque autant de réfrigérateurs ; on sait moins que dans le domaine des industries de pointe, la « grande Chine » (à savoir le continent et Taiwan) devrait laisser l'Amérique loin derrière elle à l'horizon 2008 [...]. Dans cinq ans, au moment où seront célébrés les Jeux olympiques de Pékin, l'empire du Milieu aura gagné son pari : avoir définitivement comblé le fossé technologique, qui séparait la Chine de ses deux principaux concurrents, le Japon et la Corée du Sud. Après avoir été l'usine fétiche des industriels du Monde entier, qui, au cours des vingt dernières années ont délocalisé la fabrication de jouets et l'habillement, cette puissance économique et industrielle accomplit, avec ses industries de pointe, un saut qualitatif décisif.

D'après F. Bobin, *Le Monde*, 8 avril 2003.

Doc 5 Un des périphériques de l'agglomération de Pékin en 2004.

Doc 6 Le miracle économique chinois

Les progrès économiques accomplis par la Chine depuis vingt ans sont effectivement impressionnants [...]. En terme de volume de production nationale, la RPC compte parmi les six premiers pays dans le Monde. [...] Après des décennies d'autarcie, le pays est devenu un partenaire commercial incontournable : au sixième rang de l'économie mondiale en 2003, premier destinataire d'investissements directs étrangers, 7e importateur et 5e exportateur en 2002. Depuis 1978, la croissance économique moyenne annuelle a été de 10 % environ avec des records de 15 % à 20 % dans certaines régions côtières. Si celle-ci perdure, la Chine deviendra à court terme la troisième nation commerciale. [...] Certaines prévisions indiquent que les États-Unis seront dépassés par la Chine vers 2040.

D'après S. Balme, *La Chine*, « Idées reçues », Le Cavalier Bleu Éditions, 2004.

Doc 7 Le coût horaire du travail dans l'industrie textile (en euro)

Chine	0,3
Maroc	1,4
États-Unis	11,2
Mexique	1,7
Turquie	1,5
Malaisie	0,9
Inde	0,6

Source : *Le Monde économie*, 14 décembre 2004.

1 Doc 1 L'ouverture concerne-t-elle tout le pays ? A-t-elle été réalisée en une étape ou en plusieurs ?

2 Doc 2 Pourquoi, selon vous, réussir un premier vol habité est-il si important pour les Chinois ?

3 Doc 3 Quelles conséquences le développement chinois peut-il avoir sur les matières premières mondiales ? Pourquoi, par exemple, cette demande de coton ?

4 Doc 1, 4 et 7 Quel est le rôle joué par les investissements étrangers ? Pourquoi les capitaux sont-ils investis en Chine ?

5 Doc 5 Quels éléments révèlent sur cette photographie le développement de la Chine ?

6 Doc 4 et 6 Relevez les arguments qui permettent de dire que la Chine est devenue une puissance économique.

4. Inégalités chinoises

MOTS CLÉS
- Zone franche
- Déséquilibre spatial
- Société de consommation

La Chine est devenue en peu de temps une puissance économique, dont les succès sur les marchés mondiaux impressionnent les Occidentaux. On dit pourtant souvent de la Chine qu'elle est un pays riche à la population pauvre.

➔ **Y a-t-il une ou plusieurs Chines ?**

Doc 1 La zone franche de Shenzen, près de Hong Kong.

VOCABULAIRE
- **Tycoon :** marchand.

D'après *Le monde chinois dans le nouvel espace mondial* par C. Chancel et E. C. Pielberg, Collection Major, PUF, 1998

Doc 2 La Chine des minorités. Le gouvernement reconnaît plus de 50 nationalités en Chine. Les minorités ne dépassent jamais les 10 millions d'habitants, soit ensemble moins de 10 % de la population.

Doc 3 L'émergence d'une société de consommation

Yong-Li slalome avec son vélo dans les avenues encombrées de Pékin. [...] Il incarne, à l'instar de 300 millions de compatriotes habitant les grandes villes de la côte Est, cette nouvelle classe moyenne chinoise qui fait tant rêver les industriels occidentaux. Diplômé de l'université de Pékin, Yong-Li délaisse deux fois par mois son vélo et les échoppes du quartier du Hutong, pour se rendre en bus avec son épouse au nouvel hypermarché Carrefour (traduit en chinois par « le bonheur pour toute la famille »). Contrairement à ses amis qui se rendent chez Carrefour comme on vient au spectacle, pour admirer les larges travées blanches et profiter de l'air conditionné, Yong-Li, qui gagne un peu plus de 1 500 yuans (environ 150 euros) a les moyens d'acheter. [...]. Son expédition est encore inimaginable pour les « cousins de la campagne » : 80 % de Chinois qui n'ont pas encore vécu le miracle économique et dont une grande part survit avec moins de 30 yuans (3 euros par jour).

D'après F. Amalou, *Le Monde*, 9 novembre 2004.

Doc 4 Portraits chinois

A. « Zhang Yue est le premier "tycoon chinois" à se déplacer en jet. Il en dispose même d'une paire. Il faut y ajouter un hélicoptère qui fait la navette entre l'aéroport de Changsha, chef-lieu du Hunnan et le quartier général de son entreprise, spécialisé dans l'air conditionné. Zhang Hué (43 ans) et son frère Zhang Jian (40 ans) sont crédités d'une fortune évaluée à plus de 200 millions de dollars (2001). »

F. Bobin, *Le Monde*, 10 novembre 2003.

B. Xiao Ren (40 ans) doit quitter son village car la vie y est devenue si pénible. Il s'en absente plusieurs mois par an sillonnant la Chine en quête de petits boulots. Bûcheron dans le Nord, livreur de fruits dans le Sud et bien sûr ouvrier de chantier à Pékin où sa fille a déjà trouvé un emploi dans un salon de coiffure. 1/5 de la population a déjà quitté le village.

D'après F. Bobin, *Le Monde*, 17 mars 2003.

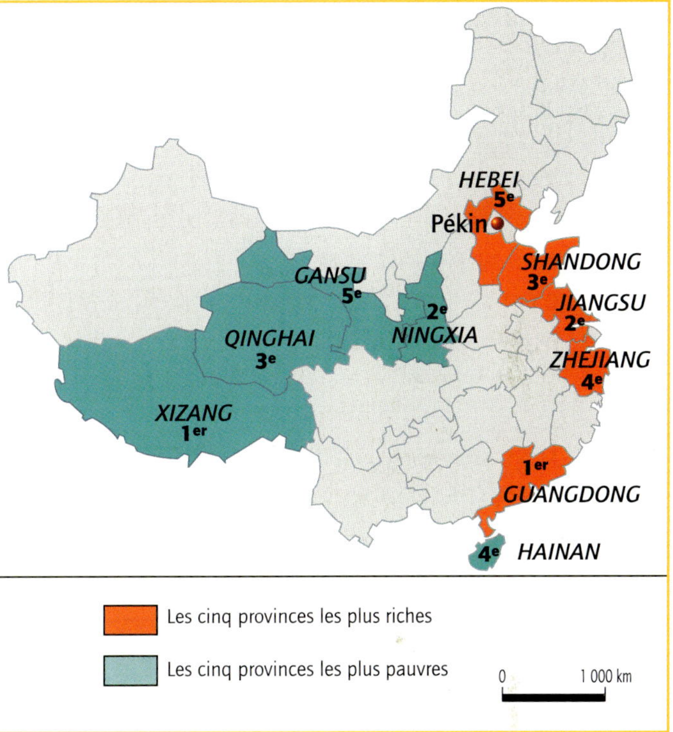

Doc 5 Déséquilibres chinois.

Doc 6 Riziculture traditionnelle dans le Sichuan.

1 **Doc 1** Décrivez l'image. Voyez-vous une frontière nette. Quel peut être dans l'avenir le sort de ces terres agricoles ?

2 **Doc 1 et 6** En vous aidant de la carte p. 271, dites à quelle Chine appartiennent ces deux paysages.

3 **Doc 3 et 4** Repérez dans les trois textes les inégalités sociales. Définissez trois groupes sociaux.

4 **Doc 4** Comment désigne-t-on le fait de quitter la campagne pour la ville (voir aussi p. 255) ?

5 **Doc 6** En vous basant sur vos connaissances de 6e, dites quelles sont les étapes de la culture du riz visibles sur la photographie.

6 **Doc 2 et 5** En croisant les cartes, que pouvez-vous dire sur le niveau de vie des minorités ?

Bilan

Les défis de la Chine

1 Contrôler la croissance de la population

A. La Chine a toujours été **le pays le plus peuplé de la planète**. Mais la population chinoise a **doublé entre 1949 et le début des années 1980**. Cette masse peut apparaître comme un handicap. Les enfants doivent en effet être éduqués ; il faudra une fois adultes leur trouver un travail et un logement ; mais la population peut aussi être une chance pour la Chine : elle constitue **une main-d'œuvre nombreuse** dont les salaires demeurent parmi les plus faibles du Monde.

B. Devant cette **croissance démographique** sans précédent, et après une période d'hésitations, le gouvernement chinois a définitivement adopté une **politique antinataliste**, contribuant ainsi à faire **chuter** le **taux de fécondité,** qui a aujourd'hui rejoint celui des pays riches. Si ces mesures ont connu un succès réel dans les villes, elles ont du mal à s'imposer dans les campagnes où l'enfant représente **une force de travail.** Aujourd'hui encore, la population augmente, bien qu'à un rythme ralenti, de **10 millions** chaque année. Il y a, en 2005, **1,3 milliard de Chinois.**

C. La **politique de l'enfant unique** aura des conséquences dans le futur : elle réduit en effet le nombre de jeunes au moment où une génération nombreuse, grâce aux progrès sanitaires, **augmente son espérance de vie.** Des adultes actifs vont devoir dans l'avenir prendre en charge des parents, grands-parents, voire arrière-grands-parents, dans un pays où les retraites sont quasi inexistantes. Résultat de cette politique, on prévoit qu'en 2050, la population de la Chine devrait être dépassée par celle de l'Inde.

2 Maîtriser le territoire

A. La Chine est un **État continent** ; elle dispose de la **3e superficie** des États avec **9,6 millions de km²**. À l'**Est**, on trouve une **Chine humide,** qui est aussi celle des **plaines** et des **collines** ; à l'**Ouest**, une **Chine sèche des plateaux** et **des montagnes** (la moitié du territoire est à plus de 2000 m d'altitude). C'est aussi le domaine des **déserts** (Gobi) et des **steppes** (Mongolie). La répartition de la population correspond globalement aux données naturelles : **l'Est**, berceau de la civilisation chinoise, fondée sur la culture des céréales (riz, blé) et l'irrigation, réunit les **3/4 de la population** sur 1/7 du territoire. La **densité** y dépasse souvent 250 hab. / km².

MOTS

Croissance démographique :
voir p. 225.

Politique antinataliste :
elle consiste à limiter le nombre d'enfants par couple (pas plus de deux en Chine).

Taux de fécondité :
voir p. 287.

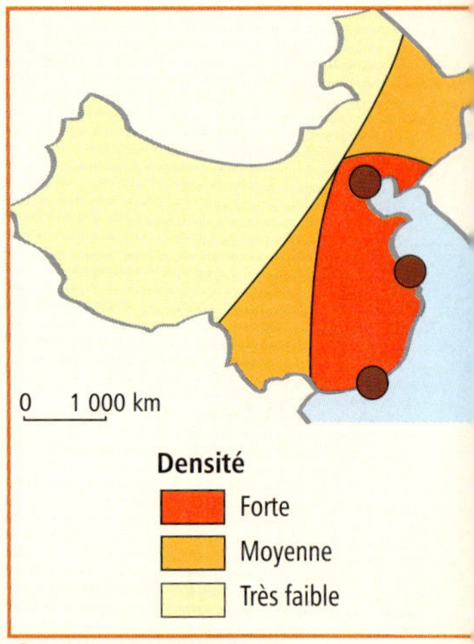

1. Les densités.

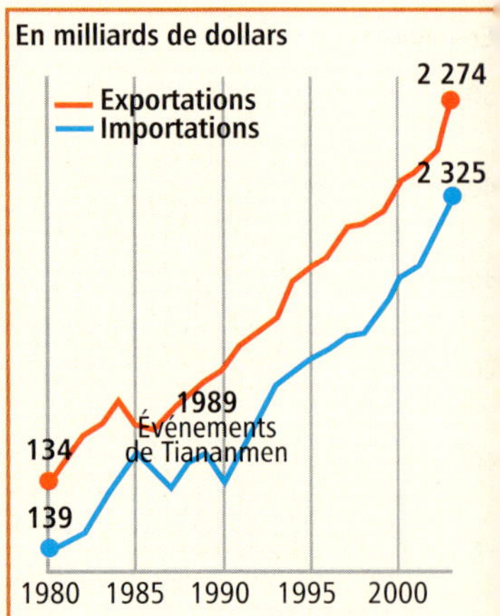

Source : La Chine, Questions internationales, p. 83, La Documentation française, avril 2004.

3. La balance commerciale.

Densités : nombre d'habitants par km².

Zone franche : zone d'activité dans laquelle les entreprises qui s'installent ne paient pas d'impôts.

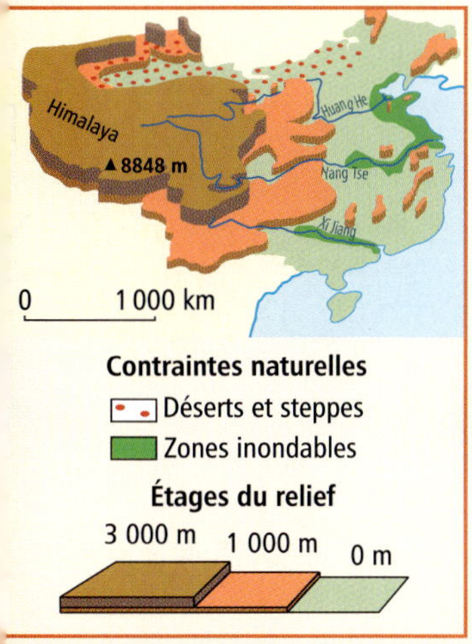

2. **Le relief.**

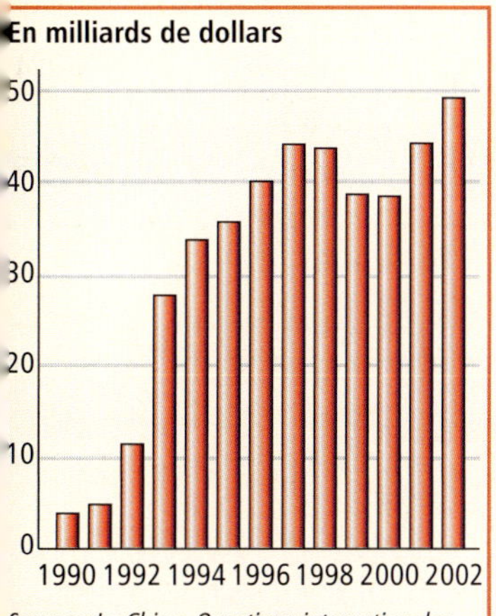

Source : *La Chine, Questions internationales*, La Documentation française

4. **Les investissements étrangers.**

B. Ce vaste territoire est souvent touché par **des catastrophes naturelles** comme les **séismes**, les **cyclones** tropicaux, les **inondations**, les **vents de sable** ; les Chinois ont toujours cherché à s'en prémunir par une **politique de grands travaux** (endiguement des fleuves, barrages). Aujourd'hui, c'est la pression de populations toujours plus nombreuses qui appauvrit les sols, pollue l'atmosphère, dilapide les ressources.

C. L'immensité est un avantage dans la mesure où elle permet par exemple une **grande diversité de cultures** grâce à l'extension en latitude du territoire (il y a une **Chine du blé au Nord** et une **Chine du riz au Sud**). Elle peut aussi être un inconvénient dans le cas où des **transports efficaces tardent à être développés.** En Chine, ils constituent encore trop souvent un obstacle à des déplacements rapides. Le pays est encore aujourd'hui **inégalement mis en valeur.**

3 Développer le pays

A. La Chine s'ouvre depuis peu au Monde. Elle reçoit en nombre des **capitaux investis** dans les **zones franches** ; elle **exporte massivement** sa production textile, ses jouets ; son développement passe par une **maîtrise des technologies de l'information** et par une politique de recherche dynamique consacrée aux industries de pointe. Le **premier vol habité** est symbolique de cette capacité à maîtriser les hautes technologies.

B. Le Chine est aujourd'hui **un partenaire incontournable sur le marché mondial.** En 20 ans, elle est devenue la **6e puissance économique mondiale** ; sa croissance est l'une des plus forte ; elle pèse sur les **ressources** de la planète tant ses besoins sont énormes (en charbon, en pétrole, en fer, notamment) et, par conséquent, contribue à l'augmentation des cours des matières premières et de l'énergie.

C. Le pays est **en plein bouleversement** et les **grands chantiers sont nombreux**, en partie liés aux infrastructures de transport : autoroutes, aéroports, barrages, comme celui des Trois-Gorges dont le lac de retenue se remplit peu à peu. **Les villes** sont les lieux qui **reflètent le mieux ces mutations** ; elles se transforment à un rythme soutenu : on détruit de vieux quartiers au profit de nouveaux centres d'affaires ; on gagne sur les espaces agricoles des périphéries pour installer de nouvelles usines, des centres de recherche, des logements. **Pékin** et **Shanghai,** en particulier, veulent être prêtes pour les prochaines échéances (Jeux Olympiques de 2008 et Exposition universelle de 2010).

Bilan

Les conséquences de l'ouverture

1 Elles sont sociales

A. La société chinoise est en plein bouleversement. Encore contrôlée par un régime dictatorial, elle se lance avec frénésie dans la **société de consommation**. Du moins est-ce le cas pour une fraction de la population (entre 100 et 200 millions de personnes), qui **vit dans les grandes villes des provinces littorales.**

B. L'immense majorité en est pour le moment **exclue**, comme les paysans, qui pour l'essentiel disposent de faibles revenus, ou sont au chômage du fait de la modernisation de l'agriculture. La seule solution pour eux est **l'exode vers les villes** (**migration interne**) ; un temps limité, il est aujourd'hui toléré par les autorités. Là, les nouveaux venus constituent une « **population flottante** », à la recherche de petits boulots. Autres victimes de cet essor rapide, les **habitants des vieux quartiers de la ville traditionnelle chinoise** (maisons basses), relogés dans les immeubles récents des périphéries.

2 Elles sont spatiales

Toutes les régions ne profitent pas également de **l'ouverture et du développement.** Il y a des **déséquilibres spatiaux.**

A. La **Chine littorale** sort renforcée de ce processus qu'elle a initié dès 1980 avec la création des **ZES**, puis l'ouverture des villes côtières. Elle est reliée au reste du Monde par ses **grands ensembles urbains** que constituent les **trois deltas** du **Huang He** (Pékin-Tientsin), du **Chang Jiang** (Shanghai) et de la **Rivière des Perles** (Hong Kong, Shenzen, Canton). Modernisation et urbanisation caractérisent cette façade, d'où est originaire majoritairement la **diaspora** chinoise.

B. La **Chine intérieure, cœur agricole du pays** demeure **rurale** et **densément peuplée**. Une politique récente vise, par la modernisation des moyens de transport, à ne plus la tenir à l'écart du progrès (l'axe le long du Chang Jiang, en amont de Shanghai, connaît une phase de développement).

C. La **Chine de l'Ouest** est celle de la Chine des **minorités** (Tibétains, Ouigours), tenues à l'écart de l'essor économique. C'est celle des **grands espaces** vierges encore à mettre en valeur, dominé aujourd'hui par des Hans colonisateurs, malgré quelques résistances.

Mots

Société de consommation : société dans laquelle la population fait des achats massifs, suggérés par l'ouverture : politique économique visant à accroître les relations avec le Monde pour faciliter le développement.

Migration interne : voir p. 250.

Ouverture : voir p. 287.

Développement : voir p. 204.

Déséquilibre spatial : différence de développement entre deux espaces.

ZES : zone économique spéciale. Portion du territoire chinois qui a été la première transformée en zone franche.

Diaspora : communauté originaire du même pays vivant à l'étranger.

Minorités : habitants de la République populaire qui ne sont pas Han.

Des chiffres marquants

- **Population chinoise** : 20 % de la population mondiale.
- **La Chine absorbe** : 1/3 du coton, du charbon de l'acier, du ciment de la planète.
- **La Chine fabrique** :
  - 70 % des jouets, bicyclette et lecteurs DVD
  - 60 % des appareils photos numériques
  - 50 % des ordinateurs portables.
- **Le revenu par habitant (en 20 ans) est passé de** : 190 à 1 000 dollars (en moyenne).

CARTE DE SYNTHÈSE

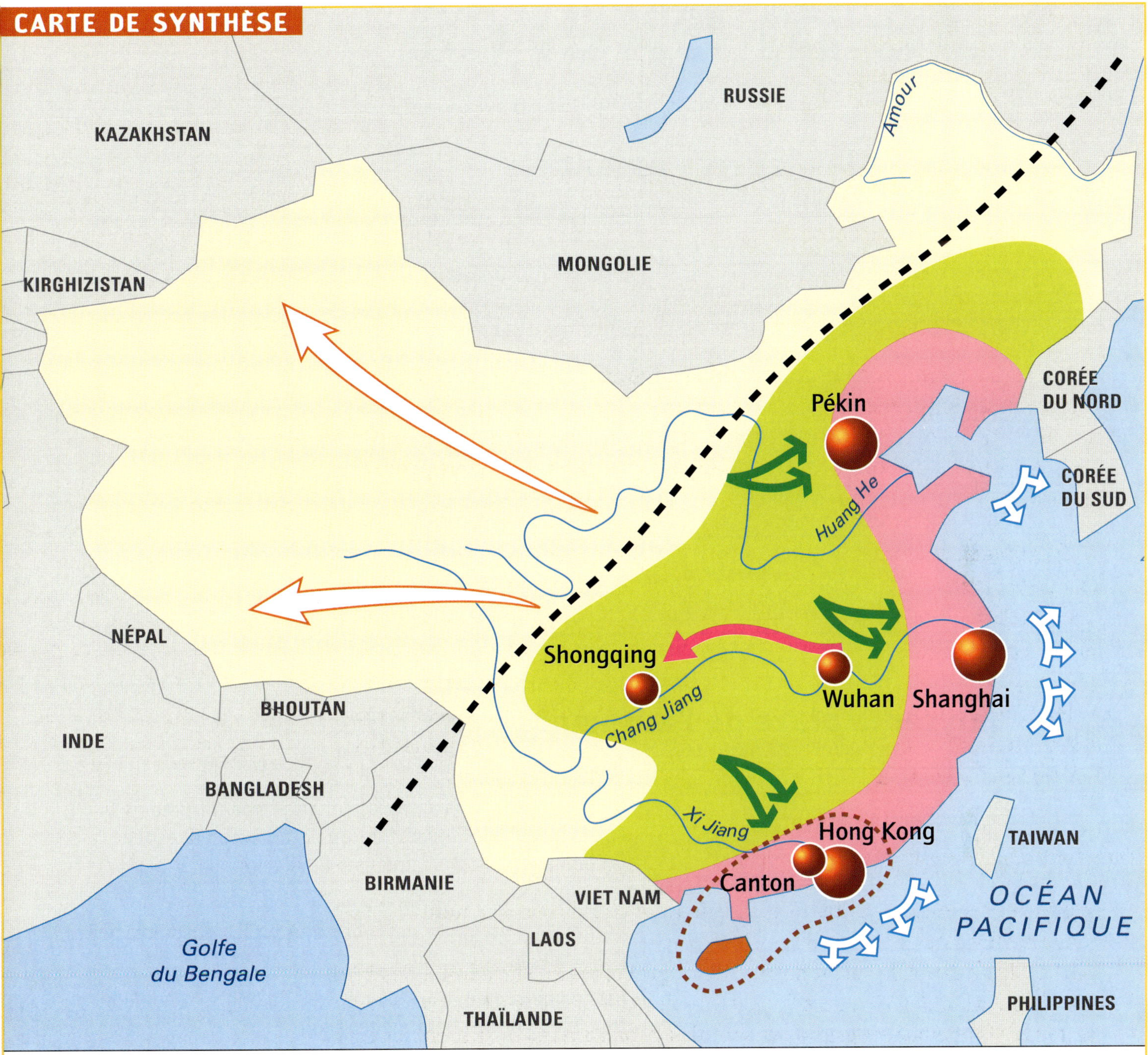

1. Les espaces chinois

Chine littorale de l'ouverture

Très fortes densités, forte croissance économique

Chine agricole de l'intérieur

Fortes densités, croissance modérée

Chine périphérique de l'Ouest

Faibles densités, espaces en retard de développement

À l'Est de la ligne, 90 % de la population

0 — 1 000 km

2. Des dynamiques largement favorables à la côte

Grands centres urbains et économiques

Axe majeur de développement

Migrations internes vers les espaces vides

Exode rural

Principales régions d'origine de la Diaspora

Ouverture sur le Monde

»»»» Je m'exerce

1. Connaître les repères essentiels

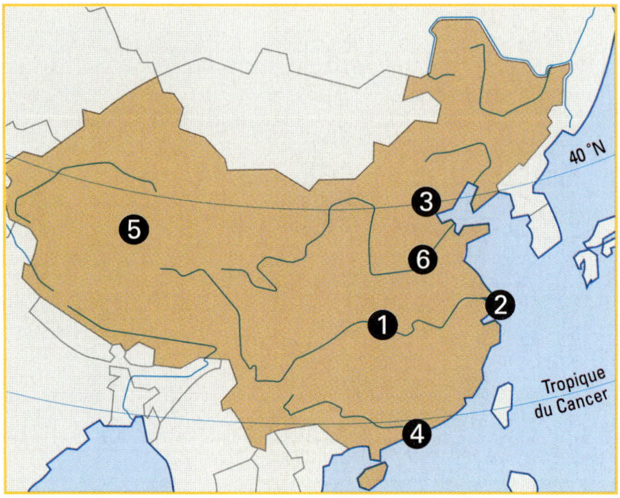

1. Indiquez, pour chaque numéro, le repère géographique auquel il correspond.
   - ❏ Chang Jiang (Fleuve Bleu)
   - ❏ Shanghai
   - ❏ Pékin
   - ❏ Hong Kong
   - ❏ Tibet
   - ❏ Huang He (Fleuve Jaune)
2. Après avoir reproduit la carte, tracez la limite entre la Chine « vide » et la Chine fortement peuplée.
3. Nommez les quelques États voisins que vous connaissez.

2. Analyser la place de l'automobile en Chine

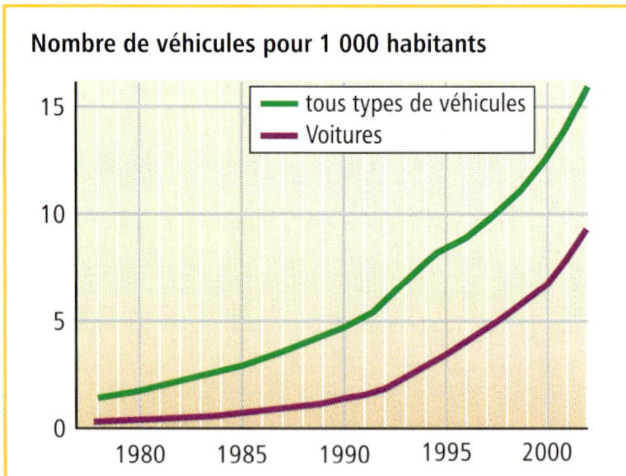

Doc 1 **Mode de transports en Chine.**

1. Quelle est la progression du parc automobile en Chine ?
2. Comment peut-on expliquer cet engouement pour l'automobile en Chine ? Pourquoi l'automobile est-elle un bon exemple pour analyser le développement chinois ?
3. Quelles sont les conséquences de l'essor du parc automobile pour l'air des villes et pour la consommation d'énergie de la planète ?
4. Est-ce que d'après vous toutes les régions sont également touchées par ce phénomène ?
5. Quelles sont les entreprises qui pourraient profiter de cet engouement de la Chine ?
6. Qu'est-ce qui montre que la Chine n'est pas encore un pays développé ?

Doc 2 **La Chine, un marché d'avenir**

« Immobile, l'Empire du Milieu ? À présent que des cohortes de voitures supplantent, sur les routes de Chine, la légendaire marée de vélos ? Un ordre de grandeur suffit pour mesurer le changement : la République populaire est aujourd'hui le quatrième marché automobile mondial, derrière l'Amérique, le Japon et l'Allemagne, et celui qui connaît la plus forte croissance. Les experts s'accordent à penser qu'elle se classera au deuxième rang dans les trois à cinq ans à venir. Après quoi, elle finira par dépasser les États-Unis. On comprend la rivalité qui anime les grands constructeurs américains, européens et nippons, lesquels se bousculent pour investir la place, engranger déjà de solides bénéfices et miser sur un long terme alléchant. »

Ph. Paquet, *ABCDaire de la Chine*, éd. Philippe Picquier, 2004.

3. Comparer deux photographies sur les inégalités régionales

Doc 1 **Ouroumtsi (Xinjiang).**

Doc 2 **Hong Kong.**

1. Décrivez les deux photographies. Que voyez-vous sur chacune d'elle (présence de populations, éléments de constructions…) ? Donnez un titre à chaque scène.
2. En vous aidant des cartes du manuel, dites dans quelle partie de la Chine ont été prises ces photographies ?
3. A-t-on à faire au même niveau de développement ? Justifiez votre réponse.

chapitre

14 L'Union indienne

Doc 1 **Le monde indien.**

Doc 2 Un centre commercial dans le Nord de l'Inde, à Gurgaon (périphérie de New Delhi).
Les centres commerciaux sont les nouveaux paradis de la classe moyenne.

Doc 3 Récolte de blé dans le Sud de l'Inde (État du Tamil Nadu). Aujourd'hui, 70 % de la population indienne est rurale. Si l'Inde est parvenue à l'autosuffisance alimentaire, la situation de la majorité des paysans ne s'est pas améliorée.

> Je découvre l'Inde à partir de Delhi

Delhi, 12 millions d'habitants, a longtemps été cantonnée dans sa fonction de capitale de l'Inde. En plein développement aujourd'hui, elle rayonne sur les États voisins de la vallée du Gange : Pendjab et Haryana au Nord et au Nord-Est, Uttar Pradesh, le plus proche, à l'Ouest.

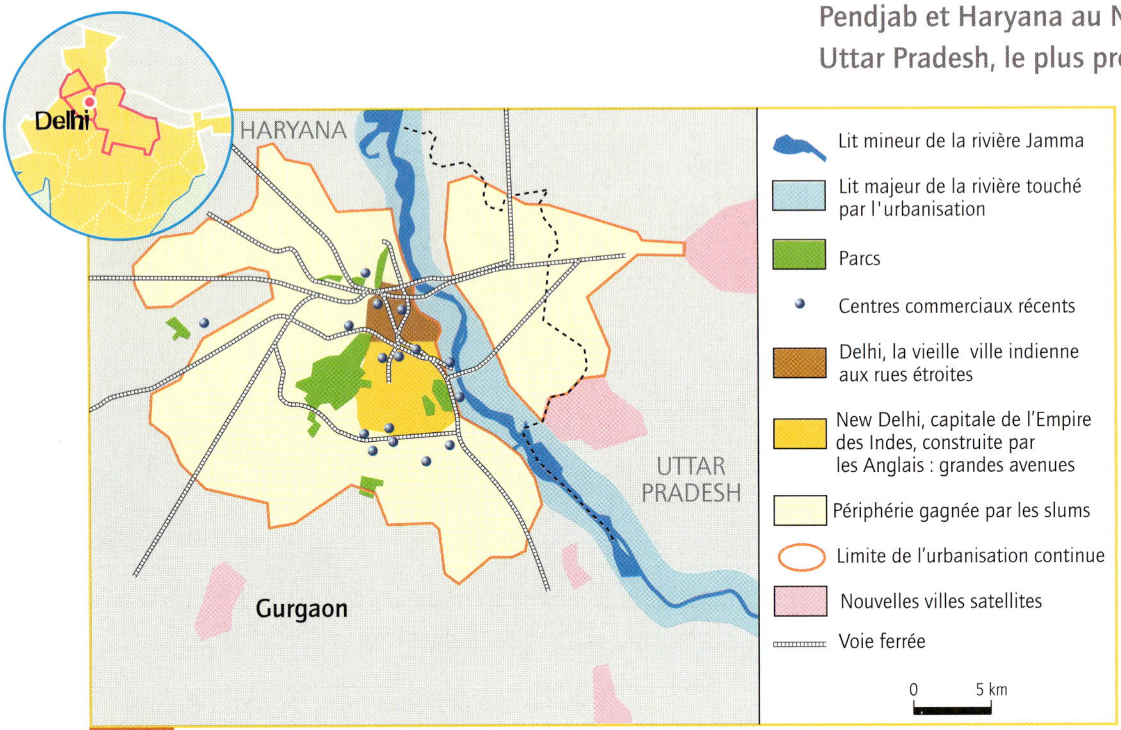

Doc 1 **L'agglomération de Delhi.**

MOTS
- **Mégapole**
- **Sikhisme**
- **Urbanisation**

VOCABULAIRE

- **Sikh :** communauté religieuse très active.
- **Générique :** médicament dont la copie est libre de droit. Il sera moins cher à l'achat que celui du laboratoire pharmaceutique qui a mis au point la molécule.
- **Slum :** taudis.

Doc 2 **Dates-clés de Delhi**

16e-17e siècle	Capitale de la dynastie moghole, nom donné aux souverains musulmans qui règnent sur le Nord de l'Inde.
1911	Transfert de la capitale de l'Inde britannique de Calcutta à Delhi. Création de New Delhi, aux portes de la vieille cité.
1947	Capitale de l'Union indienne, nouvellement indépendante.
1984	Assassinat d'Indira Gandhi (Premier ministre) par deux de ses gardes sikhs. Déchaînement de violence contre cette communauté, très représentée dans la capitale, qui fait au moins 2000 morts.
1970-2004	La population de la ville est multipliée par trois.

Doc 3 **Un « slum ».** Dans une ville comme Delhi, aucun espace ne reste longtemps inoccupé.

Doc 4 **Un centre d'appel.** Comme ces jeunes Indiens, 300 000 personnes travaillent dans des centres d'appel de ce type en Inde.

Doc 5 **Le centre de Delhi.**

Doc 6 **Ranbaxy, numéro 1 indien des médicaments génériques**

Dans la banlieue résidentielle de Gurgaon, à une trentaine de kilomètres de New Delhi, le centre de recherche de Ranbaxy, le géant indien de la pharmacie, a des allures de jardin anglais. Coiffé de son traditionnel turban rouge, attribut de la communauté sikh, le maître des lieux, Malvinder Mohan Singh, petit-fils et héritier du fondateur, accueille les visiteurs étrangers. Sa société est aujourd'hui le 6e fabricant mondial de médicaments génériques. Présente dans 24 pays, elle réalise avec les États-Unis 48 % de ses ventes. Ranbaxy ne veut plus être seulement un copieur : en 2003, l'entreprise a lancé 15 médicaments sous sa propre marque. Pour elle, l'avenir est à la recherche.

D'après J. Joly, *L'Express*, 20 décembre 2004.

1 **Doc 1** Pourquoi dit-on qu'il y a deux Delhi ? L'agglomération de Delhi gagne-t-elle en superficie ?

2 **Doc 2** Combien de périodes repérez-vous dans l'histoire de la ville ?

3 **Doc 1, 4 et 6** Quels sont les éléments qui montrent l'essor économique de New Delhi ?

4 **Doc 5** Expliquez sur cette photographie ce qui caractérise l'Inde traditionnelle et l'Inde moderne.

5 **Doc 2, 5 et 6** Relevez tous les éléments qui montrent la diversité culturelle de la ville.

DE L'EXEMPLE AU COURS

- **Une ville-capitale à la grande diversité culturelle,**
- **en pleine croissance démographique et aux densités de peuplement extrêmes,**
- **dont l'essor repose aujourd'hui sur des industries de hautes technologies,**
- **mais qui connaît toujours de très fortes inégalités sociales.**

1. La diversité de la population

MOTS
- Bouddhisme
- Caste
- Hindouisme
- Musulman
- Sikhisme

L'Inde, « plus grande démocratie du Monde », donne à première vue l'image d'une mosaïque tant les signes de diversité sont importants. Pourtant plus d'un milliard d'habitants vivent ensemble dans une relative tolérance.

➜ Quels sont les éléments qui contribuent à unifier le pays ?

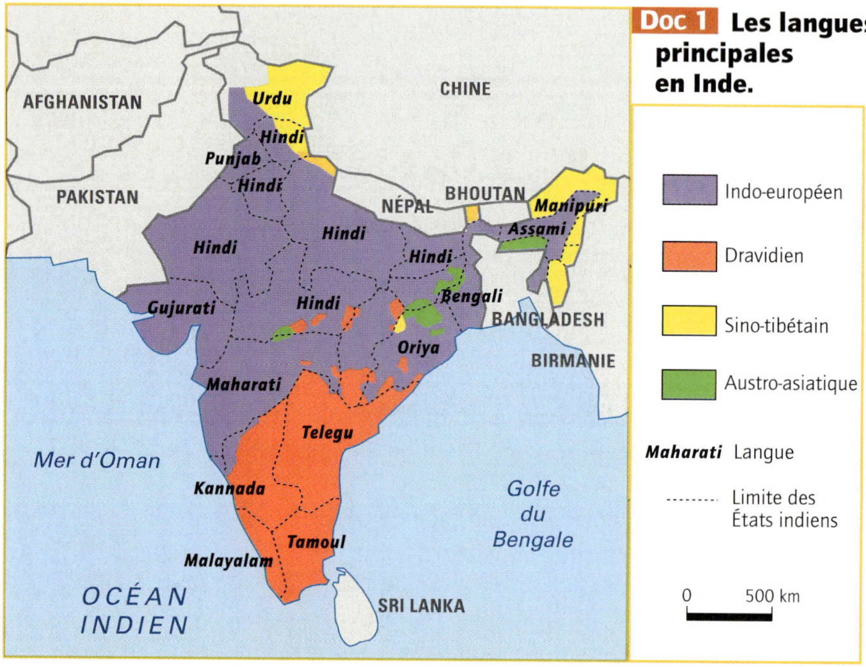

Doc 1 **Les langues principales en Inde.**

Doc 2 **Le pur et l'impur**

« Les cuisiniers sont souvent des Brahmanes, puisque tout le monde peut consommer les plats qu'ils servent ; dans un restaurant, on a besoin de deux personnes pour chaque table : l'une pour servir, qui ne peut être que d'assez haute caste afin de ne pas polluer les plats, l'autre pour desservir, qui sera de basse caste, car elle doit accepter de manipuler des restes de nourriture qui ont pu être touchés par des consommateurs impurs, et à qui il sera évidemment impossible de faire passer les plats. Il y a dans les salles des hommes en blanc qui servent et des hommes en kaki qui desservent. »

F. Durand-Dastès, *Monde Indien*, Géographie Universelle, Belin-Reclus, 1995.

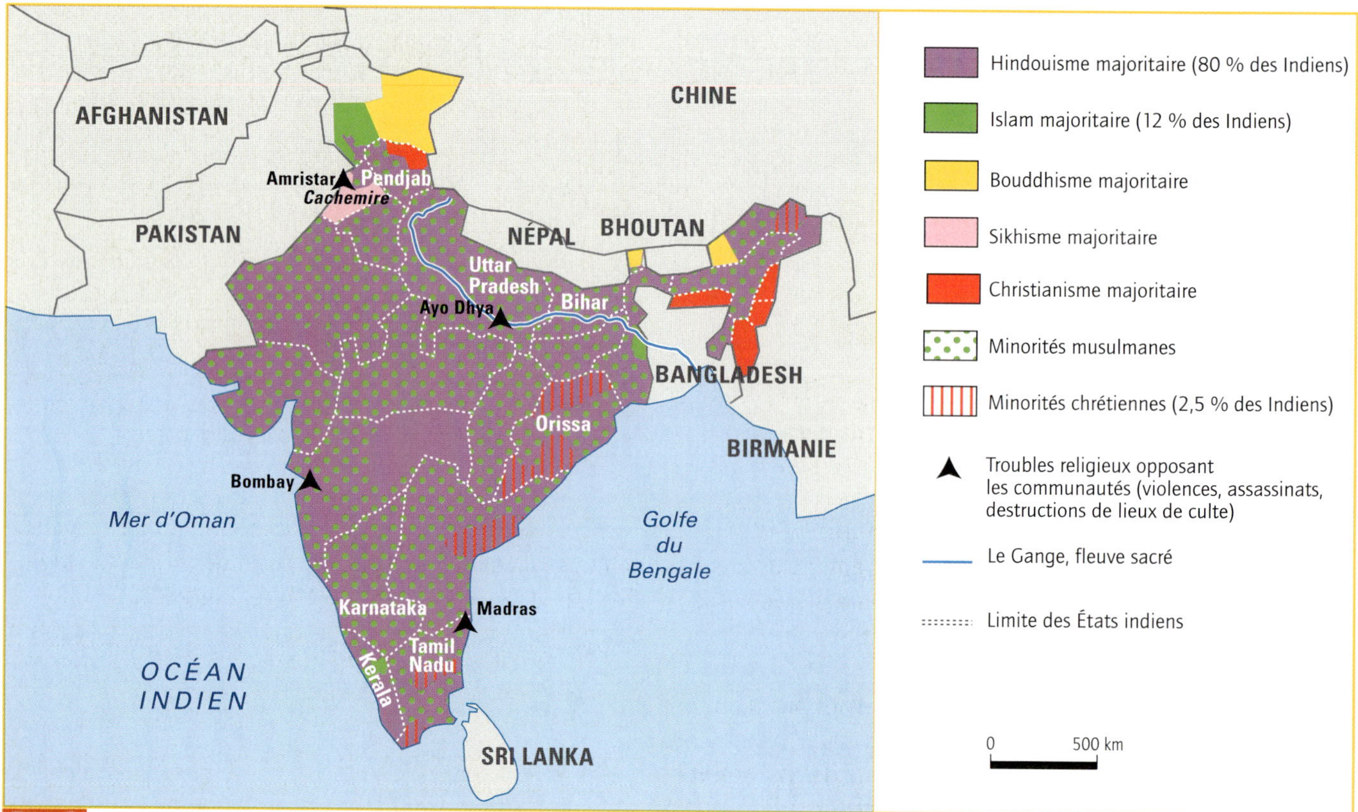

Doc 3 **Les religions dans le monde indien.**

Doc 4 **Affiches de films à Bombay.** Essentiellement en hindi, les films indiens sont prisés par l'ensemble des communautés.

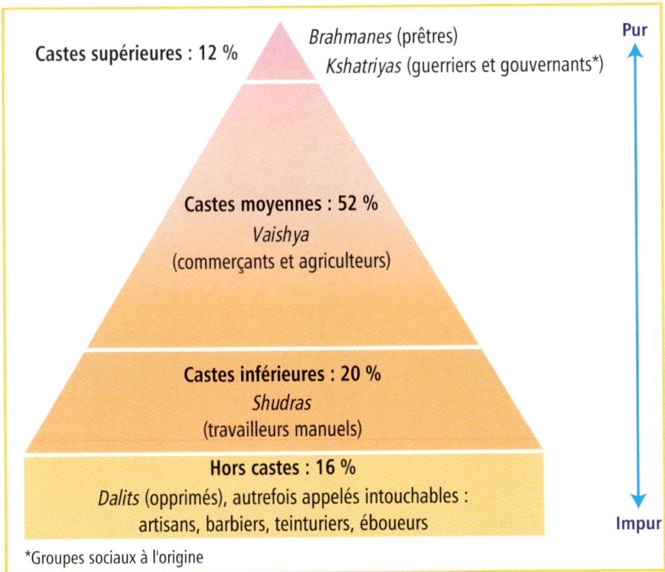

Doc 5 **La pyramide des castes.** Le système des castes a été rendu illégal par la constitution de 1951, mais survit dans les faits.

Doc 6 **Des intouchables au travail.** Ils se définissent entre eux comme des « dalits », c'est-à-dire des opprimés.

1 **Doc 3** Quelle est la religion majoritaire en Inde ? Quelles sont les autres ? Y a-t-il régulièrement des tensions ? Quelle est la ville sacrée très célèbre située sur le Gange ?

2 **Doc 5 et 6** Quels types de métiers font les intouchables ?

3 **Doc 2** Pourquoi y a-t-il des représentants des hautes et des basses castes employés dans les restaurants ?

4 **Doc 1 à 6** Répertoriez tous les éléments de diversité de l'Inde, de même que tous ceux qui permettent le maintien de l'unité. Remplissez le tableau suivant :

Document n°	Diversité	Unité

2. Un espace plein

MOTS
- **Densités**
- **Politique antinataliste**
- **Taux de fécondité**
- **Autosuffisance**
- **Mégapole**

L'Inde, dont la population a été multipliée par quatre au 20e siècle, est, avec 1,8 milliard d'habitants, le deuxième pays le plus peuplé de la planète après la Chine. Les densités y sont élevées, contribuant à peser sur les ressources.

➜ Comment faire face à la croissance démographique ?

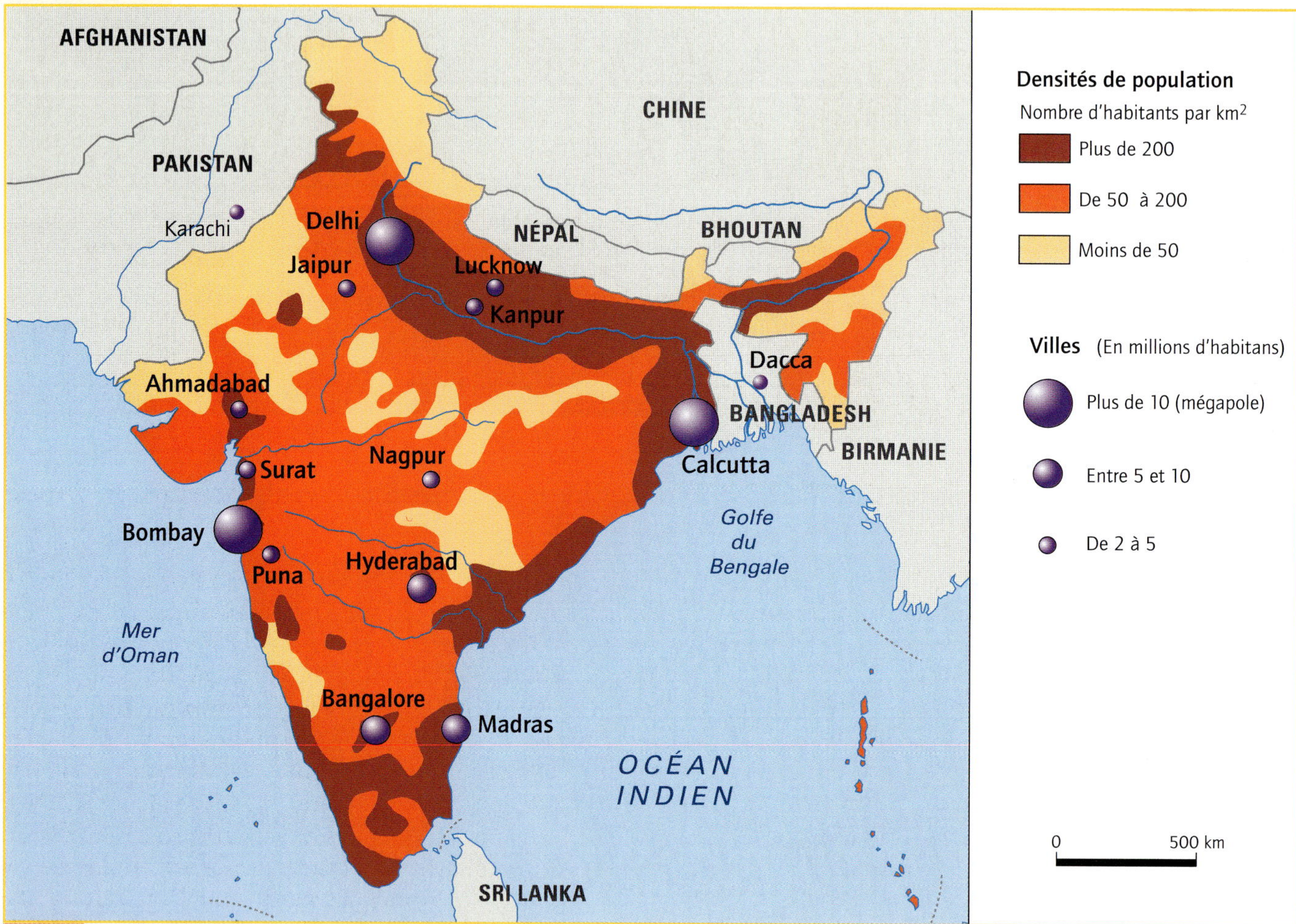

Doc 1 **Répartition de la population indienne.**

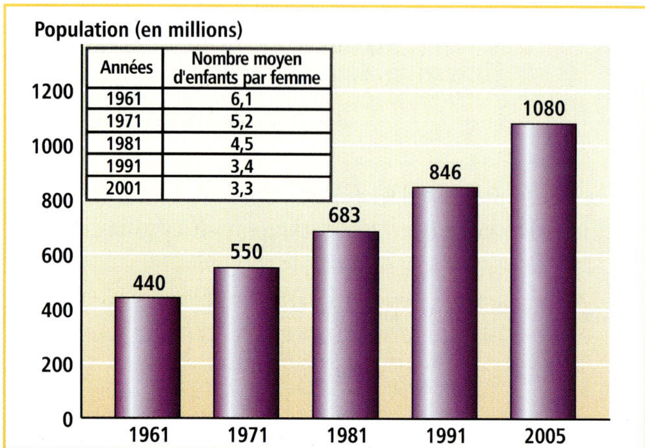

Années	Nombre moyen d'enfants par femme
1961	6,1
1971	5,2
1981	4,5
1991	3,4
2001	3,3

Doc 2 **La croissance de la population et l'indice de fécondité.**

Doc 3 **Les femmes se font rares en Inde**

Près de 40 millions manquent à l'appel. Le recensement de 2001 en compte 495 millions contre 531 millions d'hommes. Des chiffres qui révèlent l'ampleur des interruptions volontaires de grossesses lorsque les fœtus sont de sexe féminin. Depuis le développement des appareils d'échographie dans les années 1980, les femmes souhaitent connaître le sexe de l'enfant à naître et avortent si c'est une fille. La loi indienne a beau interdire depuis 1996 la révélation du sexe avant la naissance, quelques centaines de roupies suffisent à convaincre les médecins de parler [...]. Une fille est un fardeau : il faut payer sa dot et la laisser partir chez ses beaux-parents.

D'après J. Auray, *Alternatives internationales*, juillet-août 2003.

Doc 4 Campagne antinataliste.
Elle s'adresse à la diversité indienne.

VOCABULAIRE
- **Dot** : bien qu'une femme apporte avec elle en se mariant.

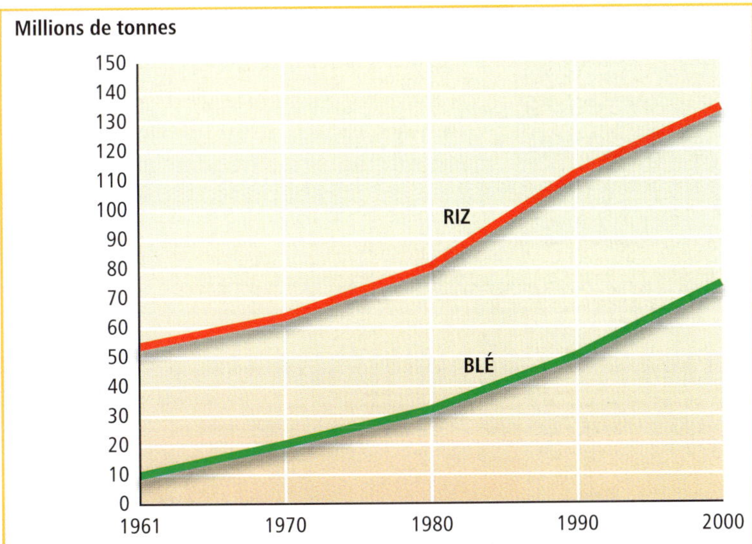

Source : FAO, 2000.

Doc 5 La production de céréales en Inde. Grâce à l'irrigation et à l'utilisation d'engrais et de pesticides (Révolution verte), l'Inde est le deuxième producteur de riz et de blé. Depuis 1975, l'Inde produit assez pour être autosuffisante.

Doc 6 Le défi d'une population nombreuse

La population indienne dépasse maintenant le milliard et atteindra probablement le milliard et demi d'individus vers le milieu du 21e siècle dépassant ainsi la population chinoise. L'impact sur l'environnement d'une population de 1,5 milliard d'individus représente aussi un défi. Le problème le plus important reste la pollution de l'eau : le volume des décharges dans les canaux et les rivières augmente plus rapidement que les capacités de traitement. La population croissante de l'Inde aura encore plus besoin d'eau principalement pour l'agriculture, qui absorbe plus de 80 % de la consommation indienne totale. Si la population croît de 50 %, elle devra produire 50 % de nourriture en plus si elle veut continuer à pouvoir se nourrir. Mais la disponibilité en eau ne croîtra pas.

R. Cassen, *Le Monde*, 5 octobre 2004.

1 Doc 1 Repérez les régions de fortes densités. Où se trouvent-elles ?

2 Doc 1 Combien l'Inde compte-t-elle de villes de plus de 10 millions d'habitants ?

3 Doc 4 Cette affiche cherche-t-elle à toucher toutes les communautés de l'Inde ? Justifiez votre réponse.

4 Doc 2 et 4 Quelle est l'évolution de la population indienne ? Est-ce que les mesures anti-natalistes ont eu un effet ?

5 Doc 3 Pourquoi les filles naissent-elles moins nombreuses que les garçons ? Est-ce que cela ne peut pas, dans l'avenir, poser des problèmes ?

6 Doc 5 et 6 Pourquoi une population aussi nombreuse est-elle un défi ? En matière agricole, celui-ci a-t-il été relevé ?

3. Le développement de l'Inde

MOTS
- Ouverture économique
- Révolution verte

L'Inde est longtemps restée en retrait de l'économie mondiale. Au début des années 1990, elle a fait le choix de l'ouverture en développant les échanges internationaux et en accélérant sa modernisation, au point même que les dirigeants n'hésitent pas à annoncer une ère nouvelle, celle de « l'Inde qui brille » (*Shining India*).

➜ Pourquoi peut-on parler d'essor indien ?

Doc 1 L'irrigation des champs dans le Pendjab.

Doc 2 Délocalisations en Inde

Grâce à sa masse de diplômés anglophones de qualité et bon marché, combinée à la baisse des prix des télécommunications à grande vitesse, l'Inde est devenue en une décennie la première destination mondiale de la sous-traitance de services informatiques. Au début des années 1990, il s'agissait alors de tâches répétitives allant des centres d'appels téléphoniques à la saisie de données. Depuis peu, les centres de recherche et développement (R/D) ont commencé de fleurir en Inde, pour l'industrie lourde (General Motors, General Electric ou la Snecma), Internet (Google) ou les microprocesseurs (Intel et Texas Instruments). Leurs salaires d'embauche sont de cinq à dix fois inférieurs à ceux de leurs homologues occidentaux.

D'après E. Inciyan, *Le Monde*, 2004.

Doc 3 Parc industriel d'Infosys à Bangalore. Capitale du Karnataka, la ville emploie plus de 150 000 personnes dans l'informatique et les industries de pointe. Partout en Inde, de nouvelles Bangalore apparaissent.

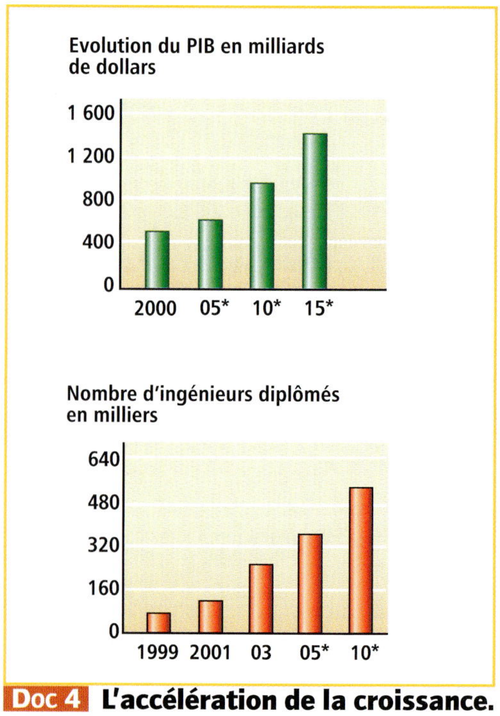

Doc 4 L'accélération de la croissance.

Doc 5 **L'émergence d'une classe moyenne**

Pas moins de 28 % des ménages font maintenant partie des classes moyennes. Cela représente 52 millions de foyers, soit 250 millions de personnes, qui ont un revenu mensuel de 7 500 roupies [environ 150 euros] ou plus. Il est indéniable que cette tranche de la population s'en sort bien. Elle consomme plus et aspire à avoir toujours davantage. Elle est instruite, entreprenante, et elle est prête à prendre des risques. On y trouve, entre autres, des ingénieurs, des dirigeants d'entreprise, des banquiers, des experts-comptables, et certains tentent même de se lancer à la conquête des marchés mondiaux.

P. Chidambaram, *The Indian Express*, New Delhi dans *Courrier international* du 15 au 21 avril 2004.

Doc 6 **Le centre spatial indien de Sriharikota sur l'île du même nom, au Nord de Madras.**
La fusée indienne doit mettre en orbite un satellite indien.

Doc 7 **Un couple de la classe moyenne devant un centre commercial à Bombay.**

VOCABULAIRE
- **Industrie de pointe** : industrie qui fait appel à des techniques très modernes.
- **Parc industriel** : zone où sont réunies plusieurs industries.

1 **Doc 1 à 5** Quels sont les signes de l'essor indien ?

2 **Doc 3 et 6** Qu'est-ce qui est révélateur de la maîtrise technique ?

3 **Doc 2** Pourquoi les entreprises occidentales investissent-elles en Inde ?

4 **Doc 3 et 7** Sur ces photographies, repérez-vous une occidentalisation des classes moyennes ?

5 **Doc 5 et 7** Quels sont la part de la population indienne et le revenu de ces classes moyennes ? Quels sont leurs aspirations et leurs goûts ?

4. Le retard indien

MOTS
- Sous-développement
- Analphabétisme
- Sous-alimentation

L'Inde qui prospère n'est qu'une partie encore modeste de celle-ci. Pour l'essentiel, le pays demeure sous-développé, tant dans les villes que dans les campagnes. En 2004, son IDH n'occupe que le 127e rang mondial.

➔ Quels sont les signes du retard indien ?

Doc 1 Un atelier textile à Bombay. Un ouvrier peut espérer y gagner 50 roupies par jour (0,60 euros).

Doc 2 Le Bihar, État pauvre de l'Union

« Loin de "l'Inde qui bouge" et de la "plus grande démocratie du Monde", le Bihar s'enfonce chaque jour de plus en plus dans le désespoir. Le taux de natalité explose, le chômage règne, les illettrés sont légion, le réseau routier n'est qu'un souvenir, les systèmes d'éducation et de santé font pitié, les violences de caste sont omniprésentes. La pauvreté surtout est effrayante. Tous les jours, des milliers de Biharis migrent vers d'autres régions, contraints au statut de réfugiés dans leur propre pays. Un exode aggravé par l'explosion de la criminalité : l'État enregistre en moyenne 10 000 meurtres par an. »

P. Prakash, *L'Express*, 20 décembre 2004.

VOCABULAIRE
- **IDH** : indicateur de développement humain.
- **Ségrégation** : vie séparée de certaines populations pour des raisons religieuses, ethniques ou sociales.

Doc 3 Vue de la périphérie de Bombay.

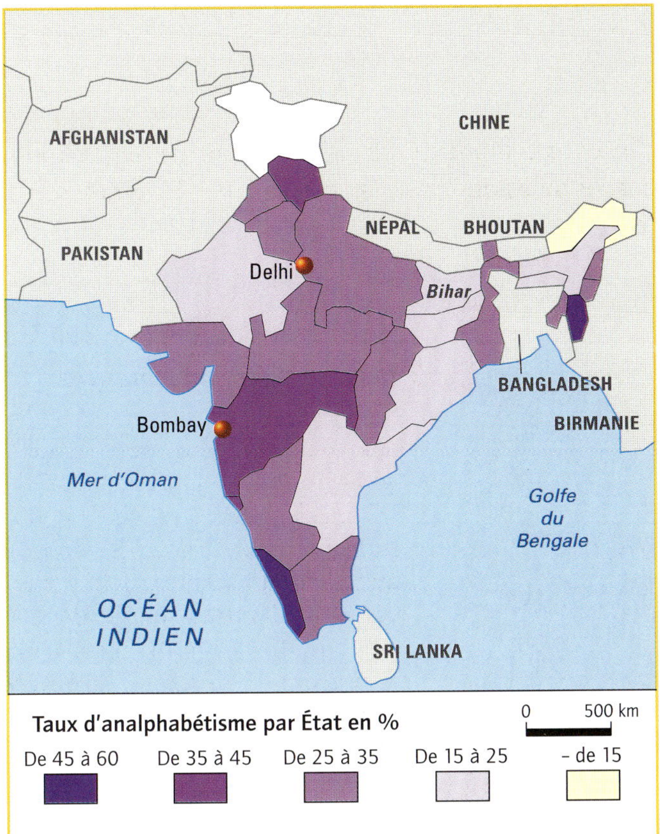

Doc 4 **Taux d'analphabétisme par État en pourcentage.**

Doc 5 **Le triage du café dans un village du Sud de l'Inde.**

Doc 6 **L'Inde et les autres « géants »**

	Brésil	Chine	États-Unis	Inde
PIB/habitant	7 770	4 580	35770	**2 670**
Nombre de médecins (pour 100 000 hab.)	206	164	279	**51**
Taux d'analphabétisme des adultes (en %)	14	9	Non communiqué	**38**
Population disposant d'installations sanitaires de qualité (en %)	76	40	100	**28**
Abonnés à un téléphone mobile (pour 1 000 hab.)	201	161	488	**40**
Chercheurs (par million d'hab.)	423	584	4 099	**157**

Source : Rapport du PNUD de 2004.

Doc 7 **Les enfants à Delhi**

Ils sont domestiques, plongeurs dans des « dhaba » (petits restaurants), « tea boys » (porteurs de thé), « coolies » (manutentionnaires), petits colporteurs, chiffonniers ou cireurs de chaussures. À Delhi, 500 000 enfants travaillent dans les rues dont 100 000 vivent et dorment à même les trottoirs. Pour résister à des employeurs qui les exploitent en refusant parfois de leur verser des salaires pourtant très faibles, des associations les aident. Les enfants ont même créé des syndicats qui ne sont d'ailleurs pas reconnus par ceux des adultes, ni par l'État indien.

D'après B. Manier, *Alternatives internationales*, septembre 2004.

1 **Doc 2 et 4** L'Inde en est-elle partout au même stade de développement ?

2 **Doc 3** Décrivez la photographie. Combien de plans y a-t-il ? Pourquoi peut-on ici parler de ségrégation spatiale ?

3 **Doc 1 à 6** Qu'est-ce qui montre que l'Inde n'est, pour l'essentiel, pas encore un pays moderne et développé ?

4 **Doc 6** Comparez l'Inde et les autres « géants », en particuliers la Chine. Qu'en déduisez-vous ?

5 **Doc 4, 5 et 7** Pourquoi le travail des enfants est-il un révélateur du sous-développement ? Quel lien pouvez-vous établir avec le taux d'analphabétisme ?

Bilan

L'Union indienne, une et multiple

1 Unité ou diversité ?

A. La diversité de l'Inde est d'abord **culturelle.** La grande majorité des Indiens se réclame de l'**hindouisme**. Mais il existe aussi des **minorités religieuses** : **musulmans**, chrétiens, **bouddhistes**, **sikhs.** Il n'est pas rare que des **tensions** parfois violentes opposent ces groupes. Plus de **1 600 langues** (ou dialectes) sont, d'autre part, pratiquées en Inde, dont 18 seulement sont déclarées constitutionnelles et deux seulement officielles : **l'hindi et l'anglais.**

B. La diversité est aussi liée **au système des castes** fonctionnant en référence à **l'idée de pureté.** Propre aux Hindous, mais adopté par les autres communautés religieuses, il influence encore la vie quotidienne même s'il a été **officiellement aboli en 1951.**

C. Les **facteurs d'unité sont pourtant nombreux.** L'Inde est un **État fédéral** et une **grande démocratie.** Ses habitants se réclament d'un passé commun dans lequel la **colonisation britannique** a joué un grand rôle (une élite, 6 % de la population, parle encore anglais). Les Indiens ont le sentiment d'appartenir à une grande nation capable de mener une politique indépendante : l'Inde dispose de **l'arme nucléaire** et décline toute offre d'aide lors des fréquentes catastrophes naturelles qui la frappent. Enfin, le pays possède **une culture propre** qui la rend imperméable aux films américains et à certains sports planétaires, comme le football.

2 Un espace plein

A. La population indienne (**plus d'1 milliard d'habitants**) progresse de 17 millions par an ; il est probable que **vers 2030-2050**, l'Inde sera **le pays le plus peuplé de la planète** (1,5 milliard d'habitants en 2050). Le **taux de fécondité** très élevé s'explique par l'**analphabétisme**, la **pauvreté**, le **mariage très jeune des filles**, alors que dans le même temps la **disparition des famines** a fait **chuter la mortalité** ; de plus, les campagnes de stérilisation n'ont plus l'impact de l'époque où elles étaient obligatoires (**politique antinataliste**).

MOTS

Hindouisme : voir p. 250.

Musulman : voir p. 250.

Bouddhisme : voir p. 250.

Sikhisme : communauté religieuse très active de 20 millions de personnes essentiellement localisés au Pendjab.

Caste : groupes sociaux très hiérarchisés auxquels on appartient par la naissance.

Taux de fécondité : nombre moyen d'enfants par femme en âge de procréer (d'avoir des enfants).

Analphabétisme : état de ceux qui ne savent ni lire ni écrire.

Politique antinataliste : voir p. 268.

Mégapole : agglomération de plus de 10 millions d'habitants.

Densité : voir p. 269.

Mousson : voir p. 248.

Révolution verte : voir p. 249

Autosuffisance : voir p. 249.

Ouverture économique : politique visant à accroître les relations avec le Monde pour faciliter le développement.

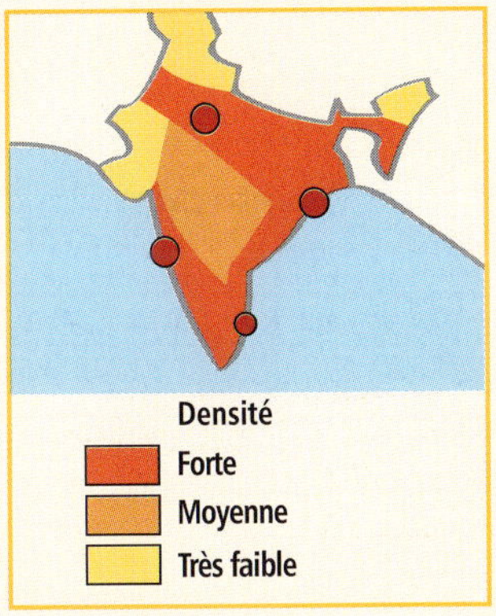

1. La répartition de la population.

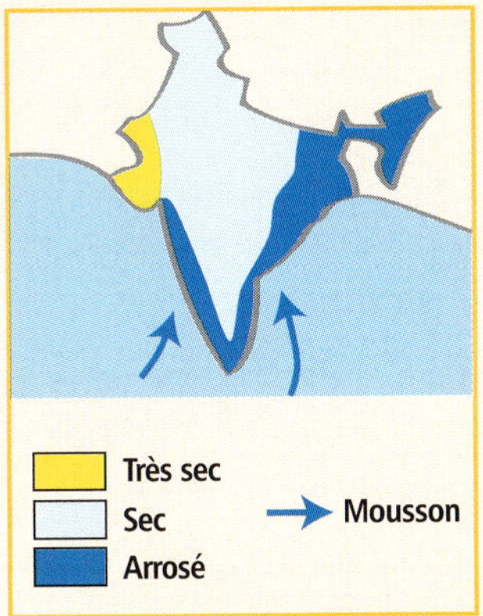

2. Les précipitations.

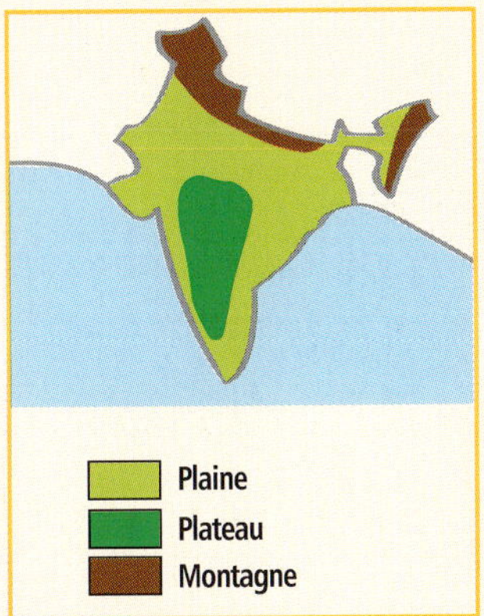

3. Le relief.

B. **70 % des Indiens** sont des **ruraux.** Il n'y a pas eu en Inde, comme dans d'autres pays en développement, d'exode rural massif. Pourtant, **près de 40 villes dépassent le seuil du million d'habitants.** Bombay, Calcutta, Delhi sont, elles, des **mégapoles.**

C. Les **densités** de population sont pour l'ensemble indien **supérieures à 300 hab./km²**. Les espaces les plus peuplés sont la **plaine du Gange** et les **littoraux**, correspondant à l'**Inde humide**, celle de la **mousson**, sans laquelle le pays serait un désert. Le **plateau du Deccan** a des **densités moyennes** alors que les espaces désertiques et de montagne sont presque vides.

D. **L'agriculture**, longtemps archaïque, a dû relever le défi du nombre. Au début des années 1960, Nehru tente une réforme en important des **techniques modernes** pour accroître la production : c'est la **Révolution verte**. En deux décennies, l'Inde parvient à l'**autosuffisance** ; cela ne veut pas pour autant dire que la situation des paysans se soit toujours améliorée, ni que tous les Indiens mangent à leur faim.

3 Une Inde qui s'éveille, l'autre qui stagne

A. L'Inde, qui dispose **d'une grande tradition artisanale,** s'est dotée après l'Indépendance d'une **puissante industrie textile et sidérurgique.** Elle compte aujourd'hui sur l'essor d'une **industrie de pointe** et l'arrivée **d'investissements étrangers** (dans le cadre des **délocalisations**) pour se développer (**ouverture économique**). Pour le moment, cependant, l'Inde reste encore **en marge du commerce mondial** (1 % des échanges) ; le secteur informatique ne représentera en 2007 que 2 millions d'emplois. En d'autres termes, le pays est seulement sur la pente ascendante.

B. Cet essor s'accompagne d'une montée en puissance des **classes moyennes urbaines** (entre 150 et 300 millions d'habitants), qui, avides de consommer, remplissent les **nouveaux centres commerciaux des périphéries urbaines.** Pourtant, l'immense majorité ne profite pas de cet essor : la société indienne connaît des **inégalités profondes** : un quart des habitants vivent en dessous du seuil de pauvreté (moins de 1 dollar par jour). La **malnutrition**, le manque d'eau potable ou d'électricité demeurent le lot commun des masses indiennes dans les villages les plus reculés comme dans les zones urbaines, où les populations s'entassent dans des **bidonvilles** (**slums**) quand ils ne sont pas sans-abri. **Plus de 60 millions d'enfants** sont contraints de mendier ou de travailler pour survivre.

Bilan

Les déséquilibres

1 Les régions dynamiques

A. Il y a une **Inde dynamique**, c'est celle des **littoraux** et d'une partie de la **vallée du Gange.** On y trouve les principales concentrations de populations, les plus grandes villes (**urbanisation**), les industries les plus puissantes, en liaison avec des ports, anciens comptoirs de la colonisation anglaise que sont **Bombay, Madras, Calcutta.** Ce sont ces régions aussi qui ont les premières adopté la **Révolution verte** (l'État du Pendjab par exemple).

B. Cette Inde renforce sa domination depuis la mise en œuvre des réformes économiques (1991). Les États qui s'enrichissent le plus vite disposent d'atouts qui attirent les investisseurs étrangers. Ainsi :
- **Delhi** profite de son statut de **capitale fédérale**, au moment où l'une de ses rivales, **Calcutta**, accuse un certain retard ;
- **Bangalore**, capitale du Karnataka, a axé ses efforts sur les technologies de pointe, en facilitant l'implantation de **centres de recherche étrangers** (faiblesse des impôts, bas salaires) ; son exemple est aujourd'hui suivi ailleurs ;
- **le Kerala** est un **État modèle** ; il a mis en place une **politique sanitaire et scolaire** de qualité qui donne une autre image de l'Inde.

2 Les régions en retrait

A. Le reste du pays stagne, parfois même, recule. Ce fait explique que l'**IDH de l'Inde soit passé de la 94e à la 127e place en 10 ans.** L'écart entre ces deux Inde est flagrant : au Pendjab par exemple, 6 % de la population vivent en dessous du seuil de pauvreté, contre 42 % en Orissa.

B. Le centre de l'Inde est en situation de transition ; il dispose de peu de métropoles importantes (fonction essentiellement administrative ; les densités rurales y sont moins fortes). Cette Inde peut toutefois profiter de la proximité de régions prospères : ainsi l'Uttar Pradesh est aujourd'hui dynamisé par l'extension de New Delhi.

C. Une partie de l'Inde, à l'écart, est **sous-développée**. Les régions **montagneuses** (Himalaya) ou **désertiques** (désert de Thar) accumulent les retards. Les densités humaines y sont faibles et la mise en valeur y est ponctuelle. De même les États de l'**Orissa** et du **Bihar** accumulent tous les retards : pauvreté, **sous-alimentation,** analphabétisme, corruption.

MOTS

Urbanisation :
voir p. 205.

Sous-développement :
voir p. 206.

Sous-alimentation :
voir p. 249.

Des chiffres marquants
- **Revenu moyen par habitan**[t] 22 000 roupies (600 dollars
- **Nombre d'Indiens sous-alimentés :** 220-250 millions.
- **Nombre d'Indiens disposan**[t] **de moins de 1 dollar par jour :** 420 millions.
- **Nombre d'enfants travailla**[nt] **en Inde :** 60 millions.
- **PIB :** 640 milliards de dollar en 2003 (Chine 1463).

CARTE DE SYNTHÈSE

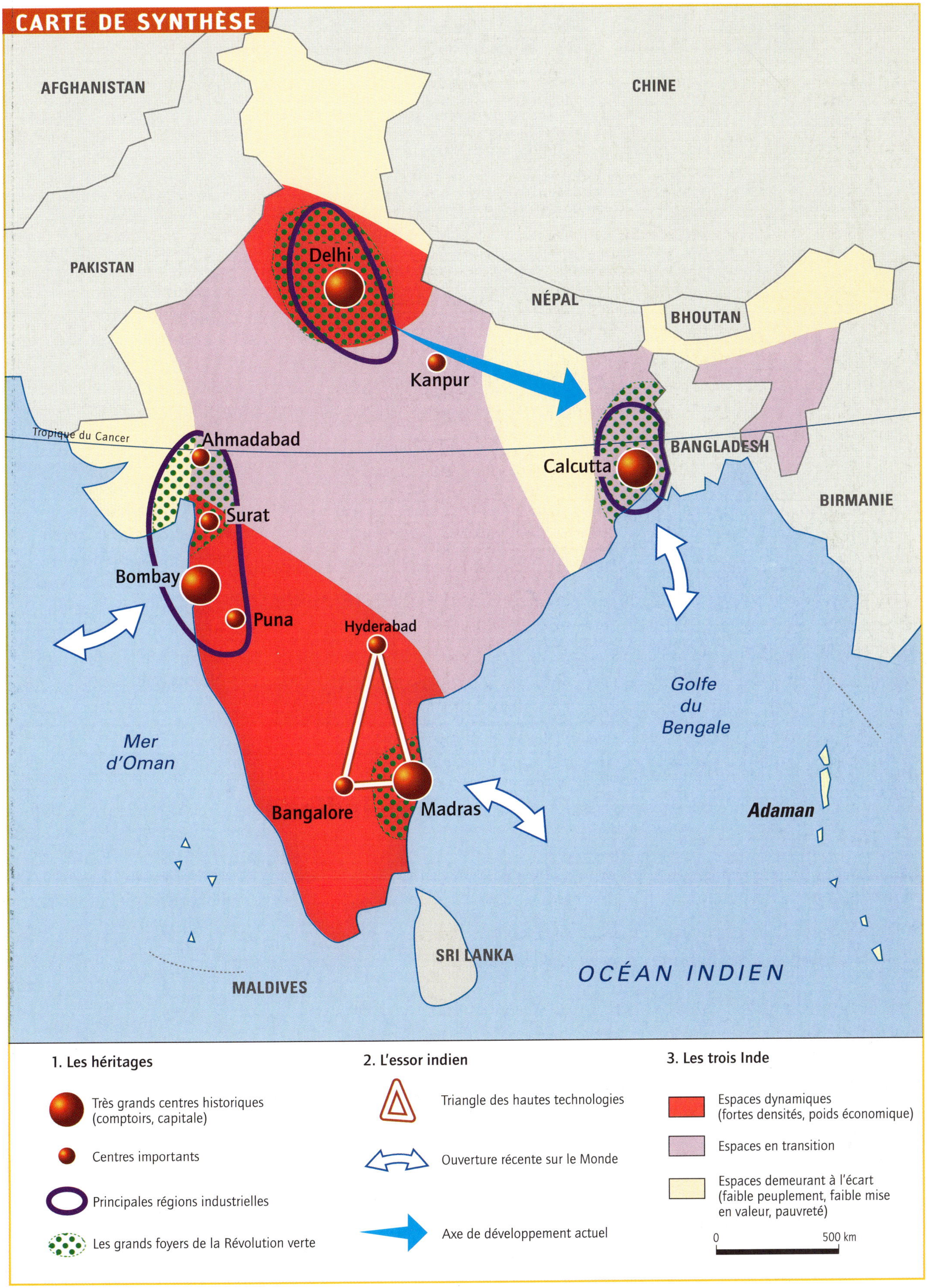

Je m'exerce

1. Connaître les repères essentiels

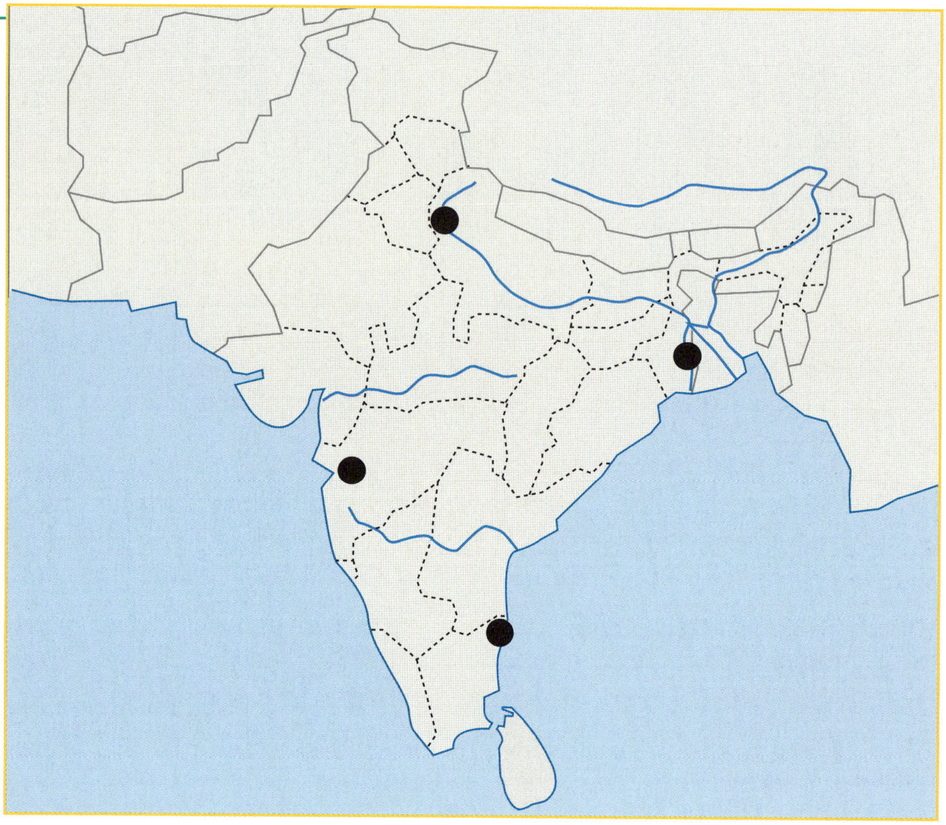

1. Décalquez le fond de carte ci-contre, puis complétez-le.
2. Citez quatre États qui font partie du monde indien et placez-les sur la carte.
3. Placez les villes de Bombay, Calcutta, Delhi, Madras.
4. Coloriez un des États les plus riches et un des États pauvres de l'Union indienne.
5. Placez la mer d'Oman, le Golfe du Bengale, le Gange.
6. Coloriez la chaîne de montagne qui traverse le Nord de l'Inde. Nommez-la.

2. Expliquer la carte de l'agriculture indienne

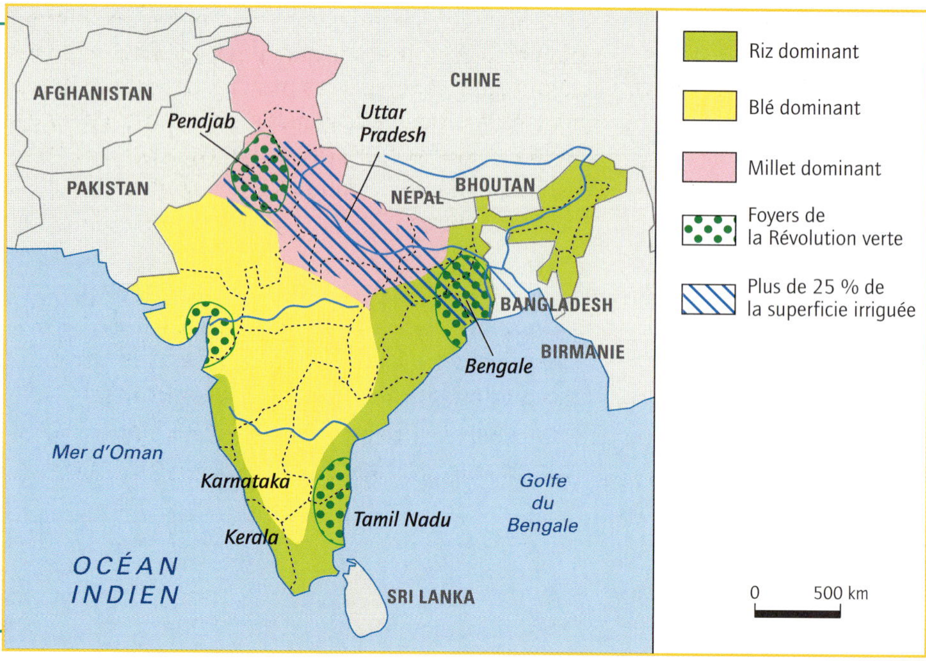

1. Citez les foyers de la Révolution verte. Comment pouvez-vous la définir ?
2. A-t-elle été efficace ? Cherchez dans votre manuel le document qui le prouve. A-t-elle aussi ses limites ?
3. Expliquez la localisation de la riziculture par le climat. De quoi une rizière a-t-elle besoin prioritairement ?
4. Pourquoi l'agriculture est-elle un secteur vital pour l'Inde ?

3. Mettre en relation une photographie et un article pour comprendre les inégalités à Bombay

Doc 1 **Le centre-ville de Bombay avec la gare.**

Doc 2 **Reay Road**

« Reay Road est devenue un lieu où les hommes et les véhicules rivalisent. Les uns et les autres font comme si leur espace était un royaume. Sur une superficie d'environ un kilomètre carré, de nombreux habitants des taudis ont construit deux ou trois greniers au-dessus de leur masure et les louent à d'autres pauvres hères. Chaque baraque abrite en moyenne dix personnes. Nul ne sait combien de misérables vivent dans Reay Road, mais le chiffre augmente tous les jours, tout comme le chaos… Et, à dire vrai, personne ne sait avec certitude combien d'habitants compte Bombay. […] La métropole attire chaque jour des milliers de personnes venues du reste du pays pour croiser le bonheur dans cette "ville de l'espoir", convaincus qu'ils y trouveront un emploi, une rémunération régulière ou – pourquoi pas ? – qu'ils deviendront millionnaires. Pour eux, ces masures de fortune illégales (aux raccordements électriques piratés, aux téléphones et téléviseurs parfois volés) ont des airs de villas de luxe par rapport à ce qu'ils ont connu là où ils sont nés. »

M. Khalon, *Le Monde diplomatique*, janvier 2004.

1. Localisez Bombay. Combien d'habitants compte-t-elle ? Quelle est aujourd'hui sa principale rivale ? Sur la photographie, qu'est-ce qui évoque l'ancienne présence britannique ?

2. Recopiez et complétez le tableau ci-dessous :

	Centre de Bombay	Reay Road
Nom		
Type d'habitat		
Catégories sociales		

3. Pourquoi peut-on donc dire qu'il y a de fortes inégalités internes à Bombay ? Ces inégalités sont-elles uniquement visibles à Bombay ou sont-elles le propre de l'Inde ? Rédigez une réponse en expliquant qu'il y a trois Inde.

chapitre

15 Les Amériques

Doc 1 **Les Amériques.**

Doc 2 **Vue générale de Phoenix (Arizona, États-Unis).**

Doc 3 **Le centre des affaires de Phoenix.**

> Je découvre l'Amérique du Nord à partir de Phoenix

MOTS
- Désert
- Irrigation
- Communauté fermée
- Sun Belt

Phoenix est la capitale de l'Arizona, aux États-Unis. L'agglomération, implantée en plein désert, à la latitude du Caire, dépasse aujourd'hui les 3 millions d'habitants. Sa population a augmenté de 25 % en 10 ans : c'est l'une des progressions les plus importantes de l'Amérique du Nord.
La proximité de la Salt River, utilisée par les Indiens depuis des siècles, a permis le développement de la ville, qui vit principalement de son industrie (électronique) et de l'installation de populations, actives et retraitées, recherchant le soleil toute l'année.

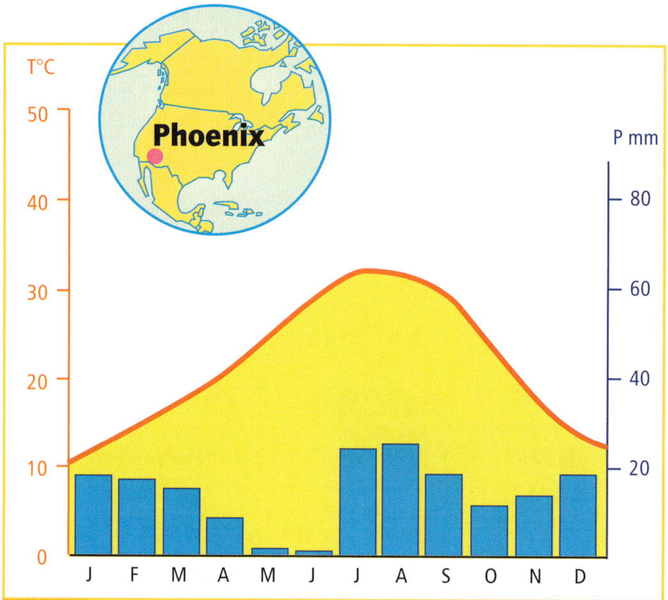

Doc 1 Le climat à Phoenix.

Doc 3 Quelques dates importantes

300 av. J.-C.	Traces les plus anciennes d'une mise en valeur par les indiens Hohokams, qui construisirent un système d'irrigation à partir de la Salt River
1868	Fondation d'une petite colonie d'agriculteurs venus de l'Est
1870	Fondation de la ville
1871	Première élection d'un shériff
1872	Première école publique
1888	Arrivée du chemin de fer
1911	Création du barrage Theodore Roosevelt
1912	Phoenix devient la capitale de l'État d'Arizona
1920	Phoenix compte 20 000 habitants
1930	48 000 habitants
1950	105 000 habitants
2000	La ville compte 1 321 045 habitants et l'agglomération 3 251 876 habitants

Doc 2 Image satellitaire de l'oasis de Phoenix.

Doc 4 L'évolution de la population de l'État d'Arizona

année	Population (millions d'habitants)
1950	0,75
1960	1,4
1970	1,8
1980	2,7
1990	3,7
2003	5,6 (estimation)

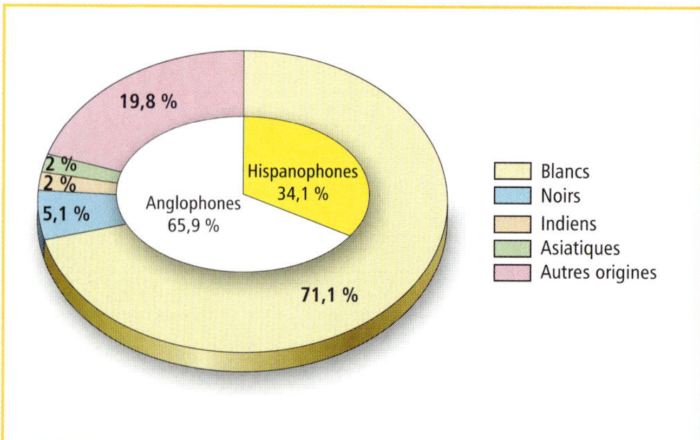

Doc 5 La composition de la population.

Doc 6 Sun City est une ville située dans l'agglomération de Phoenix, destinée aux retraités : ville fermée (*gated community*, « communauté fermée »), protégée par des murs et une police privée, elle est constituée de lotissements de maisons individuelles, de terrains de sports (golf, principalement), de commerces (16 centres commerciaux), de services (un hôpital privé, une poste, une bibliothèque). Les enfants n'y sont pas admis. 14 autres « Sun City » existent aux États-Unis, mais celle de Phoenix est la plus ancienne (1960) et la plus peuplée (42 500 personnes).

Doc 7 Un golf en périphérie.

Doc 8 Publicité sur Sun City

« Sun City, Arizona
Une grande destination pour visiter, jouer, prendre sa retraite. Sun City, Arizona... signifie beaucoup de choses, tout le monde est d'accord pour y voir un lieu de propreté et de convivialité, qui propose une large variété d'intérêts et d'activités, une communauté idéale d'adultes où tous les résidents peuvent être aussi actifs qu'ils le souhaitent. 7 centres de distraction, 8 parcours de golf, 2 bowlings, Sun Bowl [football américain], un lac, constituent la plus grande concentration de possibilités, toute l'année. »

http://www.suncityaz.org/

1 Doc 1 Quel est le climat de Phoenix ?

2 Doc 3 Dans quel type de milieu la ville s'est-elle implantée ?

3 Doc 3 et 4 À partir de quand la croissance de la ville s'est-elle accélérée ?

4 Doc 6 Quels sont les différents éléments visibles sur la photographie ? De quoi se compose le centre ? Qu'en déduire quant à l'orientation de ce lieu ?

5 Doc 6 et 7 À quoi voit-on que Phoenix se situe dans un désert ? Comment fait-on pour créer un golf dans un désert ?

> Je découvre l'Amérique latine à partir de La Paz

Fondée par les Espagnols en 1548, La Paz est aujourd'hui la capitale de la Bolivie, État le plus pauvre d'Amérique. Peuplée d'1,6 million d'habitants, La Paz est la plus haute capitale du Monde : le centre ancien est à 3 900 mètres d'altitude et les quartiers pauvres qui le dominent sont à plus de 4 200 mètres.

MOTS
- Centre ancien
- Bidonville

Doc 1 **Vue générale de La Paz.**

Doc 2 **Le centre ancien de La Paz, la cathédrale San Francisco.**

Doc 3 **Comparer l'Arizona et la Bolivie**

	Arizona	Bolivie
Superficie	292 000 km²*	1,1 million de km²
Population (nb. d'hab.)	5,6 millions	8,7 millions
PIB/hab.	20 275 $	990 $
Taux de fécondité	2	4,2
Plus de 65 ans (%)	13	5
Langues parlées	Anglais, espagnol	Espagnol, quechua

*un quart appartient aux Indiens qui disposent de 20 réserves.

Doc 4 **Le site de La Paz**

« Siège du gouvernement bolivien, La Paz est la ville la plus élevée du Monde. Elle est installée dans un vaste amphithéâtre creusé dans les remblaiements de l'Altiplano en contrebas des sommets de la cordillère Royale, dont les sommets culminent à près de 6 500 mètres. Le site, somptueux et incommode, s'étage entre 3 250 et 4 100 mètres. La ville, fondée en 1548, est née du déplacement d'un relais caravanier sur la route de Potosí[1] : à l'origine, le relais était sur l'Altiplano, battu par le vent. On décida de l'installer dans une vallée plus à l'abri et on lui donna le nom de Notre-Dame-de-la-Paix, nom qui est resté, en abrégé, à la ville.

La Paz comptait 711 000 habitants en 1992. Elle n'en avait que 135 000 en 1925, 360 000 en 1965. Le centre urbain, moderne, est situé dans l'axe du río La Paz ; les *barriadas*, bidonvilles peuplés d'Indiens venus des montagnes voisines, s'accrochent aux flancs de la vallée, tandis que les quartiers résidentiels sont situés en aval, là où l'air est un peu plus tiède. L'aéroport est situé sur l'Altiplano, à 4 100 mètres d'altitude. »

O. Dollfus, « Amérique latine »
Encyclopædia Universalis, 1998.

1. Potosi : importantes mines d'argent.

Doc 5 **Les « *barriadas* » sur les versants qui dominent le centre-ville.**

1 **Doc 4** Quand la ville est-elle née ? Par qui a-t-elle été fondée ?

2 **Doc 2** Qu'est-ce qui montre que la ville est ancienne ?

3 **Doc 1 et 5** Décrivez les photographies. Comment se répartissent les différents types d'habitat ? Qu'est-ce qu'une « *barriada* » ?

4 **Doc 3 et pp. 294-295** Rédigez un paragraphe en montrant l'écart et les différences de niveaux de vie entre la Bolivie et l'Arizona.

DES EXEMPLES AU COURS

- **Une ville récente dans un pays neuf,**
- **une ville riche dans un pays riche,**
- **une ville attractive dans un pays, attractif,**
- **un lieu profondément transformé (un golf dans un désert...).**

- **Une vieille ville pour le Nouveau Monde,**
- **la capitale du pays le plus pauvre du continent,**
- **de profonds contrastes de conditions de vie.**

1. Deux Amériques : anglo-saxonne et latine

MOTS
- Anglo-saxon
- Latino-américain
- IDH

Les États d'Amérique sont issus de la colonisation européenne. Ceux du Nord ont été colonisés par des immigrants venus de l'Europe du Nord-Ouest (Irlandais, Britanniques, Français, Allemands, etc.), alors que l'Amérique dite latine résulte de l'intervention principale des Espagnols et des Portugais. Par conséquent, deux cultures différentes sont à l'origine de deux Amériques différentes, à la fois juxtaposées et liées par des migrations et des échanges nombreux.

➔ Quels sont les critères qui les différencient ?

Doc 1 Les langues.

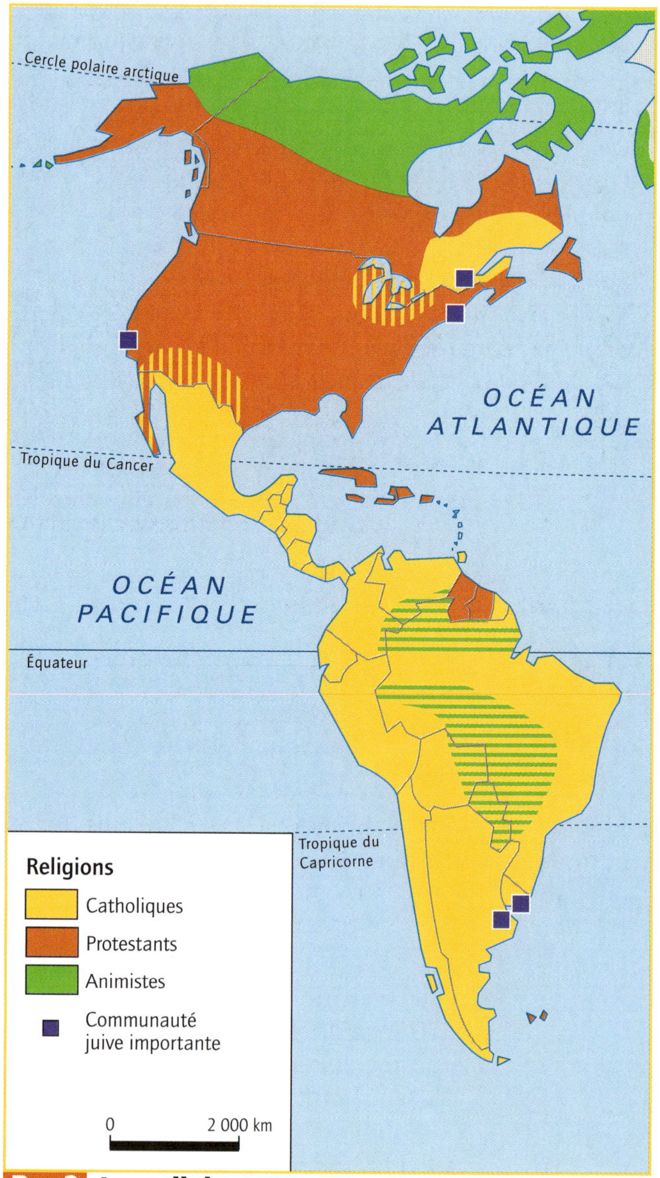

Doc 2 Les religions.

Doc 3 Répartition de la population, par religion (%), dans deux États voisins

	Catholiques	Protestants	Juifs	autres	aucune
États-Unis	28	56	2	4	10
Mexique	90	4,9	0,1	2	3

Doc 4 **Le quartier Alvarado, à Los Angeles (États-Unis).**

Doc 5 Qu'est-ce que le Québec ?

« Le Québec (français) est toujours une minorité à l'intérieur du Canada et il est condamné à demeurer une minorité à l'intérieur de l'Amérique anglo-saxonne. [...]

Nous sommes incontestablement des Nord-Américains ; mais nous serions aussi les plus Européens de tous les Nord-Américains. Les liens avec la France et même avec l'Angleterre étant une nécessité vitale pour nous, nous redécouvrons l'ensemble de l'Europe à travers ces deux patries. »

J. Dufresne, *Le Québec et la mondialisation*, L'Agora, vol. 2, n° 5
http://agora.qc.ca/mot.nsf/Dossiers/Quebec

Doc 6 L'Amérique latine est notre meilleure alliée

« [...] Si notre sort économique doit être de plus en plus lié au bloc des Amériques, c'est clairement sur l'Amérique latine que nous devons miser en priorité pour diversifier nos échanges. Les actions de soutien des gouvernements devraient viser de façon nettement prioritaire de nouveaux échanges au Sud du Rio Grande. [...] l'Amérique latine représente une population jeune (25 ans en moyenne) de 500 millions de personnes, en importante croissance. Son PIB de plus de 3000 milliards de dollars représente 15 fois l'économie du Québec. »

A. G. Carrier, président du CQAL[1], L. Beaulieu, B. St-Jean, in *Le devoir*, 2 octobre 2002.
http://www.ledevoir.com/2002/10/02/10319.html

1. Conseil québécois pour l'Amérique latine (CQAL).

1 **Doc 1** Quelles sont les langues parlées aux États-Unis, en Guyane, au Mexique, au Surinam ? Comment expliquer cette diversité linguistique ?

2 **Doc 2** Quelles sont les deux religions qui dominent le continent ? Quelle est la religion présente uniquement dans quelques grandes métropoles ?

3 **Doc 1, 5 et 6** Quelle est la principale langue parlée au Québec ? Pourquoi les Québecois regardent-ils plus particulièrement du côté de l'Amérique latine ?

4 **Doc 4** Décrivez la photographie. Que déduire du nom de la ville où se trouve ce quartier ?

2. Une population très inégalement répartie

MOTS
- **Densité**
- **Civilisation urbaine**

Les Amériques comptent 870 millions d'habitants. L'essentiel de cette population vit en milieu urbain. De très vastes espaces sont encore peu ou pas mis en valeur. Les littoraux, par lesquels les Européens sont arrivés, à partir de la fin du 15e siècle, sont toujours les espaces les plus densément occupés et exploités.

➔ Comment la population occupe-t-elle un continent récemment mis en valeur ?

Doc 1 La répartition de la population.

Doc 2 Population, densité et altitude.

« On observe que l'abaissement de la densité avec l'altitude varie selon les continents. La population mondiale vit à 320 m d'altitude. Mais cette altitude moyenne est de 95 m en Australie, 168 m en Europe, 430 m en Amérique du Nord, 644 m en Amérique du Sud. Ces chiffres ne reflètent que partiellement les altitudes moyennes respectives des continents. L'altitude moyenne de l'Amérique du Sud est fortement abaissée par l'énorme cuvette amazonienne. C'est en Amérique du Sud que le peuplement privilégié des reliefs est le plus manifeste : en Équateur, 90 % de la population vit dans les Andes et 98 % en Bolivie où sept habitants sur dix vivent à plus de 3 000 m. »

G. Baudelle, *Géographie du peuplement*, éd. A. Colin, 2000.

Doc 3 Paysage de l'Amazonie.

Doc 4 **Vancouver compte 2,1 millions d'habitants.**

Doc 5 **Curitiba, capitale de l'État brésilien du Parana, compte 2,9 millions d'habitants.**

1 **Doc 1** Décrivez la répartition de la population, en nommant les espaces très peuplés et les espaces presque vides. À quel type de milieu naturel correspondent les espaces vides ou peu peuplés ?

2 **Doc 4** Où se situe Vancouver ? Décrivez ce paysage. En vous appuyant sur la carte de la page 292, nommez l'océan et les montagnes.

3 **Doc 5** Décrivez ce paysage. Avec 2,9 millions d'habitants, Curitiba n'est que la 9e ville du Brésil ; que peut-on en déduire ?

3. Un nouveau Monde

MOTS
- Immigration
- Melting pot
- Réserves
- Inuit
- Amérindiens

L'Amérique a été en grande partie peuplée par des migrations de population, d'abord venues d'Europe, puis, plus récemment des autres continents. À partir des littoraux, le continent a été mis en valeur. De très vastes étendues de l'intérieur demeurent vides ou peu exploitées.

➔ **Comment l'Amérique a-t-elle été mise en valeur ?**

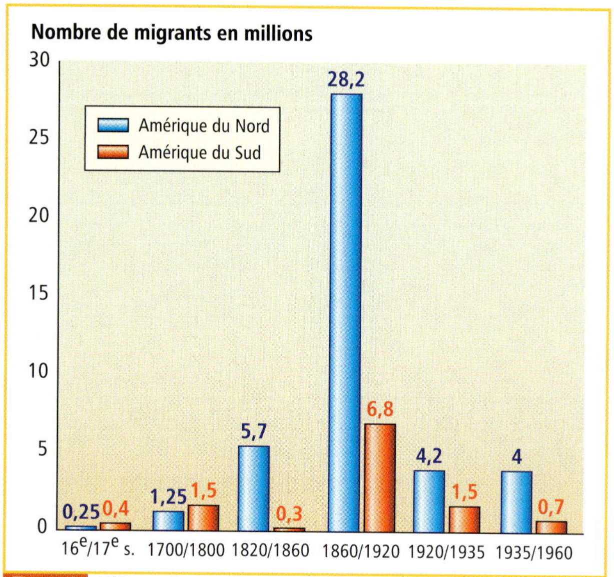

Doc 1 L'immigration européenne.

Doc 2 Prestation de serment de nouveaux citoyens américains.

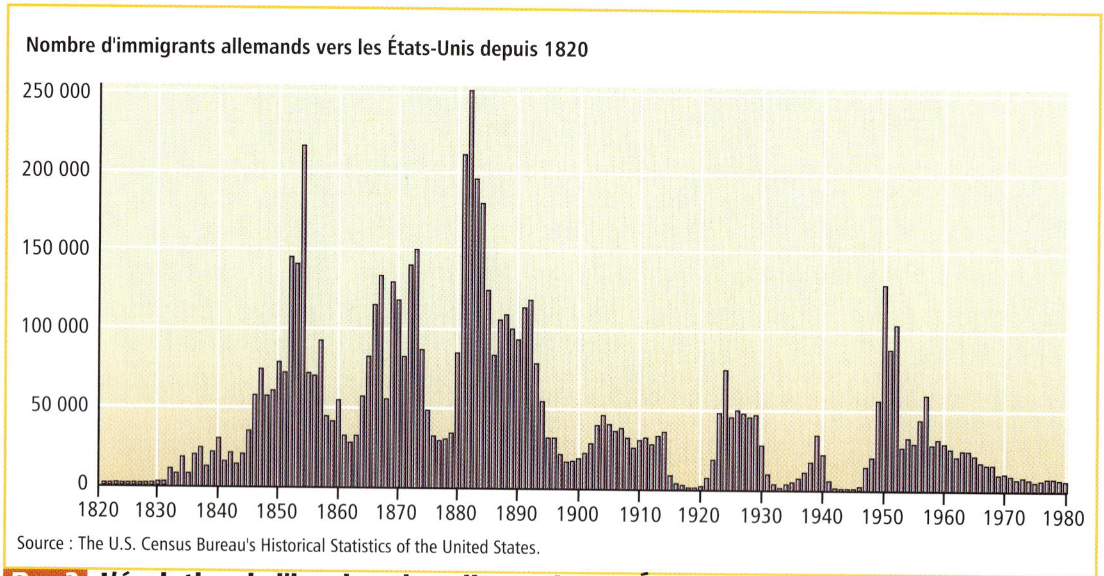

Doc 3 L'évolution de l'immigration allemande aux États-Unis, de 1820 à 1990.
22 % des Américains ont des racines allemandes.

Doc 4 L'immigration en Amérique du Nord

L'Amérique du Nord a accueilli les plus grandes masses d'immigrants. Ainsi s'est formé le quatrième grand foyer mondial. En Amérique du Nord, la presque totalité du peuplement est issue de cette immigration massive, 500 000 esclaves noirs étant venus s'ajouter à l'immigration européenne. Du fait de l'effondrement de la population amérindienne, les Indiens ne représentent plus que le vingt-cinquième de la population actuelle.

D'après G. Baudelle, *Géographie du peuplement*, éd. A. Colin, 2000.

Doc 5 **Yellowstone (Montagnes Rocheuses, États-Unis) est le plus ancien parc national au Monde (1872).** Il est contemporain de la conquête de l'Ouest et de la création des réserves pour les Indiens.

Doc 6 **Le *Western*, grand thème des films d'Hollywood.** Ce film (1961) évoque plusieurs épisodes de la conquête, entre 1840 et 1889 : la ruée vers l'or, la guerre de Sécession, etc.

Doc 7 **Irrigation dans les Grandes Plaines (Nebraska, États-Unis).**

1 **Doc 1** À quel moment l'immigration européenne a-t-elle commencé ? À quel moment a-t-elle été la plus importante ? Vers quelles parties de l'Amérique s'est-elle principalement dirigée ?

2 **Doc 5** Qu'est-ce qu'un parc national ?

3 **Doc 6** Quels sont les autres épisodes de la Conquête de l'Ouest évoqués dans le film, d'après l'affiche ?

4 **Doc 7** Décrivez ce paysage. En quoi est-il représentatif d'une conquête récente dans de grands espaces ?

4. Un continent immense et varié

MOTS
- Contrastes bio-climatiques
- Ressources

L'Amérique constitue un immense continent, le plus étendu après l'Asie (42 millions de km²). Tout y est grand : les plaines, comme les Grandes Plaines d'Amérique du Nord ou la Pampa, les chaînes de montagnes (les Andes culminent à près de 7 000 m et s'allongent sur plus de 7 000 km), les fleuves, comme l'Amazone qui a le plus important débit du Monde et coule au milieu de la plus vaste étendue de forêt tropicale.

➔ **Quelles sont les ressources des Amériques ?**

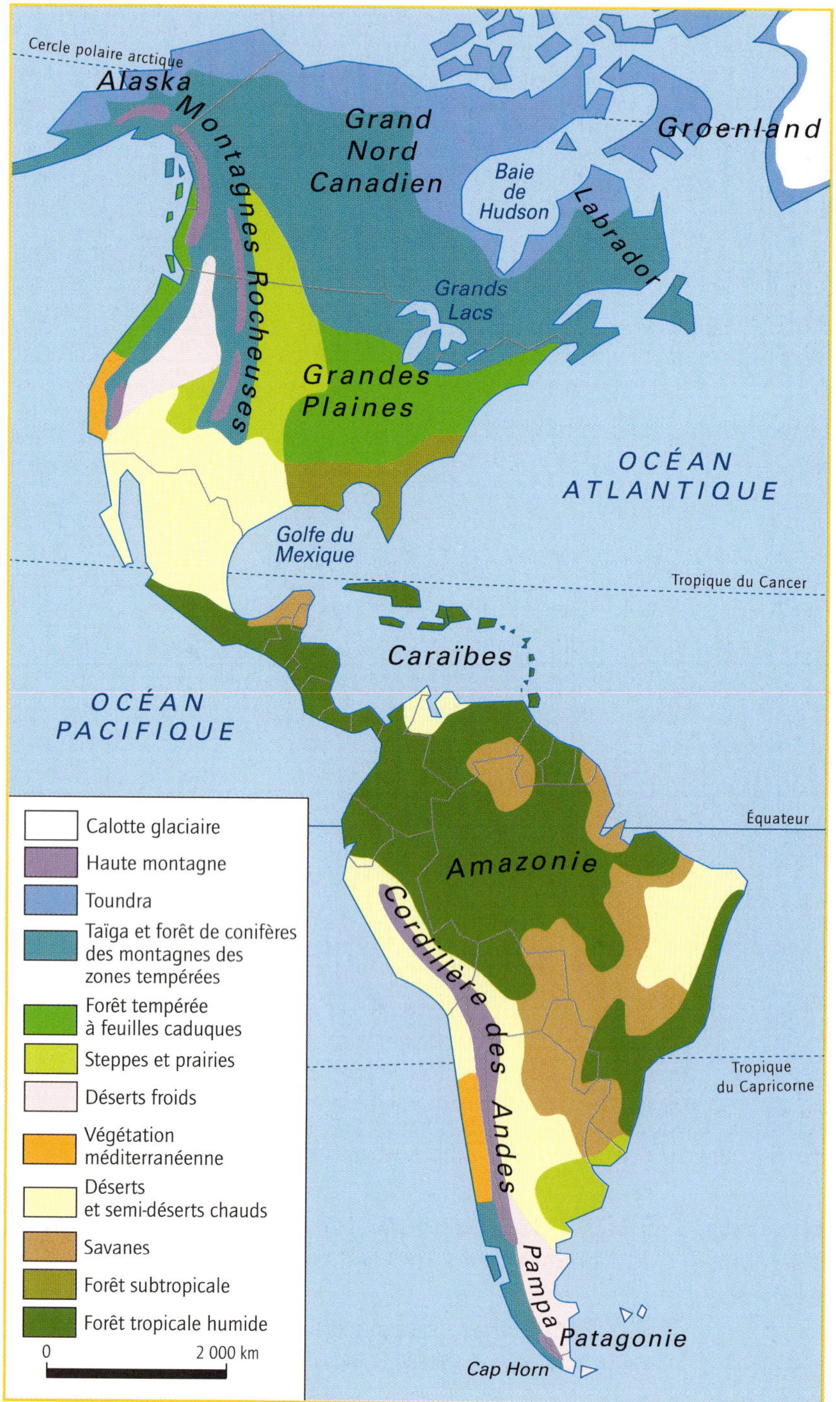

Doc 1 Les milieux naturels.

Doc 2 Le gisement pétrolier de Prudhoe Bay (Alaska, États-Unis).

C'est en 1968 que ce gisement a été découvert, en bordure de l'Océan glacial arctique, loin de tout établissement humain. Les températures peuvent y descendre jusqu'à – 52°. Pour exporter ce pétrole, il a fallu construire un oléoduc de 1 275 km de long (d'un débit de 250 millions de litres de brut par jour), vers le port de Valdez où des pétroliers géants viennent le chercher.

Doc 3 **Les Andes de Patagonie (Argentine).**

Doc 4 **Les mines de cuivre de Chuquicamata (Andes du Chili), les plus importantes du Monde.**

1 Doc 1 ET 2 Où se situe le gisement de Prudhoe Bay? Pourquoi a-t-il été exploité assez récemment (les gisements du Texas ont été reconnus à la fin du 19e siècle)?

2 Doc 1 Quel est le pays qui présente la plus grande diversité de milieux naturels? Justifiez votre réponse.

3 Doc 1 Décrivez les grands milieux naturels rencontrés en Amérique latine, du Nord au Sud.

4 Doc 4 Décrivez ce paysage. Où se trouve-t-il? Comment le minerai est-il extrait?

5. Conditions de vie et niveaux de développement divers

MOTS
- Conditions de vie
- Développement
- Ghetto

La diversité s'observe à toutes les échelles : entre les États ; à l'intérieur des États, entre les régions ; aussi à l'intérieur des villes.

➔ Quels sont les principaux contrastes de richesse ?

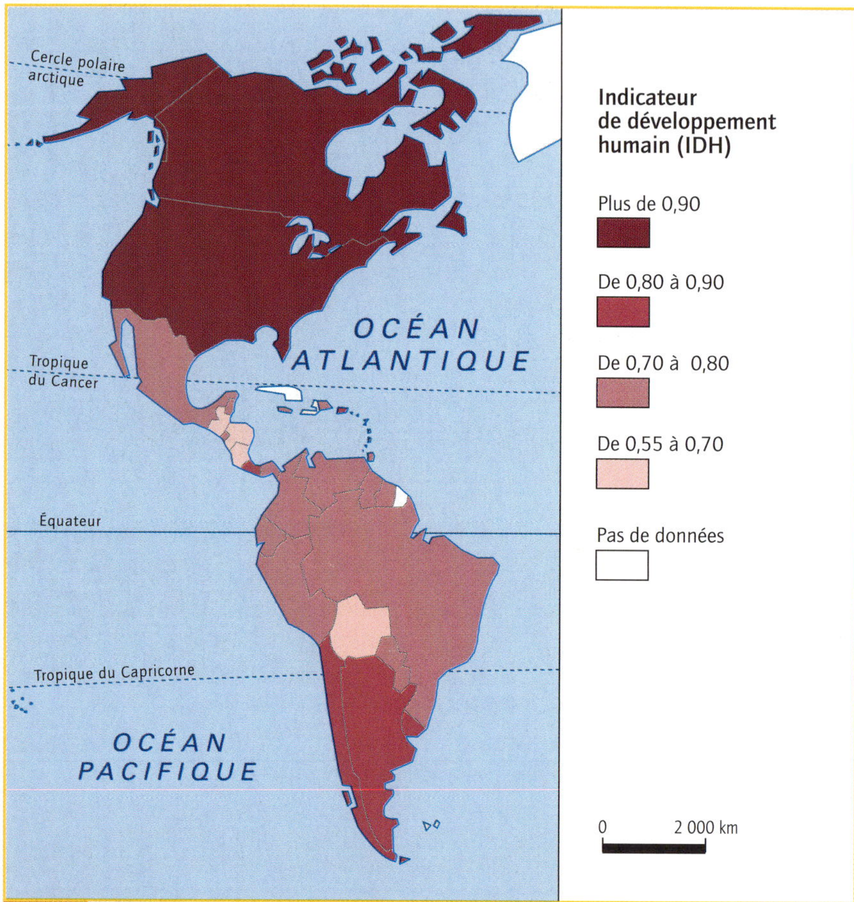

Doc 1 L'IDH.

Doc 2 Les ghettos américains

Le ghetto fonctionne en vase clos, sans contact réel avec le reste de l'agglomération, contrairement aux banlieues. L'état de dégradation du parc d'habitation, des infrastructures publiques et du cadre de vie dans le ghetto sont inimaginables en Europe. Les bâtiments du South Side de Chicago ressemblent plus à ceux de Sarajevo ou de Beyrouth qu'à ceux de la cité des Quatre Mille à Sarcelles.
Les taux de niveau de pauvreté aux États-Unis sont sans équivalent en Europe. La criminalité et l'insécurité des banlieues européennes et des ghettos américains ne sont pas comparables.

D'après J.-C. Gay, *Géographies et Cultures*, n° 11, 1994.

Doc 3 Les paysans de la montagne péruvienne

Sept à huit millions de Péruviens vivent entre 2 000 et 4 500 m d'altitude, soit de 35 à 40 % de la population du pays ; une proportion qui ne cesse de décliner (elle était de 70 % dans les années 1930) bien que les cordillères n'aient jamais été aussi peuplées qu'aujourd'hui. Ces Andes paysannes sont celles du dénuement. Des centaines de milliers de familles y disposent en moyenne de moins de deux hectares à cultiver, et d'un troupeau de quatre vaches, douze brebis et trois ou quatre lamas. Le système a une faible productivité ; il oscille entre l'autoconsommation et certaines formes d'intégration au marché.

D'après J.-P. Deler, in *Amérique latine*, Géographie universelle, Belin-Reclus, 1991.

Doc 4 Paysans au Pérou, près du lac Titicaca (3 800 m d'altitude).

Doc 5 Houston (États-Unis), le CBD (*Central Business District*, centre des affaires).

Doc 6 Quelques chiffres (2002)

	Taux de fécondité	Espérance de vie	IDH	PIB/habitant (US $)
Bolivie	4,1	62	0,681	900
Brésil	2,2	69	0,775	2 830
Canada	1,5	79	0,943	22 390
Colombie	2,7	71	0,773	1 820
États-Unis	2	77	0,939	35 400
Honduras	4,2	70	0,672	930
Mexique	2,8	75	0,802	5 920
Argentine	2,5	74	0,853	4 220

1 **Doc 1** Quels sont les deux États les plus développés ? Dans quelle partie de l'Amérique se trouvent-ils ?

2 **Doc 1** Quels sont les États les moins développés ? À quelle partie de l'Amérique appartiennent-ils ?

3 **Doc 2** Qu'est-ce qui caractérise un ghetto américain ? Comment expliquer l'existence de ghettos dans un pays riche ?

4 **Doc 4** Décrivez cette photographie. En quoi est-elle représentative d'une situation de pauvreté ?

5 **Doc 5** Décrivez cette photographie. En quoi est-elle représentative d'une situation de richesse ?

6 **Doc 6** Y a-t-il un lien entre la fécondité, l'espérance de vie et le niveau de développement ?

Bilan

Le Nouveau Monde

1 Les Américains

A. L'Amérique pré-colombienne n'était pas un continent inhabité

À l'arrivée des Européens (1492, Christophe Colomb), il existait des **populations indigènes**, venues d'Asie à travers le détroit de Béring : **Inuit** du Grand Nord, **Amérindiens** des grandes plaines d'Amérique du Nord ou des hauts plateaux d'Amérique centrale et du Sud. Certaines de ces populations comme les Mayas, les Aztèques (Mexique actuel) ou les Incas (Pérou actuel) avaient fondé de grands empires.

Ces civilisations pré-colombiennes n'ont pas survécu à la conquête européenne. Seules les populations indigènes repliées dans les zones les plus difficiles d'accès (montagnes, forêt amazonienne) ont échappé aux maladies apportées par les Européens, aux migrations et travail forcé, dans les mines et les plantations. Les Indiens d'Amérique du Nord ont été massacrés ou cantonnés dans des **réserves**.

B. La mise en place d'un nouveau peuplement : un Melting-pot

Les colons européens ont amené de force **des esclaves d'Afrique** pour travailler dans les plantations, après la disparition des populations indigènes. Au 19e siècle, des **populations asiatiques** sont venues compléter ce métissage. Parallèlement, les **Européens** à la recherche d'une vie meilleure (liberté, enrichissement) ont afflué en Amérique. Les **Anglo-saxons** (Anglais, Irlandais) se sont installés au **Nord** (Canada, États-Unis), tandis que les **Portugais** peuplaient le **Brésil** et les **Espagnols le reste de l'Amérique centrale et du Sud.** Aujourd'hui, l'Amérique du Nord parle principalement **l'anglais**, tandis que les **Latino-américains** se partagent entre **l'espagnol et le portugais.**

C. Toujours un continent qui attire

L'Amérique, surtout du Nord, demeure **la première région mondiale d'immigration** : les **États-Unis** (700 000 personnes par an) et le **Canada** sont les deux **principaux pays d'immigration**, vers lesquels convergent des populations du Monde entier. Le Brésil attire aussi des populations étrangères, principalement asiatiques.

À l'immigration venue d'Europe, s'ajoute désormais une immigration venue d'**Asie** (Chine, Corée, Japon, etc.), puis, plus récemment, d'Afrique.

MOTS

Inuit : : nom des populations d'origine asiatique qui vivent dans le Grand Nord (autrefois, on les appelait Esquimaux).

Amérindiens : désigne les populations indiennes, qui occupaient l'Amérique avant l'arrivée des Européens.

Réserves : espace délimité destiné à abriter une population.

Melting Pot : mélange de populations d'origines variées, finissant par constituer une même civilisation.

Anglo-saxon : désigne les populations d'origine britannique qui parlent l'anglais. Plus largement, l'Amérique anglo-saxonne est l'Amérique qui parle l'anglais.

Latino-américain : désigne les populations américaines qui parlent l'espagnol ou le portugais.

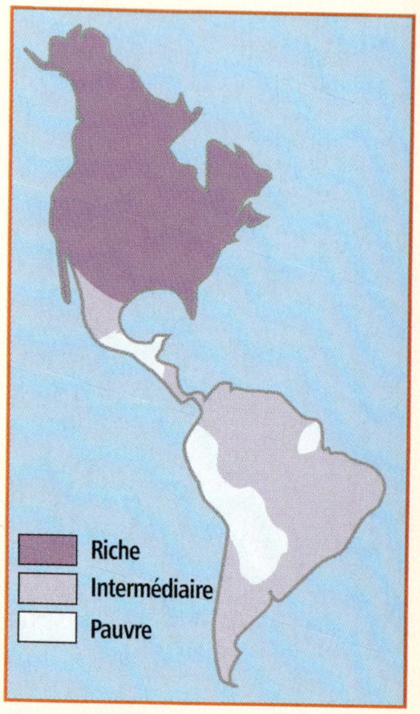

1. Répartition de la richesse.

D'**importantes migrations de population** s'observent aussi à l'intérieur du continent : des pays pauvres vers les États-Unis et le Canada dont la richesse attirent de nombreux latinos. Ainsi, tout le Sud des États-Unis est aujourd'hui en bonne partie peuplé de **populations hispanophones**.
On observe aussi d'importantes migrations de population à l'intérieur des États : ainsi, aux États-Unis, la ***Sun Belt*** est la partie la plus attractive.
Au total, la population des Amériques atteint **882 millions d'habitants.**

2 La mise en valeur du continent

A. Contrastes bio-climatiques

De la calotte glaciaire, qui recouvre la plus grande partie du Groenland, au désert chaud de l'Arizona ou à la chaleur humide qui règne toute l'année en Amazonie, les Amériques offrent un éventail de **tous les grands types de climat,** du plus humide au plus sec, du plus chaud au plus froid.
Les **ressources** sont immenses. Les différences de **relief** ne sont pas moins grandes : d'**immenses chaînes de montagne** courent le long de l'océan Pacifique, sur plus de 15 000 km de longueur : les **Rocheuses** au Nord, qui culminent à plus de 6 000 m et les **Andes** au Sud, qui atteignent presque les 7 000 m. **Les plaines** sont immenses, à l'instar des Grandes Plaines d'Amérique du Nord ; **les fleuves sont géants :** l'Amazone est le deuxième plus long fleuve du Monde (6 280 km) avec le plus gros débit et le bassin le plus étendu (près de 7 millions de km^2 partagés entre 8 États) ; le Mississipi a 3 780 km de long.

B. Une occupation encore partielle : surtout les littoraux

La densité moyenne des Amériques est d'à peine **21 habitants par km^2** ; cette moyenne dissimule de **forts écarts** : de très vastes étendues sont vides ou presque, dans le Grand Nord (Canada, Alaska), en Amazonie ou dans l'extrême Sud de l'Amérique latine. Les montagnes sont le plus souvent peu peuplées, à l'exception des hauts plateaux des Andes.
L'essentiel du peuplement se trouve en situation littorale et, plus particulièrement, sur les littoraux bordant l'océan Atlantique, là où s'installèrent le plus tôt les immigrants venus d'Europe.

C. Une civilisation urbaine

Les **trois-quarts des Américains** vivent dans des **villes. 6 des 20 plus grandes villes du Monde sont américaines.** New York, São Paulo, Mexico, Los Angeles et Buenos Aires dépassent les **14 millions** d'habitants.
Ces villes sont reconnaissables à leur **centre ancien** ; à leur **quartier central des affaires**, constitué de hautes tours : les CBD (Central Business District).
Elles se caractérisent par de **grands contrastes de richesse**, les plus accusés se trouvant en Amérique latine. En Amérique du Nord, la multiplication des « **communautés fermées** » est une tendance récente.

Immigration : arrivée d'étrangers dans un pays pour s'y établir.

***Sun Belt* :** « ceinture du soleil » qui s'étend de la Floride au littoral du Pacifique (États-Unis).

Contrastes bio-climatiques : différences de températures, de précipitations et de végétation dues àau climat.

Ressources : voir p. 326.

Civilisation urbaine : civilisation dans laquelle la ville joue un rôle central.

Centre ancien : partie initiale de la ville ; se reconnaît généralement à des monuments hérités de périodes plus ou moins anciennes.

Communauté fermée : quartier urbain privé et fermé, réservé à ses propriétaires et à leurs visiteurs.

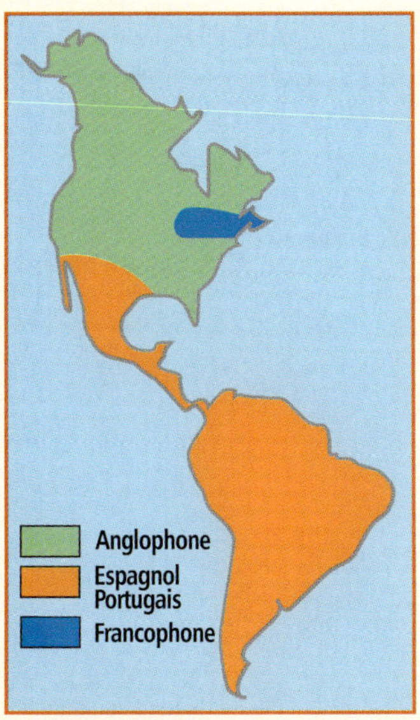

2. Les langues.

Bilan

Plusieurs Amériques

1 Amériques, anglo-saxonne et latine

L'Amérique anglo-saxonne est l'Amérique riche et puissante, celle qui domine le Monde comme l'Amérique latine dont elle attire une partie des populations.

L'Amérique latine est plus pauvre et moins développée. Sa croissance démographique est plus rapide. Ses campagnes, comme une partie de ses villes, dans les **bidonvilles** notamment, manquent d'équipements de base comme les hôpitaux, l'eau potable ou l'électricité.

2 Petits et grands États, marchés communs

Les États-Unis sont, de très loin, la première puissance mondiale. Ils jouent dans le Monde un **rôle majeur**, sur tous les plans : économique, militaire, politique et culturel.

Mais l'Amérique compte **d'autres puissances, d'importance régionale :** c'est surtout le cas du **Brésil** et du **Mexique.** À l'autre bout de l'échelle, se trouvent de **petits États pauvres,** sans grands moyens et sans influence, comme Haïti, le Salvador ou la Bolivie.

Avec le **Canada,** riche et peu peuplé, et le Mexique plus pauvre mais peuplé, les États-Unis ont mis sur pied un marché commun, l'**ALENA**, qui permet **d'échanger librement les produits.** Mais les hommes n'y circulent pas librement. À l'autre bout du continent, au Sud, un **autre marché commun,** le **Mercosul,** s'est constitué autour du Brésil, avec l'Argentine, le Paraguay, le Chili et la Bolivie.

3 Contrastes régionaux de richesse

Les **conditions de vie** diffèrent beaucoup du Nord au Sud. **Mais toute l'Amérique anglo-saxonne n'est pas riche :** des îlots de pauvreté se trouvent surtout à l'intérieur des grandes villes, dans des quartiers déshérités, les **ghettos,** où règnent la violence, le chômage et la pauvreté. Les mêmes types de quartiers existent dans les villes d'Amérique latine, en plus étendus et plus misérables encore. Les campagnes y sont généralement beaucoup plus pauvres qu'au Nord. **Mais toute l'Amérique latine n'est pas pauvre.** Des îlots de grande richesse se trouvent dans ses grandes villes. Plus généralement, les grandes régions urbaines sont aussi aujourd'hui des **pôles industriels importants** à l'échelle du continent (Mexico et São Paulo, en tête).

MOTS

Développement : voir p. 204.

Bidonville : voir p. 225.

ALENA : Association de libre-échange nord-américain, créée en 1992 entre le Canada, les États-Unis et le Mexique, afin que les produits circulent librement entre ces trois pays. Un autre projet de zone de libre-échange des Amériques (ZLEA) a été lancé par les États-Unis en décembre 1994, lors du premier sommet des Amériques à Miami (États-Unis), et concerne tout le continent américain (23 États), à l'exception de Cuba. L'objectif est la création d'une zone de libre-échange, sur le modèle de l'ALENA.

Mercosul (en espagnol) Mercosur (en portugais) : marché commun du Sud de l'Amérique, créé en 1991 entre le Brésil, l'Argentine, l'Uruguay et le Paraguay. Le Chili et la Bolivie et, plus récemment, le Pérou et le Vénézuela sont membres associés.

Conditions de vie : situation matérielle d'une population.

Ghettos : quartier dégradé, dans lequel se concentrent des minorités ethniques. Vient du nom du quartier de Venise où, au Moyen Âge, les populations juives étaient obligées de résider.

CARTE DE SYNTHÈSE

Je m'exerce

1. Connaître les repères essentiels

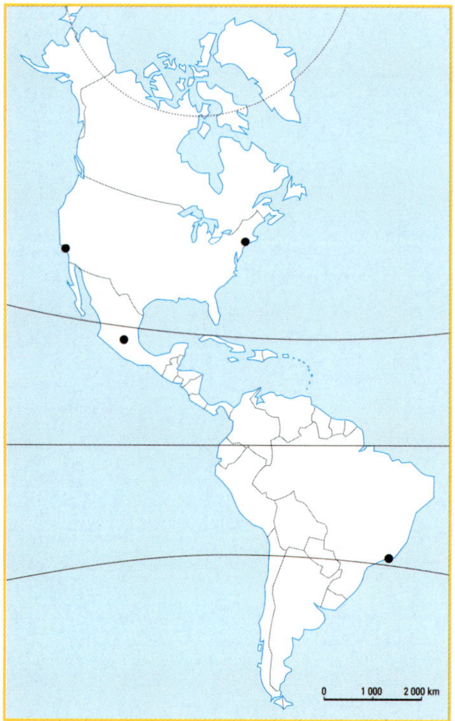

1. Après avoir reproduit ce fond de carte, placez les éléments ci-dessous.
   - ❑ Équateur
   - ❑ Tropique du Cancer
   - ❑ Tropique du Capricorne
   - ❑ Océan Atlantique
   - ❑ Océan Pacifique
   - ❑ Amérique du Nord
   - ❑ Amérique latine
   - ❑ Caraïbes
2. Indiquez le nom des quatre villes placées sur la carte.
3. Indiquez le nom des trois plus grands États de l'Amérique.

2. Expliquer les zones de libre échange

Doc Le processus d'intégration

A. L'Accord de Libre Échange Nord Américain (ALENA) lie les États-Unis, le Canada et le Mexique (ces deux pays réalisent 3/4 de leurs échanges avec les premiers). Il ne s'agit pas ici de la constitution d'un marché commun (intégration économique), comme en Europe, mais de la création d'une zone de libre-échange, qui prévoit à terme la disparition des droits de douane. C'est la première fois qu'un pays du Sud est intégré dans une organisation du Nord. Au delà, cette zone économique de 400 millions d'habitants préfigure un grand marché qui pourrait aller de « l'Alaska à la Terre de Feu », c'est-à-dire tous les États du continent américain (800 millions d'habitants) et qui s'appellera la ZLEA (Zone de libre-échange des Amériques).

QCM de géographie, éd. Ellipses, 2000.

B. Le marché commun du cône Sud, appelé Mercosur est un accord de libre-échange entré en vigueur en 1995. Il regroupe pour l'instant quatre pays : deux poids lourds continentaux (Argentine et Brésil) et deux pays de moindre importance (Uruguay et Paraguay). Le Mercosur applique ainsi aux 210 millions de personnes qui le peuplent les principes de base d'une zone de libre échange, à savoir la libre circulation des biens, des services, des personnes.

S. Marti, *Le Monde*, 12 septembre 2003.

1. Quels sont les pays membres de l'ALENA ?
2. Quels sont ceux du Mercosur ?
3. Qu'est-ce que la ZLEA ? Pour chaque étape, reprenez la carte de l'exercice 1 pour la colorier. Vous établierez en même temps la légende.
4. Dans tous les cas, quel est l'objectif majeur de ces organisations ?

3. Comparer deux agricultures

Doc 1 **Au Pérou.**

Doc 3 **Aux États-Unis.**

Doc 2 **Un témoignage de Rigoberta Menchu**

Rigoberta Menchu est une Indienne de l'ethnie Quiché au Guatemala. Elle a reçu le prix Nobel de la Paix en 1992.

Nous autres, nous vivons davantage dans les montagnes, c'est-à-dire dans les terres pas fertiles, sur les terres qui donnent à peine un peu de maïs, de haricots, alors que sur les côtes, on peut faire venir n'importe quelle récolte, vraiment. Nous descendons travailler dans les plantations de café ou de canne à sucre pendant que le maïs pousse et quand il est mûr pour la récolte nous retournons dans la montagne. Mais tout de suite la récolte s'épuise et nous devons redescendre pour gagner de l'argent.

D'après E. Burgos, *Moi, Rigoberta Menchu*, Folio Gallimard, 1999.

Doc 4 **Un fermier américain**

Le *farmer* du 21e siècle s'équipe d'un ordinateur portable qu'il embarque en permanence sur son tracteur ou dans la cabine de la moissonneuse, adresse des courriers électroniques aux firmes de l'agroalimentaire avec lesquelles il travaille. Ces entreprises conseillent le cultivateur à partir de banques de données en temps réel sur la composition chimique du sol, l'utilisation d'engrais, les plans d'irrigation à mettre en place, l'état global des cultures d'une région précise.

M. Goussot, *Les États-Unis dans la Nouvelle Économie mondiale*, éd. Armand Colin, 2000.

	Doc 1, 2	Doc 3, 4
Le pays et l'aire géographique		
Le travail de l'agriculteur		
Les outils		
La forme des champs		

1. **Doc 1 et 3** Décrivez chacun des deux paysages. Localisez le pays sur la carte p. ci-contre.
2. Recopiez et complétez le tableau ci-contre.
3. À l'aide de tous les documents, rédigez quelques phrases pour présenter les principales oppositions entre l'agriculture de l'Amérique latine et l'agriculture de l'Amérique anglo-saxonne.

4. Étudier la frontière États-Unis/Mexique

Doc 1 Une frontière inscrite dans le paysage.

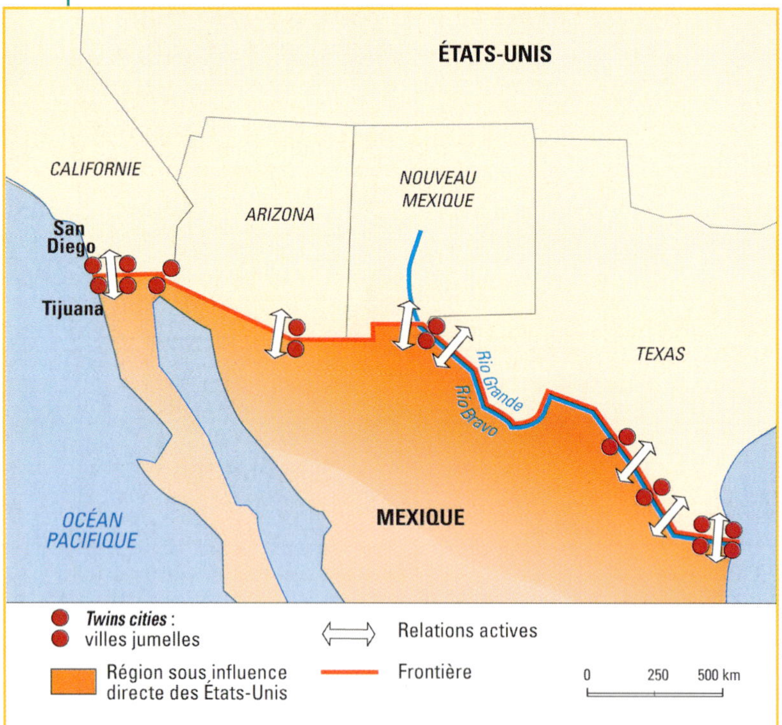

Doc 2 Une région en construction. Les quatre États du Sud des États-Unis furent mexicains jusqu'au milieu du 19e siècle. Ils abritent aujourd'hui de fortes minorités hispaniques.

Doc 3 San Diego

« Son destin est aujourd'hui lié à celui de Tijuana, la grande ville mexicaine de l'autre côté de la frontière la plus traversée du Monde. Chaque jour, environ 45 000 personnes viennent du Mexique pour travailler dans les ateliers textiles ou les hôtels de San Diego. Les consommateurs américains, quant à eux, vont faire des achats à Tijuana où les prix sont nettement inférieurs. Les autorités américaines sont débordées par le flux des immigrants clandestins qui traversent en masse la frontière en courant à contresens des voitures sur l'autoroute au poste de passage. Mais un nombre croissant de Mexicains trouve aujourd'hui du travail dans leur propre pays grâce aux usines installées par des firmes américaines, japonaises ou coréennes (assemblage de téléviseurs, confection de jeans) autour de Tijuana, qui connaît un accroissement de population très rapide. »

Y. Boquet, *Les États-Unis*, « Mémento », éd. Belin, 2003.

1. **Doc 1** Décrivez la photographie. De quel côté sont les États-Unis ?
2. Pourquoi les États-Unis attirent-ils les Mexicains ?
3. **Doc 1 et 3** Répertoriez les passages légaux et illégaux de la frontière.
4. **Doc 1 et 3** Comment les États-Unis ont-ils tenté de maîtriser l'immigration mexicaine ?
5. Comment expliquez-vous le titre du document 2 ? Quel rôle joue à ce sujet l'ALENA ?

Musiques d'Amérique

Le carnaval de Rio

Le spectacle du Carnaval nécessite plusieurs mois de répétition et de préparation (costumes). Le défilé des écoles de Samba fait la fierté des favelas. Événement spontané, au départ célébré par les Noirs, puis par tout Rio : le carnaval est l'attraction touristique majeure de la ville.

Bob Marley

La mort prématurée de Marley en 1981, dévoué à la paix mondiale et à l'égalité raciale, en fait la figure emblématique du reggae. Les rastas, descendant d'esclaves africains, ont toujours vénéré l'Ethiopie et Haïlé Sélassié, couronné en 1930 sous le titre de Négus Ras tafari (Négus Roi des Rois), souvent placardé dans les concerts. Ils prônent le retour vers la terre de leurs ancêtres, c'est-à-dire l'Afrique.

Quelques formes musicales venues d'Amérique

Nom du genre musical	Époque d'apparition généralement acceptée	Ville ou région point de départ
Tango	1870-1900	Buenos Aires
Jazz	1910-1920	Nouvelle-Orléans ; New York
Samba	1910-1920	Rio de Janeiro
Rock	1950-1955	Memphis
Bossa Nova	1958	Rio de Janeiro
Salsa	1965-1970	New York
Reggae	1970-1975	Jamaïque (Kingston)
Zouk	1975- 1980	Martinique
Rap	1980	New York

Procurez-vous un fond de carte du continent américain. Puis, à l'aide d'un atlas, réalisez une petite carte des musiques d'Amérique, en reprenant les éléments du tableau.

Sur le Web

http://www.bobmarley.com/
http://www.abc-latina.com/musique/

Quelques films

Buena Vista Social Club de Wim Wenders
The Doors d'Oliver Stone
Orfeu Negro de Marcel Camus

chapitre

16 Le Brésil

Doc 1 **Le territoire brésilien et les grandes villes.**

Doc 2 **Le site de la baie de Rio de Janeiro, avec le Pain de sucre ; vue prise depuis le Corcovado.**

Doc 3 **Un quartier de Salvador de Bahia : la favela Ribeira Azul.**

> Je découvre le Brésil à travers Rio de Janeiro

MOTS
- Favela
- Inégalités sociales

Ancienne capitale du Brésil, Rio de Janeiro résume une grande partie des situations et des images du pays. Ville géante, elle juxtapose la richesse et la plus grande pauvreté, dans un site connu mondialement.

Doc 1 Plan de Rio en trois dimensions.

Doc 2 La transformation des bidonvilles

« En 1995, avec le concours de la BID[1], Rio de Janeiro lança le programme Favela-Bairro, pour transformer des bidonvilles laissés pour compte – qui abritaient plus d'1 million de personnes – en quartiers dignes de ce nom, et les intégrer dans le tissu de la ville proprement dit. Malgré d'immenses défis, le programme a connu un succès remarquable. […] À ce programme les pouvoirs municipaux et la BID ont affecté plus de 600 millions de dollars, dont l'essentiel sera consacré à des travaux publics dans 120 des 600 favelas de la ville. Il s'agit entre autres d'aménager des rues et des espaces verts, des terrains de jeu et d'autres espaces publics, et d'installer des services essentiels comme l'eau potable, les égouts, l'évacuation des eaux de pluie, le ramassage des ordures et l'éclairage public là où même le courrier n'était pas acheminé. »

P. Bate, *art. cit.*

1. Banque interaméricaine de développement.

Doc 3 L'évolution de la population de l'agglomération

Année	1950	1960	1970	1980	1990	2000
Millions d'habitants	2,9	4,7	6,9	9	9,9	10,6

Doc 4 L'importance des contrastes de revenus dans l'agglomération

« Selon les données du recensement de 2000 au Brésil, le revenu mensuel moyen d'un chef de famille à Barra da Tijuca, l'un des quartiers aisés de Rio de Janeiro, s'élevait à 5 175 réaux, contre seulement 382 réaux dans la favela voisine d'Angu Duro. Par contraste, les bandes paieront les jeunes environ 600 réaux par mois pour faire le guet à leurs points de vente[1]. »

P. Bate, *Reconstruire plutôt que raser,* Banque interaméricaine de développement, déc. 2002, source : www.iadb.org/idbamerica/index.cfm?thisid=1416

1. de drogue.

Doc 5 La Rocinha : un climat de violence.

Doc 6 La Rocinha : la plus grande favela de Rio. 100 000 à 150 000 personnes y habitent. C'est une véritable ville avec ses commerces, ses banques, ses stations de radio, ses églises.

Doc 7 La célèbre plage de Copacabana.

1 Doc 1 Qu'est-ce qui caractérise le site de Rio de Janeiro ? Comment se présente le relief ? Où se situe l'habitat ?

2 Doc 6 Où se situe la favela par rapport à l'habitat des catégories sociales aisées ? La favela est-elle dépourvue de tout confort ?

DE L'EXEMPLE AU COURS

- **Une ville géante, mondialement connue,**
- **des contrastes sociaux saisissants,**
- **à l'échelle de la ville, des contrastes sociaux qui s'expriment à travers la juxtaposition de quartiers riches et de quartiers très pauvres.**

1. Un pays immense aux nombreuses richesses

MOTS
- **Amazonie**
- **Amazone**
- **Nordeste**
- **Distances**
- **Ressources**

Le Brésil est un pays immense, le plus étendu de l'Amérique latine, avec 8,5 millions de km², grand comme quinze fois la France. Peuplé de près de 180 millions d'habitants, c'est désormais le 5ᵉ pays le plus peuplé du Monde.

➔ Comment joue la distance ?

Doc 1 Un circuit touristique : « Splendeur du Brésil » (12 jours / 10 nuits)

Découvrez le Brésil dans toute sa splendeur et son immensité. Laissez vous éblouir par Rio, cette métropole géante, dominée par ses deux symboles : le Pain de Sucre et le Christ Rédempteur. Découvrez le quartier colonial de Salvador de Bahia où résonnent les tambours des danseurs de Capoeira. Admirez l'art baroque portugais et l'or des mines à Ouro Preto, bijou de l'architecture coloniale et encore empreinte d'histoire. Découvrez la puissance de la nature avec les impressionnantes chutes d'Iguaçu.

1ᵉʳ jour	**PARIS / SALVADOR DE BAHIA**	Nuit à Bord.
2ᵉ jour	**SALVADOR DE BAHIA**	Visite de la ville haute qui abrite les quartiers anciens, les principaux monuments, le centre des affaires et les fonctions administratives et culturelles. Vous découvrez le quartier de Pelourinho classé par l'Unesco, la cathédrale et l'église de São Francisco.
3ᵉ jour	**SALVADOR DE BAHIA**	Journée d'excursion en goélette à travers la baie de tous les Saints. Cette promenade vous fera découvrir ces îles enchanteresses composées de petits hameaux colorés et de plages de sable blanc.
4ᵉ jour	**SALVADOR DE BAHIA / BELO HORIZONTE / TIRADENTES** (vol intérieur)	Envol pour Belo Horizonte. Accueil par votre guide de la région du Minas Gerais et route vers la ville coloniale de Tiradentes en passant par São João Del Rei.
5ᵉ jour	**TIRADENTES / CONGONHAS / OURO PRETO**	Visite de l'église de Saint Antoine et de la maison du Padre Toledo. Départ pour Congonhas Do Campo. Découverte du chef-d'œuvre baroque d'Aleijadinho (célèbre artiste brésilien), représentant les douze prophètes. Continuation vers Ouro Preto, ancienne capitale de la province du Mina Gerais, pays des mines d'or et des pierres précieuses. Découverte à pied du centre historique de la ville et de ses nombreuses églises baroques.
6ᵉ jour	**OURO PRETO / MARIANA / BELO HORIZONTE**	Visite du théâtre municipal et du musée de minéralogie d'Ouro Preto. Départ pour Mariana et visite de la ville.
7ᵉ jour	**BELO HORIZONTE / FOZ IGUAÇU** (vol intérieur)	Envol pour Foz de Iguaçu. Visite des chutes du côté brésilien.
8ᵉ jour	**FOZ IGUAÇU / RIO DE JANEIRO** (vol intérieur)	Visite des chutes du coté argentin. Le coté argentin offre le spectacle de la garganta del Diablo (gorge du Diable), où l'eau chute d'une hauteur de 82 m, avec un débit de 11 000 m³. Transfert à l'aéroport et envol vers Rio de Janeiro.
9ᵉ jour	**RIO DE JANEIRO**	Tour de ville : le quartier historique, la cathédrale moderne, musée d'art moderne, le théâtre national, le Sambodrome, haut lieu du carnaval et le stade Maracana. Déjeuner. Visite du célèbre Pain de Sucre avec sa magnifique vue de Rio.
10ᵉ jour	**RIO DE JANEIRO**	Découverte des célèbres plages de Rio : Copacabana, Ipanema, Leblon. Visite du Corcovado, Statue du christ Rédempteur qui domine la ville. L'accès se fait en train à crémaillère et vous traverserez la très belle forêt tropicale de Tijuco.
11ᵉ jour	**RIO DE JANEIRO / FRANCE**	Croisière en goélette traditionnelle dans la baie de Guanabara. Transfert à l'aéroport. Nuit à Bord.
12ᵉ jour	**PARIS**	Arrivée à Paris.

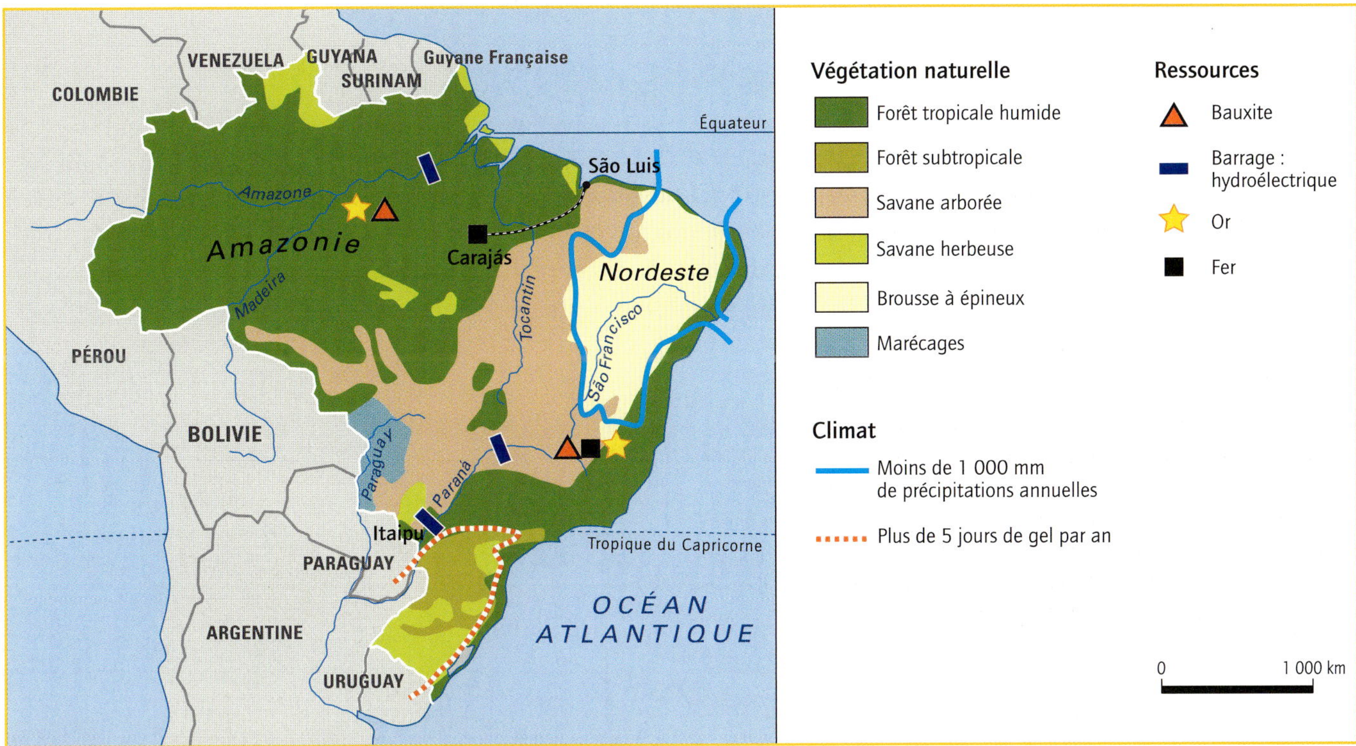

Doc 2 **Les ensembles végétaux et les ressources.**

Doc 3 **Déforestation en Amazonie brésilienne :** depuis 10 ans, la forêt recule au rythme de 20 000 km² par an.

Doc 4 L'Amazonie brésilienne

« L'Amazone, le fleuve le plus important du Monde en volume d'eau, a 6 577 km de long, dont 3 615 en territoire brésilien. Chaque seconde, il déverse dans l'océan Atlantique 80 000 m³ d'eau ; à certains endroits, il atteint jusqu'à 13 km de large, et sa largeur minimale est de 1,5 km. L'Amazone est navigable pour des navires de haute mer sur tout le territoire brésilien.
Le Brésil, avec ses 1 600 espèces connues, possède une plus grande variété d'oiseaux que n'importe quel autre pays au Monde. Les naturalistes ont répertorié plus de 100 000 invertébrés au Brésil, parmi lesquels plus de 70 000 insectes. La forêt amazonienne renferme la plus grande concentration d'organismes biologiques au monde. Personne ne sait réellement combien on y trouve d'espèces, mais les scientifiques estiment qu'elles représentent de 15 à 30 % de l'ensemble des espèces connues dans le monde. »

Ambassade du Brésil en France, http://www.bresil.org

1 **Doc 1** Combien de kilomètres ce voyage prévoit-il de parcourir au Brésil ? Ce circuit permet-il de visiter tout le Brésil ? Quelles sont les régions oubliées ? Quelles sont les attractions privilégiées ?

2 **Doc 2** Où se trouve l'étendue forestière la plus vaste Comment se nomme-t-elle ?

3 **Doc 3** Décrivez la photographie : quelle est la condition pour défricher la forêt ?

2. Un pays puissant, une société inégalitaire

MOTS
- Favelas
- Inégalités de revenus
- Latifundios
- Sans terre
- Réforme agraire

« Nous ne sommes pas un pays sous-développé, nous sommes un pays injuste », déclarait Fernando Henrique Cardoso, président du Brésil de 1994 à 2002. Le Brésil est effectivement devenu la 9e puissance économique mondiale, devant la Russie, avec une industrie dynamique et une puissante agriculture, mais reste le pays le plus inégalitaire (le tiers de la population vit en dessous du seuil de pauvreté).

➔ Un pays injuste ?

Doc 1 Brasilia, la gare des cars. La nouvelle capitale du Brésil a été inaugurée en 1960. Construite en seulement quatre ans, elle témoigne du dynamisme national et de sa volonté de déplacer vers l'intérieur des terres le centre du pays.

Doc 2 Embraer *(Empresa Brasileira de Aeronautica)* est le 4e constructeur mondial. En 2003, il a vendu 104 avions.

Doc 3 Récolte mécanisée dans le Sud-Est du Brésil.

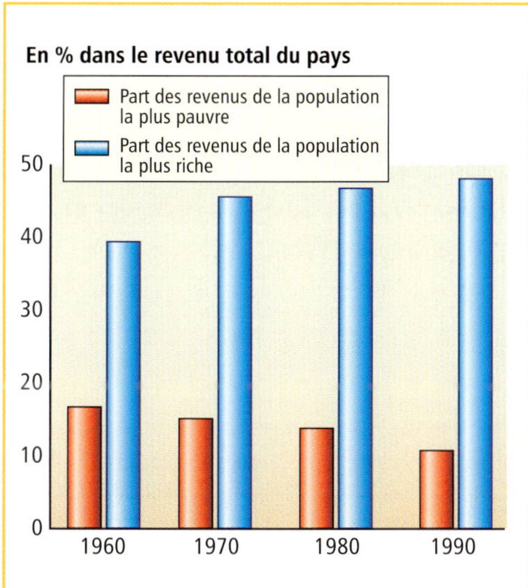

Doc 4 Les inégalités de revenu.

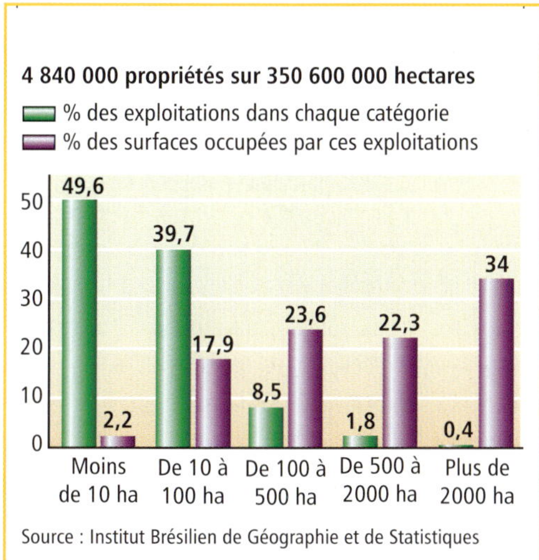

Doc 5 Les inégalités foncières.

Doc 6 Objectif « faim 0 »

« Le nouveau président brésilien Luiz Inacio Lula da Silva avait fait de la lutte contre la faim sa priorité numéro un lors de sa campagne électorale. Et c'est peut-être là d'ailleurs que se joue aujourd'hui l'avenir de son mandat, ainsi qu'il l'a dit à plusieurs reprises : "Si au terme de mon mandat chaque Brésilien peut faire trois repas par jour, j'aurai accompli la mission de ma vie." En mettant au centre de ses préoccupations son projet de résoudre le problème de la faim et de la sous-nutrition par une politique de distribution de vivres, il reconnaît la détresse de millions de pauvres au Brésil. Une reconnaissance symboliquement démontrée début janvier quand Lula a sillonné, avec la quasi-totalité de ses ministres, trois régions du Nordeste parmi les plus pauvres. Cette "caravane de la faim", comme on l'a surnommée, était ainsi une façon de rappeler que l'objectif des quatre prochaines années était bien celui d'une "faim zéro". »

L'Humanité, 10 février 2003.

Doc 7 Campement de paysans sans terre, en Amazonie.

Doc 8 Les sans terre

« Le nom du campement est "Terre promise", celui de la localité Felizburgo (Heureux bourg), dans la vallée de Jequtinhonha (État de Minas Gerais). Une centaine de familles paysannes y attendaient que la justice leur attribue 600 hectares. Samedi 20 novembre, le malheur est arrivé sous la forme d'une violente attaque. Bilan : cinq morts et treize blessés, dont un enfant de 12 ans. La moitié des abris est partie en fumée.

Les paysans du Mouvement des Sans-Terre (MST) "s'étaient établis là avec l'autorisation de la justice" a souligné Miguel Rosseto, le ministre de la réforme agraire. "Les criminels seront punis, il n'y aura pas d'impunité." Le commanditaire de l'attaque serait le propriétaire des terres. [...] L'objectif de l'année 2004 est de distribuer des terres à 115 000 familles. »

P. A. Paranagua, *le Monde*, 25 novembre 2004.

1 Doc 4 Quelle part représentait le revenu des plus riches dans le revenu total du pays en 1960 ? et en 1990 ?

2 Doc 4 Quelle part représentait le revenu des plus pauvres dans le revenu total en 1960 ? et en 1990 ? Que pouvez-vous en conclure ?

3 Doc 7 Décrivez la photographie. Pourquoi l'Amazonie accueille-t-elle beaucoup de paysans sans terre ?

4 Rédigez un paragraphe pour expliquer comment un pays qui est capable de construire des avions a encore une partie importante de sa population qui souffre de la faim.

3. De très forts contrastes régionaux

MOTS
- Littoral / intérieur
- Front pionnier
- Inégalités sociales

Le territoire brésilien est immense et les inégalités sociales sont très grandes. Cette situation favorise de très forts contrastes régionaux au point qu'on a pu dire que le Brésil était le résultat de l'assemblage d'une Suisse, d'un Pakistan et d'un Far West.

Combien de Brésil ?

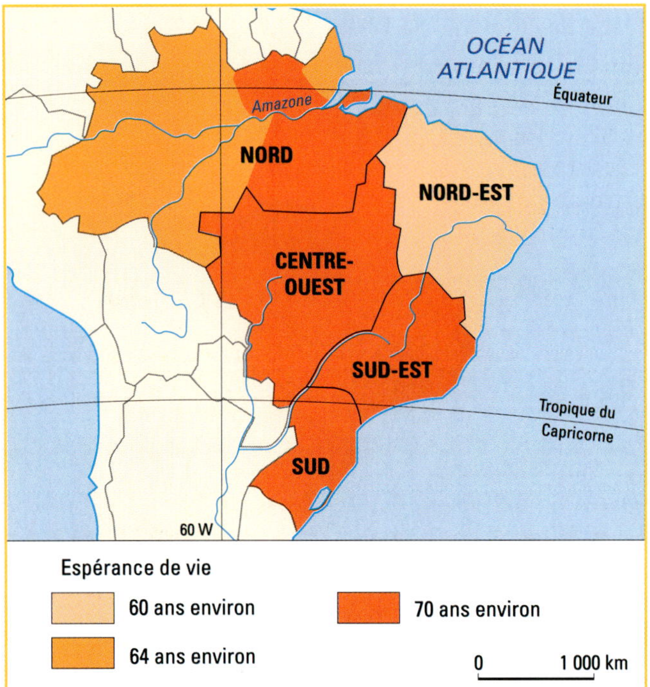

Doc 1 **Espérance de vie.**

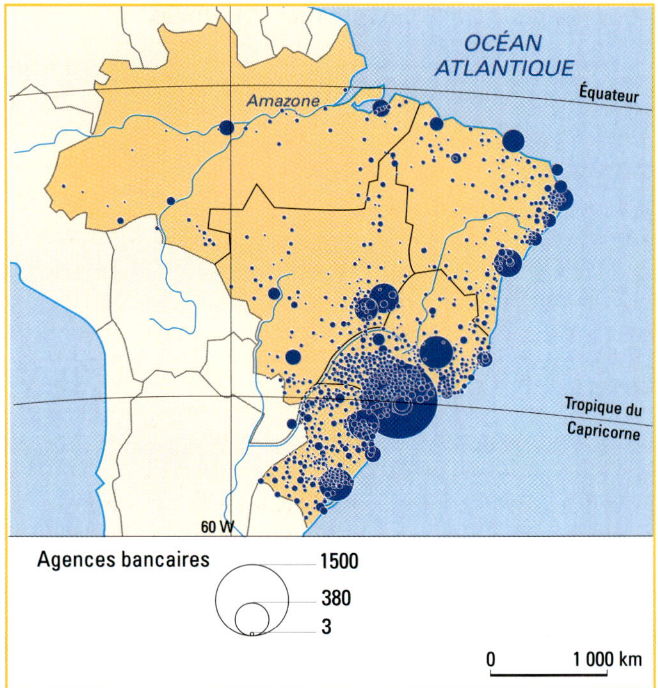

Doc 2 **Les agences bancaires.**

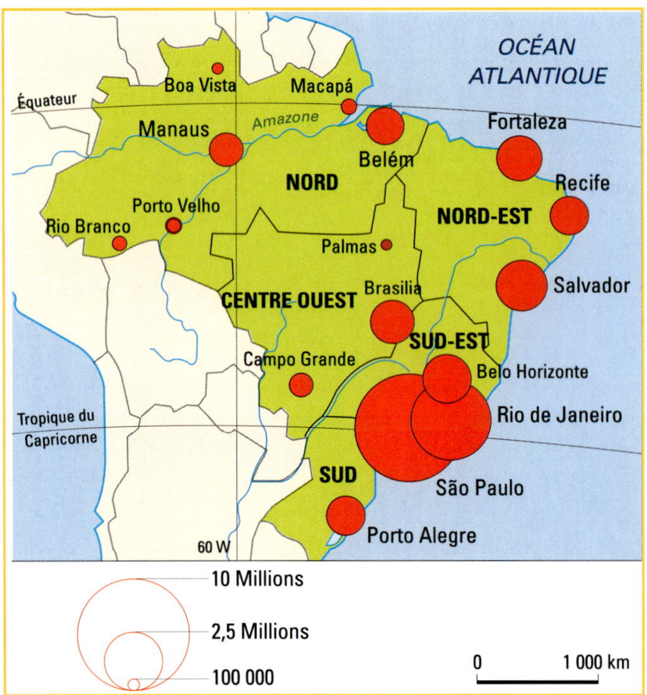

Doc 3 **Les villes.**

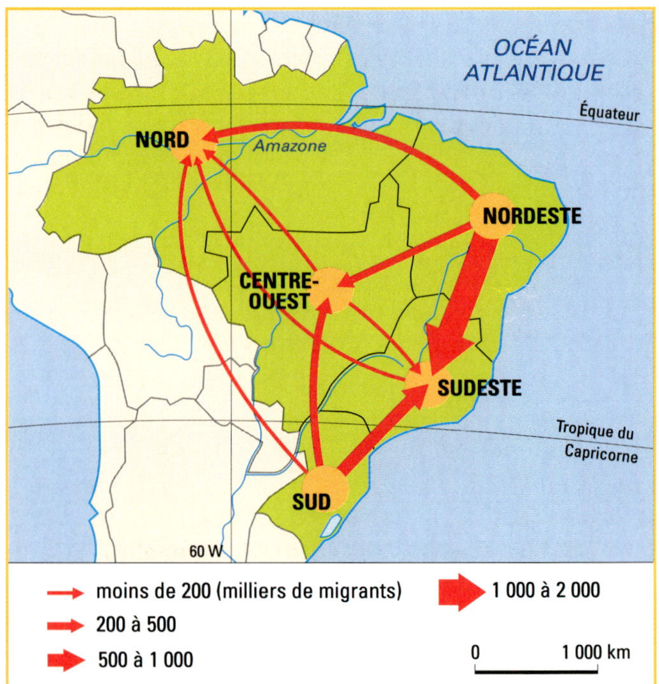

Doc 4 **Les migrations.**

Doc 5 **L'opposition littoral / intérieur**

La répartition de la population brésilienne est très inégale. [...] L'opposition majeure [...] est celle qui apparaît sur la carte des densités : au littoral densément peuplé s'oppose l'intérieur presque vide, la seule exception étant Brasilia. Presque partout la densité tombe en dessous de cinq habitants par km^2 dès que l'on s'éloigne de plus de 200 km des côtes, et dans le Nord-Ouest amazonien on tombe même à moins d'un habitant par km^2.

D'après H. Théry, *Le Brésil*, éd. A. Colin, 2000.

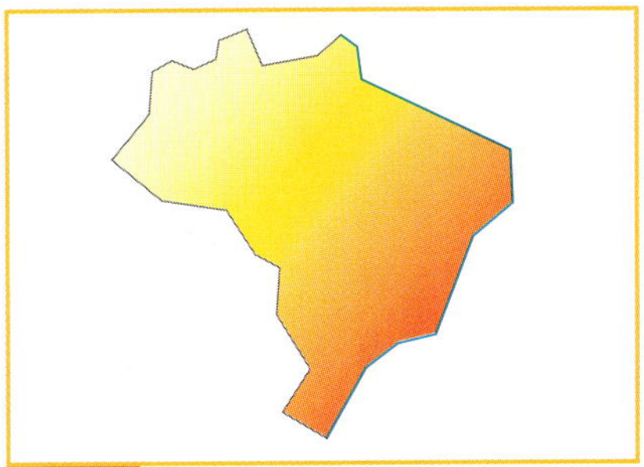

Doc 6 **L'opposition littoral / intérieur.**

Doc 7 **Les nouvelles régions pionnières**

Les aspects les plus spectaculaires des efforts entrepris depuis les années 1970 pour « intégrer » l'Amazonie ont certainement été la construction des routes transamazoniennes et la colonisation agricole : elles avaient les mêmes buts : ouvrir et occuper les régions vides et, du même coup, réduire la pression sur la terre dans les régions du Nordeste devant permettre de donner des terres aux hommes sans terre, des hommes aux terres sans homme.

D'après H. Théry, *ouvr. cit.*

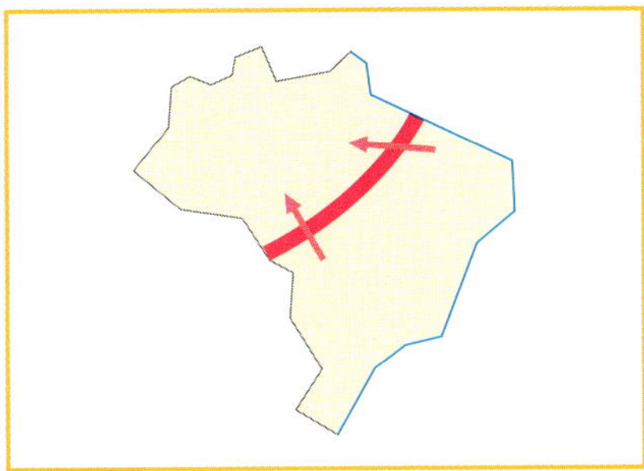

Doc 8 **Le front pionnier.**

Doc 9 **Le triangle utile**

Le Brésil se trouve doté de trois capitales. Entre Rio et São Paulo, fonctionne une des plus anciennes navettes aériennes du Monde. Ce service, indispensable aux hommes d'affaires, complète les échanges assurés par des centaines d'autobus et de camions qui congestionnent la « via Dutra », un des axes les plus chargés et les plus dangereux du pays. Entre Rio et Brasilia, les vols sont nombreux et fréquents mais le trafic est moins dense. [...] C'est dans ce triangle Rio de Janeiro-São Paulo-Brasilia que se trouve le centre du Brésil.

D'après H. Théry, *ouvr. cit.*

Doc 10 **Les métropoles.**

Doc 11 **Le Nordeste**

Le Nordeste est la région la plus pauvre du Brésil, et par bien des aspects, il évoque d'autres zones de misère : le *sertão*[1] n'est pas sans parenté avec le Sahel ; la situation des petits paysans évoque la misère des paysans d'Haïti. 30 % des Nordestins gagnent moins d'un salaire minimum par mois (70 euros environ) et 50 % moins de trois salaires minimum, seuil au-dessous duquel une famille est officiellement considérée comme pauvre. Le taux d'analphabétisme était dans la région de près de 42 %.

D'après H. Théry, *ouvr. cit.*

1. Savane aride de l'intérieur du Nordeste.

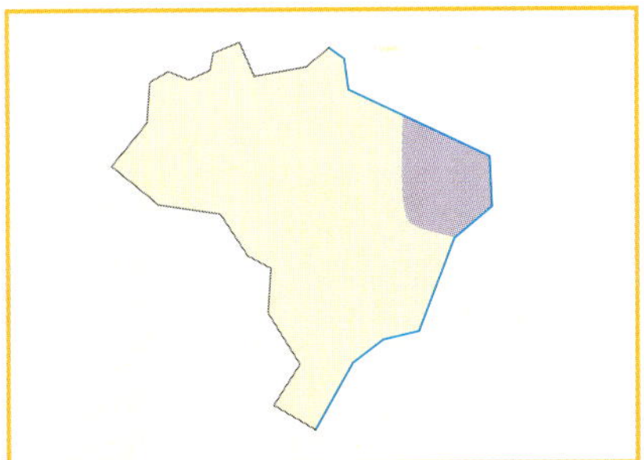

Doc 12 **Le Nordeste, le moins développé.**

1 Doc 1 Dans quelle région l'espérance de vie est-elle la plus courte ?

2 Doc 2 Où les agences bancaires sont-elles les plus nombreuses ?

3 Doc 3 Où sont situées les plus grandes villes ?

4 Doc 4 Vers quelles régions se dirigent les migrants ? D'où partent-ils ?

5 Doc 6 Parmi les cartes de la page 324, laquelle illustre le mieux l'opposition entre le littoral et l'intérieur ? Justifiez votre réponse.

6 Doc 6, 8, 10 et 12 Rédigez une phrase de commentaire pour expliquer chaque croquis.

Bilan

Le territoire brésilien

1 Un pays immense, des ressources considérables

Avec **8,5 millions de km²**, le Brésil est le **5ᵉ plus grand État du Monde**, derrière la Russie, le Canada, les États-Unis et la Chine.

L'espace disponible est la première **ressource** de pays : tout y est grand, la place ne manque pas ; les **distances** sont considérables éloignant les régions les unes des autres et rendant nécessaire l'emploi de l'avion pour les relier.

Dans un pays aussi étendu, **les productions agricoles sont très importantes**, alors même que toutes les terres exploitables ne sont pas exploitées. Le Brésil occupe le **premier rang mondial pour la production d'agrumes, de café et de sucre** ; c'est le **2ᵉ producteur de soja.**

La **forêt amazonienne** (environ 4 millions de km²) constitue une richesse écologique de première importance.

Les ressources du sous-sol sont également impressionnantes, à l'exception du pétrole. Le Brésil a les **plus importantes réserves mondiales de fer**, il est également riche en bauxite, en nickel et en uranium.

2 Une conquête progressive du territoire

A. Une occupation longtemps littorale

Cet immense territoire était, avant l'arrivée des Européens, occupé par de **petits groupes d'Indiens très dispersés.** La conquête européenne a débuté au 16ᵉ siècle, avec les premiers comptoirs commerciaux créés par **les Portugais** sur la côte. Pendant trois siècles, la colonisation européenne s'est limitée, pour l'essentiel, aux **régions littorales**, là où a été mise en place une agriculture, avec le concours d'esclaves noirs amenés d'Afrique. À partir du 19ᵉ siècle, la colonisation agricole a pénétré davantage dans l'intérieur du pays (plantations de caféiers dans la région de São Paulo, en particulier), ainsi que le long des berges de l'**Amazone**.

B. La « marche vers l'Ouest »

Mais c'est surtout à partir de la **seconde moitié du 20ᵉ siècle** que de grands moyens ont été consacrés par l'État brésilien à la mise en valeur des régions de l'**intérieur**. Le **front pionnier** a ainsi continué à progresser, toujours plus loin vers l'intérieur.

MOTS

Ressources : richesses naturelles qu'offre le milieu physique.

Distance : intervalle entre deux points, séparation entre deux lieux. Les grandes distances, c'est-à-dire l'éloignement entre les régions habitées, posent des problèmes à tous les États.

Littoral / intérieur : le littoral est l'espace de contact entre la terre et l'eau. L'intérieur est l'espace situé en arrière du littoral.

Des chiffres marquants

- **Grand producteur de matières premières :** 1ᵉʳ rang pour les agrumes, le café, le sucre, le minerai de fer

Les densités.

Amazone : fleuve géant, avec le premier débit au Monde (200 000 m³/seconde à l'embouchure, soit un débit 700 fois plus élevé que celui de la Seine à Paris), le bassin le plus étendu au Monde (7 millions de km²) et la deuxième longueur (6 400 km), après le Nil (6 700 km).

Front pionnier : limite atteinte par la mise en valeur, par défrichement et colonisation d'un espace naturel.

ays industriel :
·e rang pour la production 'acier, 10e pour les utomobiles.

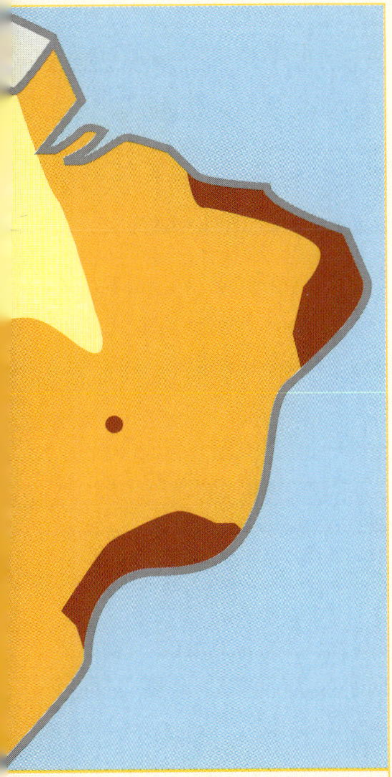

Brasilia, nouvelle **capitale fédérale du Brésil**, située à 1 200 km de la mer, a été le symbole de cette volonté politique d'aménager l'intérieur du pays. **L'aménagement de la forêt amazonienne** est l'autre illustration de cette politique de « marche vers l'Ouest » : pour des raisons à la fois **politiques** (tenir des frontières éloignées), **économiques** (exploiter les richesses de la forêt ou de son sous-sol, comme l'immense gisement de **minerai de fer de Carajas**), **sociales** (trouver des terres pour des paysans qui n'en avaient pas), une partie de la forêt a été **défrichée** (une superficie supérieure à celle de la France a ainsi fait place à des pâturages, à des terres agricoles ou à des friches). **L'ouverture de routes** a été l'outil principal de cette nouvelle colonisation.
Aujourd'hui, **la déforestation** est remise en cause : parce qu'elle affecte les dernières tribus indiennes et plus encore parce qu'il y a prise de conscience de la valeur écologique et économique de la forêt et de l'exceptionnel patrimoine biologique – encore largement inconnu – qu'elle renferme.

3 La première puissance économique d'Amérique latine

A. Une population principalement urbaine

Le Brésil n'est pas seulement l'État le plus étendu d'Amérique latine, c'est aussi le **pays le plus peuplé**, avec 186 millions d'habitants.
Cette population est **urbaine à plus de 70 %.** Une part importante vit dans d'immenses villes : **São Paulo** dépasse les 19 millions d'habitants, **Rio de Janeiro** approche des 12 millions, **Belo Horizonte** a passé le cap des 5 millions d'habitants. **Porto Alegre, Salvador, Brasilia** ou **Curitiba** ont environ 3 millions d'habitants.

B. Une économie en véritable développement

Le Brésil est un **grand producteur de produits industriels** : avions (4e constructeur mondial), automobiles et ordinateurs.
Les productions agricoles sont en rapides progrès et le Brésil exporte de grandes quantités de café, de sucre ou de soja. Première puissance économique régionale, le Brésil a été à l'origine d'un **marché commun sud-américain, le Mercosul**, qui rassemble des pays du "cône Sud" de l'Amérique latine. Le pays aspire à être une des grandes puissances du 21e siècle.
Mais le développement ne touche pas toutes les régions et, même dans les régions les plus développées (cas du Sud-Est), de nombreux lieux restent à l'écart du développement.

Bilan

Inégalités sociales et régionales

1 Une société inégalitaire

A. Le Brésil offre **les plus forts contrastes de richesse au Monde** : une majorité de **population très pauvre**, voire misérable, vit dans des ***favelas*** et est confrontée à un chômage élevé ; **les plus riches contrôlent l'essentiel de l'économie.** Entre les deux, une **classe moyenne** de plus en plus nombreuse s'est développée, à la faveur de la croissance économique.

B. Une terre très inégalement répartie

Les très grandes propriétés (***latifundios***) dominent. Certaines sont **héritières de la colonisation** ; d'autres sont de constitution beaucoup plus récente, lors de la mise en valeur de l'**Amazonie**. À l'opposé, **des millions de paysans sont à la recherche d'une terre à cultiver.** L'État a préféré encourager la colonisation de nouvelles terres (Amazonie), plutôt que d'affronter l'opposition des grands propriétaires. Depuis l'élection de Lula, la **réforme agraire** commence à être appliquée (partage des grands domaines), mais le mouvement est lent et s'accompagne de beaucoup de violences.

C. Des villes aux contrastes accusés

Dans toutes les villes brésiliennes, on passe sans transition des quartiers les plus riches, gardés par des milices privées, aux quartiers de la plus grande misère. C'est une situation qui alimente une **très grande violence**.

2 De grands contrastes régionaux

Des aptitudes naturelles différentes combinées à la variété des mises en valeur expliquent **la très grande diversité régionale** du Brésil.

La région métropolitaine de São Paulo est la plus riche du pays, c'est aussi la première région industrielle de toute l'Amérique latine.

Plaines et plateaux du Sud-Est ont une agriculture moderne.

Le Nordeste demeure la région à problème, la plus pauvre du pays (population plus souvent analphabète, le plus de **paysans sans terre**).

L'Amazonie est une région de conquête, avec de très forts contrastes entre d'immenses secteurs encore vides, des villes-champignons et de nouveaux espaces agricoles où voisinent de grandes exploitations agricoles mécanisées et de petites propriétés de paysans très pauvres.

MOTS

Inégalités sociales (de revenu) : une inégalité est une différence vécue comme une injustice. L'inégalité peut se fonder sur les patrimoines (les héritages) comme sur les revenus (les salaires, les placements financiers, les loyers des appartements loués, etc.). Il est fréquent que ces inégalités s'observent entre catégories sociales.

Favela : nom brésilien du bidonville.

Latifundios : grande propriété exploitée de façon extensive (avec peu de travail).

Amazonie : nom du bassin du fleuve Amazone. La plus grande partie du sol est couverte par une forêt dense et humide.

Réforme agraire : politique de partage des terres des grandes exploitations et de redistribution aux populations sans terre.

Nordeste : région située au Nord-Est du Brésil, qui cumule le plus de problèmes (une population assez dense et pauvre dont une partie ne possède pas de terres et alimente un courant d'émigration vers d'autres régions).

Sans terre : catégorie de paysans qui, ne possédant pas de terre, sont obligés de s'employer dans des exploitations agricoles.

Luiz Inácio Lula da Silva : président du Brésil élu en 2002, avec 61 % des voix. Fils d'analphabètes du Nordeste, il a été livreur, cireur de chaussures, puis a travaillé dans la métallurgie.

CARTE DE SYNTHÈSE

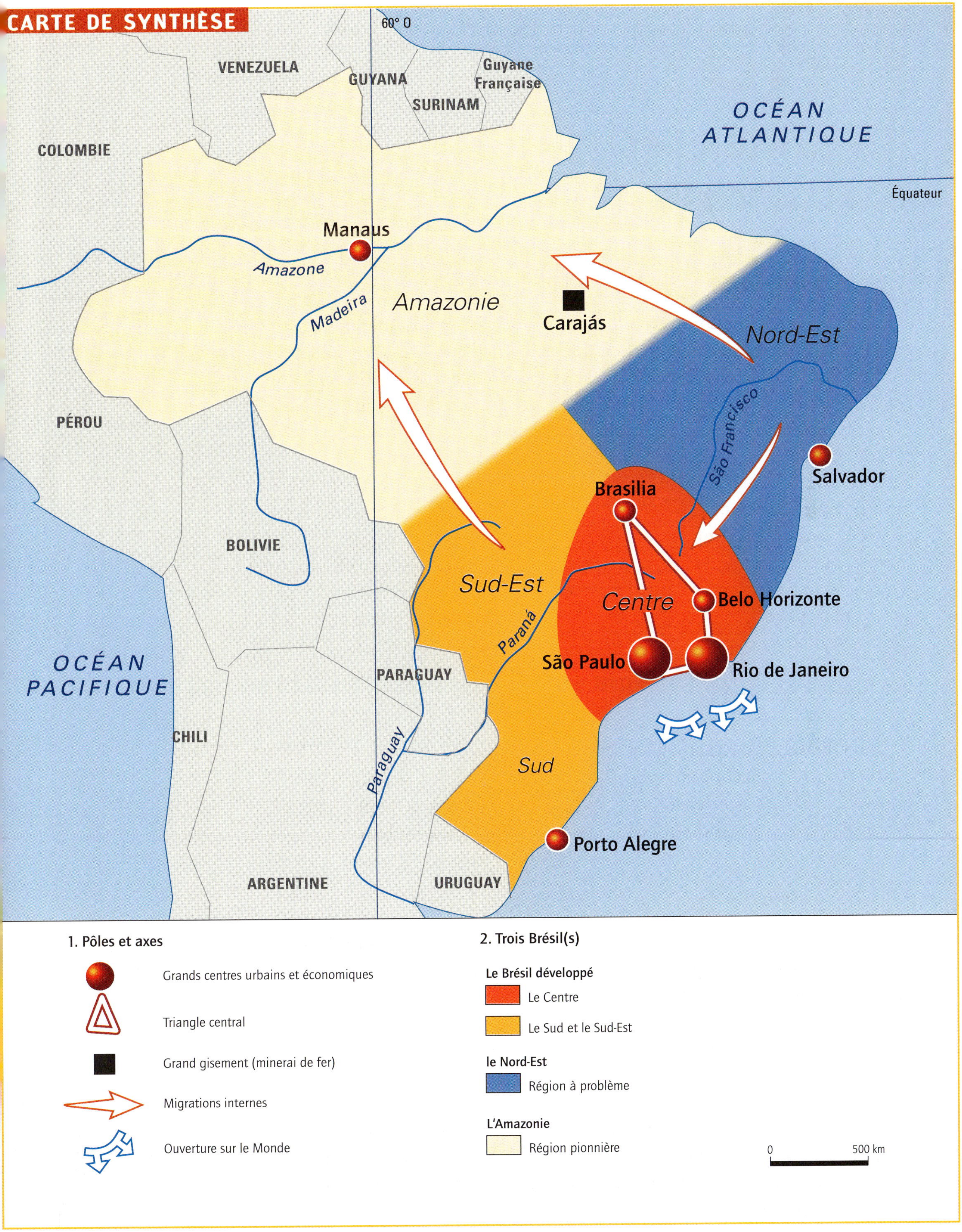

›››› Je m'exerce

1. Expliquer la fondation de Brasilia

Doc Une nouvelle capitale

Brasilia réalise enfin le vieux rêve, caressé depuis l'indépendance, de briser l'opposition entre le Brésil peuplé du littoral et le vide des immensités intérieures. La ville nouvelle matérialise le désir de prendre enfin possession d'un territoire aux dimensions de l'Europe. Grâce au travail obstiné de plusieurs milliers d'ouvriers venus du Nordeste, du Goias et du Minas Gerais, la nouvelle capitale est inaugurée en 1960, moins de quatre ans après son lancement. Sur l'immense plateau central, loin de tout, à un millier de kilomètres à l'intérieur des terres, Brasilia devient le symbole de l'unité nationale. La hardiesse du projet et l'étonnante modernité des bâtiments, conçus par Oscar Niemeyer, en disent long sur la créativité et les énormes potentialités nationales. Mais le sort des ouvriers bâtisseurs, installés dans un premier temps dans un immense bidonville, avant d'être refoulés dans les années 1970 vers de lointaines « villes satellites », est aussi là pour rappeler la formidable incapacité du régime à faire bénéficier toute la population des fruits du développement économique.

D'après B. Bennassar, R. Marin, *Histoire du Brésil*, éd. Fayard, 2000.

1. Pourquoi le Brésil se dote-t-il en 1960 d'une nouvelle capitale ? Où la ville est-elle située ?
2. Comment s'appelle l'architecte urbaniste créateur de Brasilia ?
3. D'où viennent les ouvriers qui édifient la capitale ?
4. Pourquoi peut-on dire que cette ville, en matière sociale, est à l'image du Brésil ?

2. Réaliser un schéma sur le gisement du Grand Carajas

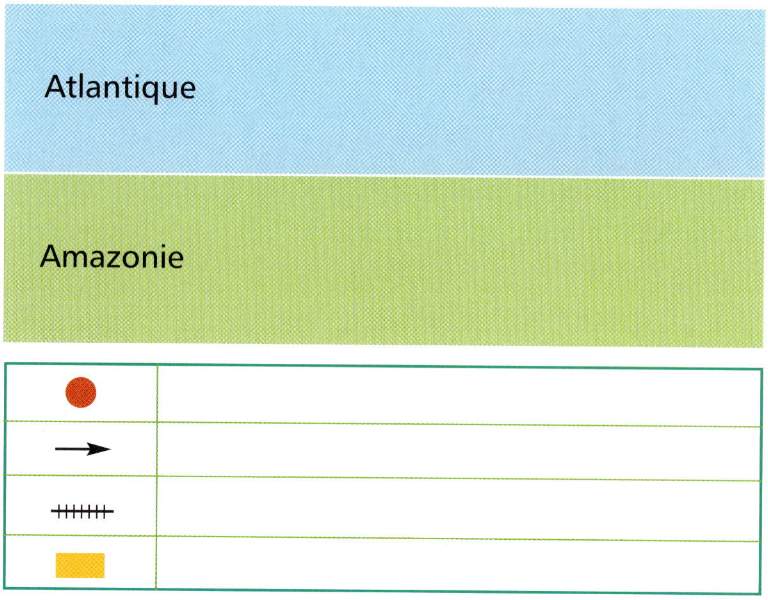

Doc Le plus grand gisement du Monde

Dans la serra do Carajas se trouve le <u>gisement de minerai de fer</u> le plus grand du Monde. Mis en valeur à partir de 1986, il fait du Brésil le leader sur le marché mondial. Ce gisement à ciel ouvert est situé à 900 km de l'Océan. Une <u>voie de chemin de fer</u> a été construite spécialement pour permettre au minerai de traverser l'Amazonie orientale en voie de défrichement. Quatre trains de 180 wagons assurent la liaison chaque jour entre les lieux d'extraction et le <u>port de São Luis</u>, d'où le <u>fer est exporté</u>. Un navire minéralier quitte le Brésil tous les deux jours à destination du Japon ou de l'Europe (Rotterdam, Dunkerque).

1. Recherchez dans votre manuel la localisation du Grand Carajas.
2. Lisez le texte, puis recopiez et remplissez le tableau en utilisant chacun des éléments soulignés.
3. Réalisez ensuite le schéma.

3. Réaliser un croquis sur le Brésil

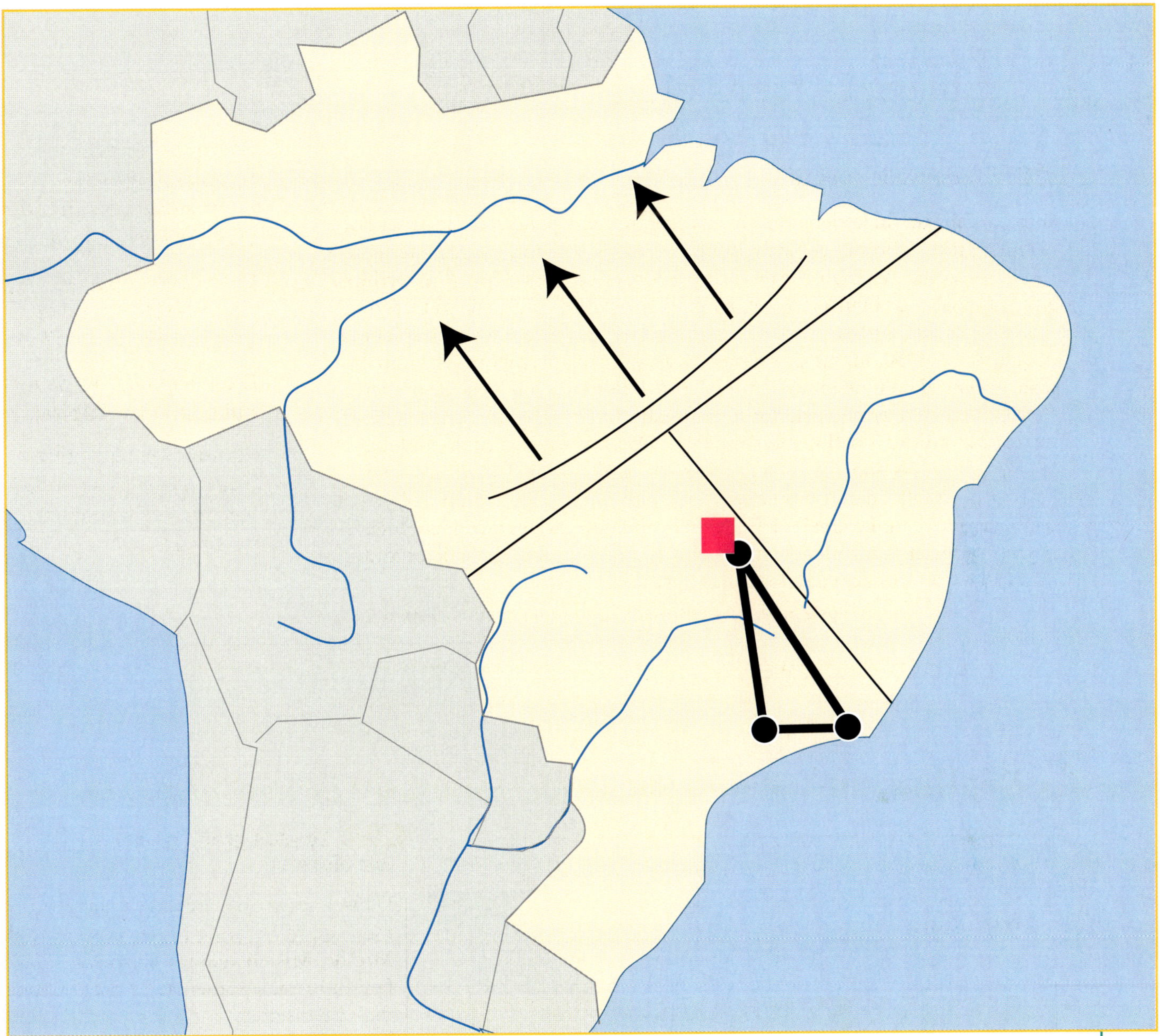

Doc La légende

Symbole	Signification
	Le centre
	Le Nord-Est
	L'Amazonie
	Le triangle des métropoles
	La capitale
	Le front pionnier

1. Décalquez le fond de carte proposé.

2. À l'aide des pages 324-325 achevez le croquis en :
- ❑ le coloriant ;
- ❑ complétant la légende ci-contre ;
- ❑ plaçant le nom des villes et l'Amazonie.

Les outils du jeune Géographe

Pour comprendre l'organisation du monde les géographes utilisent un certain nombre d'outils. En voici quelques-uns, très largement représentés dans votre manuel scolaire.

Les statistiques

Ce sont des séries de données chiffrées, que l'on représente sous forme de graphiques pour donner une image plus claire et expressive.

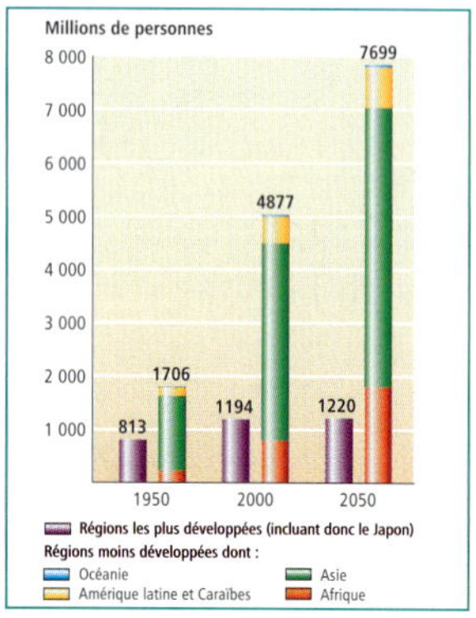

Les graphiques en barres *permettent de faire des comparaisons entre plusieurs ensembles géographiques ou entre plusieurs périodes.*

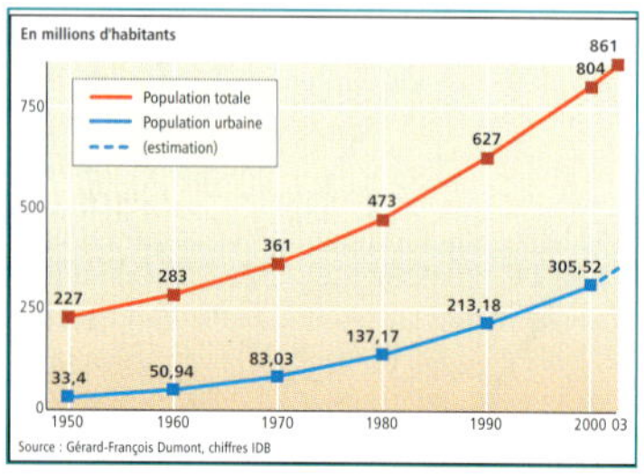

Les courbes *sont pratiques pour montrer une évolution dans le temps.*

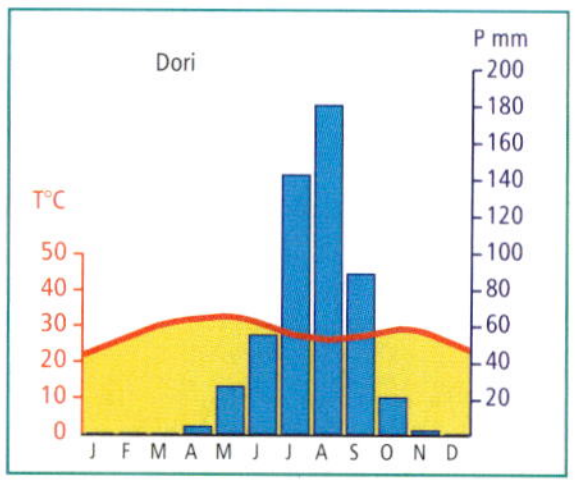

Les climogrammes *cumulent graphiques en barres et courbes pour décrire le climat d'une région du Monde.*

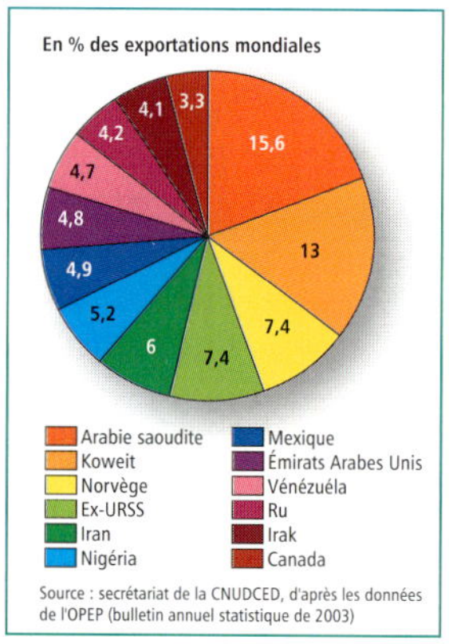

Les diagrammes à secteurs *sont utiles pour représenter des pourcentages.*

Les photographies

Les photographies *ont l'avantage de la proximité. Mais elles se limitent au premier et second plan.*

Les photographies aériennes*, qu'elles soient à la verticale ou obliques, permettent d'embrasser un espace assez vaste.*

Les cartes

Les cartes thématiques *informent sur un sujet particulier.*

Les cartes de synthèse *ont été conçues par un géographe pour représenter les caractéristiques principales des lieux. L'auteur a dû pour cela faire des choix.*

Activité

En prenant exemple sur les modèles présentés ci-dessus, vous recopierez le tableau suivant et le remplirez à l'aide des chapitres de votre manuel (partie géographie). Vous noterez chaque fois le titre du document et la page.

	Afrique	Maghreb	Asie	Chine	Inde	Amérique	Brésil
Graphique en barres	....	....	....	....	....	....	....
Courbe	....	....	....	....	....	....	....
Climogramme	....	....	....	....	....	....	....
Diagramme à secteurs	....	....	....	....	....	....	....
Photographie au sol	....	....	....	....	....	....	....
Photographie aérienne	....	....	....	....	....	....	....
Carte thématique	....	....	....	....	....	....	....
Carte de synthèse	....	....	....	....	....	....	....

HISTOIRE

Les mots en gras correspondent à la page où se trouve la définition du mot-clé.

GÉOGRAPHIE

Les mots en gras correspondent à la page où se trouve la définition du mot-clé. Les mots affichés en bleu correspondent aux mots de vocabulaire définis dans chaque double-page.

Illustrations

Hélène Fuggetta : garde avant, pp. 11, 20-21, 25, 34, 35, 40, 41, 47, 58-59, 61, 63, 72-73, 80-81, 87, 98-99, 110-111, 115, 117, 128-129, 133, 148-149, 154-155, 156, 161, 172-173, 177, 182-183.

Gérard Marié : pp. 30, 48, 57, 68, 74, 91, 92, 94, 95, 101.

Pierre Gay : p. 165.

François Brosse : pp. 54-55, 123.

Conception graphique : Véronique Rossi

Schémas et illustrations : Orou Mama

Cartographie : J.-F. Dutilh, Géographisme

Iconographie : Françoise Arnault et Marie-France Naslednikov

Crédits photographiques

Couverture

Doc central : Enluminures de la Bibliothèque de l'Université, Heidelberg (1310-1340) : akg-images ; 3 vignettes : (h) Gettyimages/Taxi ; (m) Cosmos/P. Maître ; (b) Centre d'affaires Houston : Hoa-Qui/Age Fotostock/J. Greenberg.

››› Histoire

■ **CHAPITRE 1** : p. 11 : Biblioteca nacional, Madrid ; p. 12 : Editions Errance/J.-C. Golvin ; p. 13-3 : Dagli Orti ; p. 13-5 : Bibliothèque Vaticane, Rome ; p. 14-1 et 2 : Dagli Orti ; p. 15-3 : Roger-Viollet/Alinari ; p. 15-4 : Dagli Orti ; p. 16 : akg-images ; p. 17 : Dagli Orti ; p. 18 : Top/ J. Sierpinski ; p. 19 : akg-images/E. Lessing ; p. 23-h : Dagli Orti ; p. 23-bg : Marc Garanger ; p. 23-bd : akg-images/E. Lessing.

■ **CHAPITRE 2** : p. 25 : Gamma/M. Lounès ; p. 26 : Bibliothèque nationale de France, Paris ; p. 27-4 : Bridgeman Giraudon ; p. 27-6 : Rue des Archives ; p. 28 : Dagli Orti ; p. 30 et 31 : Bibliothèque nationale de France, Paris ; p. 32 : Corbis/Y. Arthus-Bertrand ; p. 33-3 : Roland et Sabrina Michaud ; p. 33-4 : akg-images/ E. Lessing ; p. 36 : Hoa Qui/W. Buss ; p. 37-4 : Bridgeman Giraudon ; p. 37-6 : Roland et Sabrina Michaud ; p. 38 : Bibliothèque nationale de France, Paris ; p. 39 : Banco de la Imagen, Castaneda ; p. 43 hg : Bridgeman Giraudon ; p. 43 hd : Art archive ; p. 43 b : Bridgeman Giraudon ; p. 44 : Dagli Orti ; p. 45 : © Hachette-Livre, 1988.

■ **CHAPITRE 3** : p. 48 : Musée de Picardie, Amiens ; p. 50 : Bibliothèque de Saint-Gall, Suisse ; p. 51 : Christian Vignaud ; p. 52-2 : Bridgeman Giraudon ; p. 52-3 et 53-a : Bibliothèque nationale de France, Paris ; p. 53 b : Bridgeman Giraudon ; p. 55 : Corbis/Archivo Iconografphico ; p. 60 : akg-images/E. Lessing.

■ **CHAPITRE 4** : p. 64-1 et 3 : Bridgeman Giraudon ; p. 65-4 et 5 : Dagli Orti ; p. 66 : Explorer/Hoa Qui/ D. Casimiro ; p. 67-3 : Serge Chirol ; p. 67-4 : Arthéphot/ Boelle ; p. 67-5 : Bridgeman Giraudon ; p. 68 : Scala ; p. 69-4 : Jean Vigne ; p. 69-5 : Musée AP-HP ; p. 70 : Franck Lechenet ; p. 71-3 : Photononstop/H. Monnier ; p. 71-4 : Top/Champollion ; p. 71-5 : akg-images ; p. 74-3 : Dagli Orti ; p. 75-4 : Mas ; p. 75-6 : Bibliothèque nationale de France, Paris ; p. 76 : Rapho/G. Gerster ; p. 77 : Explorer/Hoa Qui/H. Veiller ; p. 78-1 : akg-images ; p. 78-2 : Leemage ; p. 78-3 : CMN/C. Rose ; p. 79 : Dagli Orti ; p. 82 : Serge Chirol ; p. 83-1 : Pix ; p. 83-2 : Photononstop/G. Guittot ; p. 83-3 : CMN/E. Revault ; p. 83-4 : Alain-Charles Lefevre ; p. 83-5 : CMN/ A. Lonchampt ; p. 83-6 : Photo Josse.

■ **CHAPITRE 5** : p. 87 : Bibliothèque de l'Arsenal, Paris ; p. 88 : Archives départementales de Perpignan ; p. 90-1 : Altitude/L. Roulland ; p. 90-2 : Mairie de Fumel 47 ; p. 92-2 : Bibliothèque nationale de France, Paris ; p. 93-4 : Bridgeman Giraudon ; p. 93-6 : akg-images ; p. 95-3 : Bibliothèque nationale de France, Paris ; p. 95-5 : Photo Josse ; p. 96 et 97 : Bibliothèque nationale de France, Paris ; p. 100-3 : Bibliothèque royale de Belgique, Bruxelles ; p. 101-6 : Fondation Martin Bodmer/ Bibliotheca Bodmeriana ; p. 102 : Museum für Kunst und Kulturgeschichte der Hansestadt, Lübeck ; p. 103 : Dagli Orti ; p. 104-1 : akg-images ; p. 104-2 : Scala ; p. 105 : Dagli Orti ; p. 106-2 : Archives nationales ; p. 106-3 : Altitude/D. Philippe ; p. 107 : The British Library, Londres ; p. 109-4 : Bridgeman Giraudon ; p. 109-5 : Bibliothèque nationale de France, Paris ; p. 109-6 : Bibliothèque royale de Belgique, Bruxelles ; p. 112 b : Bibliothèque de l'Université, Heidelberg ; p. 113 h : Bridgeman Giraudon ; p. 113 b et 114 : Bibliothèque nationale de France, Paris.

■ **CHAPITRE 6** : p. 118 et 119 : Bridgeman Giraudon ; p. 120-1 : CMN/A. Lonchampt ; p. 120-2 : Bibliothèque nationale de France, Paris ; p. 121-4 : Alain-Charles Lefevre ; p. 121-5 : Bibliothèque nationale de France, Paris ; p. 121-6 : CMN/C. Rose ; p. 121-7 : CMN/ P. Lemaître ; p. 122 hg : Bibliothèque nationale de France, Paris ; p. 122 bg et m : Bridgeman Giraudon ; p. 124-1 : Bridgeman Giraudon ; p. 124-3 et 125-5 : Bibliothèque nationale de France, Paris ; p. 125-7 et 126 : Bridgeman Giraudon ; p. 127 : akg-images.

■ **CHAPITRE 7** : p. 134-1 : Bibliothèque Vaticane/ A. Bracchetti/P.Zigrossi ; p. 134-2 : Bridgeman Giraudon ; p. 135-4 et 5 : Bridgeman Giraudon ; p. 136-1 : Bridgeman Giraudon ; p. 136-2 : Roger-Viollet ; p. 137-3 et 5 : Bridgeman Giraudon ; p. 138-1 : Dagli Orti ; p. 138-2 : Bridgeman Giraudon Charmet ; p. 139 : Roger-Viollet ; p. 140 et 141 : Bridgeman Giraudon ; p. 142-1 : akg-images ; p. 142-2 : akg-images/Electa ; p. 143 : akg-images/E. Lessing ; p. 144 : Bridgeman Giraudon ; p. 145-4 : Bridgeman Giraudon ; p. 145-5 : Photo Josse ; p. 146-1 : Bridgeman Giraudon ; p. 146-2 : Photononstop/ R. Rozencwajg ; p. 147-3 : Photoblot.com ; p. 147-4 : Photononstop/P. Gajic ; p. 147-5 : Rapho/C. Sappa ; p. 150-1 : akg-images ; p. 150-3 : Dagli Orti ; p. 151-4 : Bridgeman Giraudon ; p. 151-7 : akg-images/E. Lessing ; p. 152 : Dagli Orti ; p. 153-3 : Bridgeman Giraudon ; p. 153-5 : Dagli Orti ; p. 157-1 : Photononstop/A.J. Cassaigne ; p. 157-2 : akg-images ; p. 157-3 : Photo Josse ; p. 157-4 : Scala ; p. 157-5 : akg-images/E. Lessing ; p. 157-6 : Altitude/G.A. Rossi ; p. 158 : Roger-Viollet.

■ **CHAPITRE 8** : p. 161-2 : Bridgeman Giraudon ; p. 161-3 : Photos12.com ; p. 162-2 : Bibliothèque nationale de France, Paris ; p. 162-3 : Bridgeman Giraudon ; p. 163 : akg-images ; p. 164 : Bibliothèque nationale de France, Paris ; p. 165-4 : Bridgeman Giraudon ; p. 166 : akg-images ; p. 168-1 : Gettyimages/Taxi ; p. 168-2 : Dagli Orti ; p. 168-3 : Bibliothèque de l'Assemblée nationale, Paris ; p. 169-5 et 7 : Bridgeman Giraudon ; p. 170 et 171 : Photo Josse ; p. 174 : Bibliothèque nationale de France, Paris ; p. 175 : Photo Josse.

■ **CHAPITRE 9** : p. 178 : Bibliothèque nationale de France, Paris ; p. 179 : Bridgeman Giraudon ; p. 180-1 : Bibliothèque nationale de France, Paris ; p. 180-2 : Dagli Orti ; p. 181 : Roger-Viollet.

››› Géographie

■ **CHAPITRE 10** : p. 187-2 : Gamma/N. Quidu ; p. 187-3 : Cosmos/P. Maître ; p. 189 : © Alain-Charles Lefevre ; p. 190 : Sipa/AP/G. Osodi ; p. 191-4 : Magnum/F. Zizola ; p. 191-5 : Cosmos/P. Maître ; p. 193-6 : Rapho/M. Bertinetti ; p. 193-7 : Corbis/ E. Opalenik ; p. 195 : Bridgeman Giraudon Charmet ; p. 196 : Magnum/P. Marlow ; p. 197 : Photononstop/ L. Zylberman ; p. 198-1 : Réa/Ch. Weiss ; p. 198-2 : Galbe.com/E. Miller ; p. 199-5 : Galbe.com/ F. Hoogervorst ; p. 199-7 : Hoa-Qui/C. Pavard ; p. 200 : Total Gabon ; p. 201 : Sipa/AP/Amr Nabil ; p. 202 : Réa-LAIF/S. Zuder ; p. 203 : Photononstop/ Pictures ; p. 210 : Cosmos/P. Maître ; p. 211-h : Musée national de l'Education-I.N.R.P.-Rouen ; p. 211-m : Plantu ; p. 211-b : D.R.

■ **CHAPITRE 11** : p. 213-2 : Altitude/Y. Arthus-Bertrand ; p. 213-3 : Andia/Cartier ; p. 214 et 215 : Rémy Knafou ; p. 216 : Corbis/Nasa ; p. 217 : Reuters/M. del Pozo ; p. 218-2 : Altitude/Y. Arthus-Bertrand ; p. 218-3 : Corbis/R.Antrobus ; p. 219-4 : Rapho/G. Gerster ; p. 219-5 : Olivier Brestin ; p. 219-6 : Hoa-Qui/Explorer/ N. Thibaut ; p. 222 : Réa/Bador ; p. 223-4 : Corbis/ A. Ryman ; p. 223-5 : Sipa/E. Boyer ; p. 228 : Juan Ballesta.

■ **CHAPITRE 12** : p. 231-2 : Abaca/A.Abd Rabbo ; p. 231-3 : Cosmos/D. Lainé ; p. 232-2 : Réa/ P. Bessard ; p. 232-3 : Corbis/L. Hebberd ; p. 233-5 : Photononstop/ D. Ball ; p. 233-6 : Gamma/ N. Quidu ; p. 234-2 : Sipa/Caro Fotos/Sorge ; p. 237-2 : Gamma/T. Falise ; p. 237-3 : Photononstop/ T. Bognar ; p. 239-2 : Cosmos/ G. Steinmetz ; p. 239-3 : Hoa-Qui/Benelux/Zefa ; p. 239-4 : Altitude/H. Hiscocks ; p. 239-5 : Corbis/W. Kaehler ; p. 240-1 : Bios/F. Bidault ; p. 240-2 : Altitude/ Y.Arthus-Bertrand ; p. 241 : Corbis/M.S. Yamashita ; p. 242 : Gettyimages/Robert Harding ; p. 243-4 : Magnum/ Abbas ; p. 243-5 : Hoa-Qui/J. Fuste-Raga ; p. 243-6 : Hoa-Qui/W. Buss ; p. 244 : Magnum/S. Franklin ; p. 245 : Altitude/G.A. Rossi ; p. 247-4 : Réa-LAIF/M. Sasse ; p. 247-5 : Hoa-Qui/J. Fuste-Raga ; p. 247-6 : Sipa/AP/ T. Pedwell ; p. 253-2 : AFP/Choo Youn Kong ; p. 255 : Cosmos/ Dengke Hou.

■ **CHAPITRE 13** : p. 257-2 : Yann Layma ; p. 257-3 : Corbis/L. Liqun ; p. 258 : Corbis/T. Bognar ; p. 259-4 : Gettyimages/Taxi ; p. 259-6 : Imaginechina ; p. 260 : Gettyimages/Robert Harding ; p. 261 : Imaginechina ; p. 262 : Rapho/V. Winckler ; p. 263 : Réa-Sinopix/ R. Jones ; p. 264 et 265 : Imaginechina ; p. 266 : Corbis/M.S. Yamashita ; p. 267 : Magnum/B. Barbey ; p. 273-1 : Corbis/K.Su ; p. 273-2 : Hoa-Qui/Age Fotostock/ P. Narayan.

■ **CHAPITRE 14** : p. 275-2 : Deadline Photo Press/ Polaris/C. Brown ; p. 275-3 : Corbis/ A. Wright ; p. 276-3 : Gamma/Camera Press/ T.C. Malhotra ; p. 276-4 : Réa-LAIF/B. Jonkmanns ; p. 277 : Ana/P. Horree ; p. 278 : Sipa/J. Christie ; p. 279 : Corbis/C. Karnow ; p. 281 : Hoa-Qui/ G. Boutin ; p. 282-1 : Claude Sauvageot ; p. 282-3 : Gamma/M. Roussel ; p. 283-3 : Oeilpublic.com/ J. Rousselot ; p. 283-1 : Corbis/P. Bagla ; p. 284-2 : Réa/Report Digital/J. Hurd ; p. 284-3 : Corbis/V. Moos ; p. 285 : Explorer/Borredon ; p. 291 : Corbis/C. Lisle.

■ **CHAPITRE 15** : p. 293-2 : Masterfile/L. Sutton ; p. 293-3 : Corbis/Royalty-Free ; p. 294 : Nasa ; p. 295-6 : Altitude/J. Wark ; p. 295-7 : Corbis/ T. Roberts ; p. 296-1 : Cosmos/Popperfoto ; p. 296-2 : Hoa-Qui/G. Boutin ; p. 297 : Latinphoto.org/ C. Possberg ; p. 299 : Réa-Redux/C.J. Morris ; p. 300 : Jean-Charles Pinheira ; p. 301-4 : Hoa-Qui/Age Fotostock/North Light Images ; p. 301-5 : Corbis Sygma/H. Collart ; p. 302-2 : Réa/ K. Kulish ; p. 303-5 : Gettyimages/Stone ; p. 303-6 : Collection Christophel ; p. 303-7 : Altitude/ J. Wark ; p. 304 : Bryan & Cherry Alexander ; p. 305-3 : Masterfile/ F. Patterson ; p. 305-4 : Corbis/ C. O'Rear ; p. 306 : Mireille Vautier ; p. 307 : Hoa-Qui/Age Fotostock/ J. Greenberg ; p. 313-1 : Gamma/Beltra ; p. 313-2 : Gettyimages/Stone ; p. 314 : Corbis/Sygma/S. Les ; p. 315-h : Corbis/ R. Azoury ; p. 315-b : Gamma/Camera Press/ D. Morris.

■ **CHAPITRE 16** : p. 317-2 : Gettyimages/Stone ; p. 317-3 : Réa-Contrasto/F. Cuttica ; p. 319-5 et 6 : Sipa/Bizzarri ; p. 319-7 : Photononstop/ Consortium Photographers ; p. 321 : Jean-Charles Pinheira ; p. 322-1 : Jean-Charles Pinheira ; p. 322-2 : Sipa/C. Barreira ; p. 322-3 : Jean-Charles Pinheira ; p. 323 : Réa/M. Nascimento.

Cet ouvrage est imprimé sur papier mince.

Imprimé en France par Maulde et Renou à Saint-Quentin
N° d'édition : 004064-01
Dépôt légal : avril 2005

Groenland
(DANEMARK)
Cercle polaire arctique
Alaska
(ÉTATS-UNIS)
CANADA
ISLANDE
NORVÈGE
1. RÉPUBLIQUE TCHÈQUE
2. SLOVAQUIE
3. HONGRIE
4. SLOVÉNIE
5. CROATIE
6. BOSNIE-HERZÉGOVINE
7. SERBIE-MONTÉNÉGRO
8. MACÉDOINE
ROYAUME-UNI
DANEMARK
ALLEMAGNE
IRLANDE
PAYS-BAS
BELGIQUE
AUTRICHE
SUISSE
FRANCE
ITALIE
ÉTATS-UNIS
PORTUGAL
ESPAGNE
TUNISIE
MAROC
Canaries (ESP)
ALGÉRIE
MEXIQUE
Tropique du Cancer
CUBA
RÉPUBLIQUE DOMINICAINE
JAMAÏQUE
HAÏTI
BELIZE
HONDURAS
GUATEMALA
SALVADOR
NICARAGUA
Porto Rico (E-U)
Guadeloupe (FR)
Martinique (FR)
MAURITANIE
MALI
NIGER
SÉNÉGAL
GAMBIE
BURKINA FASO
GUINÉE BISSAU
GUINÉE
BÉNIN
COSTA RICA
PANAMA
TRINITÉ-ET-TOBAGO
VENEZUELA
GUYANA
SURINAM
Guyane (FR)
COLOMBIE
SIERRA LEONE
LIBERIA
GHANA
NIGERIA
CÔTE D'IVOIRE
TOGO
CAMEROUN
Équateur
ÉQUATEUR
GABON
GUINÉE ÉQUATORIALE
PÉROU
BRÉSIL
OCÉAN ATLANTIQUE
BOLIVIE
PARAGUAY
Tropique du Capricorne
OCÉAN PACIFIQUE
URUGUAY
CHILI
ARGENTINE
Falkland (R-U)
Géorgie du sud (R-U)
Cercle polaire antarctique